유튜브 동영상으로
함께 배우는
오토캐드 입문 활용서!

오토캐드
2021

BM (주)도서출판 성안당

CAT(캐드실무능력평가) 완벽 대비!
핵심 AutoCAD 실용서

이 책은 매년 새로운 기능이 추가되어 점점 발전하는 AutoCAD와 그 실력을 증명할 수 있는 수단 중 하나인 CAT 2급 자격증 취득을 한 번에 준비할 수 있도록 구성한 AutoCAD 입문 활용서입니다. CAT 2급을 취득하면 국내는 물론 해외로 취업을 희망하는 분들에게 AutoCAD를 사용할 수 있다는 실력을 증명하는 하나의 수단이 되기 때문에 이 2가지를 한 번에 준비할 수 있도록 AutoCAD의 핵심 이론은 물론 CAT 2급 시험에 관한 안내와 기출 문제까지 알차게 구성하였습니다.

국가기술자격증과 달리 매달 시험이 있어, 단기간에 취득하기 아주 용이한 자격증이기 때문에 여러분의 AutoCAD 실력을 증명할 수 있다면 꼭 준비해 보는 것을 권장합니다.

CAT 2급은 기본적인 AutoCAD를 활용하여 레이어와 치수 설정 및 도면 영역을 설정하고 해당 영역에 자신이 투상하여 작성한 3개의 2D 도면을 배치하여 제출하는 방식이라 2D 도면 작성 능력을 증명할 수 있습니다.

CAT 1급은 2급을 취득해야만 응시가 가능하며, 1급은 2급과는 달리 AutoCAD를 사용하여 3D 형상을 작업 후 지정된 조건을 만족하는 수치 값을 입력하는 방식으로 시험이 진행됩니다. 업무에서의 효율성을 따진다면 2급만 취득해도 상관은 없지만, 차후 교육자로 진로를 생각한다면 1급까지 취득하는 것을 추천합니다.

AutoCAD 2021 실무 활용으로
빠르고, 효율적인 도면 설계 작업!

AutoCAD는 거의 모든 산업 분야에서 널리 사용되는 설계용 프로그램입니다. 그렇기에 많은 분들이 AutoCAD를 배우려고 하지만, 많은 발전과 업그레이드를 한 AutoCAD는 사실상 처음 접하는 분들에게 쉽지만은 않은 프로그램입니다. 그래서 초보자도 쉽게 배울 수 있는 AutoCAD의 기본서가 될 수 있도록 많은 고민과 도움을 받아서 이렇게 책을 펴내게 되었습니다.

이번에 업그레이드된 AutoCAD 2021의 경우 사용자의 편의성 및 기존의 3D 프로그램에서 사용하던 편의 기능의 일부가 적용되어 사용성이 향상되었으므로 이 기능을 익힌다면 AutoCAD로 더욱더 편하게 업무용 도면을 작성할 수 있습니다.

가장 큰 변화 중 하나가 클라우드 서버를 통해서 한 개의 파일을 여러 명의 인원이 공유하여 사용할 수 있는 기능이 추가되었고, 누가 무엇을 얼마나 변경 혹은 추가했는지에 대해 살펴볼 수 있어 업무의 효율성이 크게 향상되었습니다.

또한 선 자르기와 연장이 좀 더 편하게 변경되었습니다. 이전에는 자르기 혹은 연장하기 위해서는 별도의 기준선을 선택해야 했지만, 3D 설계 프로그램인 Inventor와 동일하게 드래그만으로도 선을 잘라내는 기능이 새롭게 추가되어 편집 기능이 훨씬 쉬워졌습니다.

이처럼 많은 기능이 추가되고 향상된 AutoCAD 2021을 보다 쉽고 편하게 배울 수 있도록 노력했습니다.

김정원

이론 구성

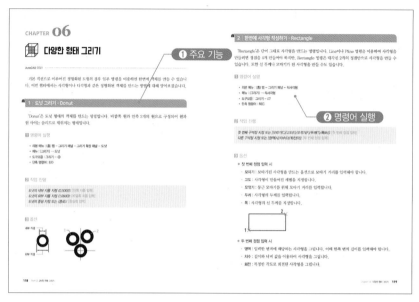

❶ 주요 기능 : 실무에서 자주 사용하는 AutoCAD 2021의 기능과 메뉴, 명령 등을 친절하게 소개합니다.

❷ 명령어 실행 : 오토캐드 도면 작업에 꼭 필요한 주요 명령어와 단축 명령어, 옵션 등을 살펴봅니다.

따라하기 구성

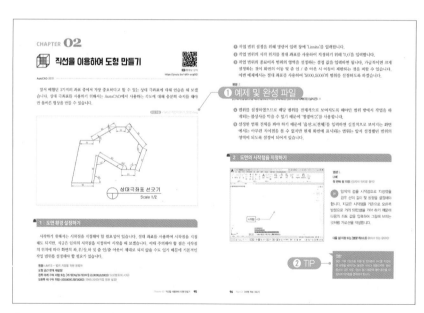

❶ 예제 및 완성 파일 : 따라하기를 위한 예제 및 완성 파일의 경로를 소개합니다.

❷ TIP : 명령어, 옵션에 관한 부연 설명이나 관련 정보, 주의해야 할 사항 등을 알려줍니다.

특별 구성

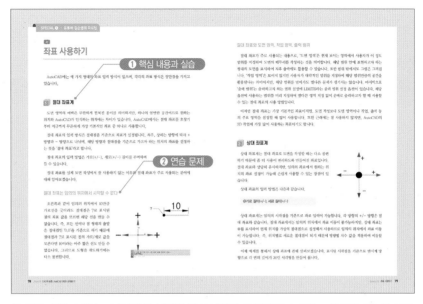

❶ 핵심 내용과 실습 : 본문에서 설명한 핵심 내용을 요약하여 소개하고 중요한 기능은 따라 하면서 이해합니다.

❷ 연습 문제 : 간단한 따라 하기와 더불어 연습 문제를 통해 명령어 사용법에 익숙해집니다.

실습 도면

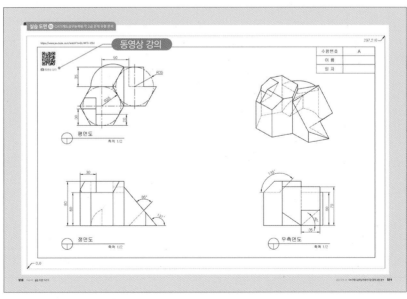

❶ 동영상 강의 : QR 코드를 스캔하여 유튜브 동영상 강의를 통해 버전에 구애받지 않는 실무 도면으로 연습해 보세요.

Contents

01 PART

**CAD의 표준,
AutoCAD 2021
살펴보기**

PART

2차원 객체 그리기

Contents

03
PART

자유롭게
객체 편집하기

04
PART

도면층(레이어) 및
객체 속성 관리하기

05
PART

문자 입력 및
수정하기

Contents

07
PART

치수 입력하기

08
PART

레이아웃 작성 및
출력하기

Contents

PART 09

3차원 객체 그리기

PART 10

실습 도면 그리기

소스 파일 다운로드

본문에 사용된 소스 파일은 성안당 홈페이지(www.cyber.co.kr)에 회원가입 후 로그인하신 상태에서 [자료실]–[자료실]로 이동하여 도서명 일부(웹 오토캐드 2021)를 입력하여 검색 후 다운로드 가능합니다.

CAT 2급 체크 사항

CAT(캐드실무능력평가) 2급은 AutoCAD의 2차원 설계 능력을 검증할 수 있는 자격증 중 하나이며, AutoCAD를 사용하기 위한 기본적인 지식과 기술을 증명할 수 있는 중요한 수단입니다. 이제 CAT 2급을 준비할 때 주의해야 할 사항에 대해서 살펴보도록 하겠습니다.

❶ CAT 시험 접수 일정

시험일	시험명	온라인 원서 접수	방문 접수	수험표 공고	성적 공고
2021.06.12	2021년 제6회 CAD실무능력평가 정기시험 (2021.6.12.)	05.25 ~ 05.31	05.31	06.08 ~ 06.12	06.26 ~ 07.03
2021.06.26	2021년 제3회 CAD실무능력평가 특별시험 (2021.6.26.)	06.08 ~ 06.14	06.14	06.22 ~ 06.26	07.10 ~ 07.17
2021.07.10	2021년 제7회 CAD실무능력평가 정기시험 (2021.7.10.)	06.22 ~ 06.28	06.28	07.06 ~ 07.10	07.24 ~ 07.31
2021.07.24	2021년 제4회 CAD실무능력평가 특별시험 (2021.7.24.)	07.06 ~ 07.12	07.12	07.20 ~ 07.24	08.07 ~ 08.14
2021.08.14	2021년 제8회 CAD실무능력평가 정기시험 (2021.8.14.)	07.27 ~ 08.02	08.02	08.10 ~ 08.14	08.28 ~ 09.04
2021.08.28	2021년 제5회 CAD실무능력평가 특별시험 (2021.8.28.)	08.10 ~ 08.16	08.16	08.24 ~ 08.28	09.11 ~ 09.18
2021.09.11	2021년 제9회 CAD실무능력평가 정기시험 (2021.9.11.)	08.24 ~ 08.30	08.30	09.07 ~ 09.11	09.25 ~ 10.02
2021.10.09	2021년 제10회 CAD실무능력평가 정기시험 (2021.10.9.)	09.21 ~ 09.27	09.27	10.05 ~ 10.09	10.23 ~ 10.30
2021.11.13	2021년 제11회 CAD실무능력평가 정기시험 (2021.11.13.)	10.26 ~ 11.01	11.01	11.09 ~ 11.13	11.27 ~ 12.04
2021.12.11	2021년 제12회 CAD실무능력평가 정기시험 (2021.12.11.)	11.23 ~ 11.29	11.29	12.07 ~ 12.11	12.25 ~ 01.01
2021.12.25	2021년 제6회 CAD실무능력평가 특별시험 (2021.12.25.)	12.07 ~ 12.13	12.13	12.21 ~ 12.25	01.08 ~ 01.15

▲ 2021년 CAT 접수 및 시험일

❷ CAT 2급 자격증을 취득해야 1급 자격증을 응시할 수 있도록 규정이 변경되었습니다.

❸ 한글로 표시된 레이어와 치수 설정, 도면 출력 준비까지 거의 모든 AutoCAD의 기능을 사용할 수 있어야 합니다.

❹ 시험 시간은 90분이며, 작업한 2D 도면을 제출할 수 있는 시간이기에 그전에 작업을 종료해야 합니다.

CAT 2급의 기본 설정

CAT 2급은 시험 문제를 작업하기 위한 파일과 도면 작업 후 도면 아래에 표시할 TITLE 파일까지 총 2개의 파일이 주어집니다. 이때 주의할 점으로 시험용 도면은 반드시 주어진 파일로 작업해야 합니다.

❶ 모두 7개의 도면층을 작성해야 합니다.
- 가상선 / 선홍색 / PHANTOM 선
- 문자 / 흰색 / CONTINUOUS 선
- 뷰포트 / 하늘색 / CONTINUOUS 선
- 숨은선 / 노란색 / HIDDEN 선
- 외형선 / 초록색 / CONTINUOUS 선
- 중심선 / 흰색 / CENTER 선
- 치수 / 빨간색 / CONTINUOUS 선

❷ 모형 공간에서 2D 도면을 작성해야 하며, 해당 도면에 주어진 치수를 설정하고 문제와 동일하게 치수를 기입해야 하며 설정해야 할 치수의 설정은 다음과 같습니다.
- 선 : 치수선 / 치수보조선 색상을 '붉은색'으로 변경
- 기호 및 화살표 : 중심 표식은 '없음'으로 변경
- 문자 : 글꼴 – 굴림으로 변경 / 문자 정렬 – ISO 표준으로 설정
- 맞춤 : 치수 피쳐 축척은 문제에서 제시된 크기 값을 지정
- 1차 단위 : 소수 구분 기호는 마침표로 변경 / 각도 치수의 0억제 '후행'에 체크 표시

❸ 2D 도면은 반드시 [모형] 탭에서 작성해야 하며, 임의의 위치에 작성할 경우 실격되므로 주의해야 합니다.

❹ 2D 도면이 완성되면 하단의 [배치] 탭으로 이동하여 주어진 도면 양식을 작성 후 도면을 배치하고 그 하단에 도면의 명칭과 크기를 알리는 TITLE을 표시합니다. 출력 설정 후 해당 파일을 저장한 다음 제출하여 시험을 종료합니다.

CAT 2급의 문제 출제 유형

　　CAT 2급은 그림에서 보는 것처럼 임의로 만들어진 모델링 데이터를 정면도(앞쪽), 우측면도 (오른쪽), 평면도(위쪽)에서 해당 물체를 볼 때 보이는 부분과 보이지 않는 부분을 선과 점선으로 구분하여 도면으로 작성하는 것이 시험 방식입니다.

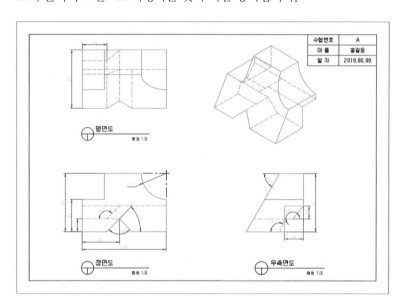

　　기본적으로 3개의 도면이 1개의 형상을 표시하기 때문에 각각의 도면에 있는 치수의 연관성을 파악하고 문제와 동일하게 작성하는 것이 기본적인 문제 출제 방식입니다.

　　문제의 일부인 원형 중 보는 방향에 따라 표시되는 '타원'을 동일하게 표시하는 것이 가장 어려운 부분이며, 사실상 CAT 2급 시험의 난이도를 조절하는 척도이기도 합니다.

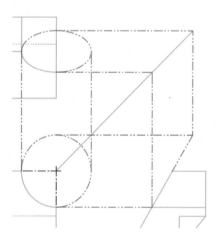

　　그림은 타원을 만드는 방법에 대해서 간략하게 표시한 내용입니다. 물체의 형상을 이해할 수 있는 투상이 기본적으로 된다면 아주 쉽게 만들 수 있지만, 그렇지 못하다면 상당히 어려운 편에 속하는 것이 바로 타원입니다. 과거 ATC에서는 타원이 1개의 형상당 2개씩은 출제가 되었었지만, CAT로 변경된 이후에는 타원은 1개만 출제되고 있으며, 타원이 없는 문제도 많이 나오고 있어서 문제의 난이도는 아주 쉬운 편입니다.

CAT 2급의 주요 감점 및 실격조건

부정행위	1. 시험 보기 페이지와 응시하는 해당 프로그램 이외에 다른 프로그램을 실행한 행위 2. 제공된 템플릿 파일을 사용하지 않은 행위 3. 고사장 밖으로 문제 및 답안의 일부 또는 전부를 유출하거나 배포하는 행위 4. 타인의 답안을 보거나 타인에게 보여 주는 행위 5. 타인과 대화하며 시험을 치르는 행위 6. PC, 스마트폰, 태블릿 PC 등을 포함한 전자 기기를 이용하여 답을 주고받는 행위 7. 시험을 대리로 응시한 행위 8. 계획적으로 답을 가르쳐 주거나 받는 행위 9. 시험 종료 후 채점 과정에서 사후 적발되는 행위 10. 신분증을 위·변조하여 시험을 치르는 행위 11. 사용 프로그램 외 자, 계산기 등 외부 물품을 사용하는 행위 12. 사용 모니터에 손, 자, 윈도 창 등을 이용해 작도하는 행위
실격 사항	1. 지정된 템플릿 파일로 도면을 작성하지 않은 경우 2. 모형 공간 또는 배치(도면 공간)를 작성하지 않은 경우 3. 제출된 파일에 내용이 없는 경우 4. 〔배치〕 탭에서 뷰포트를 사용하지 않은 경우 5. 전체 도형의 축척을 줄여서 작성한 경우 6. 위치가 틀린 곳이 10개소 이상인 경우 7. 치수가 50% 미만으로 작성된 경우
감점 사항	1. 선이 누락된 경우 / 1개소당 −18점 2. 위치 틀림이 있는 경우 / 1개소당 −18점 3. 불필요한 객체가 남은 경우 / −16점 4. 선 종류가 잘못 적용된 경우 / −16점 5. 선 연결 상태가 불량인 경우 / −8점 6. 선이 중복된 경우 / −8점 7. 중심선을 잘못 그리거나 그리지 않은 경우/ −8점 8. 필요한 LAYER 미작성, 필요 없는 LAYER를 만든 경우 / −4점 9. LAYER 설정이 잘못된 경우 / −2점 10. 객체가 다른 도면층에 작성된 경우 / −4점 11. 치수가 누락된 경우 / −4점 12. 치수 유형이 틀린 경우 / −2∼−5점 13. 〔배치〕 탭에서 치수를 작성한 경우 / −10점 14. 치수 보조선이 작성된 객체의 선과 겹친 경우 / −2점 15. 모든 치수가 치수 도면층이 아닌 경우 /−10점 16. 치수선 분해 / −2∼−5점 17. 외곽선, 표제란, 타이틀 기호, 뷰 제목이 0LAYER가 아닌 경우 / −2∼−8점 18. 외곽선, 표제란, 수험번호, 타이틀을 작성하지 않은 경우 / −2∼−5점 19. 뷰포트에 도면이 잘리거나 다른 도면이 보이는 경우 / −4점 20. 뷰타이틀 블록을 사용하지 않은 경우 /−4점 21. 타이틀이 모형 공간에 작성된 경우 / −2점 22. 타이틀이 외곽선을 벗어난 경우 / −2점 23. 타이틀 블록 및 문자가 배치된 도면과 겹치거나 틀리게 입력된 경우 / −2점 24. 표제란 크기가 틀린 경우, 내용이 누락되거나 틀린 경우 / −2점 25. 〔배치〕 탭 내에 불필요한 객체가 있는 경우 / −16점 26. 뷰포트 축척이 틀린 경우 / −3∼−10점 27. 객체의 수평과 수직 정렬이 맞지 않는 경우 / −3∼−6점 28. 중심선과 숨은선 유형이 표현되지 않은 경우 / −2∼−5점

감점 사항	29. 뷰포트 도면층이 동결이나 끄기가 아닌 경우 / −4점
	30. 뷰포트가 다른 도면층에 작성된 경우 /−4점
	31. 한 개의 뷰포트로 배치 작성 또는 뷰포트가 3개가 아닌 경우 / −5점
	32. LIMITS 설정 오류 / −2점
	33. 페이지 설정 관리자 설정이 틀린 경우 / −5점
	34. 그 외 해당 사항이 없는 경우 / −1점

　　CAT 2급은 100점 만점에서 주어진 조건을 만족하지 못할 경우 감점으로 처리하여 총합이 60점 이상이면 합격할 수 있습니다. 이런 조건과 감점 사항만 본다면 상당히 쉽게 느껴질 수 있지만, 반드시 주의해야 할 점도 있으니 이 부분에 대해서 살펴보도록 하겠습니다.

주요 실격 사항

- 가장 기본적으로 시험 작성용으로 주어진 '답안 작성용 파일'을 사용하지 않은 경우입니다. 연습 시에는 이 파일이 없기 때문에 일반적인 CAD 파일에서 작업하는 것이 습관화되어 본인도 모르게 기본 파일을 생성 후 작업을 시작하게 됩니다. 그러니 꼭 시험 시에는 주어진 파일에 답안을 작성할 수 있도록 해야 합니다.

- 최근에는 스마트 워치도 전자기기에 포함되기 때문에 스마트 워치를 착용하는 분이라면 시험 시간에는 잠시 풀어서 별도의 장소에 보관하도록 합니다.

- 사용하는 PC의 모니터에 손이나 윈도 작업창을 이용해서 해당 위치를 맞춰 보는 행위도 부정행위에 속합니다. 시험에 응시하는 모니터에는 문제 화면과 AutoCAD 화면만 표시되어 있어야 합니다.

- 감점 요소에서 '선(점)'의 위치 틀림 1개소당 −18점이라는 감점 때문에 선이 하나 누락되어도 상관없다고 판단하는 경우가 있지만, 이는 아주 위험한 생각입니다.

　　그림에서 보는 것처럼 초록색이 맞는 선이지만, 만약 선홍색의 가상선으로 작도하게 되면 총 3개의 선과 3개의 점이 정확한 위치를 벗어나 있는 것이므로 각 소당 18점씩 계산하여 54점이 되어 합격 점수인 60점을 넘는 감점을 얻게 됩니다. 또한 CAT 2급의 거의 모든 문제는 최소 3개의 '점' 혹은 '선'이 연결되는 하나의 물체이기 때문에 하나의 선이라도 잘못 작성되면 바로 실격될 수 있으니 완벽한 형상을 표시할 수 있도록 주의해야 합니다.

- 문제에서 제시된 '축척'에 표시된 크기가 아닌 임의의 크기로 [배치] 탭에서 도면을 배치하면 실격되므로 반드시 주의해야 합니다.

CAT 2급의 도면 영역 설정

우선 화면 하단의 '배치'를 선택합니다. 이때 배치1 혹은 배치2 중 어느 것을 선택해도 상관 없습니다. 모형과는 다른 UCS 좌표를 표시하기 때문에 이 부분을 꼭 확인하여 [배치] 탭으로 변경되었는지 확인해야 합니다.

❶ [배치] 탭으로 변경하였으면 작업 영역을 설정해야 합니다.
- 명령어 : LIMITS 입력
- 0,0의 절대좌표 입력
- 297,210의 A4 사이즈의 영역을 설정

❷ 영역을 설정하였다면 사용 중인 레이어를 '0'번으로 변경 후 도면 영역을 작성합니다.
- 명령어 : REC 입력
- 0,0의 절대좌표 입력
- 297,210의 A4 사이즈의 영역을 설정

❸ 작업 영역과 동일하게 절대 좌표를 사용하여 A4 사이즈의 기본적인 영역을 생성합니다.

❹ 다음으로 간격띄우기(명령어:O)를 사용하여 10만큼 안쪽으로 간격을 띄웁니다.

❺ 다음으로 처음 만들었던 사각형은 선택 후 삭제합니다.

❻ 오른쪽 상단에 그림과 같은 표제란을 만들고 글자를 작성하여 위치에 맞춰서 배치합니다.

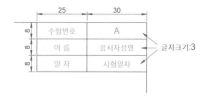

수험번호는 반드시 자신의 수험번호를 올바르게 작성해야 하며, 시험 일자의 경우 '년, 월, 일' 순으로 작성해야 합니다(예 : 2021.12.11).

CAT 시험은 TITLE 파일을 제공하므로 해당 파일을 가져와서 사용해야 합니다.

해당 파일을 가져오기 위해서는 '삽입 명령 : I'를 사용하여 [삽입] 대화상자를 표시합니다. 〈찾아보기〉 버튼을 클릭하여 시험용으로 제시된 TITLE 파일의 경로를 찾아 해당 파일을 지정하고 〈확인〉 버튼을 클릭하여 타이틀 파일에 있는 기호를 불러옵니다.

이때 불러와진 TITLE 파일에는 기호만 있으며, 각 도면의 하단에 표시할 문자는 직접 작성하여 각 도면의 하단에 배치해야 합니다.

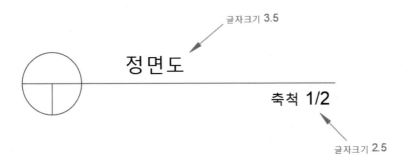

TITLE 상단에는 각 도면의 보는 방향을 작성하고, 하단에는 문제에서 제시된 크기를 작성하여 표시합니다. 이때 글자의 크기는 그림에서 표시한 것과 동일하게 작성해야 하며, 이곳에서 사용되는 문자는 '문자' 레이어에, TITLE 기호는 '0'번 레이어에 속해야 합니다. 작성된 글자를 기입하여 완성한 TITLE 기호는 각 도면의 하단에 배치한 후 각 보는 방향에 맞춰서 도면의 보는 방향의 문자를 변경하면 됩니다.

CAT 2급의 출력 설정

출력 설정 - 프린터/플로터

CAT 2급의 출력 설정에 대해서 살펴보도록 하겠습니다. 출력을 설정하기 위해서는 먼저 '명령어: PLOT'를 입력하여 플롯 대화상자를 표시합니다.

❶ 이름 : 기본으로 시험장에서는 프린터가 연결되지 않기 때문에 캐드 파일인 DWG 파일을 PDF 파일로 변환하는 설정입니다.

❷ 용지 크기 : 용지는 PDF 파일이기 때문에 상당히 많습니다. 그중에서 CAT는 ISO 규격에 전체 페이지를 사용하는 A4 크기(297×210)를 사용하도록 설정하고 있습니다.

❸ 플롯 대상 : 출력 영역을 설정합니다. 현재 화면에 보이는 부분을 출력한다는 의미의 범위를 지정해야 하며, 〔배치〕 탭에 도면틀 이외에는 다른 그림이 없어야 합니다.

❹ 플롯의 중심 : 배치될 그림이 용지 가운데에 위치하도록 설정하는 것을 의미합니다.

❺ 플롯 축척 : PDF로 변환될 그림 크기를 용지 크기에 맞춰서 변환하겠다는 설정입니다.

❻ 플롯 스타일 테이블(펜 지정) : 출력은 컬러가 적용되지 않는 흑백으로 출력되어야 합니다. 그러므로 플롯 스타일 테이블은 'MONOCHROME.CTB'를 사용하여 흑백 출력으로 지정합니다.

❼ 도면 방향 : 용지 크기에 영향을 받습니다. 용지 크기로 가로가 넓은 297×210이 사용되었기 때문에 도면 방향은 가로여야 합니다.

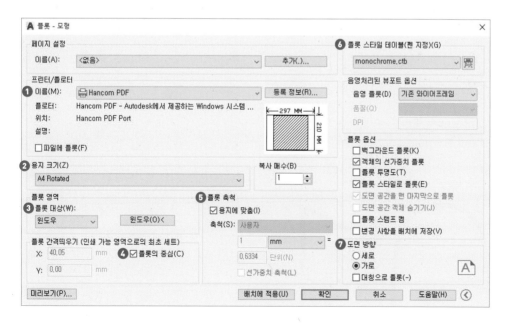

PART

01

CAD의 표준,
AutoCAD 2021
살펴보기

먼저 AutoCAD를 배우고자 하는 여러분을 환영합니다. 실제로 사용하는 CAD 프로그램은 여러 가지가 있지만, 일반 사용자들은 CAD라고 하면 AutoCAD를 떠올릴 정도로 CAD 프로그램의 대명사이자 표준 CAD 형식으로 인정받고 있습니다.
이번 파트에서는 AutoCAD를 배우기 전에 AutoCAD란 어떤 프로그램이며, 어떤 방법으로 배우는 것이 가장 효과적인지 알아보는 시간을 갖도록 하겠습니다.

AutoCAD
2021

CHAPTER 01

AutoCAD 이해하기

AutoCAD 2021 ······

　자동차, 항공기의 기계요소와 실내, 실외 건축과 도로, 조경, 토목 등 거의 모든 설계 분야와 디자인 분야에서 가장 기본적으로 사용되는 프로그램이 AutoCAD입니다. 기계, 건축, 토목 등의 분야에 따라서 사용되는 AutoCAD의 작업 방식 및 도면에 표현해내는 조건은 다르지만, AutoCAD는 사용하는 사람의 숙련도에 따라 작업 시간 및 작성된 도면의 완성도가 달라집니다. 그러므로 여러분 각자가 실제 업무에서 보다 효율적으로 필요한 도면을 작성하기 위한 AutoCAD의 여러 기능을 어떻게 사용해야 하는지에 대해 반드시 알고 있어야 합니다.

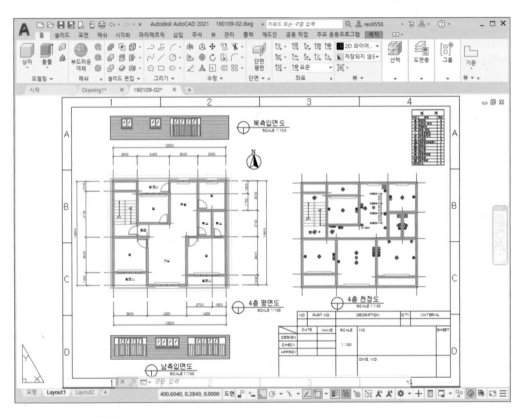

▲ AutoCAD 2021 실행화면

　기계 및 건축에는 다양한 전문 CAD 프로그램이 개발되어 사용 중이지만, 비록 설계 부분에서는 보다 쉬울 수 있어도 국제적인 기본규격을 적용하는 도면 작성 및 설계된 내용을 완성하기 위해서는 AutoCAD를 사용하는 것이 현재까지 가장 보편적인 방법입니다. 즉, 여러분이 실무에서 사용할 설계의 시작은 전문 프로그램이지만, 그 업무의 끝은 바로 AutoCAD입니다.

CAD(Computer Aided Design/Drawing)는 과거 AutoCAD를 지칭하는 단어였지만, 현재는 컴퓨터를 사용하여 설계 작업을 하는 거의 모든 2D 및 3D 설계 프로그램을 의미하는 단어가 되었습니다.

1 CAD 프로그램

앞서 설명한 것처럼 CAD는 2D와 3D를 아울러 컴퓨터를 사용하여 설계 작업을 할 수 있는 프로그램을 통칭하는 단어입니다. 대표적으로 기계 분야는 GM(General Motors)의 계열사에서 만든 기계 설계용 프로그램인 NX-UG와 프랑스의 비행기 제작 업체인 Dassault Systems에서 개발한 CATIA가 있습니다. 국내의 경우 자동차 완성 업체 및 독일의 자동차 제작 업체에서도 자동차 설계를 위해 사용합니다. 또한 AutoCAD를 대체할 수 있는 국내 개발 2D CAD프로그램인 캐디안도 있지만 아직까지 국제적으로 통용되는 AutoCAD만큼의 활용성을 보여주지 못하고 있습니다.

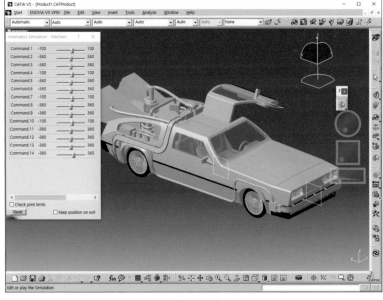

◀ 3D CAD 프로그램 CATIA

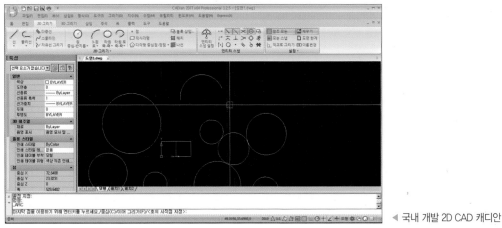

◀ 국내 개발 2D CAD 캐디안

② AutoCAD 프로그램

AutoCAD를 만든 AutoDESK 사도 다른 경쟁사들과의 경쟁에서 밀리지 않기 위해서 AutoCAD뿐만 아니라 여러 가지 CAD 프로그램을 내놓았으며, 그중에서도 AutoCAD가 가장 기본적인 위치에 서 있기 때문에 제일 먼저 많은 변화를 가져온 프로그램입니다. 그리고 AutoCAD를 든든한 베이스로 두고서 건축 분야에서 BIM을 적용한 설계 방식을 효율적으로 작업할 수 있는 Revit 3D CAD 프로그램 및 기계요소 부품을 설계하고 완성품으로 조립 및 여러 가지 조건을 부여한 해석이 가능한 Inventor 3D 프로그램이 있습니다. 여러분이 이 프로그램 중 하나를 사용한다고 하더라도 AutoCAD가 가장 기본이자 중심에 있다는 것을 잊어서는 안 됩니다.

▲ BIM 건축 설계 작업이 가능한 3D CAD 프로그램 Revit

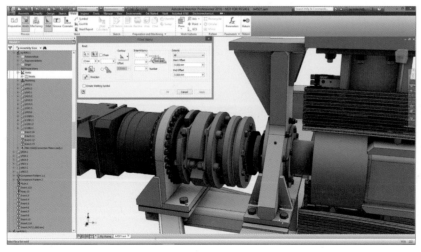

▲ 기계 설계 및 해석이 가능한 3D CAD 프로그램 Inventor

3 AutoCAD의 필요성

AutoCAD는 다양한 2D 및 3D CAD 프로그램을 하나로 이어주는 핵심이 되는 프로그램입니다. 건축의 경우 AutoCAD에서 기본적인 구조를 작성 후 3D CAD로 변환하면 더 쉽게 작업할 수 있으며, 완성된 3D CAD 설계를 2D로 변환하여 도면화할 수 있는 작업을 할 수 있습니다. 기계의 경우 3D CAD로 설계된 부품을 국제 표준에 맞는 2D 도면으로 작성하기 위해서는 3D에서 2D로 변환한 후 AutoCAD에서 도면을 작성해야만 완성도가 높은 도면을 만들 수 있습니다. 이처럼 AutoCAD는 모든 분야에서 반드시 거쳐 가야 하는 단계이자 프로그램이기에 설계와 디자인 업무를 수행하거나 혹은 해당 분야의 업무를 하기 위해서는 반드시 능숙하게 AutoCAD를 다루어야 합니다.

4 AutoCAD 2021의 하드웨어 요구 사항

항목	요구 사항
운영체제	• 윈도우 7 SP1(KB4019990 업데이트 이후, 64비트 전용) • 윈도우 8.1(KB2919355 업데이트 이후, 64비트 전용) • 윈도우 10(1607 이후 버전, 64비트 전용)
CPU	• 기본 : 2.5~2.9GHz • 권장 : 3GHz 이상
메모리	• 기본 : 8GB • 권장 : 16GB
해상도	1,920×1,080 해상도와 24비트 색상 구현
그래픽카드	• 기본 : 1GB GPU(29GB/s 대역폭)와 다이렉트X 11 호환 • 권장 : 4GB GPU(106GB/s 대역폭)와 다이렉트X 11 호환
하드디스크 공간	6GB
마우스	MS 마우스 호환
.NET Framework	.NET Framework 4.7

5 AutoCAD 노트북 권장 사항

항목	요구 사항
운영체제	하드웨어와 동일
CPU	2.9GHz 이상
메모리	8GB 이상
그래픽카드	• Radeon Vega 8 이상 • GForce 1060 이상
하드디스크 공간	8GB 이상

CHAPTER 02

AutoCAD 2021 설치

AutoCAD 2021 ....

AutoCAD 2021 설치 방법에 대해 살펴보도록 하겠습니다. AutoCAD의 경우 월 및 연간 임대 방식으로 라이선스를 구매하여 사용할 수 있습니다. 짧게는 1개월부터 최대 3년의 라이선스를 구매할 수 있으며, 라이선스의 구매는 AutoCAD의 사용 권리를 구매하는 것이기 때문에 사용 가능한 버전 내에서는 공통적인 라이선스가 적용되어 본인이 필요로 하는 AutoCAD의 버전을 사용할 수도 있습니다.

1 │ 사용자 계정 만들기

01 https://www.autodesk.co.kr 사이트에 접속합니다. 화면 상단에 있는 '로그인'을 클릭한 다음 '계정 설정'을 선택합니다.

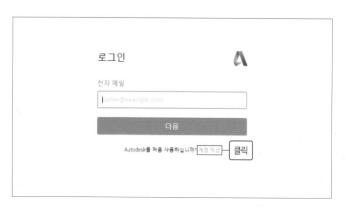

02 로그인 창에서 '계정 작성'을 클릭합니다.

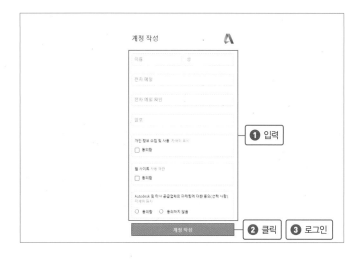

03 계정 작성에 필요한 내용들을 입력합니다. 이때 본인의 이름 및 성은 영문으로 입력하는 것을 권장합니다. 한글로 입력하면 AutoCAD 설치 및 라이선스 인증 시에 오류가 발생할 수 있습니다.

04 계정 작성이 완료되었다면 해당 계정을 사용하여 로그인합니다.

2 | AutoCAD 2021 설치하기

01 계정을 생성하였다면 공식 홈페이지로 접속하여 라이선스를 구매합니다.

02 그다음으로 로그인 항목에서 '제품 및 다운로드 관리'를 선택합니다.

03 화면 좌측 제품 및 서비스 항목에서 '모든 제품 및 서비스'를 선택합니다.

04 구매한 AutoCAD의 〈다운로드 보기〉
버튼을 클릭합니다.

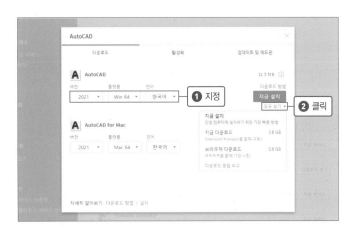

05 AutoCAD의 버전 및 플랫폼과 언어
를 지정한 다음 〈지금 설치〉 버튼 하
단에 있는 '모두 보기'를 클릭합니다. 본인이
원하는 방식의 설치 방법을 선택하여 설치
를 진행합니다.

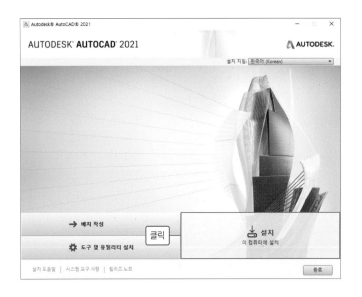

06 설치 화면이 표시되면 〈설치〉 버튼을
클릭하여 설치를 진행합니다.

07 설치 경로를 확인하고 〈설치〉 버튼을 클릭하여 AutoCAD를 설치합니다.

08 AutoCAD 2021 버전의 설치가 완료되면 〈지금 실행〉 버튼을 클릭하여 AutoCAD 2021 버전을 실행합니다.

TIP 오토데스크 회원가입 시 주의 사항

❶ 회원가입에서 작성하는 메일 주소는 가급적 Gmail.com 등 해외 메일을 사용하는 것을 권장합니다. 국내 메일의 경우 메일 주소 확인에 필요한 AutoDESK 사의 메일이 오지 않거나 혹은 스팸 처리되어 동작하지 않을 수 있습니다.

❷ 학생용 무료 프로그램은 교육 기관(고등학교, 대학교, 대학원, CAD를 강의하는 학원 등)에서 발급하는 재학증명서를 제출하지 않으면 더는 사용할 수 없습니다.

❸ 컴퓨터 포맷 후 재설치 시 과거에는 AutoDESK에서 제공하는 라이선스를 보관하여 재설치해야 했지만, 2020 버전부터 홈페이지의 '제품 및 서비스'에서 바로 다운로드하여 설치할 수 있습니다.

AutoCAD 2020과 동일하게 AutoCAD 2021에도 마이그레이션 기능이 탑재되어 있습니다. 마이그 레이션은 만약 AutoCAD 2021 이전 버전을 사용 중일 경우 해당 기능의 내용을 불러와 별도의 세팅 없이 예전에 설정한 기능을 사용할 수 있는 것을 의미합니다.

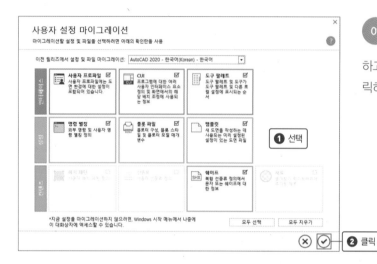

01 이전에 사용했던 설정들을 가져올 필요가 있다면 사용자 환경을 선택 하고 하단의 '확인(체크 표시)' 아이콘을 클 릭하여 적용합니다.

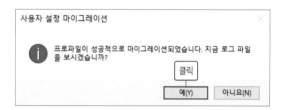

02 사용자 설정 마이그레이션이 완료되면 로그 파일 을 확인할 것인지를 묻는 대화상자가 표시됩니다. 로그 파일을 확인하려면 〈예〉 버튼을 클릭합니다.

03 사용자 설정 로그의 내용이 인터넷 브라우저 창을 사용하여 화면에 표 시됩니다.

4 | 사용자 인증을 통한 정품 인증하기

AutoCAD 2021의 설치가 완료되었다면 사용자 인증을 해야만 구매한 라이선스를 사용할 수 있습니다. 라이선스 확인이 되지 않는다면 AutoCAD 2021을 제대로 사용할 수 없습니다.

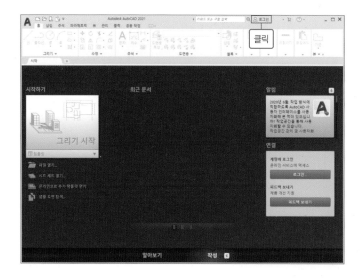

01 AutoCAD 2021 화면 상단에 있는 〈로그인〉 버튼을 클릭합니다.

02 계정 작성 시 사용한 전자 메일 주소를 입력하고 〈다음〉 버튼을 클릭합니다.

03 암호를 입력하고 〈로그인〉 버튼을 클릭합니다.

04 본인 확인을 위한 인증 코드를 입력하고 로그인을 완료합니다.

05 로그인이 완료되면 화면 상단에 로그인이 활성화되면서 라이선스가 적용된 AutoCAD 2021을 사용할 수 있습니다.

AutoCAD는 30일 동안 사용할 수 있는 무료 체험판을 배포하고 있습니다. 무료 체험판을 사용하기 위해서는 우선 계정에 가입해야 하며, 계정 생성 방법은 앞서 설명한 사용자 계정 만들기의 설명을 참고해 계정을 생성합니다.

01 AutoCAD 공식 홈페이지에서 사용자 계정을 로그인한 다음 화면 상단에 있는 〈무료 체험판 다운로드〉 버튼을 클릭합니다.

02 무료 체험을 하려는 프로그램을 선택한 다음 하단의 〈다음〉 버튼을 클릭합니다.

03 무료 체험판 설치 시 알아야 할 사항에 대한 설명을 읽고 〈다음〉 버튼을 클릭합니다.

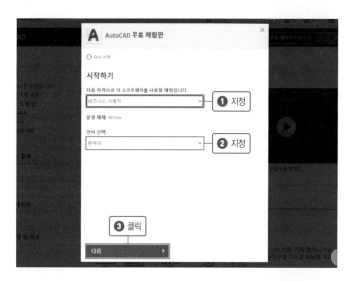

04 사용자 유형을 지정하고, 사용할 언어를 지정한 다음 〈다음〉 버튼을 클릭합니다.

05 사용자의 정보를 입력 및 지정하고 〈다운로드 시작〉 버튼을 클릭합니다. 해당 프로그램을 설치하면 30일 동안 무료 체험판을 사용할 수 있습니다.

CHAPTER 03

AutoCAD 2021의 새로운 기능

AutoCAD 2021 ···

1 | 클라우드 서버를 활용한 파일의 업데이트 내역 확인

AutoCAD 2021 버전에 추가된 기능 중 하나인 클라우드 서버를 활용한 데이터 저장 및 열기 기능의 확장입니다. 2020 버전에서는 저장 및 열기만 가능했기 때문에 공동 작업으로 진행 중인 도면의 변경 사항을 일일이 확인할 수 없어서 상대방과 직접 이야기하거나 혹은 비교 대상의 파일이 필요했습니다. AutoCAD 2021에서는 그런 작업 과정 없이 변경 사항을 한눈에 파악할 수 있는 기능이 생겼습니다.

01 PC에 DropBox 혹은 OneDrive 등의 클라우드가 연결된 상태로 AutoCAD에서 '파일 열기 → 클라우드 폴더→ 파일 선택'으로 작업 중인 파일을 열거나 저장할 수 있습니다.

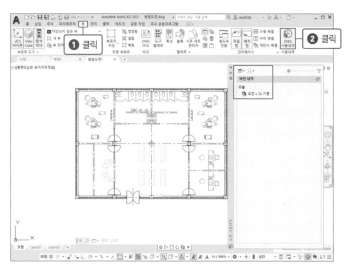

02 화면 위쪽 (뷰) 탭에서 가장 오른쪽에 있는 'DWG 사용내역'을 선택하면 왼쪽 그림과 같이 현재 파일의 작업 및 저장 시간 등이 표시됩니다. 버전 내역 상단의 '달력' 아이콘(▦)은 편집한 날짜를 확인할 수 있으며, 옆의 '사람' 아이콘(◎)은 편집자를 확인할 수 있습니다.

03 버전 내역에서 작업 파일에 마우스 커서를 가져가면 표시되는 '비교' 아이콘(▦)을 클릭합니다.

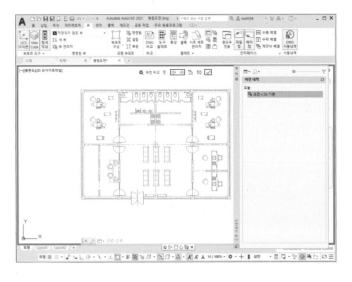

04 '비교' 아이콘을 클릭하면 왼쪽 그림과 같은 화면이 표시되며, 상단에 '좌/우 화살표' 아이콘(⬅ ➡)으로 이전에서 변경된 것이 무엇이 있는지를 확인할 수 있습니다. '체크' 아이콘(✔)을 클릭하면 화면이 원래대로 돌아갑니다.

1 선 자르기(명령어:TR)

AutoCAD 2021에서는 도면 작업을 하기 위해 가장 많이 사용하는 '명령어:TR'에 대해서 많은 부분이 변경되었습니다. 우선 기존 방식과 변경된 부분에 대해 살펴보면 다음과 같습니다.

01 AutoCAD 2021 버전 및 그 이전의 버전은 다음 그림에서 보는 것처럼 자를 기준선을 선택한 다음 자를 선을 드래그로 범위를 설정하여 자르거나 일일이 클릭을 해야 했습니다.

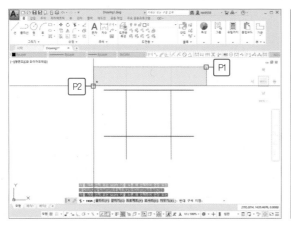
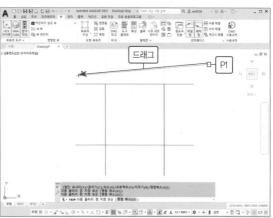

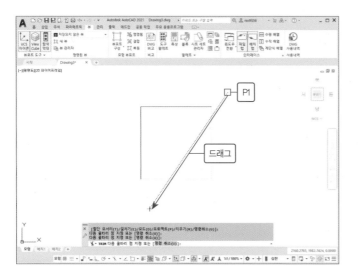

02 가장 큰 변화 중의 하나는 기존의 AutoCAD는 왼쪽 그림처럼 교차가 되지 않는 선들이 필요 없을 때는 별도의 Delete로 삭제해야 했던 반면에 교차가 되지 않더라도 선을 자르는 것이 가능해졌습니다.

AutoCAD 2021에서 변경된 '명령어:TR' 선 자르기의 옵션에 대해 살펴보겠습니다.

명령: TR
TRIM
현재 설정: 투영=UCS, 모서리=없음, 모드=빠른 작업
자를 객체를 선택하거나 Shift 키를 누른 채로 선택하여 확장 또는
[절단 모서리(T)/걸치기(C)/모드(O)/프로젝트(P)/지우기(R)]:

다음은 '명령어:TR'을 실행했을 때 명령 창에 표시되는 내용입니다.

❶ 절단 모서리(T) : 기존과 같이 기준선을 선택한 다음 선을 자르는 방식을 의미합니다.

❷ 걸치기(C) : 범위를 드래그하여 선을 자를 때 사용합니다.

❸ 모드(O) : 빠른 작업(Q)과 표준(S)을 설정합니다. 빠른 작업은 AutoCAD 2021에서 추가된 방식을 의미하며, 표준은 기존 방식을 의미합니다.

❹ 프로젝트(P) : 3차원 설계에서 방향성을 지정합니다.

❺ 지우기(R) : Delete 의 대용으로 범위를 설정하여 필요 없는 객체를 삭제할 때 사용합니다.

▣ 선 연장(명령어:EX)

기본적으로 선 자르기와 동일하게 변경되었습니다.

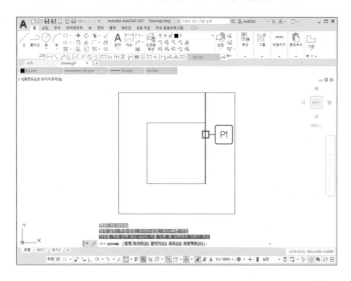

이전 버전의 경우 '명령어:EX'를 입력하면 먼저 연장할 목적지를 선택해야 했지만, AutoCAD 2021에서는 '명령어:EX'를 입력하면 곧바로 선이 연장되도록 변경되었습니다. 2021 버전에서 변경된 선 연장에 대해 살펴보겠습니다.

명령: EX
EXTEND
현재 설정: 투영=없음, 모서리=없음, 모드=빠른 작업
연장할 객체 선택 또는 Shift 키를 누른 채 선택하여 자르기 또는
[경계 모서리(B)/걸치기(C)/모드(O)/프로젝트(P)]:

다음은 '명령어:EX'을 실행했을 때 명령 창에 표시되는 내용입니다.

❶ **경계 모서리(B)** : 기존과 같이 기준선을 선택한 다음 선을 자르는 방식을 의미합니다.

❷ **걸치기(C)** : 범위를 드래그하여 선을 자를 때 사용합니다.

❸ **모드(O)** : 빠른 작업(Q)과 표준(S)을 설정합니다. 빠른 작업은 AutoCAD 2021에서 추가된 방식이며, 표준은 기존 방식입니다.

❹ **프로젝트(P)** : 3차원 설계에서 방향성을 지정합니다.

선 연장은 선을 연장하는 기능이므로 지우기 옵션이 없는 것이 선 자르기와의 차이점입니다.

CHAPTER 04

AutoCAD 2021 화면 살펴보기

AutoCAD 2021 ···

AutoCAD 2021은 이전 버전과 마찬가지로 리본 메뉴를 이용한 직관적인 화면을 구성하고 있습니다. 이전 버전보다 버튼 및 대화상자가 선명해지고, 리본 메뉴의 구성이 명확해졌습니다. 또한 명령어 입력 창이 별도의 상자로 제공되지 않고 작업 영역에 창 형태로 구성되었습니다.

1 | AutoCAD 2021 화면 구성

❶ 응용 프로그램 아이콘 : 응용 프로그램 아이콘을 클릭하면 파일을 열거나 저장하는 등의 파일 작업 명령이 표시됩니다. 또한 AutoCAD 2021의 옵션을 설정할 때도 응용 프로그램 메뉴를 이용합니다.

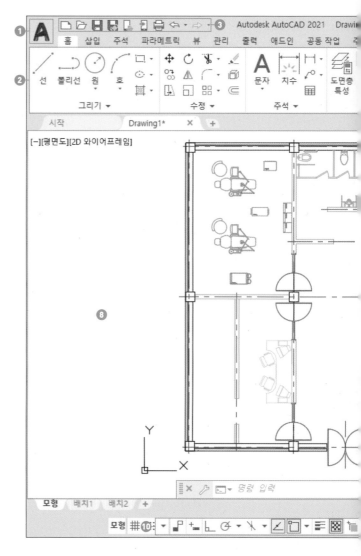

❷ 리본 메뉴 : AutoCAD 2021도 이전 버전과 마찬가지로 리본 메뉴를 이용한 UI를 사용하며, 4K 고해상도를 위한 미려한 아이콘 및 패널이 제공됩니다. 탭을 선택할 때마다 해당하는 패널이 표시되며, 리본 메뉴에 표시되는 명령어와 아이콘은 사용자가 직접 편집하거나 만들 수 있습니다.

③ 빠른 실행 도구모음 : 기본으로 리본 메뉴 상단에 위치하며, 새로운 도면을 만들거나 저장, 인쇄 등 자주 사용하는 기능을 빠르게 실행할 수 있도록 별도의 빠른 실행 도구모음이 제공됩니다. 빠른 실행 도구모음도 사용자가 설정할 수 있으며 위치를 화면 하단으로 이동하여 사용할 수도 있습니다.

④ 검색 메뉴 : 명령어를 검색하거나 오토데스크 계정에 로그인하는 등 도면 작성과 직접적인 관련은 없지만 도면 작성을 위해 도움 되는 기능을 모아둔 영역입니다. 명령어 검색 기능은 AutoCAD 2021을 실행하면 같이 표시되는 Autodesk AutoCAD 2021 도움말 창에서 그 결과를 확인할 수 있습니다.

⑤ 도면 영역 도구 : 작업 중인 도면 영역을 닫거나 최소화할 수 있는 도구가 제공됩니다. 도면 영역 복구 도구를 선택하면 하나의 AutoCAD 2021에서 동시에 여러 개의 도면 파일을 보면서 작업할 수 있습니다.

⑥ 뷰큐브 도구 : 관측점을 변경할 수 있는 도구로 현재의 뷰포트를 변경할 수 있으며 회전 도구를 이용해서 뷰포트를 회전할 수도 있습니다.

⑦ 탐색 도구 : 화면 이동, 줌, 내비게이션 휠 등 주로 화면 표시와 관련된 기능을 제공하는 도구입니다. 내비게이션 도구를 이용하면 화면에 항상 표시되며 선택한 기능을 실시간으로 사용할 수 있습니다.

⑧ 도면 패널(Workspace) : 실제 도면이 표시되는 영역입니다. 도면 영역 아래쪽에는 모델 영역과 레이아웃 영역으로 전환할 수 있는 탭이 표시되며 도면 영역 왼쪽 아래에는 UCS가 표시됩니다. 도면 작성 영역의 배경색이나 표시 방법은 [옵션] 대화상자를 통해 설정할 수 있습니다.

⑨ 명령어 입력 창 : 직접 명령어를 입력하거나, 명령 수행 중 프롬프트, 옵션 및 문구 등이 표시되는 영역입니다. 오토캐드 2019 버전까지는 기본으로 작업 영역에 고정되어 표시되었으나 AutoCAD 2021에서는 작업 영역에 떠 있는 형태로 표시되어, 일정 시간 동안 입력이 없으면 자동으로 명령어 입력 창의 내용이 화면에서 사라져 작업 영역을 넓게 사용할 수 있습니다.

⑩ 객체 스냅 도구모음 : 도면 작성을 위해 자주 사용하는 객체 스냅을 설정할 수 있는 곳입니다. 토글 아이콘 형식이므로 한 번 클릭하면 해당 객체 스냅이 동작하고, 한 번 더 클릭하면 객체 스냅이 해제됩니다. 동작 중인 객체 스냅은 파란색으로 표시됩니다.

⑪ 사용자 구성 도구모음 : 도면 영역의 표시 방법이나 동작 기억 매크로 설정 등 사용자 구성을 설정할 수 있는 도구들이 제공되는 곳입니다. 사용자 구성 도구모음은 토글 아이콘이 아니므로, 아이콘을 클릭하면 해당 기능이 수행됩니다.

◀ AutoCAD 2021에서는 리본 메뉴를 통한 직관적인 메뉴 구성을 확인할 수 있습니다.

팔레트란 도구를 쉽게 사용할 수 있도록 하거나 객체 속성을 확인하는 등 도면 작업을 지원하기 위해 창으로 표시되는 모든 형식을 의미합니다. AutoCAD 2021에서는 이전 버전의 팔레트 기능을 향상시킴과 동시에 새로운 팔레트를 제공합니다. 각 팔레트는 리본 메뉴에서 〔뷰〕 탭의 팔레트 패널에서 선택하여 표시할 수 있습니다.

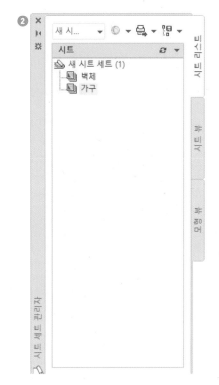

❶ **도구 팔레트** : 블록이나 색상·해치 등의 요소를 쉽게 사용할 수 있도록 다양한 기능을 제공합니다. 도구 팔레트에서 사용하고자 하는 기능을 도면 영역으로 드래그하면 해당 기능이 수행되는 형식입니다.

별도의 창으로 구성되어 있으나 사용자에 따라 도면 영역에 고정하여 표시할 수도 있습니다. 도구 팔레트의 빈 영역에서 마우스 오른쪽 버튼을 클릭하고 명령을 실행하면 도구 팔레트의 환경을 직접 설정할 수 있습니다.

❷ **특성 팔레트** : 선택한 객체의 속성을 표시하고 수정할 수 있는 팔레트입니다. 선택한 객체에 따라 표시되는 속성이 다르며 각 속성의 값을 선택하면 값을 변경할 수 있는 펼침 목록 상자나 입력 상자가 표시됩니다. 변경된 속성은 선택한 객체에 실시간으로 반영됩니다.

❸ **시트 세트 관리자 팔레트** : 미리 정의된 도면 시트의 그룹을 표시하고 구성하는 팔레트입니다.

AutoCAD에서 하나의 도면은 DWG 형식으로 파일에 저장되고, 하나의 파일에는 반드시 하나의 배치가 포함됩니다. 이러한 배치를 시트(Sheet)라고 하며, 시트 세트 관리자 팔레트에서는 시트를 새롭게 만들고 구성하는 역할을 수행합니다. 즉, 여러 개의 도면이 하나의 프로젝트와 관련되었다면 이러한 시트를 구성하여 각 도면의 연관성을 파악할 수 있습니다.

시트 세트 관리자는 도면이 열리지 않은 상태이거나 명령 수행 중인 경우 그리고 다른 사용자에 의해 잠긴 상태에서는 사용할 수 없습니다.

④ 블록 팔레트 : 현재 도면에 등록된 블록이나 최근에 사용한 블록이 팔레트에 자동으로 등록되며, 팔레트에 등록된 블록은 언제든지 도면 영역으로 드래그하는 것만으로 쉽게 블록을 삽입할 수 있습니다. 블록이 많으면 블록 이름을 직접 입력하여 필터링할 수도 있습니다.

⑤ DESIGNCENTER 팔레트 : 해치와 블록 등의 도면 요소를 체계적으로 관리하는 팔레트입니다. 관리되는 도면 요소들은 팔레트에서 도면 영역으로 선택된 요소를 드래그하여 삽입할 수 있으며, 새로운 요소를 DESIGNCENTER 팔레트에 등록하여 사용할 수 있습니다.

CHAPTER 05

나만의 AutoCAD 환경 설정하기

AutoCAD 2021 ··

　AutoCAD는 사용자의 상황에 맞게 다양한 환경을 설정하여 자신만의 작업 환경을 만들 수 있습니다. AutoCAD에서 설정이 가능한 환경과 나만의 환경을 설정할 때 고려해야 할 사항에 대해 살펴보겠습니다.

1 | 작업 환경 설정을 위한 [옵션] 대화상자 표시하기

1 메뉴에서 선택하여 [옵션] 대화상자 표시하기

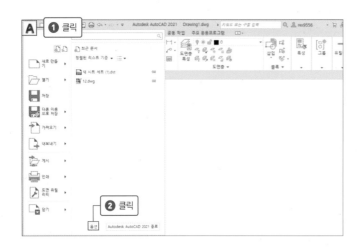

01　응용 프로그램 아이콘을 클릭한 다음 〈옵션〉 버튼을 클릭합니다.

2 바로가기 메뉴를 사용하여 [옵션] 대화상자 표시하기

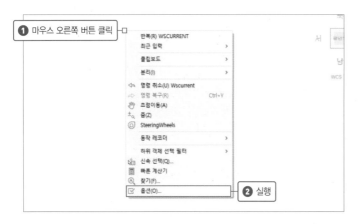

01　도면 영역에서 마우스 오른쪽 버튼을 클릭한 다음 바로가기 메뉴에서 **옵션**을 실행합니다.

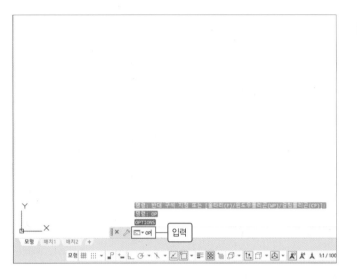

01 도면 영역 하단에 있는 명령어 입력 창에 'OP'를 입력합니다.

2 [옵션] 대화상자 기능 및 환경 설정하기

① 〔파일〕 탭

AutoCAD가 지원하는 파일 및 파일 형식과 글꼴이 저장된 경로 등 AutoCAD를 사용하기 위한 여러 가지 파일들의 경로를 지정할 때 사용하는 항목입니다. 필요에 따라 경로를 변경 혹은 삭제할 수 있습니다. 〔파일〕 탭에 지정된 내용들은 가급적 설정을 변경하거나 삭제하는 것을 권장하지 않습니다.

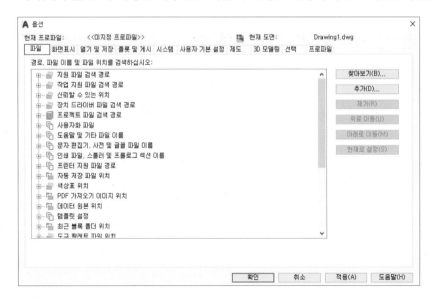

2 〔화면표시〕 탭

AutoCAD의 화면에 표시되는 내용을 설정할 수 있습니다. 화면에 표시되는 내용이기 때문에 본인의 스타일에 맞춰서 설정할 수 있습니다.

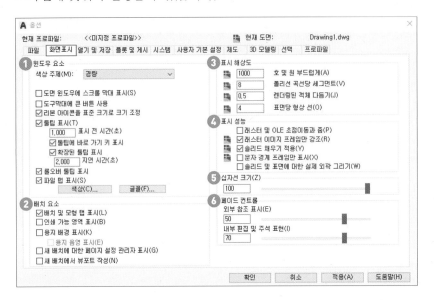

① 윈도우 요소

화면상에 보이는 부분에 대한 설정 영역입니다. 주로 색상 및 아이콘 크기의 설정이므로 가급적이면 이 부분의 옵션들은 변경하지 않는 것을 권장합니다. 색상 및 아이콘의 크기가 변경되면 시인성이 나빠져 오랜 작업 시 눈에 가해지는 피로감이 높아지기 때문입니다.

② 배치 요소

작성된 도형을 도면에 배치하는 탭에 관한 설정 영역입니다. 필요에 맞는 설정을 선택하여 사용할 수 있으며, CAT 2급 응시자의 경우 '배치 및 모형 탭 표시(L)' 기능만 사용하는 것을 권장합니다.

③ 표시 해상도

도면 작성 시 만들어지는 선과 곡선에 대한 해상도 및 디테일을 표시하는 설정 영역입니다. 예를 들어 '호 및 원 부드럽게(A)'의 기본 수치는 1000이지만, 해당 수치를 높일수록 굴곡이 아주 매끄럽게 표시되는 것을 볼 수 있습니다. 하지만 이 옵션들은 AutoCAD를 사용하기 위한 시스템의 사양이 높아지기 때문에 가급적 현재 상태를 유지하는 것을 권장하며, 만약 PC의 사양이 낮아 AutoCAD 2021을 제대로 사용할 수 없다면 조금씩 수치를 낮춰 요구 사항을 조정할 수 있습니다.

④ 표시 성능

작업 영역에 첨부되는 이미지 및 해칭 등의 표시 성능에 대한 설정 영역입니다.

⑤ 십자선 크기

도면 영역에 표시되는 마우스의 십자선 길이를 결정하는 설정입니다. 원하는 십지선 길이를 설정합니다.

⑥ 페이드 컨트롤

외부 참조 내용 및 내부 편집이나 주석 표현 시 사용되는 범위의 크기를 설정할 때 사용합니다.

⑤ 〔열기 및 저장〕 탭

작업한 파일을 저장하거나 혹은 저장한 작업 파일을 열 때 사용하는 설정입니다.

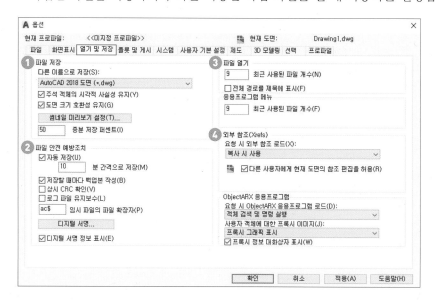

① 파일 저장

다른 이름으로 저장 시 저장하는 버전을 설정합니다.

② 파일 안전 예방조치

백업 파일을 생성하여 혹시 모를 사태를 대비하기 위한 설정입니다.

> **TIP**
>
> '자동 저장' 및 '분 간격으로 저장'과 '저장할 때마다 백업본 작성'은 3개가 1개의 설정입니다. 이 설정은 작업된 파일을 열어서 실행하거나, 혹은 새로 작성한 도면의 파일명을 부여하는 저장 작업을 해야 자동으로 실행되는 옵션입니다. 저장하지 않은 작업 도면에는 해당하지 않는 옵션이므로 주의가 필요합니다.

③ 파일 열기

AutoCAD 2021을 실행 시 표시되는 기본 화면에 최근 사용된 파일을 몇 개 표시할 것인지를 설정합니다.

④ 외부 참조

외부 내용을 참조할 때 어떻게 사용할 것인지를 설정합니다.

④ 〔플롯 및 게시〕 탭

출력에 관련된 내용을 변경할 수 있는 설정입니다. 작업 PC에 설정된 프린터 등의 출력 장치 설정 및 PDF 등 파일로 출력 시 저장할 수 있는 경로를 설정할 수 있습니다.

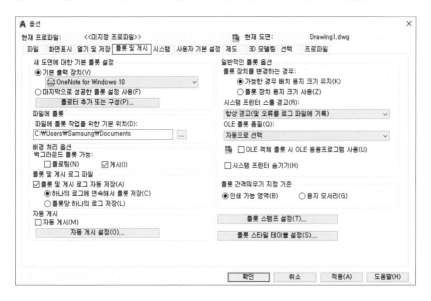

⑤ 〔시스템〕 탭

AutoCAD의 성능에 관한 설정을 변경할 수 있습니다. 그래픽 카드의 성능에 따라 하드웨어를 가속하여 보다 높은 성능을 구현하거나 좌표 입력 장치 및 데이터베이스 연결 옵션 등을 설정할 수 있습니다.

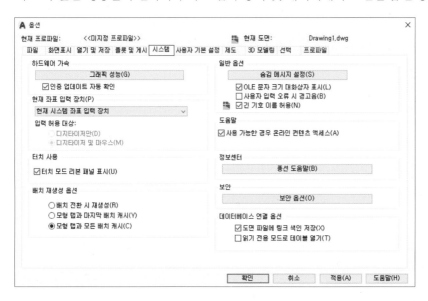

6 〔사용자 기본 설정〕 탭

Window 표준 동작인 더블클릭 수정 기능이나 마우스 오른쪽 버튼 클릭 기능 설정 및 도면에 작성할 단위 설정 등을 변경할 수 있습니다.

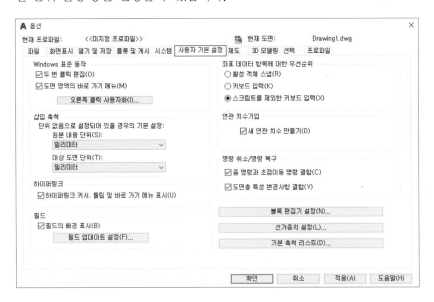

7 〔제도〕 탭

화면에 표시되는 Snap 설정을 변경할 수 있습니다. 화면상에 표시되는 Snap 점의 크기를 변경하거나 조준 창(화면에 표시되는 마우스 커서의 크기)을 변경할 수 있습니다.

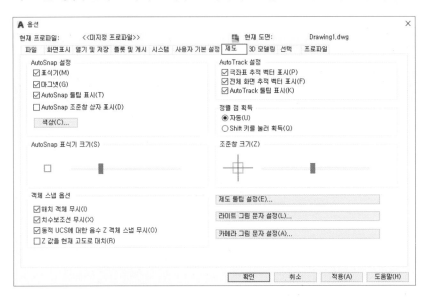

AutoCAD에서 지원하는 3D 모델링 작업에 대한 설정 영역입니다. 3D 모델링을 작업해야 하는 사용자라면 원하는 설정을 변경하여 사용할 수 있습니다.

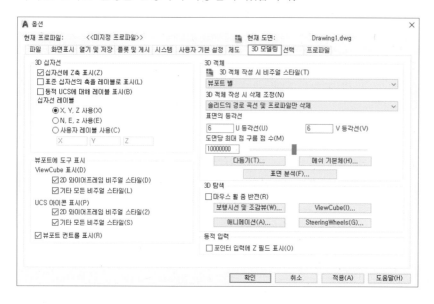

⑨ 〔선택〕 탭

간격 띄우기 및 선 자르기/선 연장 등에 사용하는 마우스 커서의 크기 및 객체를 선택했을 때 나타나는 그립의 크기를 설정할 수 있습니다. 또한 객체 선택 및 삭제에 관한 설정을 변경할 수 있는 영역입니다.

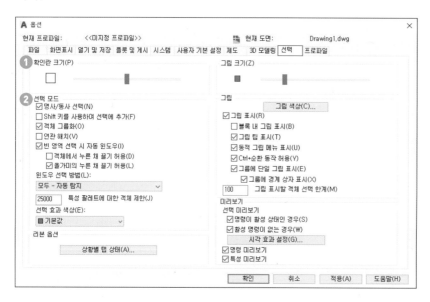

이 영역에서 반드시 알아야 할 사항에 대해서 살펴보겠습니다.

❶ 확인란 크기(P)

간격 띄우기 및 선 자르기/선 연장 등에 사용하는 마우스 커서의 크기를 설정합니다. 원하는 마우스 커서의 크기를 설정할 수 있습니다.

❷ 선택 모드

● **명사/동사 선택(N)**

객체를 선택하고 삭제하는 Delete 등 AutoCAD에서 제공되는 여러 가지 편의 사항들의 ON/OFF로 이해합니다. 반드시 체크 표시되어 있어야 하는 옵션 중의 하나입니다.

● **Shift 키를 사용하여 선택에 추가(F)**

해당 내용이 체크 표시되지 않는다면 복수의 객체를 직접 클릭하여 선택이 가능하지만, 항목이 체크표시될 경우 복수 객체를 선택하려면 Shift 를 누르면 선택이 가능한 항목입니다.

🔟 [프로파일] 탭

현재 설정된 인터페이스를 저장하거나 혹은 저장된 인터페이스를 불러옵니다. 필요시 인터페이스를 재설정할 수도 있습니다.

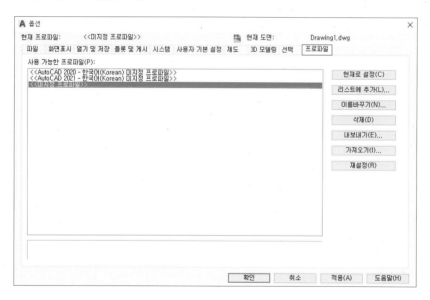

TIP 환경 설정

❶ '리스트에 추가'를 사용하여 나만의 설정 저장하기

1개의 PC에 2인 이상이 사용해야 할 경우가 있습니다. 각 사용자의 작업 스타일이 달라서 옵션 설정이 변경되면 매번 변경해야 하는 번거로움이 있습니다.

나만의 설정을 '리스트에 추가'를 사용하여 저장하고 필요할 때 바로 설정을 변경하여 손쉽게 사용할 수 있습니다. 단, 현재 사용 중인 상태에서 옵션이 변경되면 설정이 변경되지 않으므로 타인에게 PC를 양도할 때 기본 스타일로 변경 후 양도하면 됩니다.

❷ '재설정'을 사용하자!

만약 '리스트에 추가'를 사용하기 전 타인 혹은 본인의 실수로 옵션을 변경하였지만, 그 옵션 변경이 어떤 것인지 확인할 수 없으면 '재설정'을 사용하여 옵션을 리셋하고 새로 설정하면 됩니다.

사용자에 따라 도면 영역을 흰색으로 변경하고 싶다면 다음의 과정을 따라해 보세요. 배경색이 흰색으로 변경되면 기본 흰색 선은 검은색으로 표시되고 나머지 색들은 그대로 표시됩니다.

1 [옵션] 대화상자 표시하기

01 응용 프로그램 아이콘을 클릭한 다음 〈옵션〉 버튼을 클릭합니다.

> **TIP**
> 도면 영역에서 마우스 오른쪽 버튼을 클릭한 다음 바로가기 메뉴에서 **옵션**을 실행해도 됩니다.

2 〔화면표시〕 탭 설정하기

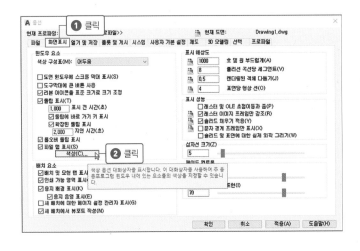

01 [옵션] 대화상자가 표시되면〔화면표시〕 탭을 선택합니다.

02 윈도우 요소 항목의 〈색상〉 버튼을 클릭합니다.

③ 배경색 지정하기

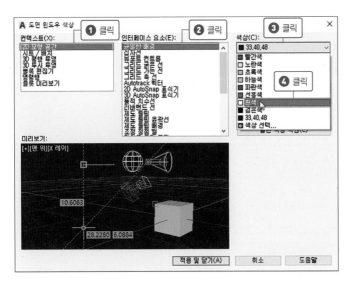

01 [도면 윈도우 색상] 대화상자가 표시되면 컨텍스트 항목의 '2D 모형 공간'을 선택합니다.

02 인터페이스 요소 항목에서 '균일한 배경'을 선택합니다.

03 색상 항목에서 '흰색'을 선택합니다.

④ 배경색 적용하기

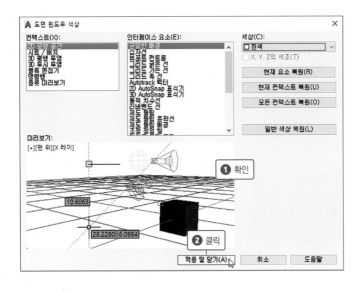

01 미리보기 화면에서 배경색이 흰색으로 변경된 것을 확인합니다.

02 〈적용 및 닫기〉 버튼을 클릭합니다.

03 [옵션] 대화상자가 표시되면 〈확인〉 버튼을 클릭합니다.

5 배경색 확인하기

01 도면 영역의 배경색이 흰색으로 변경된 것을 확인합니다.

4 │ 도면을 원하는 버전으로 저장하고 자동 저장 간격 설정하기

국내 관청이나 대형 프로젝트에서는 AutoCAD 2007 또는 AutoCAD 2010 버전을 표준으로 규정하고 있습니다. 그러므로 AutoCAD 2021로 작성한 도면을 그대로 납품하면 결격 사유에 해당하므로 반드시 발주처에서 요구하는 AutoCAD 버전으로 변환하여 제출해야 합니다. 작성한 도면을 자동으로 지정한 버전으로 저장하는 방법과 지정한 시간마다 자동으로 저장하는 방법에 대해 알아보겠습니다.

1 [옵션] 대화상자 표시하기

01 응용 프로그램 아이콘을 클릭한 다음 〈옵션〉 버튼을 클릭합니다.

TIP
도면 영역에서 마우스 오른쪽 버튼을 클릭한 다음 바로가기 메뉴의 **옵션**을 실행해도 됩니다.

② AutoCAD 버전 지정하기

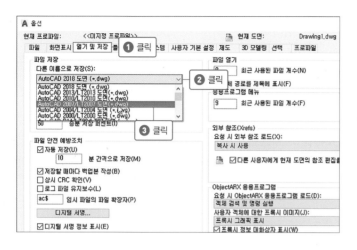

01 [옵션] 대화상자가 표시되면 〔열기 및 저장〕 탭을 선택합니다.

02 다른 이름으로 저장에서 저장하고자 하는 형식의 버전을 선택합니다.

③ 저장 간격 설정하기

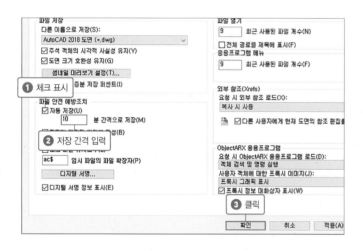

01 파일 안전 예방조치 항목에서 '자동 저장'에 체크 표시합니다.

02 바로 아래의 입력 상자에 자동 저장 간격을 분 단위로 입력합니다.

03 〈확인〉 버튼을 클릭합니다.

TIP 자동 저장

❶ **자동 저장 시간은 5분 이하로 설정하지 않는 것을 권장합니다.**

AutoCAD는 사용자가 작업 중이라 판단할 경우 3~4회 정도 자동 저장 시간이 되어도 저장을 하지 않고 뒤로 미루지만, 그 이상이 되면 저장해야 할 데이터가 많아진다는 것으로 판단하여 모든 명령어를 중지하고 '자동 저장'을 실행하게 됩니다.

❷ **BAK 파일은 작업 중에 지우지 마세요.**

BAK 파일이 '백업본'입니다. 즉, 작업 중 부득이한 일로 AutoCAD가 종료될 경우 작업한 파일에 저장한 내용과 백업본에 저장된 파일 내용을 합산해서 복구할 것인지를 묻는 메시지가 표시되기 때문에 작업 중일 경우 BAK 파일은 삭제하면 안 됩니다.

CHAPTER 06

좌표계 이해하기

AutoCAD 2021

정확한 수치에 의해 작성하는 AutoCAD 도면은 모든 수치가 좌표계에 의해 입력되므로, 본격적인 도면을 그리기에 앞서 AutoCAD에서 사용하는 3가지 좌표계에 대해 이해하는 과정이 필요합니다. 이번 챕터에서는 AutoCAD에서 사용하는 3가지 좌표계에 관해 알아보겠습니다.

1 │ 좌표계

AutoCAD에서는 절대 좌표계와 상대 좌표계 그리고 상대 극좌표계를 사용할 수 있습니다. 각 좌표계는 좌표와 거리 그리고 각도를 입력하는 방법으로 객체의 특징에 따라 유연하게 이용할 줄 알아야 합니다. 실무에서는 이전 정점을 기준으로 다음 정점을 작성하기 때문에 상대 좌표계와 상대 극좌표계를 자주 사용합니다.

1 절대 좌표계

초·중학교에서 배웠던 좌표계는 절대 좌표계입니다. AutoCAD에서는 미리 정의된 도면의 한계 안에서 입력한 좌표가 실제 정점으로 입력됩니다. 예를 들어, 좌표계에 (3,6)이라고 입력한다면 AutoCAD 좌표의 (3,6) 지점에 정점이 입력되는 것입니다. 절대 좌표계는 2D인 경우 (X축 좌표, Y축 좌표) 형식으로 입력하고, 3D인 경우 (X축 좌표, Y축 좌표, Z축 좌표)의 형식으로 입력합니다.

오른쪽 그림처럼 그리드를 이용하여 각 정점을 그렸을 때 입력되는 값은 좌표 값 그대로인 것이 절대 좌표계입니다.

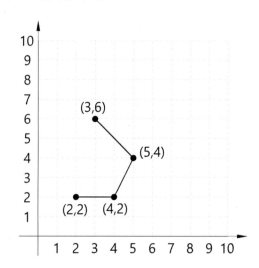

▲ 절대 좌표계는 좌표상 입력한 값 그대로 정점이 입력된다.

❷ 상대 좌표계

상대 좌표계는 이전에 입력했던 정점을 기준으로 거리를 입력하는 방법입니다. 좌표 값 앞에 '@'를 입력하며 이전에 입력한 정점을 기준으로 입력한 거리만큼 상대적으로 떨어진 정점을 입력하라는 의미입니다.

예를 들어, 이전 정점이 (2,2)라면 상대 좌표를 (@2,0)로 입력한 결과는 X축으로 2만큼, Y축으로 0만큼 떨어진 정점이기 때문에 절대 좌표계로 (4,2)에 해당합니다.

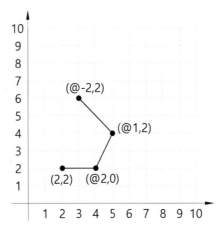

▲ 상대 좌표계는 이전에 입력했던 정점으로부터 입력한 거리만큼 떨어진 정점에 입력된다.

❸ 상대 극좌표계

상대 극좌표계는 이전에 입력했던 정점을 기준으로 거리와 각도를 이용해서 좌표를 입력하는 방법입니다. 상대 좌표가 X축과 Y축의 상대적인 거리를 이용한다면, 상대 극좌표는 상대적인 거리와 방향을 이용하여 정점을 입력합니다.

상대 극좌표는 '@' 기호 다음에 거리와 '<' 기호 그리고 각도를 입력하는데, AutoCAD에서 각도는 시계 반대 방향이 '+'입니다. 즉, 3시 방향이 0°이며 90° 각도는 12시 방향입니다. 또한 180°는 9시 방향이며 270°는 6시 방향입니다. 그러므로 각도를 '−'로 입력하는 경우 3시 방향을 기준으로 거꾸로 산정합니다. 예를 들어, '−90'은 시계 반대 방향이므로 6시 방향이라고 할 수 있습니다.

이러한 상대 극좌표계를 이용해서 (2,2) 정점을 기준으로 각 변의 길이가 '6'인 사각형을 그린다면 오른쪽 그림과 같이 입력할 수 있습니다.

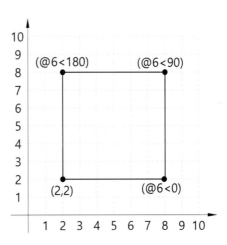

▲ 상대 극좌표계는 이전에 입력했던 정점으로부터 거리와 각도를 입력한다.

CHAPTER 07

단축 명령어 편집하기

AutoCAD 2021

AutoCAD는 명령어를 입력하거나 화면 상단의 리본을 클릭하여 도면을 작성할 수 있지만, 효율성이나 작업 시간 단축을 위해서는 명령어의 단축키가 필수적인 조건입니다. 단축키를 사용자가 원하는 스타일로 변경 혹은 추가하여 사용한다면 AutoCAD를 사용하는 작업 효율성은 보다 향상됩니다.

1 Acad.pgp 파일 수정하기

01 리본 메뉴의 〔관리〕 탭을 선택한 다음 '별칭 편집'을 선택합니다.

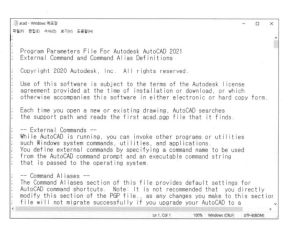

02 메모장이 열리면서 AutoCAD의 기능과 단축키에 대한 설정값이 표시됩니다.

> **TIP**
> 이때 공통적으로 사용되는 명령어 및 단축키 이외의 설정이 변경되거나 글자 및 기호가 삭제될 경우 AutoCAD가 제대로 동작하지 않을 수 있으니 주의가 필요합니다.

03 메모장 중간에 있는 3A부터 ZEBRA의 범위까지가 버전에 상관없이 공통적으로 사용하는 명령어 및 단축키입니다. 또한 자유롭게 편집이 가능한 범위이기도 합니다. 이 범위를 벗어나는 위쪽 및 하단의 명령어와 단축키는 버전에 따라 조금씩 세팅이 다르므로 공통적인 단축키 세팅으로 사용할 수 없으니 주의가 필요합니다.

2 단축키 추가하기

앞서 단축키 편집에 대한 내용을 살펴보았습니다. 이번에는 이 편집 기능을 활용하여 단축키를 추가하는 작업을 해 보겠습니다.

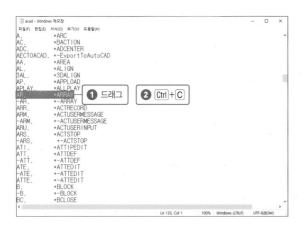

01 우선 'AR, *ARRAY' 행을 드래그하여 블록으로 지정한 다음 Ctrl+C를 눌러 복사합니다.

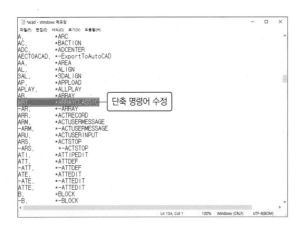

02 'AR, *ARRAY' 행의 뒤쪽에 Enter 를 눌러 한 줄을 내린 다음 Ctrl + V 를 눌러 붙여 넣습니다. '*ARRAY' 뒤쪽에 'CLASSIC'을 입력하고, 'AR,' 뒤쪽에 'T'를 입력합니다. 이때 T를 입력하면서 '*ARRAYCLASSIC'이 한 칸 띄워지므로 'ART, *ARRAY CLASSIC' 사이의 여백을 한 칸 삭제하여 '*'의 위치가 동일 선상에 있도록 설정합니다. 설정이 완료되면 저장 후 메모장을 종료합니다.

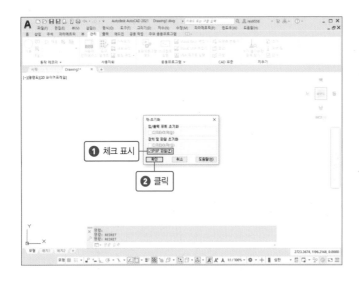

03 설정한 단축키에 대한 갱신 작업이 필요합니다. 명령어 입력 창에 'REINIT'를 입력합니다. [재-초기화] 대화상자가 표시되면 'PGP파일(F)'을 체크 표시한 다음 〈확인〉 버튼을 클릭합니다. 변경 혹은 추가한 단축키가 활성화되어 사용할 수 있습니다.

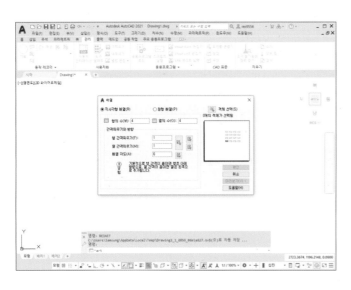

04 명령어 입력 창에 'ART'를 입력하면 ARRAY CLASSIC 명령의 대화상자가 표시되는 것을 볼 수 있습니다.

CHAPTER 08

도면 환경 설정하기

AutoCAD 2021 ···

　도면을 그릴 때 정해진 도면 크기 안에서 축적을 재가며 그리는 것처럼 AutoCAD에서도 도면을 그리기 전에 도면 크기에 해당하는 도면 영역을 설정해야 합니다.

1 │ 도면의 한계

　AutoCAD 도면의 최종 결과물은 파일 그 자체일 수 있지만 대부분 용지에 출력합니다. AutoCAD로 도면을 그릴 때는 실제 크기를 입력하여 그리지만 대부분 출력할 용지를 염두에 두고 도면의 한계를 정합니다. 도면의 한계는 출력할 수 있는 영역을 의미하며 그리드가 표시되는 한계이기도 합니다.

1 도면의 크기

　종이와 필기구(연필, 레터링 펜 등)를 이용하여 도면을 그릴 때는 종이의 영역이 정해져 있기 때문에 수치를 모두 미리 정해진 축척으로 계산하여 그려야만 했습니다. 그러나 AutoCAD에서는 실제 수치로 입력한 다음 출력할 때 축척을 정하기만 하므로 이러한 번거로움은 없어졌습니다. 그러나 AutoCAD에서도 도면의 한계를 정해야 합니다. 도면의 한계가 없다면 AutoCAD에서 표현할 수 있는 영역의 제한이 없어지기 때문에 무한대의 공간을 잡는 불상사를 초래할 수 있습니다.

　AutoCAD에서 도면의 한계는 단순히 도면 크기를 정한다는 의미가 아니라 작업 공간을 정한다는 의미입니다. 사전에 정의한 도면의 한계 안에서 확대 명령이나 그리드 명령 그리고 출력 명령이 수행되기 때문입니다.

　이러한 도면의 한계는 실제 도면의 크기를 먼저 파악하면 좀 더 쉽게 이해할 수 있습니다. 실무에서 사용하는 용지의 크기는 KS A 5201과 KS B 0001의 규정에 의해 정의되어 있습니다. 가장 큰 크기는 A0이며, A0의 정확히 반을 자른 크기가 A1입니다. A2는 다시 A1을 반 자른 크기이며 이런 형식으로 A0-A1-A2-A3-A4의 5가지 용지 크기를 사용합니다.

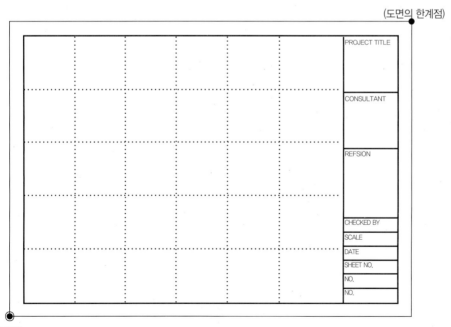

A2
(594×420)

A1
(594×841)

A4
(297×210)

A3
(297×420)

A4
(297×210)

▲ 도면의 크기(전체 용지 A0, 1190×841)

② 도면의 한계(Drawing Limit)

　도면의 한계란 앞서 언급한 것처럼 AutoCAD에서 도면이 그려지는 영역을 의미합니다. 도면 영역을 정하는 이유는 작업 중 메모리를 최적화하기 위해서입니다. 도면 영역을 정하면 출력 범위와 함께 확대 범위를 정할 수 있습니다. 도면 영역이 영향을 주는 것은 보이는 부분보다 보이지 않은 부분이 더 많지만, 가시적으로 확인할 수 있는 부분은 확대 범위와 그리드 범위라고 할 수 있습니다.

(도면의 한계점)

PROJECT TITLE

CONSULTANT

REFSION

CHECKED BY

SCALE

DATE

SHEET NO.

NO.

NO.

(원점)

▲ 도면 영역을 정하면 확대 시 도면의 한계점까지만 확대된다.

2 | 도면의 한계 설정하기 - Limits

AutoCAD에서 도면의 한계는 'Limits'라는 명령을 사용하여 설정합니다. Limits 명령은 리본 메뉴에서는 사용할 수 없고 명령어 입력 창에 직접 명령을 입력하여 사용합니다. 도면의 한계를 입력할 때는 먼저 도면의 원점을 입력한 다음 한계점을 입력합니다. 도면의 한계점을 입력할 때는 직접 좌표를 입력하거나 화면에서 한계점을 클릭합니다.

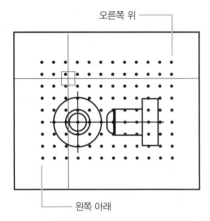

오른쪽 위

왼쪽 아래

▲ Limits 명령에 의해 도면의 한계가 정해지면 그리드가 도면의 한계 영역에만 표시된다.

1 명령어 실행

명령어 입력: LIMITS

2 작업 진행

모형 공간 한계 재설정:
왼쪽 아래 구석 지정 또는 [켜기(ON)/끄기(OFF)] ⟨0.0000,0.0000⟩: [원점을 입력]
오른쪽 위 구석 지정 ⟨420.0000,297.0000⟩: [도면 한계점을 입력]

TIP   Limits 사용

❶ Limits로 출력 범위 설정하기
'명령어:Limits'는 출력하고자 하는 범위를 설정할 수 있습니다. 단, 조건은 절대 좌표로 설정해야만 가능하며, 출력 시 출력 영역을 '범위'로 설정하면 미리 설정한 Limits의 수치만큼 출력하는 것으로 설정됩니다.

❷ 화면의 이동 제한 풀기
간혹 화면을 좌/우, 상/하로 움직일 때 더는 움직여지지 않는 경우가 있습니다. 이 부분을 이동 제한 영역이라 하며, 이 이동 제한 영역은 없앨 수 없습니다. 하지만 Limits를 사용하여 이동 제한 영역을 넓혀 더 편리하게 화면을 움직일 수 있습니다. 절대 좌표를 사용해야 하며, 범위는 작업하고자 하는 범위보다 0단위를 하나 더 추가하여 설정합니다.

CHAPTER 09

도면 작성 지원 도구 알아보기

AutoCAD 2021 ···

AutoCAD 2021에서는 더 빠르고 편리하게 도면을 작성할 수 있도록 다양한 기능을 제공합니다. 이러한 도구들은 미리 정의해 놓고 기능키를 이용하여 활성화하거나 비활성화할 수 있습니다.

1 | 도면 작성 지원 도구

도면 작성 지원 도구는 기능키를 이용하거나 프로그램 화면 아래쪽의 토글키를 이용하여 활성화 또는 비활성화해서 사용합니다. 각각의 지원 도구는 'SE' 명령에 의해 상세 항목을 설정할 수 있습니다.

▣ 〔스냅 및 그리드(Snap and Grid)〕 탭

스냅(Snap)과 그리드(Grid)를 설정하는 화면입니다. 스냅은 커서를 일정 간격으로만 움직이는 도구로 스냅의 간격과 그리드의 간격은 각각 다르게 설정할 수 있습니다. 스냅은 F9를 누르면 동작하며, 그리드는 F7을 누르면 동작합니다.

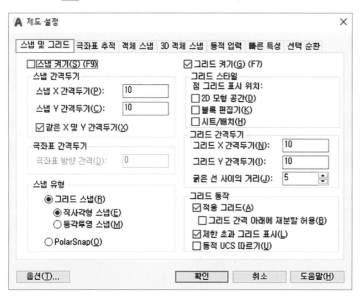

▲ 스냅 및 그리드 설정 화면

② 〔극좌표 추적(Polar Tracking)〕 탭

각도를 추적하는 기능으로 미리 정의해 둔 각도에 따라 커서의 움직임을 제어합니다. 극좌표 추적 도구를 사용하면 일정 각도로 객체를 회전할 때 편리하게 사용할 수 있습니다.

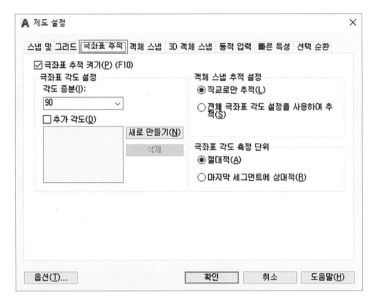

◀ 극좌표 추적 설정 화면

③ 〔객체 스냅(Object Snap)〕 탭

객체 스냅(Osnap)은 도면을 작성하면서 가장 많이 사용하는 도구로 정점을 찾을 때 도움을 받을 수 있습니다. F3을 누르면 미리 선택한 객체 스냅이 동작하며, F11을 누르면 객체에 마우스 포인터를 가져갔을 때 사용할 수 있는 모든 객체 스냅이 표시됩니다. 또한 'Osnap' 명령을 실행하면 객체 스냅을 즉시 설정할 수 있습니다.

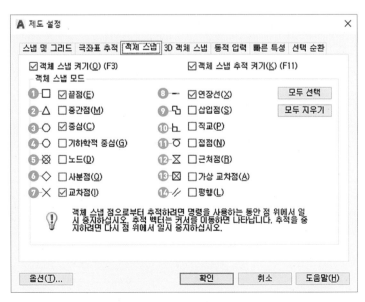

◀ 객체 스냅 설정 화면

❶ 끝점(Endpoint) : 객체의 끝점을 선택합니다. 직선은 물론 곡선에서도 사용할 수 있지만 원과 같이 끝점이 없는 객체에서는 사용할 수 없습니다. 단, 타원인 경우에는 정점을 찾아 선택할 수 있습니다.

❷ 중간점(Midpoint) : 객체의 중간 지점을 찾아 선택합니다. 직선에서만 적용할 수 있습니다.

❸ 중심(Center) : 원이나 곡선의 중심점을 찾아 선택합니다.

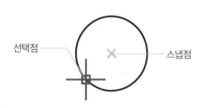

❹ 기하학적 중심(Geometric Center) : 다각형이나 폐곡선의 무게 중심을 찾아 선택합니다.

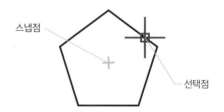

❺ 노드(Node) : 점 객체나 치수의 지정점을 찾아 선택합니다.

❻ 사분점(Quadrant) : 원이나 호의 사분 지점을 찾아 선택합니다.

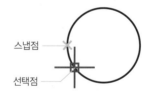

❼ 교차점(Intersection) : 두 객체의 교차 지점을 찾아 선택합니다.

❾ 삽입점(Insertion) : 블록이나 문자 등의 삽입점을 선택합니다. 삽입점이란 기준점을 의미하는 것으로 블록이나 객체에서 방향이나 높이의 기준인 지점입니다.

⓫ 접점(Tangent) : 원이나 호 등의 곡선 객체에서 접점을 형성하는 지점을 찾아 선택합니다. 즉, 곡선이나 곡선 혹은 곡선이나 직선을 연결하고자 할 때 곡선의 접점을 찾습니다.

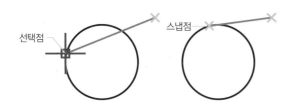

❽ 연장선(Extension) : 2개의 객체가 연장되었을 때 가상의 교차 지점을 찾아 선택합니다. 다른 오브젝트 스냅과는 달리 2개의 객체를 선택해야 적용됩니다.

❿ 직교(Perpendicular) : 선택한 객체의 수직 지점을 찾아 선택합니다. 대부분 직선을 다른 직선상에 수직으로 연결하고자 할 때 자주 사용합니다.

⓬ 근처점(Nearest) : 커서가 위치하는 곳에서 객체의 가장 가까운 지점을 찾아 선택합니다. 선택 지점이 객체 임의의 지점이 될 수 있기 때문에 자주 사용하지 않습니다.

⓭ 가상 교차점(Apparent Intersection) : 3D 공간에서 두 선이 교차하지 않을 때 두 선의 방향을 추적하여 가상의 교차점을 찾아 선택합니다.

⓮ 평행(Parallel) : 객체(주로 직선)와 평행한 지점을 찾아 선택합니다. 즉, 시작 지점을 지정하고 다른 객체에 커서를 위치하면 객체와 평행한 객체를 만들 수 있습니다.

도면 작성 중에 직접 객체 스냅을 선택하여 사용할 수도 있습니다. 정점을 선택해야 하는 경우 직접 객체 스냅 명령을 명령어 입력 창에 입력하거나 Shift를 누른 채 마우스 오른쪽 버튼을 클릭하면 객체 스냅을 선택할 수 있는 바로가기 메뉴가 표시됩니다.

객체 스냅을 사용하지 않으면 정점을 정확하게 선택하기 힘들어지므로 도면 작성 시 적절한 객체 스냅을 사용하면 도면을 빠르게 완성할 수 있습니다. 다만 불필요한 객체 스냅의 설정으로 하나의 정점 선택 시 많은 객체 스냅이 동작하면 도면 작성에 방해 요소로 작용할 수 있기 때문에 도면 특성에 따라 적합한 객체 스냅을 선택하여 사용하는 것이 좋습니다.

▲ 객체 스냅 바로가기 메뉴

④ 〔3D 객체 스냅(3D Object Snap)〕 탭

3D에서 객체 스냅을 설정하는 화면입니다. 3D 작업에서는 2D와는 달리 면이 교차하므로 좀 더 다른 특성의 객체 스냅을 적용해야 합니다. 정점이나 변의 중심 혹은 면의 중심점을 찾는 객체 스냅 등을 자주 사용합니다.

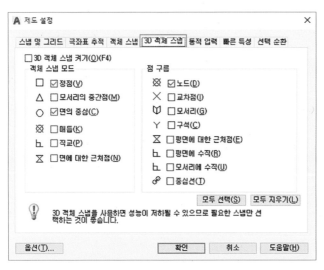

◀ 3D 객체 스냅 설정 화면

5 〔동적 입력(Dynamic Input)〕 탭

포인터 입력 및 치수 입력, 동적 프롬프트 모양을 설정합니다.

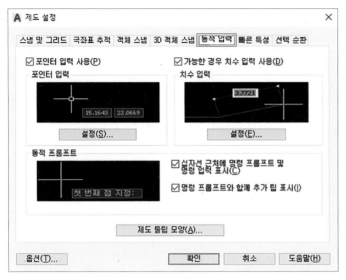

▲ 동적 입력 설정 화면

6 〔빠른 특성(Quick Properties)〕 탭

객체 선택 시 특성 팔레트의 자동 표시 여부와 팔레트 위치 등을 설정합니다.

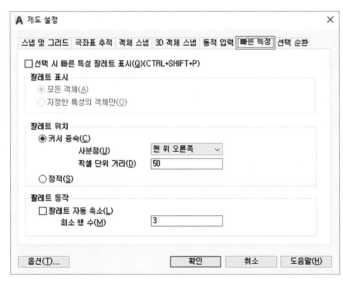

▲ 빠른 특성 설정 화면

7 〔선택 순환(Selection Cycling)〕 탭

Shift + Spacebar 를 누르면 겹치는 객체를 선택할 수 있도록 설정합니다. 겹치는 아이콘의 표시 여부와
선택 목록 상자의 표시 방법을 설정할 수 있습니다.

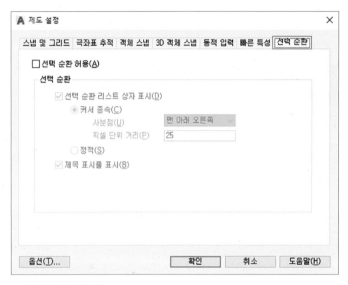

▲ 선택 순환 설정 화면

CHAPTER 10

파일 열기 및 저장하기

AutoCAD 2021

AutoCAD를 사용하기 위해 가장 기본적으로 다양한 도면의 파일을 열고 또한 저장하는 방법을 알고 있어야 합니다. 실제 업무에서 내가 작업한 도면의 파일이 다른 사람에게 열리지 않아 어려움을 겪은 적은 없는지 생각해 보면 파일 열기 및 저장이 얼마나 기본적이고 중요한지에 대해 알 수 있습니다. 특히 AutoCAD 2021 버전은 현재 가장 최신의 버전이기 때문에 낮은 버전에서는 파일을 열 수 없으므로 저장의 중요성은 높아집니다.

1 | 파일 저장하기

1 작성한 파일 저장하는 방법

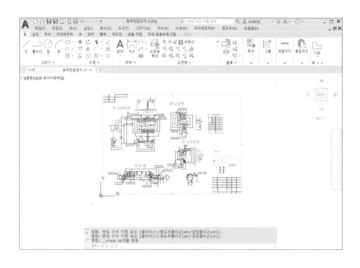

01 빠른 실행 도구모음에서 '저장' 아이콘을 클릭하여 저장할 수 있습니다.

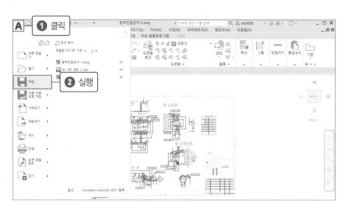

02 응용 프로그램 아이콘을 클릭한 다음 **저장**을 실행합니다.

03 Ctrl+S를 눌러 저장할 수 있습니다.

2 버전을 변경하여 저장하는 방법

앞서 설명했던 방법 중에서 첫 번째와 두 번째 방법의 경우 옆 혹은 아래에 위치한 '다른 이름으로 저장'을 살펴볼 수 있습니다.

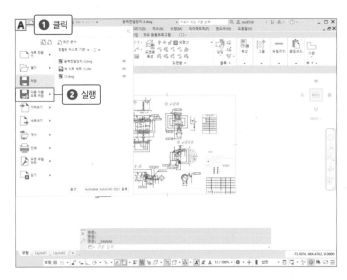

01 앞서 설명했던 방법 중에서 하나를 선택하여 **다른 이름으로 저장**을 실행합니다.

02 [다른 이름으로 도면 저장] 대화상자가 표시되면 저장하려는 경로를 지정하고 파일 이름을 입력합니다. 파일 유형에서 원하는 버전을 지정하여 저장을 하면 낮은 버전에서도 열 수 있는 작업 파일을 생성할 수 있습니다.

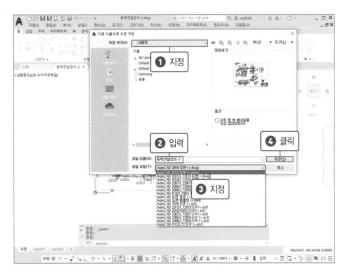

TIP

가장 권장하는 다른 이름으로 저장에서의 파일 유형은 'AutoCAD 2004 / LT2004(DWG)'입니다. 권장하는 이유는 다음과 같습니다.

❶ 상당히 낮은 하위 버전이라 다른 버전을 고려할 필요 없이 현재 사용되는 거의 모든 AutoCAD에서 열 수 있습니다.

❷ 다른 이름 저장 시 일부 버전의 경우에는 저장의 문제로 파일에 오류가 생길 확률이 있습니다. 하지만 'AutoCAD 2004 / LT2004(DWG)'는 그런 오류가 생길 확률이 상당히 낮습니다.

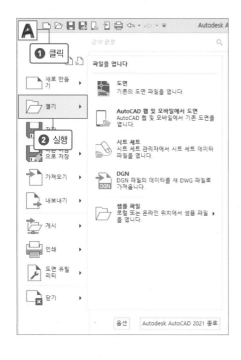

01 저장과 마찬가지로 빠른 실행 도구모음에서 '열기' 아이콘을 클릭하여 파일을 열 수 있습니다.

02 응용 프로그램 아이콘을 클릭한 다음 **열기**를 실행합니다.

03 Ctrl+O를 눌러 파일을 열 수 있습니다.

04 [파일 선택] 대화상자가 표시되면 본인이 열고자 하는 파일을 선택하고 〈열기〉 버튼을 클릭하여 파일을 열 수 있습니다.

1 다른 형식의 작업 파일 가져오기

01 응용 프로그램 아이콘을 클릭한 다음 **가져오기**를 실행하여 PDF 파일과 DGN 파일 및 기타 형식의 파일을 선택할 수 있습니다.

02 기타 형식을 선택하면 [파일 가져오기] 대화상자가 표시되며 하단의 파일 유형에서 여러 소프트웨어의 파일 형식을 지정하여 가져올 수 있습니다.

② 다른 형식의 파일명으로 내보내기

01 응용 프로그램 아이콘을 클릭한 다음 **내보내기**를 실행합니다. 기본적으로 템플릿 파일 형식인 DWF와 PDF 및 DGN 파일의 형태로 내보낼 수 있습니다.

02 기타 형식을 선택하면 [데이터 내보내기] 대화상자가 표시되며 파일 유형에서 내보낼 수 있는 파일의 형식을 지정할 수 있습니다. AutoCAD의 특성상 가져올 때와는 달리 내보낼 수 있는 파일의 형식이 많지 않습니다.

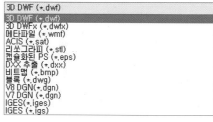

좌표 사용하기

AutoCAD에는 3가지 형태의 좌표 입력 방식이 있으며, 각각의 좌표 방식은 장단점을 가지고 있습니다.

1 절대 좌표계

도면 영역의 여백은 무한하게 펼쳐진 종이를 의미하지만, 하나의 엄연한 공간이므로 원하는 위치와 AutoCAD가 인식하는 위치에는 차이가 있습니다. AutoCAD에서는 절대 좌표를 초창기 부터 지금까지 꾸준하게 가장 기본적인 좌표 중 하나로 사용합니다.

절대 좌표의 입력 방식은 절대점을 기준으로 좌표가 설정됩니다. 좌우, 상하는 방향에 따라 + 방향과 − 방향으로 나뉘며, 해당 방향과 절대점을 기준으로 가고자 하는 위치의 좌표를 설정하는 것을 절대 좌표라고 합니다.

절대 좌표의 입력 방법은 가로(+/−), 세로(+/−) 길이를 부여하여 선이나 다른 여러 형태를 만들 수 있습니다.

절대 좌표를 실제 도면 작성에서 잘 사용하지 않는 이유와 절대 좌표가 주로 사용되는 분야에 대해 알아보겠습니다.

절대 좌표는 임의의 위치에서 시작할 수 없다

오른쪽과 같이 임의의 위치에서 10만큼 가로선을 긋더라도 절대점은 ?로 표시된 점의 좌표 값을 모르면 해당 선을 만들 수 없습니다. 즉, 모든 선이나 점 형태의 출발은 절대점인 '0,0'을 기준으로 하기 때문에 절대점과 ?로 표시된 점의 가로/세로 값을 모른다면 10이라는 아주 짧은 선도 만들 수 없습니다. 그러므로 도형을 작도하기에는 다소 불편합니다.

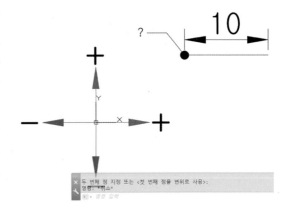

절대 좌표와 도면 영역, 작업 영역, 출력 범위

절대 좌표가 주로 사용되는 내용으로, '도면 영역'은 현재 보이는 영역에서 사용자가 이 정도 범위를 지정하여 도면의 테두리를 작성하는 것을 의미합니다. 해당 범위 안에 표현하고자 하는 형태의 도면을 표시하여 차후 출력에도 활용할 수 있습니다. 또한 범위 밖에서도 그림은 그려집니다. '작업 영역'은 보이지 않지만 사용자가 대략적인 범위를 지정하여 해당 범위만큼의 공간을 활용한다는 의미이지만, 해당 범위를 넘어가도 별다른 문제가 생기지는 않습니다. 마지막으로 '출력 범위'는 출력하고자 하는 범위 설정에 LIMITS라는 출력 범위 설정 옵션이 있습니다. 해당 옵션에 사용하는 범위를 미리 지정하여 별다른 영역 지정 없이 곧바로 출력하고자 할 때 사용할 수 있는 절대 좌표의 사용 방법입니다.

이처럼 절대 좌표는 가장 기본적인 좌표이지만, 도면 작성보다 도면 영역이나 작업, 출력 등의 주요 영역을 설정할 때 많이 사용합니다. 또한 근래에는 잘 사용하지 않지만, AutoCAD의 3D 작업에 사용하는 좌표이기도 합니다.

2 상대 좌표계

상대 좌표계는 절대 좌표로 도면을 작성할 때는 다소 불편하기 때문에 좀 더 사용이 편리하도록 만들어진 좌표입니다. 절대 좌표와 상당히 유사하지만, 임의의 좌표에서 원하는 위치의 좌표 설정이 가능해 손쉽게 사용할 수 있는 장점이 있습니다.

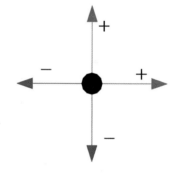

상대 좌표의 입력 방법은 다음과 같습니다.

@가로 길이(+/−), 세로 길이(+/−)

상대 좌표계는 임의의 시작점을 기준으로 좌표 입력이 가능합니다. 각 방향의 +/− 방향은 절대 좌표와 같습니다. 절대 좌표에서는 임의의 위치에서 좌표 이동이 불가능하지만, 상대 좌표는 @를 표시하여 현재 위치를 가상의 절대점으로 설정해서 사용하므로 임의의 위치에서 좌표 이동이 가능합니다. 즉, 위치별로 새로운 절대점이 되기 때문에 방향별 치수 값을 적용하여 이동할 수 있습니다.

이제 예제를 통해서 상대 좌표에 관해 살펴보겠습니다. 표시된 시작점을 기준으로 반시계 방향으로 각 변의 길이가 30인 사각형을 만들어 봅니다.

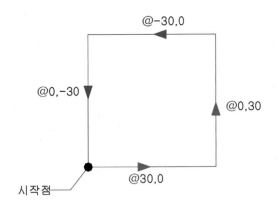

01 선을 긋기 위해 'LINE'을 입력하고 Enter를 누른 다음 임의의 위치에 시작점을 클릭합니다.

02 화살표 방향으로 진행하기 위하여 좌표 '@30,0'을 입력합니다.

03 이어서 수직으로 진행하기 위하여 좌표 '@0,30'을 입력합니다.

04 이어서 왼쪽으로 진행하기 위하여 좌표 '@-30,0'을 입력합니다.

05 시작점으로 돌아가기 위해 좌표 '@0,-30' 을 입력한 다음 Enter를 눌러 종료합니다.

　　예제에서 볼 수 있듯이 각 위치마다 가상의 절대점으로 인식하기 때문에 가고자 하는 방향의 수치를 정확히 입력하여 원하는 길이와 위치의 선을 만들 수 있어 도면 작성에 많이 사용하는 좌표계입니다.

상대 좌표 연습 문제

❶
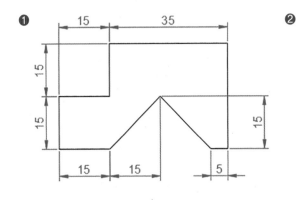

❷
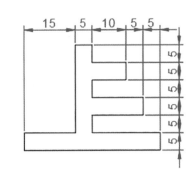

❸
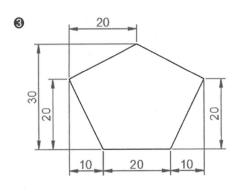

❹
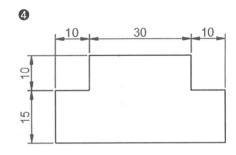

3 상대 극좌표계

상대 극좌표는 AutoCAD에서 유일하게 선의 길이와 각도를 한 번에 적용하여 대각선을 만들 수 있습니다. 물론 선의 길이를 조절하거나, 각도를 조절하는 명령어는 있지만 여러 가지 단축 명령어를 사용해야 한다는 문제로 인해 효율적이지 않습니다. 그래서 상대 극좌표가 차지하는 비율은 상당히 높지만, 사용이 어렵다는 단점도 있습니다.

상대 극좌표의 좌표 입력 방식은 다음과 같습니다.

'@거리<각도'

'@'는 현재 위치에서 시작한다는 것을 의미하기 때문에 상대 좌표와 같습니다. '거리'는 가고자 하는 대각선의 거리 값을 입력하며, '<'는 상대 극좌표를 입력한다는 뜻입니다. 마지막으로 가고자 하는 각도를 입력하여 선을 완성합니다.

오른쪽 그림은 상대 극좌표에서 각도의 방향을 표시합니다. 시작점이 어디에 위치하는지는 상관없이 시작점을 기준으로 오른쪽 수평 방향이 0°로 설정되어 있습니다. 또한 해당 0°를 기준으로 반시계 방향이 + 방향의 각도를 이루며, 시계 방향은 - 방향의 각도를 가집니다.

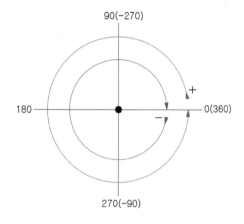

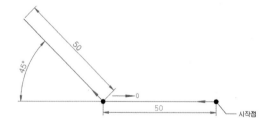

__01__ 'LINE'을 입력하고 [Enter]를 누른 다음 시작점을 클릭합니다.

__02__ 시작점에서 왼쪽으로 50만큼의 거리를 가야 하기 때문에 좌표 '@-50,0'을 입력합니다.

__03__ 이제 거리 50에 표시된 각도가 45°인 대각선을 그려야 합니다. 하지만, 여기에서 각도는 45°가 아닙니다.

현재 위치에서 0°는 오른쪽이고 각도가 반시계 방향으로 형성되어 있기 때문에 135°의 대각선을 만들어야 합니다. 그러므로 상대 극좌표의 좌표로 '@50<135'를 입력하여 대각선을 만들 수 있습니다.

정오각형을 만들면서 상대 극좌표에 대해 알아보겠습니다. 다음의 오각형에 제시된 조건은 모든 변의 길이는 30이며, 내부 사이 각도는 108°입니다.

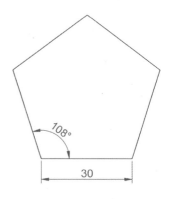

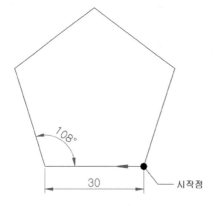

01 'LINE'을 입력하고 [Enter]를 누른 다음 시작점을 지정합니다. 왼쪽으로 길이가 30인 선을 만들기 위해 '@-30,0'을 입력해서 첫 번째 선을 만듭니다.

02 이어서 108°에 선 길이가 30인 선을 만들기 위해 '@30<108'을 입력해서 두 번째 선을 만듭니다.

> **tip** 시작점을 기준으로 왼쪽으로 가는 이유는 기본으로 108가 표시되어 있으며, 해당 각도는 오른쪽 수평 0°를 기준으로 108로 표시되기 때문입니다. 시작점 위치가 반대로 되어 선이 오른쪽으로 가면 시작부터 해당 선의 각도를 찾아야 한다는 번거로움이 있으니, 표시된 각도의 방향을 잘 살펴볼 필요가 있습니다.

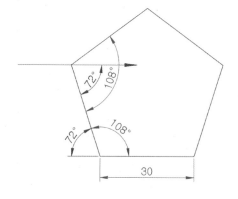

03 이어서 대각선 위로 가는 선을 만듭니다. 여기서부터는 상대 극좌표에 대한 충분한 이해가 없다면 어려울 수 있으니 주의가 필요합니다. 먼저 고려해야 할 사항은 첫 번째 대각선을 만들 때 108°만큼 왔다는 점입니다. 단순히 계산하면 수평을 기준으로 108°만큼 왔다는 것은 72°만큼 더 가면 180°를 만들 수 있다는 것입니다. '@30<-36'을 입력합니다.

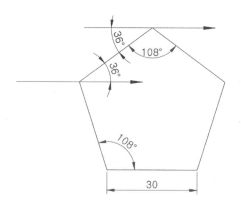

04 오른쪽 아래로 내려가는 대각선을 만들어 봅니다. 03번 과정에서 36° 선을 통해 최고점까지 올라왔으며, 02번처럼 동일한 방법으로 아래쪽으로 내리겠습니다. 03번에서 36° 올라온 만큼 반대편 각도도 36°가 남습니다. 또한 내부각이 108°이므로 수평선이 되는 180°에서 36°와 108°를 제외하면 36°가 남지요. 이제 0°에서 대각선 아래로 내려가는 ‒ 각도의 선을 만들면 됩니다. 이곳에서 기입해야 할 상대 극좌표는 '@30<-36'입니다.

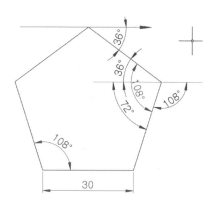

05 마지막 선 하나만을 남겨 놓고 있습니다. 04번에서 ‒36°만큼 내려왔기 때문에 현재 위치에서 수평선을 그었을 때 반대편은 36°가 남으며, 반대편은 180°의 나머지인 144°가 남습니다. 하지만 여기에서 필요한 것은 내부 사잇각 108°를 만드는 것이고, 108°에서 36을 제외하면 72가 남는데, 오른쪽 수평의 0°에서 진행해야 하기 때문에 수평의 180을 만들기 위해 72를 뺀 108° 대각선은 0°에서 아래 방향이므로 ‒ 방향 선을 만들어야 합니다. '@30<-108'를 입력하여 오각형을 완성합니다.

상대 극좌표의 핵심

① 언제나 선의 시작점을 기준으로 오른쪽 수평 방향은 0°이며, 각도의 기준이다.

② 0°를 기준으로 반시계 방향은 + 각도이며, 시계 방향은 − 각도를 가진다.

③ 항상 가상의 수평선이 있을 때 먼저 180°를 만들기 위한 각도를 찾는다.

④ 항상 가상의 수평선이 있을 때 위쪽과 아래쪽 각도는 엇각을 이룬다.

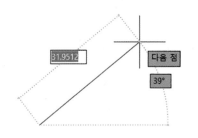

상대 극좌표 연습 문제

❶
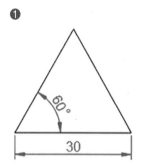

❷
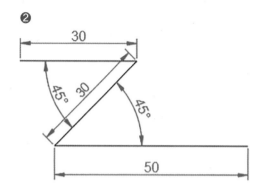

❸
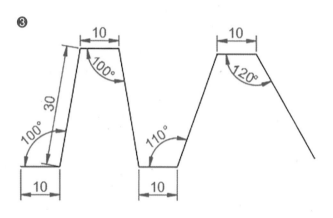

❹
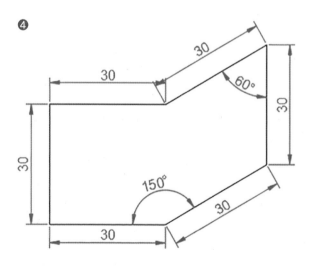

02

2차원 객체 그리기

이제 실제 AutoCAD에서 2차원 객체를 그려 보겠습니다. 2차원 객체는 가장 기본적인 객체이자 가장 많이 사용하는 객체이기도 합니다. 2차원 객체를 그리기 위해 리본 메뉴를 이용하는 방법과 명령어를 이용하는 방법 모두 충분히 숙지하기 바랍니다.

AutoCAD
2021

CHAPTER 01

직선 그리기

AutoCAD 2021 ···

AutoCAD의 가장 기본 객체이자 가장 많이 사용하는 객체는 바로 직선입니다. AutoCAD에서 사용할 수 있는 직선에는 기본 직선에서부터 직선과 곡선을 하나의 객체로 그릴 수 있는 Pline 그리고 가상의 선인 Xline과 무한한 선인 Ray로 구분할 수 있습니다.

1 | 기본선 그리기 - Line

'Line'은 직선을 그리는 명령입니다. 화면을 클릭하거나 좌표를 입력할 때마다 정점 간 직선을 그리며 각 정점 간 직선은 분리된 상태로 이어집니다.

1 명령어 실행

- 리본 메뉴 : (홈) 탭 – 그리기 패널 – 선
- 도구모음 : 그리기 – ◢
- 단축 명령어 : L

2 작업 진행

> 명령: L
> LINE
> 첫 번째 점 지정: [첫 번째 점 입력]
> 다음 점 지정 또는 [명령 취소(U)]: [두 번째 점 입력 혹은 옵션 입력]

3 옵션

- Enter : 첫 번째 점을 입력하는 과정에서 Enter를 누르면 맨 마지막에 입력한 직선의 점에서 시작하며, 두 번째 점 이후에 Enter를 누르면 명령이 종료됩니다.

▲ Enter를 누르기 전　　　▲ Enter를 누른 후

- 닫기 : 2개 이상의 직선을 그린 다음 'C' 옵션을 사용하면 시작점과 끝점이 직선으로 그려집니다.

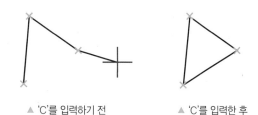

▲ 'C'를 입력하기 전   ▲ 'C'를 입력한 후

- 명령 취소 : 직선을 그리던 중 'U'를 입력하면 직전 작업을 취소합니다.

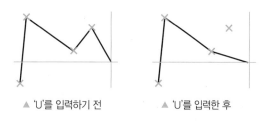

▲ 'U'를 입력하기 전   ▲ 'U'를 입력한 후

2 │ 편집 가능한 선 그리기 - Pline

'Pline'은 폴리선을 그리는 명령입니다. 폴리선은 직선과 곡선을 이어서 만들 수 있고, 각 정점이 이어져 하나의 개체로 인식되는 것이 특징입니다. 또한 선 자체에 두께를 적용할 수 있어 다양하게 사용하는 선 형태입니다.

▲ 가변 폭   ▲ 균일 폭

1 명령어 실행

- 리본 메뉴 : (홈) 탭 – 그리기 패널 – 폴리선
- 도구모음 : 그리기 – ▭
- 단축 명령어 : PL

2 작업 진행

> *다음 점 지정 또는 [호(A)/반폭(H)/길이(L)/명령 취소(U)/폭(W)]:* [다음 점 지정 혹은 옵션 입력]
> *다음 점 지정 또는 [호(A)/닫기(C)/반폭(H)/길이(L)/명령 취소(U)/폭(W)]:*

- 호(A) : 폴리선을 이용하여 호를 그립니다.

> 다음 점 지정 또는 [호(A)/반폭(H)/길이(L)/명령 취소(U)/폭(W)]: A
> 호의 끝점 지정(Ctrl 키를 누른 상태에서 방향 전환) 또는
> [각도(A)/중심(CE)/방향(D)/반폭(H)/선(L)/반지름(R)/두 번째 점(S)/명령 취소(U)/폭(W)]:

- · 각도(A) : 시작점으로부터 호를 그리기 위한 각도를 입력합니다.
- · 중심(CE) : 호의 중심점을 지정합니다.
- · 방향(D) : 호의 진행 방향을 지정합니다.
- · 반폭(H) : 호의 중심에서 모서리까지 폭을 지정합니다.
- · 선(L) : 직선 모드로 변경합니다.
- · 반지름(R) : 호의 반지름을 입력합니다.
- · 두 번째 점(S) : 두 번째 점을 입력합니다.
- · 명령 취소(U) : 직전 작업을 취소합니다.
- · 폭(W) : 호의 선 두께를 입력합니다.

- 닫기(C) : 시작점과 끝점을 연결하여 직선을 그립니다.

 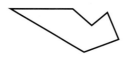

- 반폭(H) : 폴리선의 중심에서 모서리까지 폭을 지정합니다. 시작 폭과 마지막 폭의 크기가 다른 경우에는 점점 굵기가 변경되는 폴리선을 만들 수 있습니다.

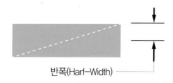

반폭(Harf-Width)

> 시작 반폭 지정 〈0.0000〉: [시작 지점 반폭 입력]
> 끝 반폭 지정 〈20.0000〉: [끝 지점 반폭 입력]

● 길이(L) : 직전에 그렸던 직선의 방향과 같은 방향으로 길이를 입력하여 선을 그립니다.

> *선의 길이 지정* : [직선의 길이를 입력]

● 명령 취소(U) : 직전 작업을 취소합니다.

● 폭(W) : 다음 직선의 선 두께를 설정합니다.

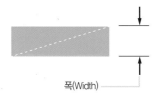

폭(Width)

> *시작 폭 지정 〈현재 두께〉* : [시작 지점 선 두께 입력. Enter를 누르면 현재 선 두께 유지]
> *끝 폭 지정 〈시작 폭〉* : [끝 지점 선 두께 입력. Enter를 누르면 시작 지점 두께 유지]

3 | 양쪽 방향으로 무한한 선 그리기 – Xline

'Xline'은 무한한 선을 그리며, 기준선을 그리거나 경계를 자르기 위해 사용하는 명령입니다.

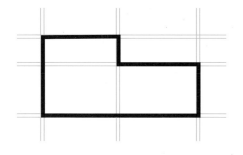

1 명령어 실행

- 리본 메뉴 : (홈) 탭 – 그리기 패널 – 구성선
- 도구모음 : 그리기 – ▨
- 단축 명령어 : XL

> *점 지정 또는 [수평(H)/수직(V)/각도(A)/이등분(B)/간격띄우기(O)]:* [무한한 선이 위치할 점 입력 혹은 옵션 지정]

❸ 옵션

- **통과점** : 두 점을 통과하는 무한한 선을 그립니다.

- **각도(A)** : 입력한 각도를 유지하는 무한한 선을 그립니다.

- **수평(H)** : 특정 점을 통과하는 수평의 무한한 선을 그립니다.

- **이등분(B)** : 지정한 각도의 정점을 통과하면서 첫 번째 선과 두 번째 선 사이를 이등분하는 무한한 선을 그립니다.

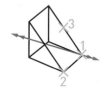

- **수직(V)** : 특정 점을 통과하는 수직의 무한한 선을 그립니다.

- **간격띄우기(O)** : 다른 개체에 평행한 무한한 선을 그립니다.

4 | 한쪽 방향으로 무한한 선 그리기 - Ray

'Ray'는 지정한 점에서 한쪽 방향으로 무한한 선을 그리는 명령입니다. 건축 디자인 및 토목에서는 Ray 명령어를 사용하여 건축물의 투시도 작성에 필요한 시점을 선택하여 원근감을 나타내는 데 필요한 기본적인 형태를 작업하여 보다 쉽게 투시도를 작성할 수 있게 도와줍니다.

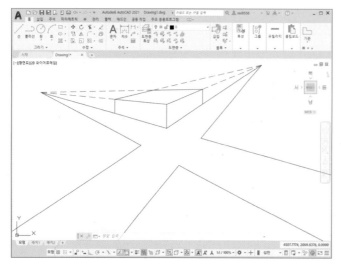

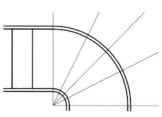

1 명령어 실행

리본 메뉴 : [홈] 탭 − 그리기 패널 − 광선

2 작업 진행

시작점을 지정: [시작점 지정]
통과점을 지정: [무한 선이 통과할 지점 입력]

5 | 2중선 그리기 - ML

1 명령어 실행

단축 명령어 : ML

2 작업 진행

시작점 지정: [시작점 지정]
다음 점 지정: [다음점 지정]

3 옵션

● 자리맞추기(J)

- 맨 위(T) : 2중선의 위치점을 지정할 수 있는 마우스 커서의 위치가 선의 위쪽에 위치합니다.

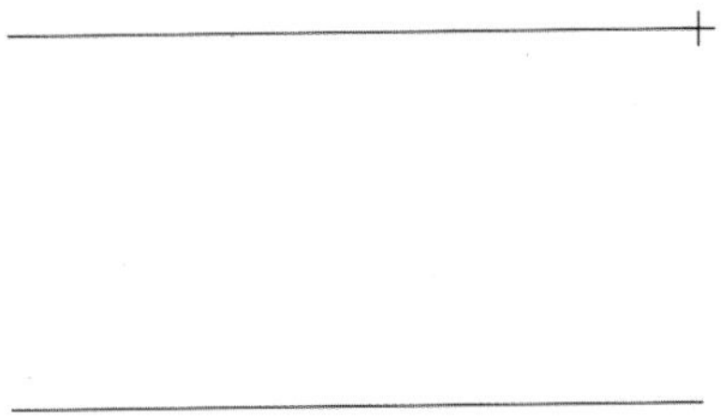

- O(Z) : 2중선의 위치점을 지정할 수 있는 마우스 커서의 위치가 선의 중앙에 위치합니다.

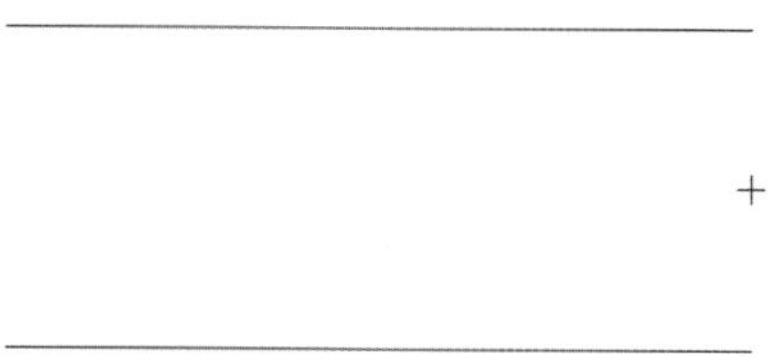

- 맨 아래(B) : 2중선의 위치점을 지정할 수 있
  는 마우스 커서의 위치가 선의 아래쪽에 위
  치합니다.

● 축척(S)

2중선의 간격을 조절할 수 있습니다. 축척이라는 의미때
문에 간격의 크기로 알고 사용을 조심스럽게 접근하는 경우
가 있지만, '사이 간격'으로 이해하는 게 더 좋습니다.

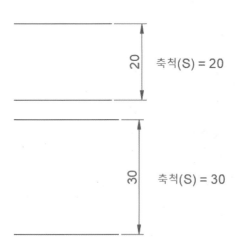

CHAPTER 02

직선을 이용하여 도형 만들기

▶ 동영상 강의
https://youtu.be/-bKn-a4pGSI

AutoCAD 2021 ······

앞서 배웠던 3가지의 좌표 중에서 가장 중요하다고 할 수 있는 상대 극좌표에 대해 연습해 보겠습니다. 상대 극좌표를 사용하기 위해서는 AutoCAD에서 사용하는 각도에 대해 충분히 숙지해야만 올바른 형상을 만들 수 있습니다.

완성 파일 Part02\직선익히기_완성.dwg

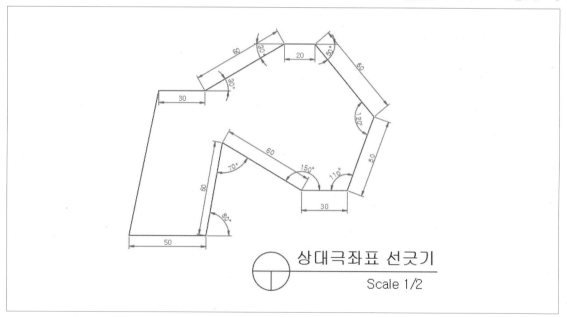

상대극좌표 선긋기

Scale 1/2

1 도면 환경 설정하기

시작하기 위해서는 시작점을 지정해야 합니다. 절대 좌표를 사용하여 시작점을 지정해도 되지만, 지금은 임의의 시작점을 지정하여 시작해 보겠습니다. 이때 주의해야 할 점은 시작점의 위치에 따라 화면의 좌.우/상.하 및 줌 인/줌 아웃이 제대로 되지 않을 수도 있으므로 기본적인 작업 범위를 설정해야 할 필요가 있습니다.

명령: LIMITS – 범위 지정을 위한 명령어
모형 공간 한계 재설정:
왼쪽 아래 구석 지정 또는 [켜기(ON)/끄기(OFF)] ⟨0.0000,0.0000⟩: 0,0(범위의 시작)
오른쪽 위 구석 지정 ⟨420.0000,297.0000⟩: 5000,5000(작업 범위 설정)

① 작업 범위 설정을 위해 명령어 입력 창에 'Limits'를 입력합니다.

② 작업 범위의 시작 위치를 절대 좌표를 사용하여 지정하기 위해 '0,0'을 입력합니다.

③ 작업 범위의 종료이자 범위의 영역을 설정하는 설정값을 입력하면 됩니다. 가급적이면 크게 설정하는 것이 화면의 이동 및 줌 인 / 줌 아웃 시 이동이 제한되는 것을 피할 수 있습니다. 이번 예제에서는 절대 좌표를 사용하여 '5000,5000'의 범위를 설정하도록 하겠습니다.

명령: Z
ZOOM
윈도우 구석 지정, 축척 비율(nX 또는 nXP) 입력 또는
[전체(A)/중심(C)/동적(D)/범위(E)/이전(P)/축척(S)/윈도우(W)/객체(O)] 〈실시간〉: A

④ 범위를 설정하였으므로 해당 범위를 전체적으로 보이도록 해야만 범위 밖에서 작업을 하게 되는 불상사를 막을 수 있기 때문에 '명령어:Z'를 사용합니다.

⑤ 설정한 범위 전체를 봐야 하기 때문에 '옵션:A(전체)'를 입력하면 실질적으로 보이는 화면에서는 아무런 차이점을 볼 수 없지만 현재 화면에 표시되는 범위는 앞서 설정했던 범위의 영역이 되도록 설정이 돼 있습니다.

2 | 도면의 시작점 지정하기

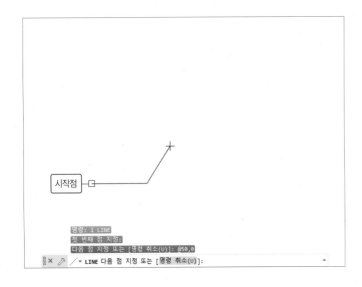

명령: L
LINE
첫 번째 점 지정: (임의의 위치를 클릭)

01 임의의 점을 시작점으로 지정했을 경우 선의 길이 및 방향을 설정해야 합니다. 지금은 시작점을 기준으로 오른쪽 방향으로 거리 50만큼을 가야 하기 때문에 다음의 좌표 값을 입력하여 그림에 보이는 것처럼 가로선을 작성합니다.

다음 점 지정 또는 [명령 취소(U)]: @50,0 또는 @50〈0

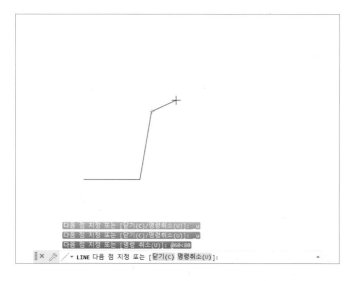

02 다음 선을 작성합니다. 이번 선은 '각 도'를 가지는 대각선이기 때문에 '상 대 극좌표'를 사용해야 합니다. 도면에서 작 성된 80°의 방향은 기준 각도인 0°에서 +방 향의 각도이므로 다음의 좌표 값을 입력하 여 선의 길이 및 각도를 가지는 선을 작성합 니다.

다음 점 지정 또는 [명령취소(U)]: @60<80

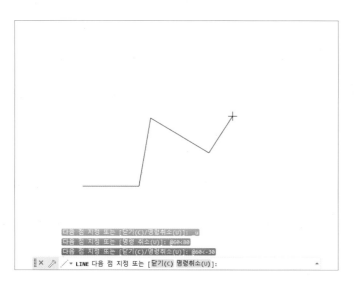

03 세 번째 선 역시 각도를 가지는 대각 선입니다. 이 부분의 각도는 계산하 기 난해할 수 있으나 현재 위치에서 수평의 0°를 기준으로 −방향으로 30°의 각도를 가 지는 선이기 때문에 다음의 좌표 값을 입력 하여 대각선을 작성합니다.

다음 점 지정 또는 [명령취소(U)]: @60<−30

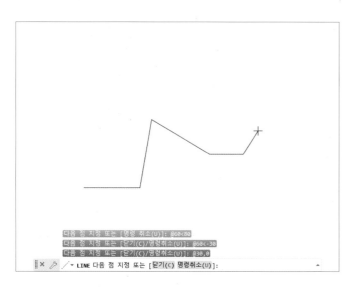

04 네 번째 선은 현재 위치를 기준으 로 오른쪽 수평선이기 때문에 다음 의 좌표 중 1가지를 선택하여 선을 작도합니 다. 선의 길이와 방향만 올바르게 기입한다 면 어느 좌표를 사용해도 동일한 선이 작성 됩니다.

다음 점 지정 또는 [닫기(C)/명령취소(U)]: @30,0 또는 @30<0

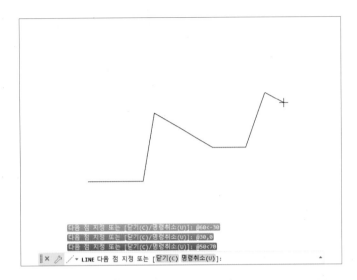

다음 점 지정 또는 [닫기(C)/명령취소(U)] : @50〈70

05 다섯 번째 선은 오른쪽 상단으로 올라가는 각도를 가진 대각선입니다. 예제에서 표시된 각도는 180°에서 0° 방향으로 표시가 되어 있지만, 단순하게 180°에서 해당 각도만큼을 제외하면 우리가 가야 할 각도가 남게 되므로 다음 좌표 값을 입력하여 대각선을 작성합니다.

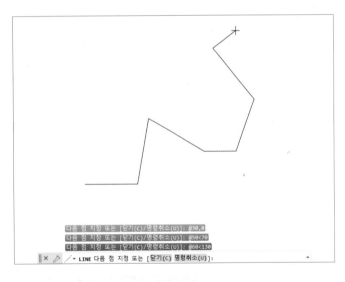

다음 점 지정 또는 [닫기(C)/명령취소(U)] : @60〈130

06 여섯 번째 선은 왼쪽 상단으로 올라가는 각도를 가지는 대각선입니다. 이런 대각선을 쉽게 작성하기 위해서는 시작점보다는 '끝점'의 각도를 유심히 살펴보는 것이 좋습니다. 예제에서 지시된 끝점의 각도는 −방향으로 50°를 가지고 있어 180°를 완성하기 위해서는 130°가 부족하며, 이를 엇각으로 적용하면 다음의 좌표 값을 가지는 대각선이 됩니다.

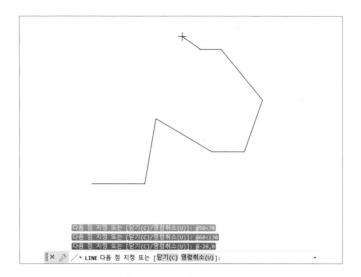

다음 점 지정 또는 [닫기(C)/명령취소(U)]: @-20,0 또는 @20⟨180

07 일곱 번째 선은 왼쪽으로 진행되는 수평선이기 때문에 X축의 수치를 − 값을 주어 선의 방향 및 거리를 가지는 선 혹은 선의 길이와 왼쪽의 각도인 180°를 가지는 선 중 하나를 선택하여 좌표를 입력하면 됩니다.

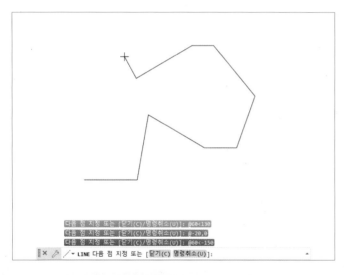

다음 점 지정 또는 [닫기(C)/명령취소(U)]: @60⟨-150

08 여덟 번째 선은 왼쪽 하단으로 내려가는 대각선입니다. 이제까지 했던 것처럼 끝점에 표시된 각도가 30°라면 나머지 각은 150°가 되며, 이를 엇각으로 적용하면 −150°를 가지는 각도가 됩니다. 이제 다음 좌표를 입력하여 선을 작성합니다.

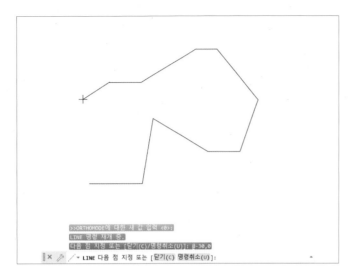

다음 점 지정 또는 [닫기(C)/명령취소(U)]: @-30,0 또는 @30<180

09 아홉 번째 선은 왼쪽 수평으로 진행되는 선이기 때문에 X축은 -값을 가지는 상대 좌표나, 180°의 각도를 가지는 상대 극좌표 중 하나를 사용하여 선을 작성합니다.

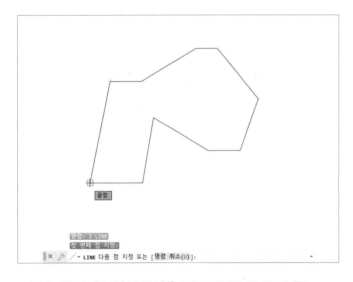

다음 점 지정 또는 [닫기(C)/명령취소(U)]: 시작점 클릭 혹은 'C' 입력 후 Enter

10 마지막 선은 선의 길이나 각도가 없습니다. 첫 번째 시작했던 선의 시작점으로 마우스 커서를 가져가면 OSNAP의 '끝점'이 표시되므로 해당 포인트가 나타났을 때 클릭하여 선을 이어준 다음 Enter를 눌러 '선' 명령을 종료하여 도형을 완성합니다.

CHAPTER 03

폴리선을 이용한 화살표 만들기

▶ 동영상 강의
https://youtu.be/Hbbgb28dCyE

AutoCAD 2021 ··

　폴리선(명령어:PL)은 일반적인 선(명령어:L)과는 다른 특성을 여러 개 가지고 있습니다. 가장 기본적으로 폴리선은 1개의 객체로 이루어진 선이여서 해당 선을 선택하면 전체가 선택되고 삭제가 가능하다는 차이점을 가지지만, 선에는 없는 특이한 옵션이 하나 있으며, 해당 옵션을 사용하면 화살표를 만들 수 있습니다.

완성 파일 | Part02\화살표만들기_완성.dwg

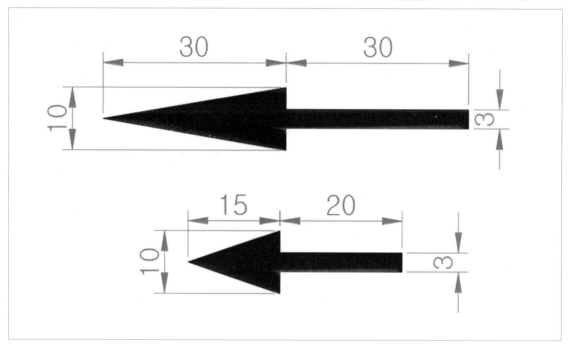

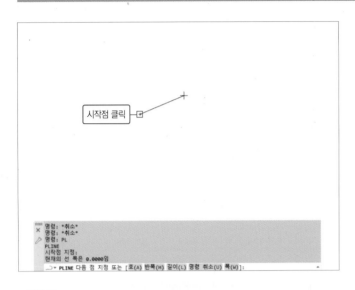

01 상단의 화살표를 만들어 보겠습니다.
'명령어:PL'을 입력 후 시작점을 지정
합니다.

명령: PL
PLINE
시작점 지정: (시작점을 지정)

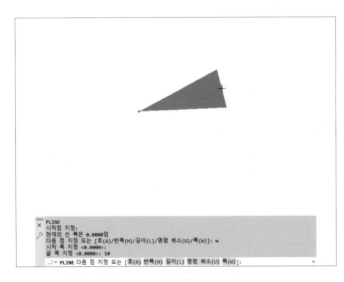

02 '옵션:W'를 입력 후 '시작 폭 지정'은
'0'을 입력하고 '끝 폭 지정'은 '10'을
입력합니다.

다음 점 지정 또는 [호(A)/반폭(H)/길이(L)/명령 취소(U)/폭(W)]: W
시작 폭 지정 〈0.0000〉: 0
끝 폭 지정 〈0.0000〉: 10

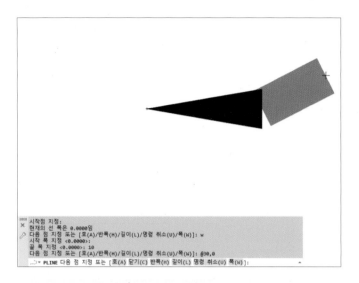

다음 점 지정 또는 [호(A)/반폭(H)/길이(L)/명령 취소(U)/폭(W)]: @30,0

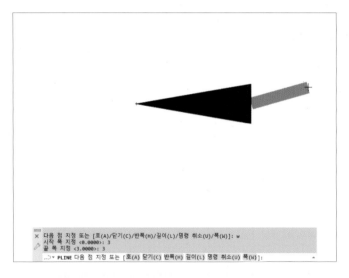

다음 점 지정 또는 [호(A)/닫기(C)/반폭(H)/길이(L)/명령 취소(U)/폭(W)]: W
시작 폭 지정 〈0.0000〉: 3
끝 폭 지정 〈3.0000〉: 3

03 화살표의 머리 부분의 길이 값을 지정해야 합니다. '@30,0'의 상대 좌표를 사용하여 거리 값을 지정합니다.

04 화살표의 머리 부분이 완성되었으면 꼬리 부분을 작업할 차례입니다. '옵션:W'를 사용하여 시작과 끝의 폭을 '3'으로 조절합니다.

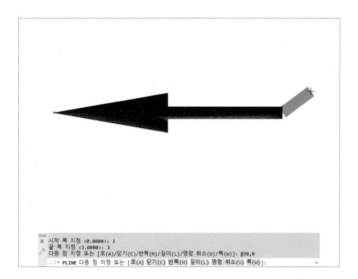

05 꼬리 부분의 길이 값을 '@30,0'을 사용하여 지정합니다.

다음 점 지정 또는 [호(A)/닫기(C)/반폭(H)/길이(L)/명령 취소(U)/폭(W)]: @30,0

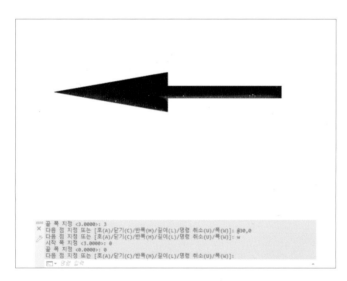

06 마지막으로 '옵션:W'를 사용하여 시작 폭과 끝 폭을 모두 '0'으로 조절합니다. 폴리선의 폭은 한 번 지정하면 변경할 때까지 지속되기 때문에 다음 사용을 위해서라도 반드시 폭 옵션은 사용한 다음 꼭 0으로 변경해야 합니다.

다음 점 지정 또는 [호(A)/닫기(C)/반폭(H)/길이(L)/명령 취소(U)/폭(W)]: W
시작 폭 지정 〈3.0000〉: 0
끝 폭 지정 〈0.0000〉: 0

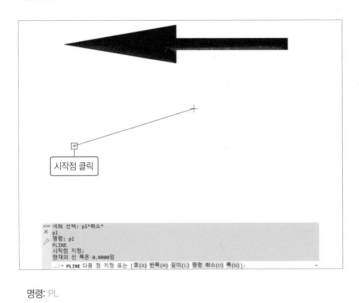

시작점 클릭

01 두 번째 화살표를 만들어 보겠습니다. 앞서 만들었던 화살표의 약간 아랫부분을 폴리선의 시작점으로 지정합니다.

명령: PL
PLINE
시작점 지정: (시작점을 지정)

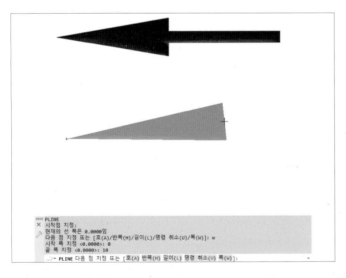

02 다음으로 폴리선의 폭을 지정하겠습니다. '옵션:W'를 지정한 다음 '시작 폭 지정'은 '0'으로 지정하고 '끝 폭 지정'은 '10'의 수치 값을 입력합니다.

다음 점 지정 또는 [호(A)/반폭(H)/길이(L)/명령 취소(U)/폭(W)]: W
시작 폭 지정 〈0.0000〉: 0
끝 폭 지정 〈0.0000〉: 10

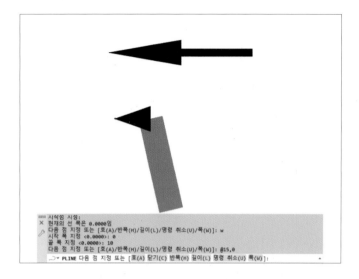

03 화살표의 머리의 폭을 지정해 보겠습니다. '@15,0'의 길이 값을 지정합니다.

다음 점 지정 또는 [호(A)/반폭(H)/길이(L)/명령 취소(U)/폭(W)]: @15,0

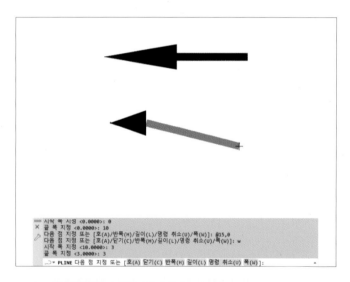

04 화살표의 머리 부분이 완성되었으므로 꼬리 부분을 만들어 보겠습니다. '옵션:W'를 사용하여 '시작 폭'과 '끝 폭'을 '3'으로 지정합니다.

다음 점 지정 또는 [호(A)/닫기(C)/반폭(H)/길이(L)/명령 취소(U)/폭(W)]: W
시작 폭 지정 〈0.0000〉: 3
끝 폭 지정 〈3.0000〉: 3

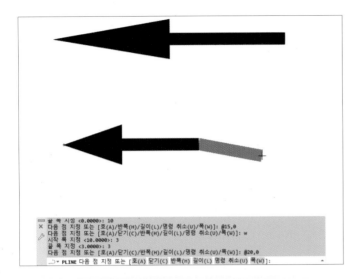

05 꼬리 부분의 길이 값 '@20,0'을 입력하여 꼬리를 완성합니다.

다음 점 지정 또는 [호(A)/닫기(C)/반폭(H)/길이(L)/명령 취소(U)/폭(W)]: @20,0

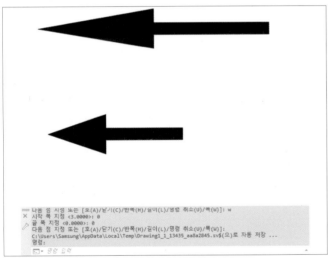

06 첫 번째 화살표와 마찬가지로 작업이 완료되면 '옵션:W'의 옵션은 다시 '0'으로 초기화해야 합니다.

다음 점 지정 또는 [호(A)/닫기(C)/반폭(H)/길이(L)/명령 취소(U)/폭(W)]: W
시작 폭 지정 ⟨3.0000⟩: 0
끝 폭 지정 ⟨0.0000⟩: 0

CHAPTER 04

곡선 그리기

AutoCAD 2021

곡선은 크게 원과 호로 구분할 수 있으며, 원은 다시 정원과 타원으로 구분할 수 있습니다. 원이나 호 모두 기본으로 중심점과 반지름을 이용하여 그리며 호는 시작점과 각도가 필요합니다. 이번 챕터에서는 원과 호를 그리는 방법에 대해 알아보겠습니다.

1 | 다양한 형태의 원 그리기 - Circle

'Circle'은 두 점 또는 중심점을 이용하여 원을 그리는 명령입니다.

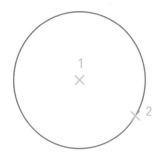

1 명령어 실행

- 리본 메뉴 : (홈) 탭 – 그리기 패널 – Circle 옵션 지정
- 메뉴 : (그리기) → Circle → 옵션 지정
- 도구모음 : 그리기 – ⊙
- 단축 명령어 : C

2 작업 진행

> 원에 대한 중심점 지정 또는 [3점(3P)/2점(2P)/Ttr – 접선 접선 반지름(T)]: [중심점 지정]
> 원의 반지름 지정 또는 [지름(D)]: [반지름 입력]

- **중심점** : 중심점을 입력한 후 반지름이나 지름을 입력하여 원을 만듭니다.

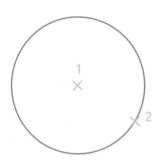

- **3점** : 3개의 점을 이용하여 원을 그립니다.

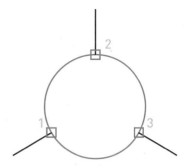

- **2점** : 지정한 2개의 점을 지름으로 하는 원을 그립니다.

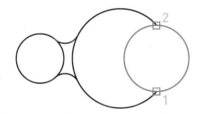

- **TTR** : 3개의 개체에 맞닿는 원을 그립니다.

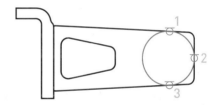

---

2 | 원의 일부분 그리기 - Arc

'Arc'는 원의 일부분인 호를 그리는 명령입니다. 원을 그릴 때와 마찬가지로 중심점을 이용하되 시작점과 끝점을 지정하여 호를 그립니다.

❶ 명령어 실행

- 리본 메뉴 : [홈] 탭 – 그리기 패널 – 호 옵션 지정
- 도구모음 : 그리기 – ⌒
- 단축 명령어 : A

❷ 작업 진행

> *호의 시작점 지정 또는 [중심(C)]:* [호 시작점 지정]
> *호의 두 번째 점 또는 [중심(C)/끝(E)] 지정:* [호 마지막점 지정]

● **중심** : 중심점을 입력한 후 호를 그립니다.

● **두 번째 점** : 호의 두 번째 지점을 입력합니다.

● **각도** : 중심점을 기준으로 시작점에서 각도를 입력합니다.

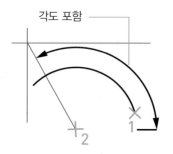

● **현의 길이** : 호의 두 점을 잇는 현의 길이를 입력합니다.

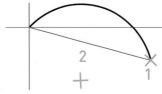

● **반지름** : 호의 반지름을 입력합니다.

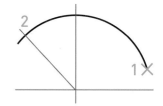

3 │ 타원 그리기 - Ellipse

'Ellipse'는 타원을 만드는 명령입니다. 원과는 달리 장변과 단변이 있어 중심점을 입력한 다음 장변과 단변의 길이를 입력하여 타원을 만듭니다.

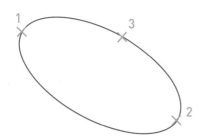

1 명령어 실행

- 리본 메뉴 : 〔홈〕 탭 – 그리기 패널 – 타원 옵션 지정
- 도구모음 : 그리기 – ◠
- 단축 명령어 : EL

2 작업 진행

> *타원의 끝점 지정 또는 [호(A)/중심(c)] :* [타원의 끝점 지정]
> *축의 다른 끝점 지정 :* [다른 끝점 지정]
> *다른 축으로 거리를 지정 또는 [회전(R)] :* [거리 지정]

3 옵션

- **축 끝점** : 타원의 한쪽 지점을 입력합니다. 이어서 두 번째 지점을 입력하고 단변의 반지름을 지정하면 타원이 만들어집니다.

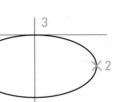

- **중심점** : 타원의 중심점을 입력합니다. 중심점을 입력한 후에는 시작점과 각도를 입력하여 타원을 그립니다.

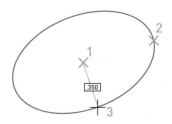

- **호** : 타원형 호를 그립니다. 타원형 호를 그릴 때는 중심점과 호를 그리기 위한 3개 이상의 점 또는 각도를 입력해야 합니다.

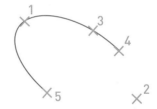

4 | 자유 곡선 그리기 - Spline

'Spline'은 NURBS(Nonuniform Rational B-Splines) 곡선을 그리기 위한 명령입니다. NURBS 곡선은 각 정점에서 조절점을 이용하여 곡선 형태를 만들며 전체적으로 완만한 곡선 형태를 유지하기 위해 스플라인을 그리는 동안 지속해서 전체 곡선의 형태가 조금씩 변경될 수 있습니다.

1 명령어 실행

- 리본 메뉴 : [홈] 탭 – 그리기 패널 – 스플라인
- 메뉴 : [그리기] → 스플라인
- 도구모음 : 그리기 – ∿
- 단축 명령어 : SPL

2 작업 진행

첫 번째 점 지정 또는 [메서드(M)/매듭(K)/객체(O)]: [시작점 지정]
다음 점 입력 또는 [시작 접촉부(T)/공차(L)] : [두 번째 지점 지정]

3 옵션

- 메서드 : 스플라인의 작성 방법을 조정합니다.
- 매듭 : 매듭 매개 변수화를 지정합니다. 매듭에는 현과 제곱근 그리고 균일 옵션을 선택할 수 있습니다.
- 공차 : 스플라인이 지정된 지점에서 벗어날 수 있는 거리를 지정합니다.

CHAPTER 05

원의 다양한 옵션을 활용한 도형 만들기

▶ 동영상 강의
https://youtu.be/TPIUfsdcils

AutoCAD 2021 ··

　내가 만들고자 하는 원을 만들기에는 다양한 원의 옵션과 기능을 어떻게 활용하느냐에 따라 결과물이 달라집니다. 이번에는 원의 옵션 활용에 대해 살펴보겠습니다.

완성 파일 ▶ Part02\원익히기_완성.dwg

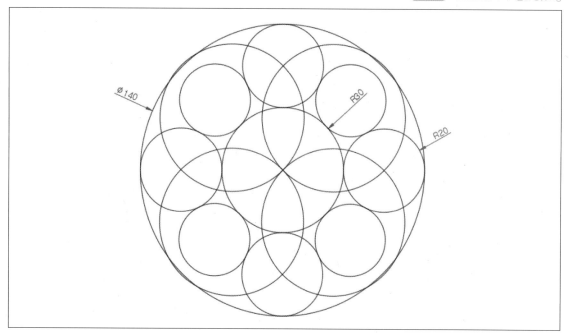

1 ┃ 도면 환경 설정하기

　위 그림의 형태를 만들기 위해서는 기준이 되는 원을 만들어야 합니다. 이때 가장 먼저 만들 수 있는 원은 'Ø140'인 원과 'R30'인 원 2가지가 있지만, 이번 설명에서는 'Ø140' 원을 먼저 만들어 보겠습니다.

명령: C
CIRCLE
원에 대한 중심점 지정 또는 [3점(3P)/2점(2P)/Ttr – 접선 접선 반지름(T)]: 중심점 지정
원의 반지름 지정 또는 [지름(D)] 〈25.0000〉: 70(반지름 입력)

❶ 원을 그리기 위한 '명령어:C'를 입력한 다음 원의 중심점(P1)을 지정합니다.

❷ 'Ø140'의 원을 만들어야 하기 때문에 '반지름:70'을 입력하면 원이 생성됩니다.

❸ 이때 '옵션:D'를 입력하면 원의 지름 값인 Ø140을 입력하여 원을 생성할 수 있습니다.

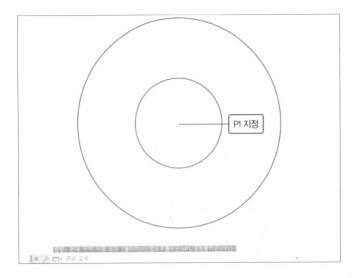

명령: C

CIRCLE

원에 대한 중심점 지정 또는 [3점(3P)/2점(2P)/Ttr − 접선 접선 반지름(T)]: 중심점 지정

원의 반지름 지정 또는 [지름(D)] 〈70.0000〉: 30(반지름 값 입력)

❹ 두 번째 원을 만들어야 할 순서입니다. '명령어:C'를 입력하고 'Ø140'의 원과 동심이 되는 위치를 중심점으로 지정한 다음 '반지름:30'을 입력합니다.

TIP

이때 중심점이 나타나지 않는다면 다음 사항을 체크해 보세요.

- '명령어:OS'를 입력하면 표시되는 [제도 설정] 대화상자에서 '중심'이 체크되어 있는지를 확인하세요. 만약 체크가 되어 있지 않다면 꼭 체크합니다.
- 다음으로 '중심'이 체크되어 있는데도 중심점이 나타나지 않는다면 '명령어:C'를 입력 후 'Ø140' 원의 테두리 부분을 마우스로 드래그하면 '중심' 위치가 표시됩니다.

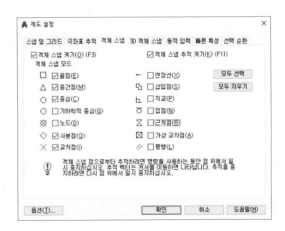

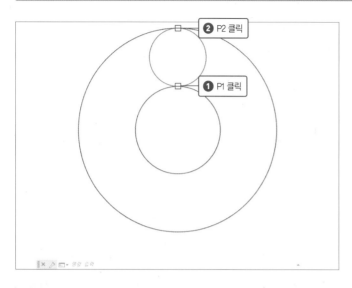

명령: C
CIRCLE
원에 대한 중심점 지정 또는 [3점(3P)/2점(2P)/Ttr – 접선 접선 반지름(T)]: 2P
원 지름의 첫 번째 끝점 지정: 'R30' 원의 위쪽 사분점을 선택
원 지름의 두 번째 끝점을 지정: 'Ø140' 원의 위쪽 사분점을 선택

01 다음 원을 작업하기 위해서는 원의 '옵션:2P'를 사용해야 합니다. '명령어:C'를 입력한 다음 중심점을 지정하기 전에 '옵션:2P'를 입력합니다.

02 'R30' 원의 위쪽 사분점을 클릭하고 'Ø140' 원의 위쪽 사분점을 클릭하는 2개의 점을 이용해서 원을 만듭니다.

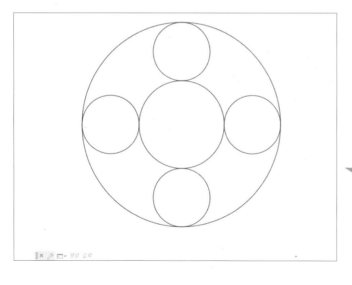

03 같은 방법으로 'R30' 원과 'Ø140' 원의 좌/우/아래 각각 사분점을 지정하여 3개의 원을 더 생성하면 왼쪽 그림의 형태가 완성됩니다.

TIP

원은 기본 기능으로 지름 및 반지름의 수치를 지정하면 변경할 때까지는 동일한 수치가 적용되지만, 원의 옵션의 경우 저장 기능이 없기 때문에 매번 옵션을 지정하여 위치점을 클릭해야 합니다.

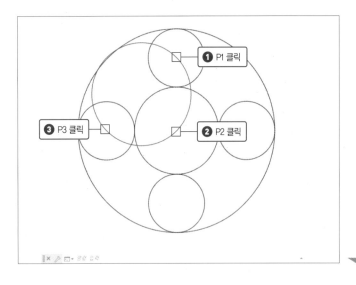

04 다음 형태의 원을 만들어 보겠습니다. 우선 '명령어:C'를 입력한 다음 3개의 점을 지정하여 원을 생성해야 하기 때문에 '옵션:3P'를 입력합니다.

05 3개의 점의 위치 중 첫 번째는 앞서 '옵션:2P'로 처음 생성했던 위쪽 작은 원의 중심점을 지정합니다. 다음으로 중앙 'R30' 원의 중심을 지정하고, 마지막으로 왼쪽 작은 원의 중심점을 지정하여 도형을 생성합니다.

> **TIP**
> 이때 첫 번째 점과 세 번째 점의 위치는 서로 바뀌어도 상관없습니다.

명령: C
CIRCLE
원에 대한 중심점 지정 또는 [3점(3P)/2점(2P)/Ttr – 접선 접선 반지름(T)]: 3P
원 위의 첫 번째 점 지정: 위쪽 작은 원의 중심점을 지정
원 위의 두 번째 점 지정: 'R30' 원의 중심점을 지정
원 위의 세 번째 점 지정: 왼쪽 작은 원의 중심점을 지정

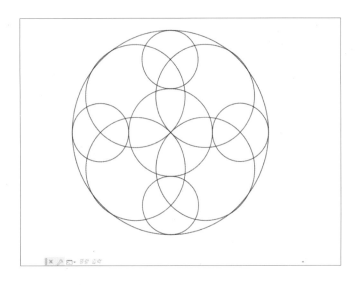

06 앞서 '옵션:2P'와 마찬가지로 '옵션:3P'를 사용하여 나머지 3개의 원을 생성합니다.

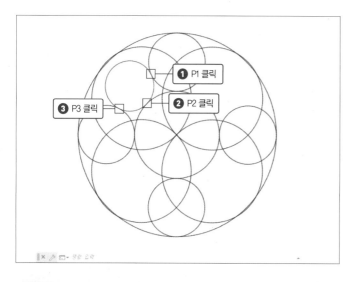

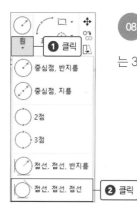

07 다음 원을 생성합니다. 이 원의 경우 3개의 원에 접해 있는 원이기 때문에 일반적인 옵션으로는 원을 만들 수 없습니다.

명령: C
CIRCLE
원에 대한 중심점 지정 또는 [3점(3P)/2점(2P)/Ttr − 접선 접선 반지름(T)]: _3p 원 위의 첫 번째 점 지정: _tan 대상(위쪽 작은 원을 선택)
원 위의 두 번째 점 지정: _tan 대상('R30' 원을 선택)
원 위의 세 번째 점 지정: _tan 대상(왼쪽 작은 원을 선택)

08 화면 상단에 있는 원의 기능 중에서 하단의 화살표를 클릭하면 표시되는 여러 개의 옵션 중에서 가장 하단에 있는 '옵션:접선, 접선, 접선' 기능을 클릭한 다음 원이 닿아 있는 3개의 원을 각각 지정하면 해당 원에 접해 있는 원이 생성됩니다.

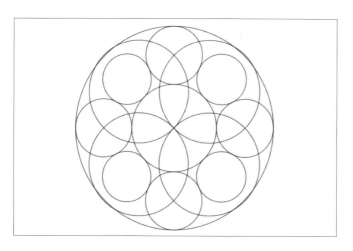

09 해당 위치의 옵션을 지정하여 나머지 3개의 원을 생성하면 도형이 완성됩니다.

CHAPTER 06

다양한 형태 그리기

AutoCAD 2021

기본 직선으로 이루어진 정형화된 도형의 경우 일부 명령을 이용하면 한 번에 객체를 만들 수 있습니다. 이번 챕터에서는 사각형이나 다각형과 같은 정형화된 객체를 만드는 방법에 대해 알아보겠습니다.

1 | 도넛 그리기 - Donut

'Donut'은 도넛 형태의 객체를 만드는 명령입니다. 바깥쪽 원과 안쪽 2개의 원으로 구성되어 원과 원 사이는 솔리드로 채워지는 형태입니다.

1 명령어 실행

- 리본 메뉴 : [홈] 탭 – 그리기 패널 – 그리기 확장 패널 – 도넛
- 메뉴 : [그리기] → 도넛
- 도구모음 : 그리기 – ◎
- 단축 명령어 : DO

2 작업 진행

> 도넛의 내부 지름 지정 〈0.5000〉: [안쪽 지름 입력]
> 도넛의 외부 지름 지정 〈1.0000〉: [바깥쪽 지름 입력]
> 도넛의 중심 지정 또는 〈종료〉: [중심점 입력]

3 옵션

2 │ 한 번에 사각형 작성하기 - Rectangle

'Rectangle'은 단어 그대로 사각형을 만드는 명령입니다. Line이나 Pline 명령을 이용하여 사각형을 만들려면 정점을 4개 만들어야 하지만, Rectangle 명령은 대각선 2개의 정점만으로 사각형을 만들 수 있습니다. 또한 선 두께나 모따기가 된 사각형을 만들 수도 있습니다.

1 명령어 실행

- 리본 메뉴 : [홈] 탭 – 그리기 패널 – 직사각형
- 메뉴 : [그리기] → 직사각형
- 도구모음 : 그리기 – ▭
- 단축 명령어 : REC

2 작업 진행

첫 번째 구석점 지정 또는 [모따기(C)/고도(E)/모깎기(F)/두께(T)/폭(W)]: [첫 번째 정점 입력]
다른 구석점 지정 또는 [영역(A)/치수(D)/회전(R)]: [두 번째 정점 입력]

3 옵션

● 첫 번째 정점 입력 시

- 모따기 : 모따기된 사각형을 만드는 옵션으로 모따기 거리를 입력해야 합니다.
- 고도 : 사각형이 만들어진 레벨을 지정합니다.
- 모깎기 : 둥근 모따기를 위해 모따기 거리를 입력합니다.
- 두께 : 사각형의 두께를 입력합니다.
- 폭 : 사각형의 선 두께를 지정합니다.

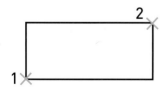

● 두 번째 정점 입력 시

- 영역 : 입력한 면적에 해당하는 사각형을 그립니다. 이때 한쪽 변의 길이를 입력해야 합니다.
- 치수 : 길이와 너비 값을 이용하여 사각형을 그립니다.
- 회전 : 특정한 각도로 회전된 사각형을 그립니다.

3 │ 다각형 작성하기 - Polygon

'Polygon'은 삼각형 이상의 다각형을 만드는 명령입니다. 각 변의 길이가 같은 객체를 만들며 중심점의 반지름 그리고 변의 개수를 입력하면 다각형이 만들어집니다.

1 명령어 실행

- 리본 메뉴 : [홈] 탭 – 그리기 패널 – 직사각형 – 폴리곤
- 메뉴 : [그리기] → 폴리곤
- 도구모음 : 그리기 – ⬠
- 단축 명령어 : POL

2 작업 진행

POLYGON 면의 수 입력 〈4〉: [변의 개수 입력]
폴리곤의 중심을 지정 또는 [모서리(E)]: [중심점 입력]
옵션을 입력 [원에 내접(I)/원에 외접(C)] 〈I〉: [원에 접하는 형태 선택]
원의 반지름 지정: [반지름 입력]

3 옵션

- 원에 내접 : 원에 내접하는 다각형을 그립니다.
- 원에 외접 : 원에 외접하는 다각형을 그립니다.

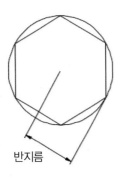

반지름

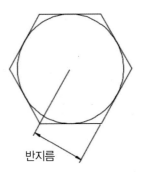

반지름

● 변의 길이 : 다각형의 시작점을 지정 후 변의 길이 값을 지정하여 다각형을 그립니다.

POLYGON 면의 수 입력 〈6〉: [변의 개수 입력]
폴리곤의 중심을 지정 또는 [모서리(E)]: E(다각형 변의 길이 지정)
모서리의 첫 번째 끝점 지정: 모서리의 두 번째 끝점 지정: [다각형의 시작점을 지정]
〉〉ORTHOMODE에 대한 새 값 입력 〈0〉:
POLYGON 명령 재개 중.
모서리의 두 번째 끝점 지정: [다각형의 끝점을 지정]

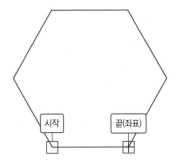

시작   끝(좌표)

TIP

❶ 다각형은 3각형부터 1024각형까지 만들 수 있습니다.
❷ 정다각형만 만들 수 있습니다.
❸ 일체형으로 생성됩니다.

쉽고 빠른, 사각형과 타원형 작성

1 사각형 만들기

선을 이용하여 4개의 변을 만들지 않고, 시작점을 기준으로 가로 길이와 세로 길이를 한 번에 입력하여 더욱 손쉽게 사각형을 만들 수 있습니다. 특히 좌표 거리의 +, − 값을 조절하여 사각형이 만들어지는 방향을 조절할 수도 있습니다.

❶ 사각형의 시작점을 기준으로 가로, 세로의 길이가 모두 +일 경우 오른쪽 위로 사각형이 만들어집니다.

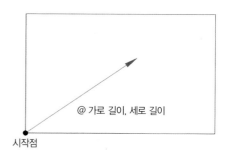

❷ ❶번과 같은 시작점이라도 가로, 세로 길이가 모두 − 라면 왼쪽 아래로 사각형이 만들어집니다. 즉, 시작점의 위치가 달라집니다.

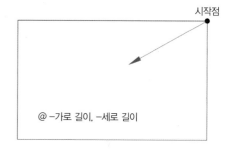

❸ 가로 길이는 +지만, 세로 길이가 −일 경우에는 시작점에서 오른쪽 아래로 사각형이 만들어집니다.

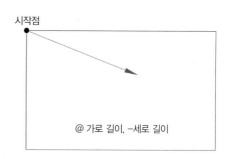

❹ 가로 길이가 −이고, 세로 길이가 +일 경우에는 시작점
에서 왼쪽 위로 사각형이 만들어집니다.

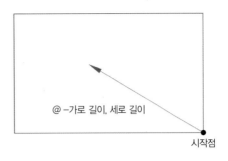

@ −가로 길이, 세로 길이

시작점

2 사각형 옵션 설정하기

명령어 입력 창에 'REC'를 입력하면 모따기(C) / 고도(E) / 모깎기(F) / 두께(T) / 폭(W)의 옵
션이 나타납니다.

> **tip** 사각형의 옵션은 다양하기 때문에 활용도가 높지만, 그만큼 매번 해당 옵션을 설정하여 조절해야 한다는 문제점을 가지
> 고 있습니다. 모든 옵션이 일회성이라면 활용도가 훨씬 더 높아 다양한 형태의 사각형을 만들 수 있지만, 해당 옵션들은 모두 기
> 본 저장 기능이 있어 옵션이 필요하지 않을 때나 변경해야 할 때는 일일이 수치를 설정해야 하는 단점이 있습니다. 그러므로 해
> 당 옵션을 사용하여 형태를 만들기보다는 개별 명령어들을 사용하여 다양한 형태의 사각형을 만드는 것이 훨씬 효율적입니다.

모따기(C)

사각형 모서리를 각지게 깎을 때 사용합니다.
'C' 옵션을 입력한 다음 2개의 수치를 입력하여 사각형
을 만들면 다음과 같이 모서리가 각지게 깎인 형태의 사
각형이 만들어집니다. 만약 오른쪽에 만들어질 사각형에
서는 모따기가 필요 없을 경우 다시 'C' 옵션을 입력하여
해제한 다음 2개의 수치 모두 '0'으로 설정해야 합니다.

고도(E)

사각형이 만들어지는 '높이'를 조절할 때 사용합니다.
AutoCAD를 활용한 3D 작업에서 사용하기 때문에 2D에
서는 거의 사용하지 않는 옵션입니다.
고도 옵션에서 사각형의 가로, 세로 길이만 부여하면
자동으로 입력된 높이의 육면체 형태가 만들어집니다.

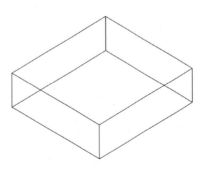

모깎기(F)

　사각형의 모서리를 둥글게 만들 때 사용합니다.
모따기와 마찬가지로 모깎기 옵션을 활용하면 사각형
모서리에 부여된 R값이 적용됩니다. 또한 다음에 그릴
사각형에서 해당 옵션을 해제해야 한다면 다시 'F' 옵션
을 입력한 다음 수치를 '0'으로 설정해야 합니다.

두께(T)

　고도와 마찬가지로 AutoCAD에서 3D 작업을 할 때
만들어지는 사각형의 두께를 설정하며, 역시 2D 작업에
서는 거의 사용하지 않습니다.
　고도와 상당히 비슷한 형태로 부여된 두께를 가진 육면
체가 만들어집니다. 2D에서는 높이가 보이지 않아 주로
3D 작업에 사용하는 옵션입니다.

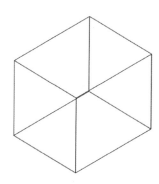

폭(W)

　사각형에서 4개의 선 굵기를 지정할 때 사용합니다.
하지만 사실상 차후 진행될 레이어를 활용하여 적용하
는 것이 효율적이며 모따기, 모깎기와 마찬가지로 원래
형태로 돌아가고자 하면 폭(W) 옵션에서 해당 수치를
기본값인 '0'으로 변경해야 합니다.

3 타원 만들기

타원을 만드는 방법은 2가지가 있습니다. 첫 번째는 타원 전체의 가로 길이를 입력하고 세로 길이를 전체 두께의 절반만 입력하는 것입니다. 두 번째는 전체의 세로 길이가 입력되면 남은 가로의 수치는 절반만 입력하여 타원을 만들 수 있습니다.

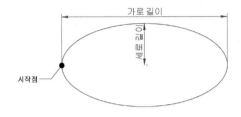
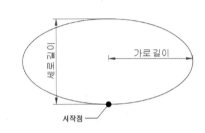

그림과 같은 크기의 타원을 만들어 보겠습니다.

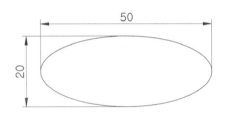

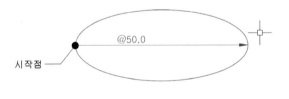

01 'Ellipse'를 입력하고 시작점을 클릭합니다.

02 전체 원의 가로와 세로 중에서 가로를 입력하기 위해 그림과 같이 상대 좌표 '@50,0'을 입력합니다.

03 이제 나머지 수치로 세로의 절반인 '10'을 입력해서 타원을 만듭니다. 만약 01번에서 가로 대신 세로 수치를 입력했다면 50의 절반인 '25'를 입력하면 동일한 형태의 타원이 만들어집니다.

> **tip** 타원은 가로/세로 길이로 만들어지는 원, 호의 일종이며, 가로 및 세로 길이 중 1개의 수치가 전체 값으로 입력될 경우에는 나머지 가로/세로는 절반의 수치를 입력하여 타원을 만듭니다.

4 타원 옵션 설정하기

타원은 2개의 옵션을 가지고 있습니다.

호(A)

타원 형태의 호를 만들 때 사용하는 옵션입니다. 기본으로 타원을 만들 때처럼 가로, 세로의 수치를 설정하고 호가 시작할 위치를 클릭한 다음 종료될 위치를 클릭하여 호를 만들 수 있습니다. 이때 주의할 점은 그림과 같이 호가 그려지는 방향이 반시계 방향이라는 것입니다.

중심(C)

타원의 두 번째 옵션은 중심입니다. 기본 타원을 만들기 위해서는 가로, 세로 중 하나의 전체 길이를 입력하고, 나머지의 절반만 입력하지만 중심 옵션은 가로, 세로 모두 절반의 수치를 부여해 타원을 만듭니다. 즉, 시작점이 타원의 중심점입니다.

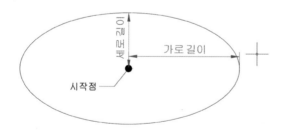

5 중심점을 이용해서 타원 만들기

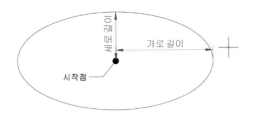

__01__ 'Ellipse'를 입력한 다음 중심점 옵션인 'C'를 입력하고 시작점을 지정합니다.

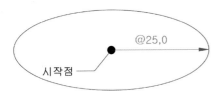

__02__ 시작점이 중심점으로 변경되기 때문에 가로 50의 절반인 25를 상대 좌표를 사용하여 '@25,0'로 입력합니다. 만약 세로 수치를 입력할 경우에는 '@0,10'이 됩니다.

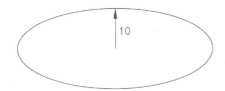

__03__ 이어서 세로의 절반인 '10'을 입력하면 타원이 완성됩니다.

> **tip** __01__번 과정에서 세로 길이를 입력했다면 가로의 절반인 '25'를 입력하면 동일한 형태의 타원이 만들어집니다.

---

tip CAT에서 타원이란?

CAT(캐드실무능력평가) 2급 시험의 난이도를 결정할 정도로 매우 중요하면서도 작성하기 어려운 것이 바로 타원입니다. 타원은 앞서 설명한 것처럼 지름, 반지름이 아닌 가로, 세로의 수치를 부여하여 만드는 방식이기 때문에 정확한 치수가 적용되지 않는 CAT 2급에서는 약간의 오차만 발생해도 문제에서 제시하는 타원을 정확하게 그릴 수 없습니다.

ATC에서 타원이 생기는 이유

원형 기둥을 그림과 같이 절단선을 이용해서 잘라내면 원통의 지름인 30을 그대로 유지하며 잘린 부분을 어떻게 보느냐에 따라 타원의 폭이나 높이가 결정됩니다. 해당 수치는 정확하게 나타나지 않기 때문에 위치를 직접 이동해서 그려야 합니다.

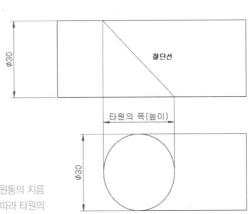

PART

03

자유롭게
객체 편집하기

AutoCAD에서 그리는 것만큼 자주 사용하는 명령은 편집에 관한 명령입니다. 객체를 지우고 옮기며 복사하는 작업은 도면을 완성하기 위한 중요한 작업 중 하나입니다. 이번 파트에서는 이러한 편집 명령들에 대해 알아보겠습니다.

AutoCAD 2021

객체 편집하기

AutoCAD 2021 ······

도면을 그리다 보면 새롭게 그리는 작업과 함께 이미 작업한 객체는 지우거나 일부를 잘라내는 등의 편집 작업에 많은 시간을 할애합니다. 이러한 편집 작업에 능숙해지면 도면 작업 시간을 크게 줄일 수 있습니다. 이번 챕터에서는 객체를 편집할 수 있는 다양한 명령에 관해 알아보겠습니다.

1 │ 지우기 - Erase

'Erase'는 객체를 지우는 명령입니다. 사실 Erase 명령보다 객체를 더 손쉽게 삭제하는 방법은 바로 Delete를 누르는 것입니다. Erase 명령을 수행한 다음 객체를 선택하는 것과 객체를 먼저 선택한 다음 Delete를 누르는 결과는 같습니다.

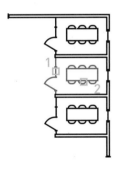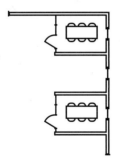

1 명령어 실행

- 리본 메뉴 : (홈) 탭 – 수정 패널 – 지우기
- 메뉴 : (수정) → 지우기
- 도구모음 : 수정 – ✎
- 단축 명령어 : E

2 작업 진행

객체 선택: [지울 대상 선택]

2 | 복사하기 - Copy

'Copy'는 선택한 객체를 복사하는 명령으로 한 번 또는 한꺼번에 여러 개의 객체를 복사할 수 있습니다. 또한 지정한 방향으로 입력한 개수만큼 객체를 복사할 수 있으므로, Copy 명령을 잘 사용하면 같은 객체를 반복해서 입력해야 할 때 유용합니다.

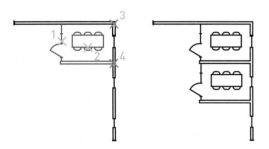

▲ 1개 또는 여러 개의 객체를 복사할 수 있다.

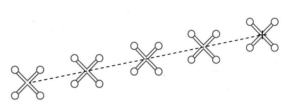

▲ 하나의 객체를 일정한 간격으로 지정한 개수만큼 복사할 수 있다.

1 명령어 실행

- 리본 메뉴 : [홈] 탭 – 수정 그룹 – 복사
- 메뉴 : [수정] → 복사
- 도구모음 : 수정 – ⧉
- 단축 명령어 : CO, CP

2 작업 진행

> *객체 선택:* [대상 선택]
> *객체 선택:* [Enter]
> 현재 설정: 복사 모드 = 다중(M)
> *기본점 지정 또는 [변위(D)/모드(O)] ⟨변위⟩:* [원점 선택]
> *두 번째 점 지정 또는 [배열(A)] ⟨첫 번째 점을 변위로 사용⟩:* [복사할 지점 선택]

3 옵션

- **복사 모드(O)** : 선택한 객체를 한 번만 복사하는 '단일(S)' 모드와 여러 개 복사하는 '다중(M)' 모드를 선택할 수 있습니다. 기본으로 '다중(M)' 모드가 선택됩니다.

- **배열(A)** : 선택한 객체를 지정한 간격으로 입력한 개수만큼 복사합니다.

3 │ 이동하기 - Move

'Move'는 객체를 이동하는 명령입니다. AutoCAD 명령 중 가장 간단한 명령으로 기준점과 옮길 지점을 지정하는 과정만으로 이루어져 있습니다. 객체를 이동할 때는 정확한 지점으로 옮기기 위해서 객체 스냅을 잘 이용해야 합니다.

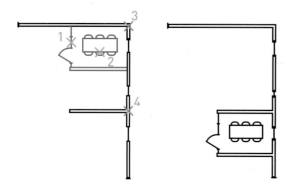

1 명령어 실행

- 리본 메뉴 : 〔홈〕 탭 – 수정 패널 – 이동
- 메뉴 : 〔수정〕 → 이동
- 도구모음 : 수정 – ✛
- 단축 명령어 : M

2 작업 진행

객체 선택: [옮길 대상 선택]
객체 선택: Enter
기준점 지정 또는 [변위(D)] 〈변위〉: [기준점 지정]
두 번째 점 지정 또는 〈첫 번째 점을 변위로 사용〉: [옮길 지점 지정]

3 옵션

- 기준점 : 기준점을 입력합니다.
- 두 번째 점 : 옮길 지점을 입력합니다.
- 변위 : 이동할 좌표를 입력합니다.

'Trim'은 기준선을 중심으로 객체 일부를 잘라내는 유용한 명령입니다. 실제로 도면을 그리다 보면 편집 명령 중에서 가장 많이 사용한다고 해도 과언이 아닐 정도로 자주 사용하는 명령이므로 사용 방법을 잘 익혀 두세요. 옵션을 입력할 때 Shift를 누른 채 객체를 선택하면 객체가 잘리지 않고 가장 가까운 객체로 연장되는 특징이 있습니다.

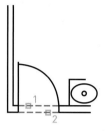

1 명령어 실행

- 리본 메뉴 : 〔홈〕 탭 – 수정 패널 – 자르기
- 메뉴 : 〔수정〕 → 자르기
- 도구모음 : 수정 – ✂
- 단축 명령어 : TR

2 작업 진행

> *명령:* TR
> *TRIM*
> *현재 설정: 투영=UCS, 모서리=없음, 모드=빠른 작업*
> *자를 객체를 선택하거나 Shift 키를 누른 채로 선택하여 확장 또는*
> *[절단 모서리(T)/걸치기(C)/모드(O)/프로젝트(P)/지우기(R)]:*

3 옵션

- 절단 모서리(T) : 기존과 같이 기준선을 선택한 다음 선을 자르는 방식을 의미합니다.

- 걸치기(C) : 범위를 드래그하여 선을 잘라낼 때 사용합니다.

- 모드(O) : 빠른 작업(Q)과 표준(S)을 설정합니다. 빠른 작업은 AutoCAD 2021에서 추가된 방식을 의미하며, 표준은 기존 방식을 의미합니다.

- 프로젝트(P) : 3차원 설계에서 방향성을 지정합니다.

- 지우기(R) : Delete의 대용으로 범위를 설정하여 필요 없는 객체 삭제할 때 사용합니다.

5 ┊ 평행 복사하기 - Offset

'Offset'은 미리 지정한 간격만큼 선택한 객체를 복사하는 명령입니다. Copy 명령과 다른 점은 폐곡선이나 곡선의 경우 지정한 간격만큼 반지름이나 크기가 정확히 맞춰진다는 점입니다. 일정 간격으로 지속해서 복사해야 하는 경우에도 유용하게 사용할 수 있습니다.

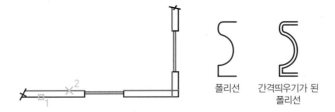

폴리선　　간격띄우기가 된
폴리선

1 명령어 실행

- 리본 메뉴 : (홈) 탭 – 수정 패널 – 간격띄우기
- 메뉴 : (수정) → 간격띄우기
- 도구모음 : 수정 – ⊆
- 단축 명령어 : O

2 작업 진행

> 현재 설정: 원본 지우기 = 아니오 도면층 = 원본 OFFSETGAPTYPE = 0
> 간격띄우기 거리 지정 또는 [통과점(T)/지우기(E)/도면층(L)] 〈통과점〉: [간격 입력 혹은 옵션 입력]
> 간격띄우기할 객체 선택 또는 [종료(E)/명령 취소(U)] 〈종료〉: [복사할 객체 선택]
> 간격띄우기할 면의 점 지정 또는 [종료(E)/다중(M)/명령 취소(U)] 〈종료〉: [복사할 방향 지정]

3 옵션

- 간격띄우기 거리 : 복사할 간격을 입력합니다.
- 통과점(T) : 선택한 정점을 통과하는 객체를 복사합니다.

선택점　　　　통과점　　객체 간격 띄우기

- 지우기(E) : 객체를 복사한 다음 원본 객체를 삭제합니다.
- 도면층(L) : 복사한 객체의 레이어를 현재 사용 중인 레이어에 만들지, 원본 객체의 레이어로 만들지 지정합니다.

'Mirror'는 기준선을 중심으로 반대쪽에 거울처럼 반전시켜 복사하는 명령입니다. 텍스트의 경우 형태를 그대로 복사하지만, Mirrtext 환경 변수 설정을 통해 텍스트를 반전 복사할 수도 있습니다.

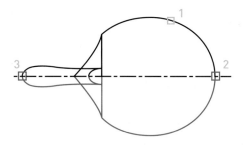

1 명령어 실행

- 리본 메뉴 : [홈] 탭 – 수정 패널 – 대칭
- 메뉴 : [수정] → 대칭
- 도구모음 : 수정 – ⚠
- 단축 명령어 : MI

2 작업 진행

객체 선택: [거울 복사할 객체 선택]
객체 선택: Enter
대칭선의 첫 번째 점 지정: [기준선의 시작점 지정]
대칭선의 두 번째 점 지정: [기준선의 끝점 지정]
원본 객체를 지우시겠습니까? [예(Y)/아니오(N)] 〈아니오〉: [원본 객체의 삭제 여부 선택]

3 관련 명령

● Mirrtext : 문자가 반전 복사되었을 때의 형태를 설정합니다.

대칭 전   대칭 후(Mirrtext = 1)   대칭 후(Mirrtext = 0)

'Array'는 직사각형 또는 원형 및 지정한 경로의 방향으로 원본 객체를 여러 개 복사하는 명령입니다. 일정 간격으로 여러 개의 객체를 복사해야 하는 경우에 Array 명령을 사용하면 단시간에 빠르게 객체를 복사할 수 있습니다. AutoCAD 2020부터는 Array 명령을 3D에서도 사용할 수 있으며, 이전 버전에서 사용하던 2D에서 행과 열을 이용한 객체 복사는 '-Array' 명령을 사용합니다.

1 명령어 실행

- 리본 메뉴 : [홈] 탭 – 수정 패널 – 배열
- 메뉴 : [수정] → 배열
- 도구모음 : 수정 – 🔠
- 단축 명령어 : AR

2 작업 진행

> *객체 선택:* [복사할 객체 선택]
> *객체 선택:* Enter
> *배열 유형 입력 [직사각형(R)/경로(PA)/원형(PO)] 〈직사각형〉:*
> *유형 = 직사각형 연관 = 예 :* [배열 형태 입력]
> *그립을 선택하여 배열을 편집하거나 [연관(AS)/기준점(B)/개수(COU)/간격두기(S)/열(COL)/행(R)/레벨(L)/종료(X)] 〈종료〉:*
> [복사할 객체의 수 입력]
> *그립을 선택하여 배열을 편집하거나 [연관(AS)/기준점(B)/개수(COU)/간격두기(S)/열(COL)/행(R)/레벨(L)/종료(X)] 〈종료〉:*
> [복사할 객체의 간격 입력]

3 옵션

- **직사각형(R)** : 객체를 행과 열 그리고 레벨을 이용하여 배열합니다. 'Arrayrect' 명령으로 동일한 결과를 얻을 수 있습니다.

  - **열(COL)** : 열의 개수를 입력합니다.
  - **행(R)** : 행의 개수를 입력합니다.
  - **간격두기(S)** : 열 사이의 거리를 입력합니다.

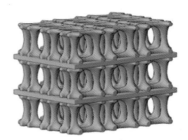

● 경로(P) : 경로를 따라 객체를 복사합니다. 'Arraypath' 명령으로 직접 실행할 수 있으며, 경로는 선이나 폴리선, 원 등 다양한 선 객체를 이용할 수 있습니다.

• 경로 곡선 선택 : 객체 배열에서 경로로 사용할 선을 선택합니다.

• 연관(AS) : 배열된 객체를 작성할지, 선택된 객체의 비연관 사본을 작성할지 지정합니다.

• 기준점 : 배열의 기준점을 정의합니다. 경로 배열의 항목이 기준점을 기준으로 배치됩니다.

• 접선 방향 : 경로의 시작 방향을 기준으로 배열된 항목의 정렬 방법을 지정합니다.

● 원형(PO) : 객체를 지정한 중심점을 기준으로 원형으로 배열 복사합니다. 'Arraypolar' 명령으로 직접 실행할 수 있습니다.

• 배열의 중심점 지정 : 배열 복사의 중심점을 입력합니다.

• 아이템 개수 : 배열 복사할 객체의 개수를 입력합니다.

• 채울 각도 : 배열 복사할 때 채울 각도를 입력합니다.

8 | 객체의 두 점 잘라내기 - Break

'Break'는 객체의 두 점을 지정하여 두 점 사이의 객체를 잘라내는 명령입니다. 주로 객체에 문자를 입력하는 경우 가독성을 높이기 위해 문자 폭만큼 객체를 잘라낼 때 사용합니다. 객체를 선택하는 지점이 잘라낼 시작점이기 때문에 정점을 잘못 입력했다면 'F' 옵션을 이용하여 다시 시작점을 입력할 수 있습니다.

◀ 명령어 실행

- 리본 메뉴 : 〔홈〕 탭 – 수정 패널 – 끊기
- 메뉴 : 〔수정〕 → 끊기
- 도구모음 : 수정 – ⬚
- 단축 명령어 : BR

② 작업 진행

> *객체 선택:* [잘라낼 객체의 첫 번째 정점 선택]
> *두 번째 끊기점을 지정 또는 [첫 번째 점(F)]:* [두 번째 정점 선택]

③ 옵션

- 객체 선택 : 잘라낼 첫 번째 정점을 입력합니다.
- 두 번째 끊기점을 지정 : 잘라낼 두 번째 정점을 입력합니다.

9 | 지워진 객체 복구하기 - Oops

'Oops'는 바로 이전에 삭제된 객체를 복원하는 명령입니다. Undo 명령은 바로 이전에 실행된 명령만을 복원하지만, Oops 명령은 작업이 진행된 후라도 삭제된 객체를 복원한다는 점이 다릅니다. Oops 명령은 리본 메뉴나 도구모음 없이 명령어 입력만으로 진행할 수 있습니다.

| 지워진 객체 | OOPS 실행 전 | OOPS 실행 후 |

▢1 명령어 실행

명령어 입력 : OOPS

---

10 ┊ 실행된 명령 취소하기 - Undo

'Undo'는 이전에 실행한 명령을 취소하는 명령입니다. 단축 명령어인 'U'를 입력하면 옵션 설정 없이 바로 이전 명령만 취소합니다. Undo 명령을 사용하면 하나의 작업을 세트로 만들어 쉽게 이전 단계로 복원할 수 있습니다.

▢1 명령어 실행

- 빠른 실행 도구모음 : ↰
- 명령어 입력 : Undo

▢2 작업 진행

현재 설정: 자동 = 켜기, 조정 = 전체, 결합 = 예, 도면층 = 예
취소할 작업의 수 또는 [자동(A)/조정(C)/시작(BE)/끝(E)/표식(M)/뒤(B)] 입력 ⟨1⟩: [명령을 취소할 작업 단계 입력]

▢3 옵션

- **숫자** : 명령을 취소할 작업 단계를 입력합니다. 예를 들어, '3'을 입력하면 이전 3개의 작업 명령을 취소하고 그 이전으로 돌아갑니다.
- **자동** : 여러 개의 명령을 그룹화하여 Undo 명령을 통해 한 번에 복원할 수 있도록 설정합니다.
- **조정** : Undo 명령을 활성화하거나 일부 기능을 제한합니다.
- **시작** : 이후 이루어지는 명령이 '끝' 옵션을 사용하기 전까지 하나의 세트로 설정됩니다.
- **끝** : '시작' 옵션에 의해 진행하던 세트 작업을 종료하고 세트가 만들어집니다.

- **표식** : Undo 정보 안에 표식을 삽입합니다.
- **뒤** : '표식'이 설정된 표식 이후 작업한 모는 내용을 취소합니다.

11 | Undo 명령 취소하기 - Redo

'Redo'는 Undo 명령에 의해 취소된 명령을 다시 복원하는 명령이며, Undo 명령은 이전에 사용한 명령을 취소하는 기능을 수행합니다. 단, Redo 명령은 Undo 명령을 수행한 직후에 사용해야 합니다.

1 명령어 실행

- 빠른 실행 도구모음 : →
- 명령어 입력 : Redo

TIP
- Undo는 Ctrl + Z 를 사용하면 보다 쉽게 사용할 수 있습니다.
- Redo는 Ctrl + Y 를 사용하면 보다 쉽게 사용할 수 있습니다.

CHAPTER 02

Copy 명령을 이용한 객체 복사하기

▶ 동영상 강의
https://youtu.be/0qUc5ikZDBM

AutoCAD 2021

예제 파일 Part03\객체복사_예제.dwg
완성 파일 Part03\객체복사_완성.dwg

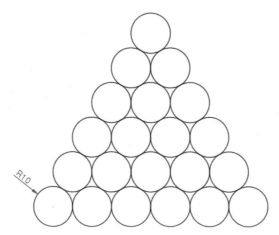

R10

---

1 | 기준이 되는 원 만들기

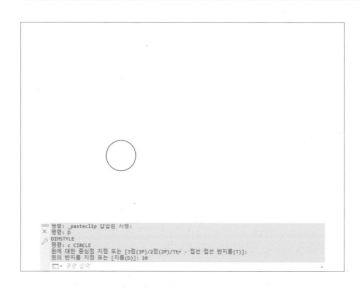

01 Part03 폴더에서 '객체복사_예제.dwg' 파일을 불러옵니다.

02 '명령어:C'를 사용하여 중심점을 지정한 다음 반지름 '10'을 입력하여 복사를 위해 사용할 원을 작성합니다.

명령: C
CIRCLE
원에 대한 중심점 지정 또는 [3점(3P)/2점(2P)/Ttr - 접선 접선 반지름(T)]: (중심점 지정)
원의 반지름 지정 또는 [지름(D)]: 10

2 | 복사를 사용하여 도형 만들기

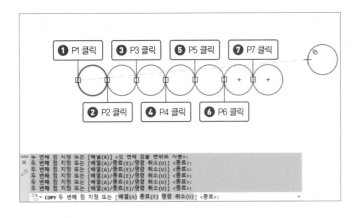

01 앞서 작성한 원을 기준으로 복사하여 첫 번째 줄을 생성해 보겠습니다. '명령어:CO'를 입력한 다음 원을 선택합니다. 원의 왼쪽 사분점을 지정한 다음 원의 오른쪽 사분점을 차례대로 지정하여 첫 번째 줄을 완성합니다.

명령: CO
COPY
객체 선택: 1개를 찾음(원을 선택)
객체 선택: Enter
현재 설정: 복사 모드 = 다중(M)
기본점 지정 또는 [변위(D)/모드(O)] 〈변위〉: (첫 번째 원의 왼쪽 사분점을 지정)
두 번째 점 지정 또는 [배열(A)] 〈첫 번째 점을 변위로 사용〉: (원의 오른쪽 사분점 지정)
두 번째 점 지정 또는 [배열(A)/종료(E)/명령 취소(U)] 〈종료〉: (원의 오른쪽 사분점 지정)
두 번째 점 지정 또는 [배열(A)/종료(E)/명령 취소(U)] 〈종료〉: (원의 오른쪽 사분점 지정)
두 번째 점 지정 또는 [배열(A)/종료(E)/명령 취소(U)] 〈종료〉: (원의 오른쪽 사분점 지정)
두 번째 점 지정 또는 [배열(A)/종료(E)/명령 취소(U)] 〈종료〉: (원의 오른쪽 사분점 지정)
두 번째 점 지정 또는 [배열(A)/종료(E)/명령 취소(U)] 〈종료〉: (원의 오른쪽 사분점 지정)

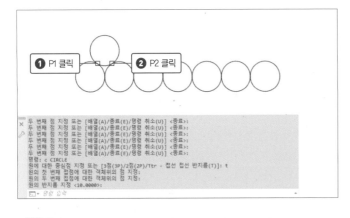

02 두 번째 줄을 만들기 위해 원을 만들어야 합니다. '명령어:C'의 '옵션:T'를 사용하여 왼쪽의 첫 번째와 두 번째의 위쪽을 각각 지정합니다. 반지름은 동일하므로 Enter를 눌러 원을 생성합니다.

명령: C
CIRCLE
원에 대한 중심점 지정 또는 [3점(3P)/2점(2P)/Ttr – 접선 접선 반지름(T)]: T
원의 첫 번째 접점에 대한 객체위의 점 지정: (왼쪽 첫 번째 원의 위쪽을 클릭)
원의 두 번째 접점에 대한 객체위의 점 지정: (왼쪽 두 번째 원의 위쪽을 클릭)
원의 반지름 지정 〈10.0000〉: Enter

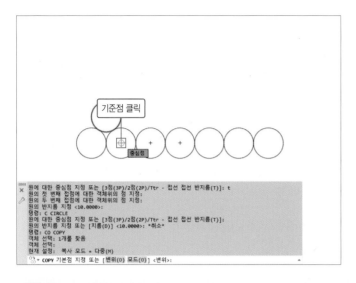

03 객체를 복사하기 위해 '명령어:CO'를 입력한 다음 '옵션:T'를 사용하여 작성한 원을 선택합니다. 왼쪽 두 번째 원을 중심점으로 지정합니다.

명령: CO
COPY
객체 선택: 1개를 찾음(T 옵션을 사용하여 작성한 원을 선택)
객체 선택: Enter
현재 설정: 복사 모드 = 다중(M)
기본점 지정 또는 [변위(D)/모드(O)] 〈변위〉: (왼쪽 두 번째 원의 중심점을 지정)

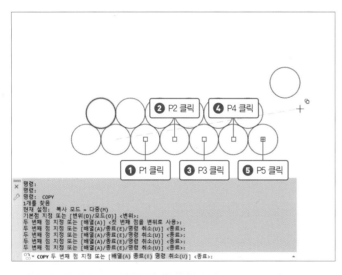

04 복사할 지점을 선택합니다. 앞서 첫 번째 만들었던 원의 중심점을 차례대로 클릭하여 두 번째 줄을 완성합니다.

두 번째 점 지정 또는 [배열(A)] 〈첫 번째 점을 변위로 사용〉: (다음 원의 중심점을 지정)
두 번째 점 지정 또는 [배열(A)/종료(E)/명령 취소(U)] 〈종료〉: (다음 원의 중심점을 지정)
두 번째 점 지정 또는 [배열(A)/종료(E)/명령 취소(U)] 〈종료〉: (다음 원의 중심점을 지정)
두 번째 점 지정 또는 [배열(A)/종료(E)/명령 취소(U)] 〈종료〉: (다음 원의 중심점을 지정)
두 번째 점 지정 또는 [배열(A)/종료(E)/명령 취소(U)] 〈종료〉: (다음 원의 중심점을 지정)

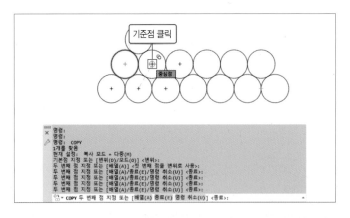

05 세 번째 줄을 만듭니다. 두 번째 줄의 왼쪽 두 번째 중심점을 지정하면 세 번째 줄의 시작이 되는 원을 만들 수 있습니다.

두 번째 점 지정 또는 [배열(A)/종료(E)/명령 취소(U)] 〈종료〉: (두 번째 줄 두 번째 원의 중심점을 지정)

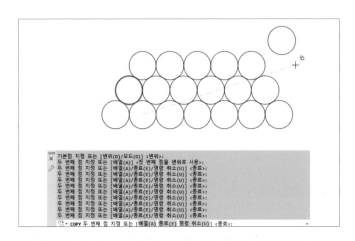

06 두 번째 줄을 작성할 때와 마찬가지로 두 번째 줄 원의 중심점을 차례로 클릭하여 세 번째 줄을 작성합니다.

두 번째 점 지정 또는 [배열(A)] 〈첫 번째 점을 변위로 사용〉: (다음 원의 중심점을 지정)
두 번째 점 지정 또는 [배열(A)/종료(E)/명령 취소(U)] 〈종료〉: (다음 원의 중심점을 지정)
두 번째 점 지정 또는 [배열(A)/종료(E)/명령 취소(U)] 〈종료〉: (다음 원의 중심점을 지정)
두 번째 점 지정 또는 [배열(A)/종료(E)/명령 취소(U)] 〈종료〉: (다음 원의 중심점을 지정)

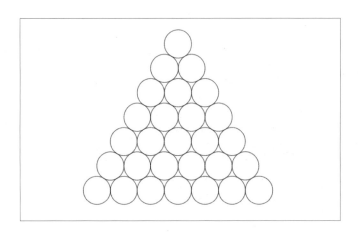

07 네 번째 줄부터는 동일한 방법으로 원의 위치를 지정하여 지속해서 원을 복사하면 도형이 완성되는 것을 확인할 수 있습니다.

CHAPTER 03

객체 변형하기

AutoCAD 2021

객체의 크기를 늘리거나 회전하는 등의 변형은 객체의 속성을 그대로 유지하면서 형태만 변경하는 방법입니다. 이번 챕터에서는 객체의 속성을 유지하면서 형태를 변경하는 객체 변형 방법에 대해 알아 보겠습니다.

1 | 크기 조절하기 - Scale

'Scale'은 객체의 형태를 변경하지 않으면서 크기만 조절하는 명령입니다. 축척 비율은 현재 상태 '1' 을 기준으로 '1'보다 큰 값을 입력하면 객체가 커지고, '1'보다 작은 값을 입력하면 작아집니다.

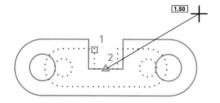

1 명령어 실행

- 리본 메뉴 : (홈) 탭 – 수정 패널 – 축척
- 메뉴 : (수정) → 축척
- 도구모음 : 수정 – 🔲
- 단축 명령어 : SC

2 작업 진행

> *객체 선택:* [객체 선택]
>
> *객체 선택:* Enter
>
> *기준점 지정:* [기준점 지정]
>
> *축척 비율 지정 또는 [복사(C)/참조(R)]:* [축척 비율 입력]

- 기준점 : 기준점을 지정합니다.

- 축척 비율 : 크기를 조정할 축척 비율을 입력합니다.

- 복사(C) : 선택된 객체를 복사합니다.

- 참조(R) : 선택한 객체의 길이를 기준으로 새로운 길이를 입력합니다.

TIP Scale의 주의 사항

❶ Scale은 현재의 상태 '1'이라는 기준값을 가지고 있습니다. 만약 특정 객체 혹은 도형을 선택하여 기준값의 두배의 수치인 '2'를 입력하면 선택한 객체 혹은 도형은 2배의 크기를 가지는 객체 혹은 도형으로 변형됩니다. 만약 해당 객체 혹은 도형을 원래대로 돌리기 위해서는 다시 객체 혹은 도형을 선택한 다음 기준값 '1'의 절반인 '0.5'를 입력해야 원래의 크기로 돌아갈 수 있습니다.

이처럼 객체와 도형의 크기를 변경할 경우, 변경된 형태가 다시 기준값 '1'로 변경되기 때문에 객체 및 도형의 크기를 조절할 때는 상당한 주의가 필요합니다.

❷ Scale은 3의 배수 혹은 축척으로 크기 값을 조절하는 것을 권장하지 않습니다.

이유는 단순합니다. 10의 크기를 가진 객체를 0.3배의 크기로 축소시키면 3의 크기를 가지게 되지만, 원래의 크기로 돌아가기 위해 '3'의 크기 값을 주면 '9'가 되어서 원래의 크기로 돌아갈 수 없습니다.

2 | 회전하기 - Rotate

'Rotate'는 선택한 객체를 회전하는 명령으로 객체의 형태나 크기는 변경되지 않습니다. 객체를 회전할 때 기본 각도는 반시계 방향이며, − 기호를 사용하면 시계 방향으로 회전합니다. 또한 중심점을 어느 곳에 지정하는가에 따라 객체의 위치가 달라집니다.

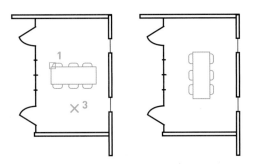

1 명령어 실행

- 리본 메뉴 : (홈) 탭 – 수정 패널 – 회전
- 메뉴 : (수정) → 회전
- 도구모음 : 수정 – ↻
- 단축 명령어 : RO

현재 UCS에서 양의 각도: 측정 방향=시계 반대 방향 기준 방향=0
객체 선택: [객체 선택]
객체 선택: Enter
기준점 지정: [기준점 지정]
회전 각도 지정 또는 [복사(C)/참조(R)] ⟨0⟩: [회전 각도 입력]

③ 옵션

- 기준점 : 기준점을 지정합니다.

- 회전 각도(A) : 회전할 각도를 입력합니다.

- 복사(C) : 선택된 객체를 복사합니다.

- 참조(R) : 선택한 객체의 각도를 기준으로 새로운 각도를 입력합니다.

3 │ 모서리를 둥글게 하는 모깎기 - Fillet

'Fillet'은 지정한 반지름만큼 모서리를 곡선으로 처리하는 명령입니다. 모서리 각도에 상관없이 지정한 반지름에 따라 곡선으로 처리하기 때문에 두 변의 길이보다 반지름을 크게 설정하면 곡선으로 처리할 수 없어 적정한 반지름을 입력해야 합니다.

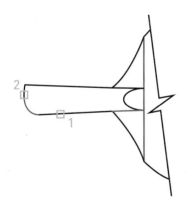

① 명령어 실행

- 리본 메뉴 : [홈] 탭 − 수정 패널 − 모깎기
- 메뉴 : [수정] → 모깎기
- 도구모음 : 수정 −
- 단축 명령어 : F

첫 번째 객체 선택 또는 [명령 취소(U)/폴리선(P)/반지름(R)/자르기(T)/다중(M)]: R
모깎기 반지름 지정 ⟨0.0000⟩: [반지름 입력]
첫 번째 객체 선택 또는 [명령 취소(U)/폴리선(P)/반지름(R)/자르기(T)/다중(M)]: [첫 번째 변 선택]
두 번째 객체 선택 또는 Shift 키를 누른 채 선택하여 구석 적용 또는 [반지름(R)]: [두 번째 변 선택]

첫 번째 선택한 객체   두 번째 선택한 객체   결과

3 옵션

- 명령 취소(U) : 이전 상태로 복원합니다.

- 폴리선(P) : 선택한 폴리선 객체의 전체 모서리에 곡선 처리를 합니다.

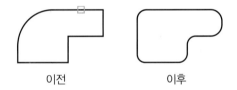

이전   이후

- 반지름(R) : 곡선 처리를 위한 반지름을 입력합니다.

- 자르기(T) : 곡선 처리 후 모서리의 남은 부분을 잘라낼지 여부를 설정합니다.

- 다중(M) : 2개 이상의 모서리를 곡선 처리합니다.

4 ┊ 모서리를 각지게 하는 모따기 - Chamfer

'Chamfer'는 모서리를 각지게 처리하는 명령이며, Fillet(모깎기)은 모서리를 둥글게 처리하는 명령입니다. 일반적으로 '모깎기' 작업은 Fillet으로, '모따기' 작업은 Chamfer로 합니다.

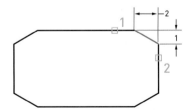

1 명령어 실행

- 리본 메뉴 : 〔홈〕 탭 – 수정 패널 – 모깎기 – 모따기
- 메뉴 : 〔수정〕 → 모따기
- 도구모음 : 수정 –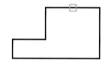
- 단축 명령어 : CHA

2 작업 진행

첫 번째 선 선택 또는 [명령 취소(U)/폴리선(P)/거리(D)/각도(A)/자르기(T)/메서드(E)/다중(M)]: D
첫 번째 모따기 거리 지정 〈0.0000〉: [첫 번째 변의 모따기 길이 입력]
두 번째 모따기 거리 지정 〈250.0000〉: [두 번째 변의 모따기 길이 입력]
첫 번째 선 선택 또는 [명령 취소(U)/폴리선(P)/거리(D)/각도(A)/자르기(T)/메서드(E)/다중(M)]: [첫 번째 변 선택]
두 번째 선 선택 또는 Shift 키를 누른 채 선택하여 구석 적용 또는 [거리(D)/각도(A)/메서드(M)]: [두 번째 변 선택]

3 옵션

- **명령 취소(U)** : 이전 상태로 복원합니다.

- **폴리선(P)** : 선택한 폴리선 객체의 전체 모서리에 모따기를 적용합니다.

선택된 폴리선

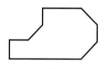
결과

- **거리(D)** : 모따기 할 거리를 입력합니다. 두 변의 모따기 거리를 다르게 입력하면 각 변의 모따기 형태가 다르게 설정됩니다.

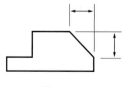
같은 거리

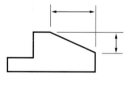
다른 거리

- **각도(A)** : 첫 번째 변과 각도를 이용하여 모따기를 적용합니다.

선택된 첫 번째 모서리
선택된 두 번째 모서리

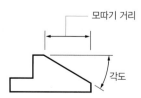
모따기 거리
각도

- **자르기(T)** : 모따기를 적용한 후 모서리의 남은 부분을 잘라낼지 여부를 설정합니다.

- **메서드(E)** : 모따기 할 때 두 변의 거리를 이용할지, 한 변의 거리와 각도를 이용할지 설정합니다.

- **다중(M)** : 2개 이상의 모따기를 한꺼번에 적용합니다.

5 : 끝점 연장하기 - Extend

'Extend'는 선택한 객체를 인근 경계선까지 연장하는 명령입니다. 선택한 객체의 각도와 방향을 유지한 채 연장하므로 객체의 형태를 그대로 유지할 수 있고 인근 경계선까지 정확하게 연결합니다.

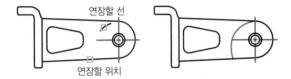

1 명령어 실행

- 리본 메뉴 : [홈] 탭 – 수정 패널 – 자르기 – 연장
- 메뉴 : [수정] → 연장
- 도구모음 : 수정 – →|
- 단축 명령어 : EX

2 작업 진행

> 명령: EX
> *EXTEND*
> 현재 설정: 투영=없음, 모서리=없음, 모드=빠른 작업
> 연장할 객체 선택 또는 *Shift* 키를 누른 채 선택하여 자르기 또는
> [경계 모서리(B)/걸치기(C)/모드(O)/프로젝트(P)]:

3 옵션

- **경계 모서리(B)** : 기존과 같이 기준선을 선택한 다음 선을 자르는 방식을 의미합니다.

- **걸치기(C)** : 범위를 드래그하여 선을 자를 때 사용합니다.

- **모드(O)** : 빠른 작업(Q)과 표준(S)을 설정합니다. 빠른 작업은 AutoCAD 2021에서 추가된 방식을 의미하며, 표준은 기존 방식을 의미합니다.

- **프로젝트(P)** : 3차원 설계에서 방향성을 지정합니다.

6 | 모서리 늘리기 - Stretch

'Stretch'는 객체의 일부 정점 또는 일부분을 다른 위치로 이동하는 명령으로, 정점이나 일부분이 변경되어 객체의 형태가 바뀝니다. 특히 Stretch 명령을 입력하지 않아도 객체의 일부를 선택한 다음 선택된 정점을 이동하면 자동으로 Stretch 명령이 적용됩니다.

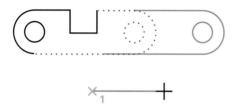

1 명령어 실행

- 리본 메뉴 : [홈] 탭 – 수정 패널 – 신축
- 메뉴 : [수정] → 신축
- 도구모음 : 수정 – 🔼
- 단축 명령어 : S

2 작업 진행

걸침 윈도우 또는 걸침 폴리곤만큼 신축할 객체 선택...
객체 선택: [객체의 모서리 선택]
객체 선택: Enter
기준점 지정 또는 [변위(D)] 〈변위〉: [기준점 지정]
두 번째 점 지정 또는 〈첫 번째 점을 변위로 사용〉: [이동 지점 지정]

3 옵션

- 기준점 : 신축할 기준점을 지정합니다.
- 두 번째 점 : 이동할 지점을 지정합니다.
- 변위(D) : 이동할 거리를 직접 입력합니다.

'Pedit'는 Pline 명령으로 만든 폴리선을 편집하는 명령입니다. 폴리선으로 만든 객체는 일부분의 선 두께나 정점의 위치, 삭제 등의 작업을 할 수 있습니다. 또한 폴리선이 아닌 일반 직선을 폴리선 속성으로 변경할 수 있으며 끊어진 폴리선을 하나의 폴리선으로 만들 수 있습니다.

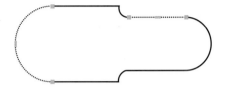

선택한 하위 객체에 표시된 다기능 그림

1 명령어 실행

- 리본 메뉴 : 〔홈〕 탭 – 수정 패널 – 폴리선 편집
- 메뉴 : 〔수정〕 → 객체 → 폴리선
- 도구모음 : 수정 – 🔧
- 단축 명령어 : PE

2 작업 진행

폴리선 선택 또는 [다중(M)]: [폴리선 선택]
옵션 입력 [닫기(C)/결합(J)/폭(W)/정점 편집(E)/맞춤(F)/스플라인(S)/비곡선화(D)/선종류생성(L)/반전(R)/명령 취소(U)]:
[옵션 선택]

3 옵션

● 닫기(C) : 시작 정점과 마지막 정점을 폴리선으로 이어 닫힌 객체를 만듭니다.

닫기 전

닫기 후

● Open : 시작 정점과 마지막 정점을 잇는 폴리선을 제거하여 열린 객체로 만듭니다.

● 결합(J) : 선택한 폴리선들을 하나의 폴리선으로 연결합니다. 단, 연결하려는 폴리선의 정점들이 서로 같은 위치에 있어야 하나의 폴리선으로 연결할 수 있습니다.

● **폭(W)** : 선택한 폴리선의 폭을 지정합니다. 폴리선은 각 정점의 선의 폭을 설정할 수 있습니다.

다양한 폭　　　　　　　　　　균일한 폭

● **정점 편집(E)** : 선택한 폴리선의 정점을 이동하거나 삭제 또는 추가합니다.
　– **직선화(S)** : 선택한 폴리선에 속한 두 정점 사이의 세그먼트를 직선으로 만듭니다.

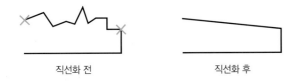

직선화 전　　　　　　　　　　직선화 후

● **맞춤(F)** : 선택한 폴리선을 최적의 곡선으로 만듭니다.

● **스플라인(S)** : 선택한 폴리선의 직선들을 곡선으로 만듭니다. 이때 만들어지는 곡선은 일정한 반지름이 있는 곡선이 아니라 각 정점과 다음 정점을 가장 자연스럽게 표현할 수 있는 곡선으로 만들어지기 때문에 스플라인으로 형성됩니다.

스플라인 전　　　　　　　　　　스플라인 후

● **비곡선화(D)** : '스플라인' 옵션에 의해 생성된 곡선을 다시 직선으로 만듭니다. 'A' 옵션에 의해 만들어진 곡선도 직선으로 변경됩니다.

● **선종류 생성(L)** : 선택한 폴리선의 정의된 선 종류를 생성합니다. 이 옵션을 활성화하면 각 정점에 패턴의 변경되는 지점이 적용됩니다.

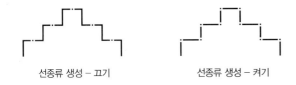

선종류 생성 – 끄기　　　　　　　　선종류 생성 – 켜기

● **반전(R)** : 정점의 순서를 반대로 만듭니다. 즉, 정점이 입력된 순서를 반대로 설정하여 마지막에 입력한 정점을 가장 처음에 입력한 정점으로 변환합니다.

● **명령 취소(U)** : 직전에 수행한 단계를 취소하고 돌아갑니다.

8 | 객체 속성 해제하기 - Explode

'Explode'는 폴리선이나 블록처럼 그룹화된 객체를 독립 객체로 분리하는 명령입니다. Explode 명령을 사용하면 본래 가지고 있던 속성이 각각의 독립 객체 속성으로 변경되며 치수선과 같은 일부 객체는 형태도 변경됩니다.

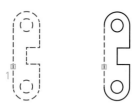

1 명령어 실행

- 리본 메뉴 : 〔홈〕 탭 – 수정 패널 – 분해
- 메뉴 : 〔수정〕 → 분해
- 도구모음 : 수정 – 🗗
- 명령어 입력 : EXPLODE

2 작업 진행

객체 선택: [분해할 객체 선택]
객체 선택: Enter

9 | 객체 속성 변경하기 - Change, Properties

'Change'는 객체의 색상이나 선 유형, 길이 등의 속성을 변경하는 명령으로, 다른 객체의 속성을 복사하여 적용하는 Matchprop 명령과 함께 자주 사용합니다. Change 명령은 텍스트 기반으로 진행되기 때문에 실무에서는 Properties 명령을 사용하여 객체의 속성을 직접 특성 팔레트에서 변경하여 적용합니다.

1 명령어 실행

- 리본 메뉴 : 보기 – 팔레트 – 특성
- 메뉴 : 〔뷰〕 → 특성
- 도구모음 : 뷰 – 🖻
- 단축 명령어 : PR

10 | 선의 증분 - LENGTHN

'명령어:LEN'의 옵션에 대해 살펴보겠습니다.

1 증분(옵션:DE)

지정한 수치만큼 선을 연장할 때 사용하는 옵션입니다. 예를 들어서 '10'이라는 거리 값을 기입하면 클릭하는 선의 끝점이 10의 수치만큼 연장되는 것을 볼 수 있습니다.

50의 거리를 가지는 선이 있을 때 '명령어:LEN'을 입력하고 '옵션:DE'를 입력한 다음 거리 값 '10'을 입력합니다.

명령: LEN
LENGTHEN
측정할 객체 또는 [증분(DE)/퍼센트(P)/합계(T)/동적(DY)] 선택 〈증분(DE)〉: DE(증분)
증분 길이 또는 [각도(A)] 입력 〈0.0000〉: 10(길이 값)
변경할 객체 선택 또는 [명령 취소(U)]: 연장하려는 선의 끝점을 선택

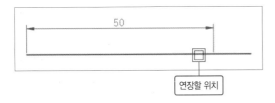

늘리고자 하는 선의 끝으로 마우스 커서를 가져가서 클릭하면 다음의 그림처럼 10의 수치만큼 선이 연장된 것을 볼 수 있습니다.

만약 이때 '옵션:DE'에서 '-20'의 값을 입력한다면 어떻게 될까요?

명령: LEN
LENGTHEN
측정할 객체 또는 [증분(DE)/퍼센트(P)/합계(T)/동적(DY)] 선택 〈증분(DE)〉: DE(증분)
증분 길이 또는 [각도(A)] 입력 〈0.0000〉: -20(길이 값)
변경할 객체 선택 또는 [명령 취소(U)]: 연장하려는 선의 끝점을 선택

선의 위치에 마우스 커서를 가져가 클릭하게 되면 위 그림처럼 수치 값 만큼 선이 짧아지는 것을 볼 수 있습니다. 이처럼 '옵션:DE'를 사용하면 보다 쉽고 편리하게 내가 필요로 하는 수치만큼 선을 연장하거나 축소할 수 있습니다.

2 퍼센트(옵션:P)

선의 길이를 거리가 아닌 %의 수치만큼 연장 혹은 축소할 때 사용하는 옵션입니다.

다음 그림에서 보는 것처럼 선의 길이는 전혀 상관이 없이 현재의 길이 상태를 100%로 생각하면 편합니다.

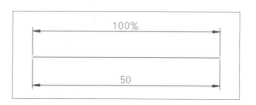

즉, 현재의 수치를 가지는 상태는 100%를 기준으로 설정되어 있으며, 현재 상태에서 '옵션:P'를 사용하여 '150%'의 수치를 입력합니다.

명령: LEN
LENGTHEN
측정할 객체 또는 [증분(DE)/퍼센트(P)/합계(T)/동적(DY)] 선택 〈퍼센트(P)〉: P(퍼센트)
퍼센트 길이 입력 〈100.0000〉: 150(사실상 50%만큼의 연장)
변경할 객체 선택 또는 [명령 취소(U)]: (연장하려는 선의 끝부분을 선택)

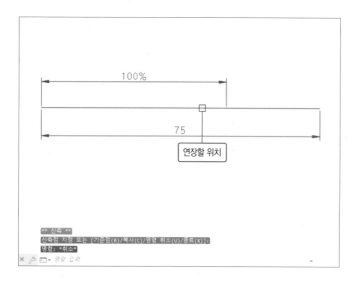

선의 거리 50의 150%에서 25의 수치가 연장되어 75의 거리 값을 가지는 선이 됩니다. 이때 현재 상태에서 '옵션:P'의 옵션에서 '50%'의 수치 값을 입력합니다.

명령: LEN
LENGTHEN
측정할 객체 또는 [증분(DE)/퍼센트(P)/합계(T)/동적(DY)] 선택 〈퍼센트(P)〉: P(퍼센트)
퍼센트 길이 입력 〈100.0000〉: 50(현재 상태에서 절반으로 축소)
변경할 객체 선택 또는 [명령 취소(U)]: (축소하려는 선의 끝부분을 선택)

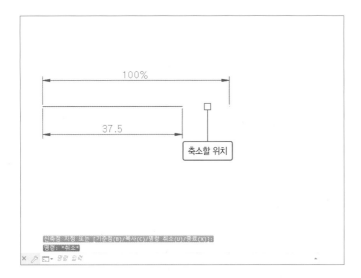

위 그림과 같이 현재 상태에서 절반으로 줄어든 수치로 선이 축소되는 것을 볼 수 있습니다.

3 합계(옵션:T)

앞서 '옵션:DE'나 '옵션:P'는 길이나 %의 비율로 길이를 조절하는 옵션이었다면, 합계는 조금 다른 성격을 가지고 있습니다.

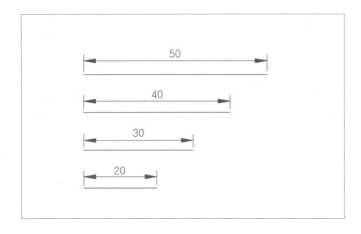

위 그림에서 보는 것처럼 선의 길이가 전부 다른 선들이 있을 때 이 선들의 길이를 모두 동일한 수치로 변경히겠습니다.

명령: LEN
LENGTHEN
측정할 객체 또는 [증분(DE)/퍼센트(P)/합계(T)/동적(DY)] 선택 〈퍼센트(P)〉: T(합계)
전체 길이 또는 [각도(A)] 지정 〈50.0000〉: 수치가 될 첫 번째 / 두 번째 점을 지정
변경할 객체 선택 또는 [명령 취소(U)]: 동일한 선 길이를 맞출 위치를 지정

'옵션:T'에서는 동일한 거리 값으로 맞출 기준을 설정해야 합니다. 일반적으로 위치를 클릭하는 것이 가장 손쉽게 길이를 설정할 수 있습니다.

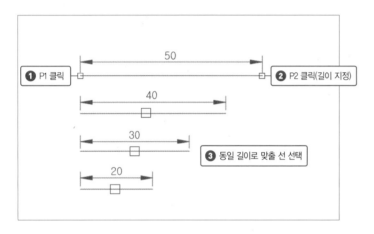

CHAPTER 04

다양한 편집 명령을 이용하여 도형 그리기

▶ 동영상 강의
https://youtu.be/iCEZ0sles8o

AutoCAD 2021 ⋯⋯⋯⋯⋯⋯⋯⋯⋯⋯⋯⋯⋯⋯⋯⋯⋯⋯⋯⋯⋯⋯⋯⋯⋯⋯⋯⋯⋯⋯⋯⋯⋯⋯⋯⋯

다음의 예시를 그리기 위해서는 그리기 명령과 함께 다양한 편집 명령을 이용해야 합니다. 이번 챕터에서는 도형을 그리면서 눈으로만 익혔던 그리기 명령과 편집 명령을 실전에 사용해 봅니다.

완성 파일 Part03\편집명령_완성.dwg

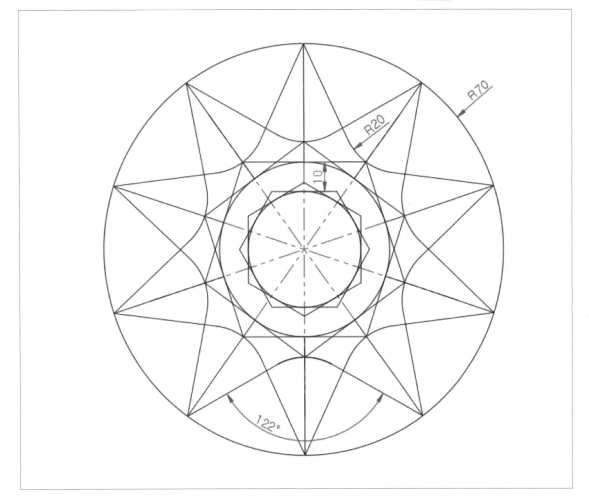

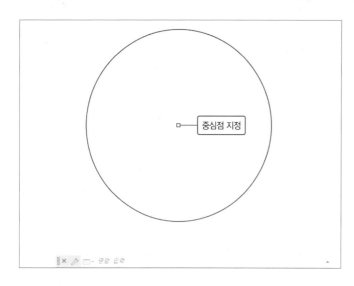

01 새로운 도면을 생성하고 도형을 만 들기 위한 가장 우선시 되는 원을 그 리기 위해 '명령어:C'를 입력합니다.

02 중심점을 임의의 위치에 클릭하여 지정한 다음 원의 반지름인 '70'을 입력합니다.

명령: C
CIRCLE
원에 대한 중심점 지정 또는 [3점(3P)/2점(2P)/Ttr – 접선 접선 반지름(T)]: [중심점 지정]
원의 반지름 지정 또는 [지름(D)] ⟨00.0000⟩: 70 [반지름 입력]

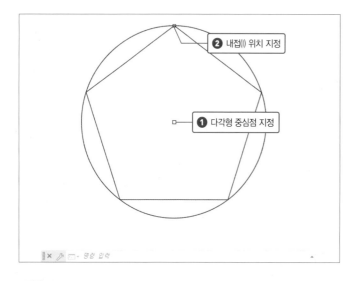

03 다각형을 만들기 위해 '명령어:POL' 을 입력합니다.

04 오각형을 만들기 위해 '면의 수'에 '5'를 입력하고, 다각형의 옵션 중 '원에 내접(I)'을 지정합니다. 원의 위쪽 사 분점을 클릭하여 위치를 지정하면 오각형이 만들어집니다.

명령: POL
POLYGON 면의 수 입력 ⟨4⟩: 5
폴리곤의 중심을 지정 또는 [모서리(E)]: [중심점을 지정]
옵션을 입력 [원에 내접(I)/원에 외접(C)] ⟨I⟩: I [내접 지정 후 원의 위쪽 사분점을 지정]

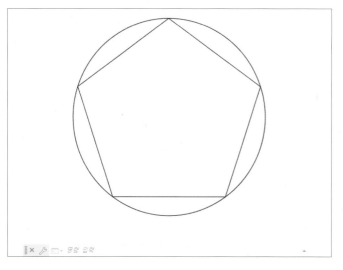

05 오각형이 만들어졌다면 '명령어:L'을 이용하여 오각형의 각 변의 중심점에서 모서리를 잇는 5개의 선을 작성합니다.

명령: L
LINE
첫 번째 점 지정: 다각형의 모서리 선택
다음 점 지정 또는 [명령 취소(U)]: 다각형의 변을 선택

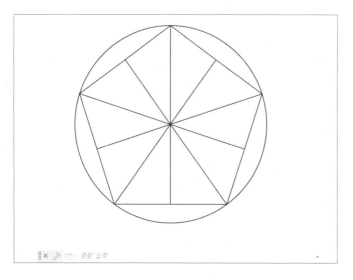

06 별 모양을 만듭니다. 그림처럼 대각선을 만들어 별 모양의 한쪽 모양을 만들기 위해서 각도를 살펴 봅니다.

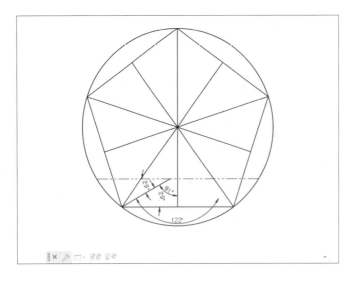

07 아래쪽 부분의 사이 각도는 122°로 표시되어 있습니다. 이것을 절반으로 본다면 61°가 되며, 이를 90°의 직각으로 구분한다면 29°가 필요합니다. 이 '29°'를 가지고 엇각을 적용하면 현재 필요한 대각선의 각도를 파악할 수 있습니다.

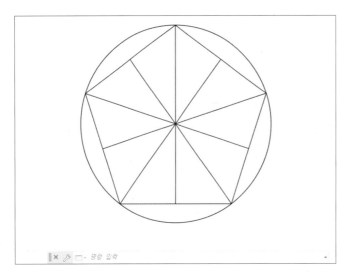

08 대각선을 작성합니다. 이때 선의 길이는 알 수 없지만, 짧은 길이보다는 긴 길이가 더 편집하기 용이하므로 가급적이면 과하다 싶을 정도로 길게 선을 만드는 것을 권장합니다. 임의로 '50'의 거리를 가지는 대각선을 만들어 보겠습니다.

명령: L
LINE
첫 번째 점 지정: **다각형의 왼쪽 아래 모서리를 클릭**
다음 점 지정 또는 [명령 취소(U)]: **@50<29**

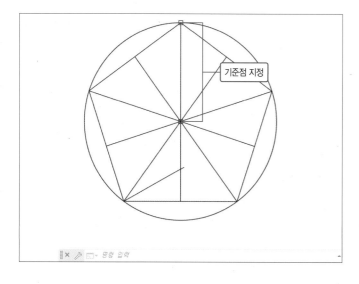

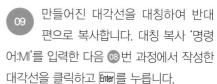

09 만들어진 대각선을 대칭하여 반대편으로 복사합니다. 대칭 복사 '명령어:MI'를 입력한 다음 08 번 과정에서 작성한 대각선을 클릭하고 Enter 를 누릅니다.

10 객체가 선택되어 있으므로 Enter 를 눌러 객체 선택을 종료하고 2개의 기준점을 선택합니다. 왼쪽 그림에서 표시된 2개의 붉은 점을 각각 한 번씩 클릭하여 2개의 기준점을 선택하면 원본 대상의 삭제 유무를 결정할 수 있습니다. 이때는 원본이 필요하므로 Enter 를 눌러 대칭 복사 명령을 종료합니다.

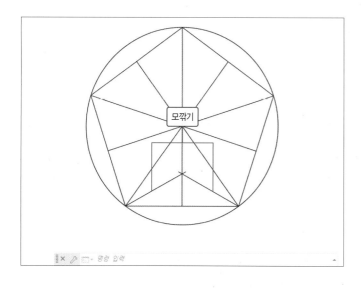

11 대칭 복사된 2개의 선에 모깎기를 적용합니다. 모깎기 작업을 하기 위해 '명령어:F'를 입력합니다.

12 F의 옵션 중 모깎기의 반지름을 지정해야 하므로 '옵션:R'을 지정하여 '반지름 20'의 수치를 입력하고 Enter 를 누릅니다. 모깎기 기입 후 나머지 잔여 선을 없음으로 자르기 옵션을 사용하기 위해 '옵션:T'를 입력한 다음 '자르기 옵션:T'를 선택합니다.

13 모깎기를 기입하기 위한 설정이 끝났습니다. 2개의 선을 차례대로 클릭하여 모깎기를 지정합니다.

명령: F
FILLET
현재 설정: 모드 = 자르기, 반지름 = 0.0000
첫 번째 객체 선택 또는 [명령 취소(U)/폴리선(P)/반지름(R)/자르기(T)/다중(M)]: R
모깎기 반지름 지정 〈0.0000〉: 20
첫 번째 객체 선택 또는 [명령 취소(U)/폴리선(P)/반지름(R)/자르기(T)/다중(M)]: T
자르기 모드 옵션 입력 [자르기(T)/자르지 않기(N)] 〈자르기〉: T
첫 번째 객체 선택 또는 [명령 취소(U)/폴리선(P)/반지름(R)/자르기(T)/다중(M)]: 2개의 선 중 첫 번째 선을 선택
두 번째 객체 선택 또는 Shift 키를 누른 채 선택하여 구석 적용 또는 [반지름(R)]: 2개의 선 중 두 번째 선을 선택

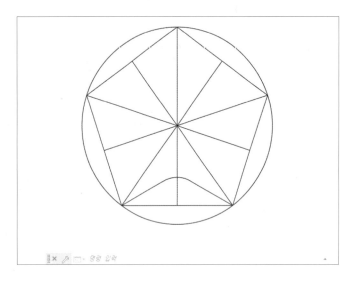

명령: AR
ARRAY
객체 선택: 1개를 찾음 (완성한 2개의 선과 모깎기 중 1가지를 선택)
객체 선택: 1개를 찾음, 총 2개 (완성한 2개의 선과 모깎기 중 1가지를 선택)
객체 선택: 1개를 찾음, 총 3개 (완성한 2개의 선과 모깎기 중 1가지를 선택)
객체 선택: 배열 유형 입력 [직사각형(R)/경로(PA)/원형(PO)] 〈직사각형〉: PO
유형 = 원형 연관 = 예
배열의 중심점 지정 또는 [기준점(B)/회전축(A)]: 원의 중심점을 지정
그립을 선택하여 배열을 편집하거나 [연관(AS)/기준점(B)/항목(I)/사이의 각도(A)/
채도 각도(F)/행(ROW)/레벨(L)/항목 회전(ROT)/종료(X)]〈종료〉: I(배열할 개수를 주기 위해 항목을 선택)
배열의 항목 수 입력 또는 [표현식(E)] 〈6〉: 5(오각형이기 때문에 5를 입력)
그립을 선택하여 배열을 편집하거나 [연관(AS)/기준점(B)/항목(I)/사이의 각도(A)/채울 각도(F)/행(ROW)/레벨(L)/항목 회전(ROT)/종료(X)]〈종료〉: 표시된 예시가 옳다면 Enter를 눌러 종료

14 1개의 도형이 만들어졌기 때문에 나머지는 배열을 통해서 만들 수 있습니다. 배열을 하기 위해 '명령어:AR'을 입력한 다음 2개의 대각선과 모깎기를 선택하여 배열하기 위한 준비를 합니다.

15 배열에는 여러 가지 옵션이 있지만, 지금은 원형의 형태를 띄기 때문에 '옵션:PO'를 입력합니다.

16 '옵션:PO'를 선택하였다면 어느 위치를 기준으로 배열할 것인지를 묻는 메시지가 표시됩니다. 원의 중심이자 선들의 교차점이 배열의 중심부이므로 해당 위치를 지정하여 중심점을 설정합니다.

17 중심점이 결정되면 어떤 방식으로 스타일을 만들 것인지에 대한 메시지가 표시됩니다. 필요로 하는 수량은 총 5개이므로 '옵션:I'를 통해서 항목 옵션을 선택합니다.

18 항목 옵션에서는 총 몇 개의 도형을 원형으로 배열할 것인지를 묻는 메시지가 표시되며, 오각형을 만들기 위한 총 개수인 '5'를 입력하고 Enter를 누릅니다.

19 항목을 선택하여 개수를 지정하였다면 화면에 필요로 하는 형태가 미리보기로 표시되어 있습니다. 만들고자 하는 모양이 출력되었다면 Enter를 눌러 배열 명령을 종료합니다.

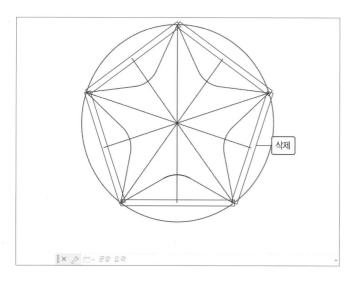

20 기본적으로 필요한 형태가 갖춰졌기 때문에 작업한 다각형을 선택한 다음 **Delete**를 눌러 삭제합니다.

삭제

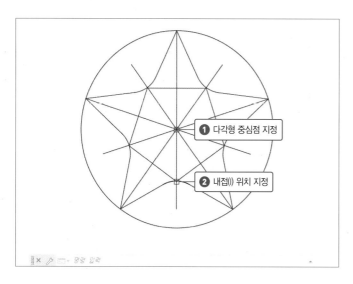

1 다각형 중심점 지정

2 내접(I) 위치 지정

21 내부에 있는 오각형을 만듭니다. 다각형을 작성하기 위해 '명령어:POL'을 입력한 다음 면의 수를 묻는 메시지에 '5'를 입력합니다.

22 다각형 중심점의 위치를 묻는 메시지에서는 선의 교차점을 지정하여 중심점으로 설정합니다.

23 모서리가 모깎기의 중간 부분에 위치하고 있으므로 '옵션:I' 내접을 선택합니다.

24 모깎기의 중간 점 부분을 클릭하면 거꾸로 뒤집어진 형태의 오각형을 만들 수 있습니다.

명령: POL
POLYGON 면의 수 입력 〈5〉: 5(오각형을 작성하기 위해 5를 입력)
폴리곤의 중심을 지정 또는 [모서리(E)]: 선의 교차점을 지정
옵션을 입력 [원에 내접(I)/원에 외접(C)] 〈I〉: 내접 지정 후 모깎기의 중간 점 부분을 클릭하여 내접의 위치점을 지정

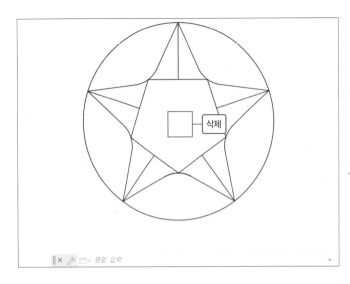

삭제

25 선을 정리하여 형태를 만듭니다.

26 '명령어:TR'을 사용하여 그림에 표시된 부분에 있는 선들을 잘라냅니다.

TIP

AutoCAD 2020까지는 자르고자 하는 기준선을 선택한 후 선을 클릭하여 잘랐지만, AutoCAD 2021에서는 기준선 없이 선을 클릭하면 바로 자를 수 있도록 변경되었습니다.

명령: TR
TRIM
현재 설정: 투영=UCS, 모서리=없음, 모드=빠른 작업
자를 객체를 선택하거나 Shift 키를 누른 채로 선택하여 확장 또는
[절단 모서리(T)/걸치기(C)/모드(O)/프로젝트(P)/지우기(R)]: 자를 객체 선택

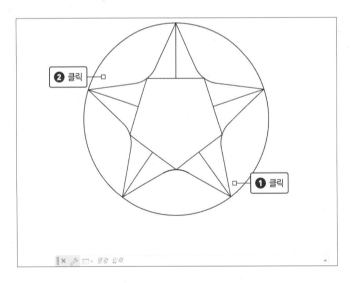

❷ 클릭

❶ 클릭

27 객체 회전을 하기 위해 '명령어:RO'를 입력한 다음 왼쪽 그림의 위치에서 2개의 점을 클릭하여 객체 회전을 하기 위한 범위를 지정하여 객체를 선택합니다.

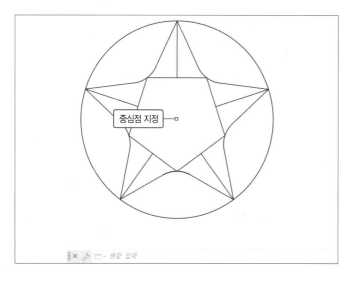

28 객체 선택이 완료되었다면 `Enter`를 누릅니다. 선택해야 할 부분은 객체 회전을 위한 기준점을 지정하는 일입니다. 이 기준점은 왼쪽 그림에서 표시된 것처럼 원의 중심점을 지정합니다.

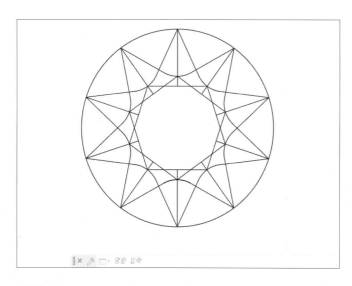

29 중심점을 지정하면 회전의 각도를 지정하는 메시지가 표시되지만 먼저 지정해야 할 옵션이 있습니다. 현재 상태에서 각도를 입력하게 되면 원본의 방향이 바뀌므로 반드시 '옵션:C'를 사용하여 원본 객체를 남겨 두고 객체를 복사하여 회전을 해야 합니다.

30 '옵션:C'를 지정하여 각도를 입력한 다음 `Enter`를 누르면, 왼쪽 그림과 같은 형태로 도형이 생성됩니다.

명령: RO
ROTATE
현재 UCS에서 양의 각도: 측정 방향=시계 반대 방향 기준 방향=0
객체 선택: 반대 구석 지정: 22개를 찾음 (클릭1 / 클릭2의 범위를 지정)
객체 선택:
기준점 지정: 원의 중심점을 지정
회전 각도 지정 또는 [복사(C)/참조(R)] 〈180〉: C (원본을 남기기 위해 '옵션:C'선택)
선택한 객체의 사본을 회전합니다.
회전 각도 지정 또는 [복사(C)/참조(R)] 〈180〉: 180 (각도를 입력하여 도형 생성)

③① 안쪽에 있는 원을 만듭니다. 화면 상단 원의 하위 메뉴에서 '옵션:접선, 접선, 접선'을 선택합니다.

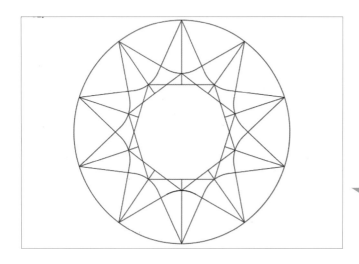

③② 그림에 작성된 안쪽 위치의 2개의 다각형 변 중에서 임의의 변을 3개 선택하여 원을 생성합니다.

TIP

다각형의 변을 선택할 때 순서, 위치, 방향은 고려할 필요가 없습니다.

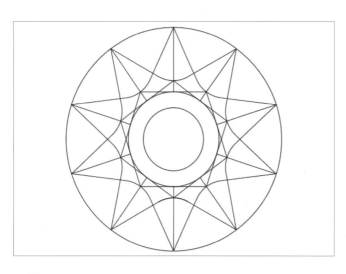

③③ 안쪽에 있는 원을 만듭니다. 간격띄우기 '명령어:O'를 실행합니다.

③④ 필요한 간격의 수치가 '10'이므로 거리 값으로 '10'을 입력합니다.

③⑤ ③②번 과정에서 만든 원을 선택한 다음 안쪽 방향으로 마우스 커서를 이동하여 클릭하면 주어진 간격만큼 작아지는 원을 생성할 수 있습니다.

명령: O
OFFSET
현재 설정: 원본 지우기=아니오 도면층=원본 OFFSETGAPTYPE=0
간격띄우기 거리 지정 또는 [통과점(T)/지우기(E)/도면층(L)] 〈통과점〉: 10
간격띄우기할 객체 선택 또는 [종료(E)/명령 취소(U)] 〈종료〉: ③②번 과정에서 만든 원을 선택한 다음 안쪽 방향을 선택하여 간격을 띄웁니다.

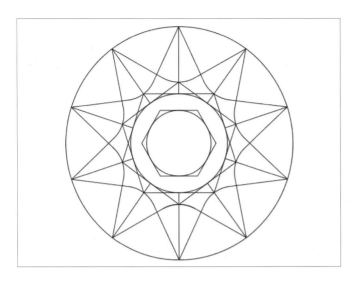

36 안쪽의 육각형을 만듭니다. 다각형을 작성해야 하므로 '명령어:POL'을 실행합니다.

37 육각형을 생성해야 하므로 면의 수에는 '6'을 입력합니다.

38 다각형의 선이 원의 위쪽 혹은 아래쪽에 수평으로 위치해야 하기 때문에 '옵션:C'를 선택합니다.

39 원의 위쪽 사분점이나 아래쪽 사분점을 선택하여 위치를 결정합니다.

명령: POL
POLYGON 면의 수 입력 〈4〉: 6
폴리곤의 중심을 지정 또는 [모서리(E)]:
옵션을 입력 [원에 내접(I)/원에 외접(C)] 〈I〉: C
원의 반지름 지정: 원의 위쪽(아래쪽) 사분점을 클릭하여 위치를 지정합니다.

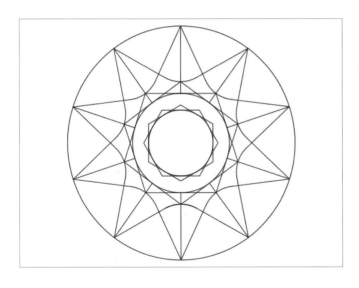

40 **36**번~**39**번 과정에서 생성된 육각형을 회전합니다. 회전을 하기 위한 '명령어:RO'를 실행합니다.

41 **36**번~**39**번 과정에서 생성한 육각형을 회전해야 하기 때문에 해당 육각형을 선택합니다.

42 각도를 지정하여 회전하기 전에 기존에 있는 객체는 남겨야 하므로 '옵션:C'를 사용하여 복사합니다.

43 각도 '90°'를 기입하여 육각형을 회전해 도형을 완성합니다.

명령: RO
ROTATE
현재 UCS에서 양의 각도: 측정 방향=시계 반대 방향 기준 방향=0
객체 선택: 1개를 찾음
기준점 지정: 원의 중심점을 지정
회전 각도 지정 또는 [복사(C)/참조(R)] 〈139〉: C
선택한 객체의 사본을 회전합니다.
회전 각도 지정 또는 [복사(C)/참조(R)] 〈139〉: 90

▶

효율적인 객체 이동과 복사, 회전, 크기 조정

1 객체 이동하기

이동은 지정한 객체의 위치를 옮길 때 사용하며, 기준점 선택이 매우 중요한 명령입니다. 한 번 위치를 이동하면 명령이 자동으로 종료됩니다.

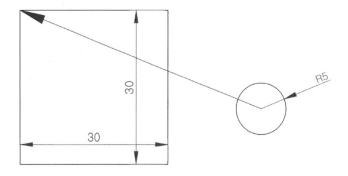

위 그림처럼 원을 사각형의 모서리로 옮기는 방법에 대해 살펴보겠습니다.

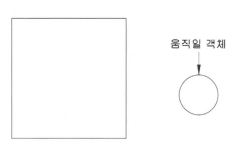

움직일 객체

01 이동의 단축 명령어 'M'을 입력하고 Enter를 누른 다음 움직일 객체인 원을 선택합니다.

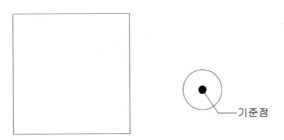

<u>02</u> [Enter]를 누르고 기준점을 선택합니다.

기준점

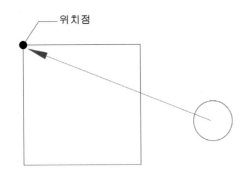

위치점

<u>03</u> 해당 기준점이 위치할 위치점을 클릭하면 이동됩니다.

2 객체 복사하기

객체를 복사할 때 사용하는 명령입니다. 이동과 상당히 유사하면서도 차이점을 가지고 있는데, 이동은 한 번에 한 번만 가능하기 때문에 여러 개의 객체를 이동하기 위해서는 그만큼 명령을 반복해서 입력해야 한다는 단점이 있습니다. 하지만 복사의 경우 같은 형태를 무한하게 만들수 있다는 것이 가장 큰 차이점입니다. 비슷한 점은 이동과 마찬가지로 기준점의 선택이 매우중요합니다.

> **tip** [Ctrl]+[C]와 단축 명령어 CO의 차이점
>
> 기본으로 객체를 선택한 다음 [Ctrl]+[C]를 누르고 [Ctrl]+[V]를 눌러 같은 형태를 반복해서 만들 수 있습니다. 하지만 AutoCAD에서 사용하는 복사 명령과는 다르게 '기준점'을 지정할 수 없기 때문에 같은 형태를 복사할 수 있지만, 정확한 위치를 지정하여 복사할 수 없습니다. 결국 각 객체를 정확한 위치에 배치하기 위해서는 이동에 관한 단축 명령어인 'M'을 이용하여 각각의 위치를 지정해야 하기 때문에 대략적인 위치에 숫자만 필요한 경우가 아니라면 사용하지 않는 것이 좋습니다.

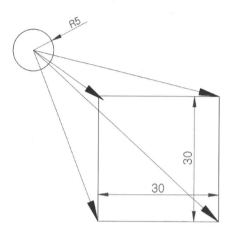

위 그림처럼 1개의 원을 복사하여 사각형의 테두리에 배치하겠습니다.

복사할 객체

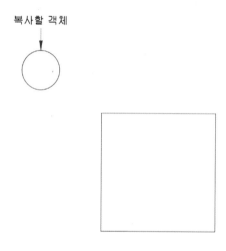

01 복사의 단축 명령어인 'CO'를 입력한 다음 복사할 객체인 원을 선택하고 Enter를 누릅니다.

기준점

02 원의 위치를 결정할 기준점을 선택합니다. 원의 중심점을 클릭하여 원의 중심을 사각형의 모서리마다 배치합니다.

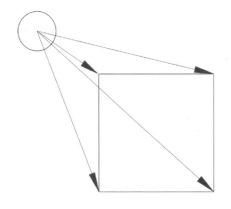

03 화살표로 표시된 부분을 클릭하여 원의 중심점이 사각형의 모서리마다 위치하도록 도형을 완성합니다.

3 객체의 크기 변경하기

'SC'는 객체의 크기를 바꿀 때 사용하는 단축 명령어입니다. 기준은 1로 설정되어 배수를 입력하면 해당 숫자만큼 객체가 커지고, 소수를 입력하면 해당 크기만큼 객체가 작아집니다.

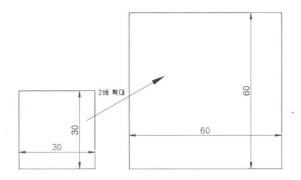

tip 객체 크기 조절 시 주의 사항

객체를 변경할 때는 항상 해당 수치를 메모 또는 작업 범위 아래에 기록하여 언제나 확인 가능한 상태를 유지해야 합니다. 그 이유는 앞서 설명한 대로 크기가 변경될 경우 해당 크기가 기준 수치인 1로 변경되기 때문에 얼마만큼의 크기로 확대, 축소했는지 기억하지 못할 경우에는 원래 크기로 돌아갈 수 없기 때문입니다. 또한 단축 명령어 SC를 제외한 AutoCAD의 나머지 크기 변경 옵션들은 기준 수치가 항상 '1'이기 때문에 확대, 축소에 상관없이 원래 크기대로 돌아갈 수 있지만, 유일하게 단축 명령어 SC만이 변경된 수치가 1로 변경된다는 사실에 주의하여 사용할 때 각별히 조심해야 합니다.

가로, 세로가 30인 사각형이 있을 때 단축 명령어 'SC'를 이용하여 가로, 세로가 60인 사각형을 만들어 보겠습니다.

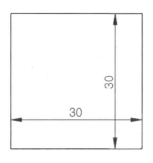

01 사각형을 만드는 단축 명령어 'REC'를 실행하고 시작점을 클릭한 다음 '@30,30'을 입력해서 가로, 세로 30인 크기의 정사각형을 만듭니다.

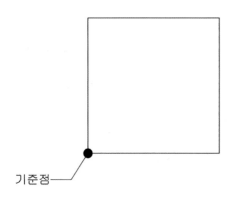

기준점

02 정사각형이 만들어지면 크기 조절 단축 명령어인 'SC'를 입력합니다. 사각형을 선택한 다음 Enter를 누르고 그림과 같이 기준점을 선택합니다.

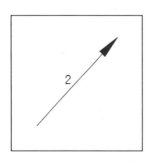

03 이제 가로, 세로 60인 사각형을 만들 수치 값을 입력합니다. 30의 2배인 60을 만들 것이기 때문에 '2'를 입력하고 Enter를 눌러 가로, 세로 60인 사각형을 완성합니다.

tip 반대로 절반 크기의 작은 사각형을 만들고자 할 때는 같은 방법을 진행하며, 마지막 수치에서 '0.5'를 입력하면 가로, 세로가 60인 사각형이 원래 크기인 가로, 세로 30인 사각형으로 돌아옵니다.

4 객체 회전하기

'RO'는 객체를 회전할 때 사용하는 단축 명령어입니다. 회전의 경우 각도의 방향은 상대 극좌표와 동일하게 적용되지만 하나 다른 점이 있습니다. 상대 극좌표는 시작점을 기준으로 항상 오른쪽 수평 방향이 0°로 설정되어 각도가 고정되어 있지만, 객체 회전의 경우 현재 상태가 0°로 설정되어 있어 방향에 따른 각도를 부여하여 손쉽게 각도를 조절할 수 있습니다.

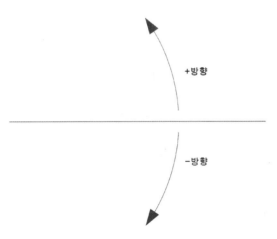

위 그림처럼 선을 회전한다고 가정하면 왼쪽 선의 끝부분이 기준점일 때 반시계 방향이 + 방향, 시계 방향이 − 방향으로 설정되어 상대 극좌표와 같은 각도의 방향을 가집니다.

이제 수평선을 기지고 부여된 각도만큼 회전해 보겠습니다.

01 직선을 그리는 단축 명령어인 'L'을 입력하고 시작점을 입력한 다음 '@30,0'의 좌표로 길이 30인 선을 만듭니다.

02 회전의 단축 명령어인 'RO'를 입력하고 선을 선택한 다음 Enter를 누릅니다. 기준점은 그림처럼 선의 왼쪽 끝을 클릭합니다.

03 이제 + 방향으로 회전해 보겠습니다. 30°만큼 회전하기 위해 '30'을 입력합니다.

04 선이 30° 회전합니다.

---

5 회전 옵션 사용하기

'RO' 명령을 실행한 다음 회전할 객체를 선택하고, 기준점을 선택하면 복사(C), 참조(R) 옵션이 표시됩니다.

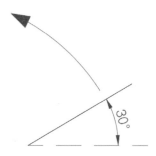

복사(C)

객체를 회전하는 'RO' 명령은 기본으로 선택한 객체가 제시한 각도의 방향과 수치만큼 회전 및 이동합니다. 이때 원본이 남아 있어야 할 때 복사(C) 옵션을 이용합니다. 각도를 입력하기 전에 'C'를 입력하고 Enter를 누른 다음 각도를 입력하면 원본 객체를 남긴 채 제시한 각도의 방향으로 객체가 1개 더 추가됩니다.

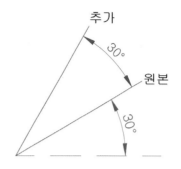

참조(R)

1개의 각도를 제시하여 다음 각도가 몇 도만큼 가야 적당한지 참조할 때 사용하는 옵션입니다.

마우스 커서의 위치가 참조에서 지정한 각도를 표시하여 선의 각도를 확인할 수 있습니다.

PART

04

도면층(레이어) 및 객체 속성 관리하기

하나의 도면 안에 적게는 몇 개부터 많게는 수천 개에 이르기까지 다양한 형태의 도면 객체가 작성됩니다. 이러한 객체를 체계적인 분류 없이 하나의 도면층에서만 그린다면 객체를 관리하기 어려워집니다. AutoCAD에서는 다양한 도면층을 이용하여 객체를 관리할 수 있으며, 도면층 관리 도구를 이용하여 객체의 속성을 만들 수 있습니다. 이번 파트에서는 도면층과 객체의 속성 관리 방법에 대해 알아보겠습니다.

AutoCAD 2021

도면층(레이어, Layer)의 이해

AutoCAD 2021

간단한 도면을 그릴 때는 도면층의 구분에 신경을 쓰지 않지만, 다양한 객체를 하나의 도면 안에 그릴 때는 반드시 도면층을 분류하는 것이 좋습니다. 도면층은 각각의 도면 객체 모음이라고 할 수 있으며 하나의 도면층에 속한 객체들은 같은 속성을 지닙니다.

1 | 도면층(Layer)이란?

도면층은 투명한 셀로판지라고 생각하면 됩니다. 하나의 셀로판지 위에 그림을 그리고 다시 또 하나의 셀로판지를 얹은 후 그림을 그리면 모든 객체는 보이지만 개별 셀로판지에 그린 그림들은 각각의 셀로판지에 속한 객체가 되는 것입니다. 이러한 셀로판지의 개념을 AutoCAD에서는 도면층(Layer) 또는 레이어라고 부릅니다. AutoCAD에는 기본으로 하나의 도면층이 존재합니다.

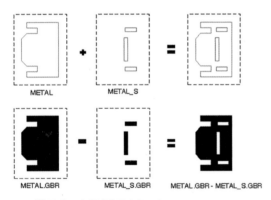

▲ 도면층들이 모여 완성된 하나의 도면

하나의 도면층에 속한 객체는 해당 도면층의 속성을 가집니다. 하나의 도면층에는 색상과 선 타입 그리고 투명도의 속성을 부여할 수 있습니다. 객체의 색상이나 선 타입은 개별적으로 객체의 속성을 변경하기 전까지는 기본으로 해당 도면층의 속성을 부여받습니다. 예를 들어, '벽체'라는 도면층을 생성한 다음 현재 도면층을 '벽체' 도면층으로 설정한 후에 도면층 속성을 빨간색 점선으로 설정했다면 이후 그리는 모든 객체는 빨간색 점선으로 그려집니다. 이러한 도면층의 속성은 도면층 특성 관리자 팔레트를 이용하여 관리할 수 있습니다.

2 │ 도면층 특성 관리자 팔레트 표시 - Layer(DDLMODES)

'Layer'는 도면층 특성 관리자 팔레트를 표시하는 명령으로 'Ddlmodes' 명령으로도 도면층 특성 관리자 팔레트를 표시할 수 있습니다. Layer 명령을 사용하면 도면층 특성 관리자 팔레트가 표시되어 도면층과 관련된 모든 작업을 수행합니다.

■1 명령어 실행

- 리본 메뉴 : [홈] 탭 – 도면층 패널 – 도면층 특성
- 메뉴 : [형식] → 도면층
- 명령어 입력 : LA, DDLMODES

3 │ 도면층 특성 관리자 팔레트

도면층 특성 관리자 팔레트는 하나의 도면 안에 포함된 도면층을 관리할 수 있는 창입니다. 새로운 도면층을 만들거나 기존 도면층을 삭제할 수 있고, 기존 도면층의 색상이나 선 타입, 투명도를 새로 설정하거나 변경할 수 있습니다. 도면층 특성 관리자 팔레트는 다음과 같은 화면으로 구성되어 있습니다.

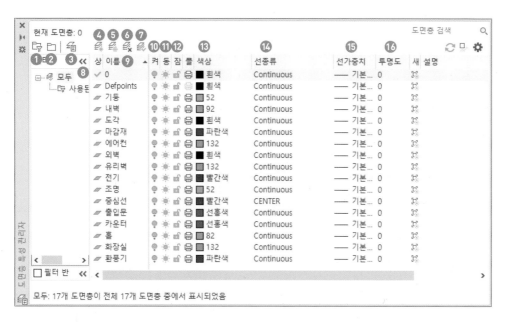

화면은 크게 도구모음과 필터 창 그리고 레이어 속성 창으로 구분되어 있습니다. 도구모음에서는 새로운 필터를 만들 수 있는 아이콘과 레이어 관리를 위한 아이콘이 제공됩니다. 필터 창에서는 새로 만들어지는 필터가 표시되며, 각각의 필터를 클릭할 때마다 필터 조건에 맞는 레이어가 화면에 표시됩니다. 레이어 속성 창에서는 레이어 이름과 각각의 속성이 표시되며 각 속성을 클릭한 다음 변경하면 즉시 도면에 반영되어 표시됩니다.

❶ 새 특성 필터

새 특성 필터는 선택한 속성을 가진 레이어만 표시되도록 필터를 작성하는 대화상자입니다. 예를 들어, 색상이 빨간색인 레이어만 화면에 표시하고 싶다면 새 속성 필터에서 색상 항목을 빨간색으로 선택한 다음 〈확인〉 버튼을 클릭하면 도면층 특성 관리자 팔레트에서 빨간색 도면층만 화면에 표시됩니다.

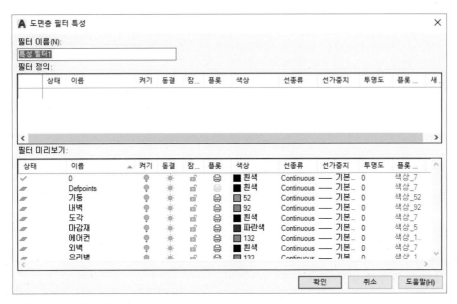

▲ 새 특성 필터 설정 화면

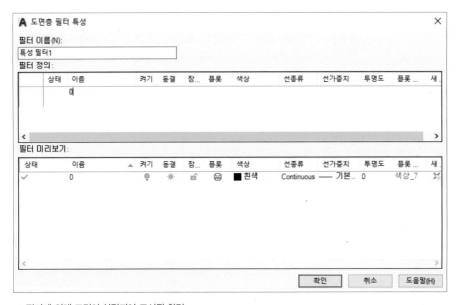

▲ 필터에 의해 조건이 설정되어 표시된 화면

❷ 새 그룹 필터

도면층이 많은 경우에는 도면층을 같은 카테고리로 분류하여 하나의 그룹으로 만들어 사용할 수 있습니다. 새 그룹 필터를 이용하여 도면층을 분류하고 관리하면 더 효율적으로 도면층을 관리할 수 있습니다. 새 그룹 필터를 만든 후에는 필터 항목에서 '사용된 모든 도면층' 그룹을 선택하여 모든 도면층을 표시한 다음 그룹에 포함할 도면층을 해당 그룹 필터로 드래그합니다. 도면층을 그룹 필터 안에 포함하더라도 '사용된 모든 도면층' 그룹에는 모든 도면층이 표시됩니다.

❸ 도면층 상태 관리자

도면층 상태란 도면층의 목록 및 속성을 하나의 이름으로 정의한 것입니다. 도면 작업 시 도면층 속성이나 새로운 도면층을 계속 생성하면 기존 도면층이 보호되지 않을 수 있으므로 도면층 상태를 필요할 때마다 저장한 다음 복원하면 도면층 이름 및 속성을 다시 사용할 수 있습니다.

[도면층 상태 관리자] 대화상자는 현재 도면에 저장된 도면층 상태 목록을 표시합니다. 또한 도면층 상태를 새로 만들거나 삭제 및 편집할 수 있으며, 불러오거나 내보내는 작업이 가능합니다.

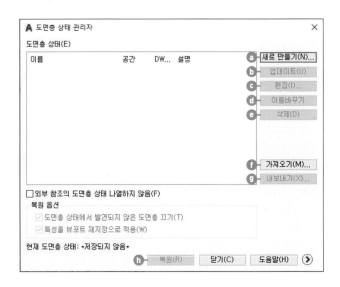

ⓐ **새로 만들기** : 새로운 도면층 상태를 생성합니다. [저장할 새 도면층 상태] 대화상자가 표시되면 도면층 상태 이름과 설명을 입력합니다.

ⓑ **업데이트** : 도면층 상태 항목에서 선택한 도면층 상태를 업데이트합니다. 선택한 도면층 상태를 업데이트 할 것인지 다시 한번 확인하는 대화상자가 표시됩니다.

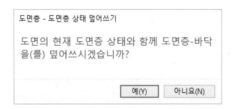

ⓒ **편집** : [도면층 상태 편집] 대화상자가 표시되며, 선택한 도면층 상태를 수정할 수 있습니다. 화면 아래쪽에는 현재 도면층 상태에 새로운 도면층을 등록할 수 있는 버튼과 현재 도면층 상태에 포함된 도면층을 삭제할 수 있는 버튼이 제공됩니다.

ⓓ **이름 바꾸기** : 도면층 상태 항목에서 선택한 '도면층 상태' 이름을 변경합니다.

ⓔ **삭제** : 도면층 상태 항목에서 선택한 '도면층 상태'를 삭제합니다.

ⓕ **가져오기** : 이전에 저장했던 도면층 상태 파일을 불러올 수 있습니다. 불러올 수 있는 파일은 도면층 상태 파일(LAS)과 도면 파일(DWG, DWS, DWT)입니다. 도면층 상태 파일을 불러오면 현재 도면층 상태와 병합되어 표시됩니다.

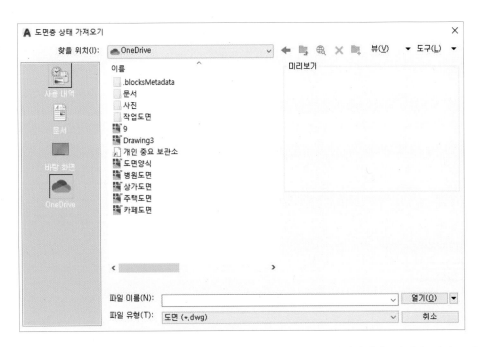

⑨ 내보내기 : 도면층 상태 항목에서 선택한 '도면층 상태'를 파일로 저장합니다. 불러올 때와는 다르게 도면 층 상태 파일(LAS) 형태로만 저장할 수 있습니다.

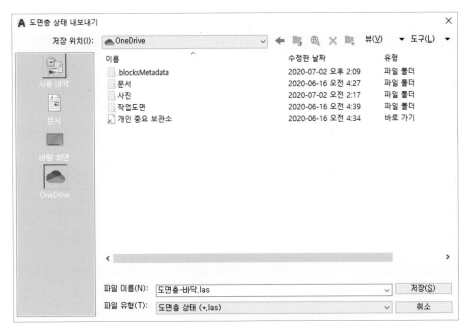

⑩ 복원 : 현재 작성된 도면층 상태를 도면에 적용한 후 창을 닫습니다. 도면층 상태를 도면에 반영할 때 적 용할 항목을 선택하여 지정할 수 있습니다.

❹ 새 도면층

새로운 도면층을 생성합니다. 생성된 도면층은 도면층 목록에 표시되며 도면층 이름을 입력할 수 있도록 입력 상자가 표시됩니다. 새로 생성된 도면층은 작업 중인 도면층의 속성을 그대로 이어받습니다. 또한 가장 최근에 생성된 도면층 아래쪽에 새로운 도면층이 위치합니다.

❺ 새 도면층 VP가 모든 뷰포트에서 동결됨

새로운 도면층을 생성하고 이미 생성된 모든 배치 뷰포트에서 동결시킵니다. 이 기능은 〔모형〕 탭과 〔배치〕 탭에서만 사용할 수 있습니다.

❻ 도면층 삭제

도면층 목록에서 선택한 도면층을 삭제합니다. 도면층을 삭제할 경우 외부 참조가 포함된 도면층은 삭제되지 않습니다.

❼ 현재로 설정

도면층 목록에서 선택한 도면층을 현재 도면층으로 설정합니다. 현재 도면층으로 설정되어 이후에 작성되는 모든 객체는 현재 도면층의 속성이 반영되어 생성됩니다. 도면층 목록에서 도면층 이름을 더블클릭해도 선택한 도면층을 현재 도면층으로 설정할 수 있습니다.

❽ 상태

도면층 상태를 표시합니다. 현재 설정된 도면층에는 녹색 체크 표시 아이콘(✔)이 표시됩니다. 도면층 상태 아이콘을 보면 현재 도면층의 상태를 추측할 수 있습니다.

- ✔ : 현재 도면층 상태입니다.
- ⬙ : 객체가 포함된 도면층을 의미합니다.
- ⬦ : 객체가 포함되지 않은 도면층을 의미합니다.
- 🖳 : 객체가 포함된 도면층으로, 배치 뷰포트에서 특성 재지정이 켜져 있는 상태입니다.
- 🖳 : 객체가 포함되지 않은 도면층으로, 배치 뷰포트에서 특성 재지정이 켜져 있는 상태입니다.
- 🖺 : 객체가 포함된 도면층이며, 외부 참조 특성 재지정이 켜져 있는 상태입니다.
- 🖺 : 객체가 포함되지 않은 도면층이며, 외부 참조 특성 재지정이 켜져 있는 상태입니다.

❾ 이름

도면층 이름이 표시됩니다. 도면층 이름을 선택한 후 F2를 누르거나 마우스 오른쪽 버튼을 클릭한 다음 바로가기 메뉴에서 **도면층 이름 바꾸기**를 실행하면 도면층 이름을 변경할 수 있습니다. 도면층 이름은 알파벳과 한글을 사용할 수 있으며 숫자와 특수기호를 사용할 수도 있지만, 최대 255자까지만 사용할 수 있습니다. 도면층 이름은 실제 도면층에 포함되는 객체 성격에 맞춰 작성하는 것이 바람직합니다.

❿ 켜기

선택한 도면층을 켜거나 끕니다. '도면층을 켠다'는 의미는 도면층에 포함된 객체를 화면에 표시하여 편집 가능한 상태로 만든다는 의미입니다. 전구 모양의 아이콘이 밝은색(💡)으로 표시되면 켜진 것이고, 어두운색(💡)으로 표시되면 꺼진 것입니다. 전구 모양의 아이콘을 클릭할 때마다 선택한 도면층이 켜지거나 꺼집니다.

⑪ 동결

모든 뷰포트의 선택한 도면층을 동결하거나 해제합니다. 도면층을 동결시키면 도면층을 끌 때와 마찬가지로 화면에 보이지 않는 것은 같지만, 동결된 도면층에 속한 객체는 연산에서 제외되기 때문에 도면층을 끌 때보다 작업 속도가 빨라질 수 있습니다. 동결된 도면층의 객체는 출력할 수 없고 화면에 재생성되지도 않습니다. 동결된 도면층은 눈 모양의 아이콘(❄)이 표시되며, 해제된 상태의 도면층은 해 모양의 아이콘(☀)이 표시됩니다.

⑫ 잠금

선택한 도면층을 잠급니다. 잠긴 도면층은 화면에 표시되지만 수정하거나 선택할 수 없습니다. 잠근 도면층은 자물쇠가 잠긴 아이콘(🔒)으로 표시되며, 잠기지 않은 도면층은 자물쇠가 열린 아이콘(🔓)으로 표시됩니다.

⑬ 색상

선택한 도면층의 객체 색상을 설정합니다. 색상 아이콘을 클릭하면 색상을 선택할 수 있는 [색상 선택] 대화상자가 표시되며 [색상 색인], [트루컬러], [색상표] 탭에서 색상을 선택할 수 있습니다. 하나의 도면 안에서 너무 많은 색상을 사용하면 객체 구분이 어려워지므로 가능하면 255색의 [색상 색인] 탭에서 색상을 선택하여 사용하는 것이 좋습니다.

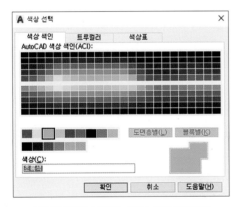

▲ 도면층의 색상을 선택하는 [색상 선택] 대화상자

⑭ 선종류

선택한 도면층의 선 종류를 지정합니다. 도면층 목록에서 해당 도면층의 선종류 항목을 선택하면 선 종류를 선택할 수 있는 [선종류 선택] 대화상자가 표시되며, 선종류 목록에서 사용할 선 종류를 선택한 후 〈확인〉 버튼을 클릭하면 선택한 선 종류가 도면층에 반영됩니다. 목록에 없는 선 종류는 〈로드〉 버튼을 클릭하여 새로운 선 종류를 불러와 사용할 수 있습니다.

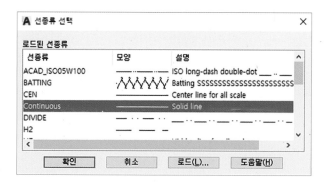

⑮ 선가중치

선택한 도면층의 선 가중치를 설정합니다. 선가중치는 선 두께를 의미하는 것으로 도면층 목록에서 선가중치 항목을 클릭하면 선 두께를 설정할 수 있는 [선가중치] 대화상자가 표시됩니다.

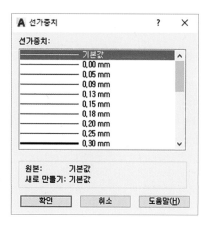

⑯ 투명도

선택한 도면층의 투명도를 설정합니다. 투명도는 0~90으로 설정할 수 있으며, 0은 완전히 보이는 상태이고, 90은 화면에 거의 보이지 않는 상태입니다.

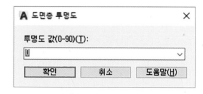

CHAPTER 02

도면층을 이용한 객체 관리하기

▶ 동영상 강의
https://youtu.be/UBSvE0IVnhY

AutoCAD 2021 ···

1 │ 원룸 도면 작성하기

도면층의 경우 사용하기에 따라 선의 용도 혹은 물체를 대상으로 지정하여 사용하기도 합니다. 기계 혹은 건축 및 전기, 토목 등 사용하는 분야와 개인의 스타일에 따라 사용되는 도면층의 용도는 차이가 있기 마련이지만, 기본적인 사용 및 활용 방법은 동일하므로 도면층을 사용하여 객체를 관리하는 방법을 살펴보겠습니다.

완성 파일 Part04\객체 관리하기_완성.dwg

🔟 도면층 만들기

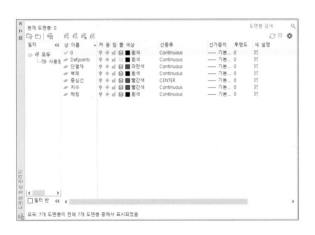

01 도면층을 생성하기 위해 '명령어:LA'를 입력하여 도면층 생성을 표시합니다.

02 도면층 창 상단에 위치한 4개의 아이콘 중 왼쪽 첫 번째의 '새 도면층 생성' 아이콘(🖳)을 클릭하거나 Alt+N을 눌러 5개의 도면층을 생성합니다.

03 이름을 바꾸고자 하는 도면층을 선택한 다음 F2를 누르면 도면층의 명칭을 변경할 수 있습니다.

❶ 단열재　**❷** 벽체　**❸** 중심선　**❹** 치수　**❺** 해칭

위 5개의 명칭을 가지는 도면층의 이름을 지정하면 됩니다.

04 각 도면에 맞는 색상을 지정해야 합니다. 명칭의 옆에 있는 색상 항목을 선택합니다.

05 색상을 선택하면 그림과 같은 [색상 선택] 대화상자가 표시됩니다. 하단에 보이는 빨간색, 노란색, 초록색, 하늘색, 파란색, 보라색, 흰색(검은색), 진한 회색, 연한 회색 중에서 단열재는 '파란색', 중심선과 치수는 '빨간색'으로 각각 지정하여 도면층에 맞는 색상을 지정합니다.

06 도면층 중심선의 종류를 선택해야 합니다. 중심선 도면층 색상의 옆에 있는 'Continuous'를 클릭합니다.

07 [선종류 선택] 대화상자가 표시되면 아래의 버튼 중에서 〈로드〉 버튼을 클릭합니다.

08 [선종류 로드 또는 다시 로드] 대화상자가 표시되면 선종류의 옆 스크롤을 내려 'CENTER' 선을 찾을 수 있습니다. 'CENTER' 선을 선택한 다음 〈확인〉 버튼을 클릭합니다.

09 불러온 'CENTER' 선이 [선종류 선택] 대화상자에 표시되면 'CENTER' 선을 선택한 다음 [확인] 버튼을 클릭해 선의 종류 변경을 완료합니다.

2 | 벽체 그리기

01 예제에 표시된 벽체를 작성하기 위해서는 화면 상단에 위치한 도면층의 표시를 클릭한 다음 '벽체' 도면층을 선택하여 활성화합니다.

02 예제를 기준으로 벽체를 생성하겠습니다.

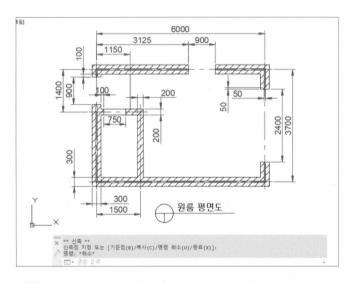

03 벽체의 가로/세로의 가장 긴 길이에 대해서 살펴보겠습니다. 예제의 상단에 가로의 길이는 '6000'이라 표시가 되어 있으며, 세로의 높이는 우측에 '3700'이라는 치수가 표시돼 있습니다. 이 2개의 치수는 중심선의 간격이지만 해당 선을 기준으로 왼쪽 하단에 '300'의 두께를 가지고 있으므로 중심선의 간격을 벽 우선으로 작업해 보겠습니다.

명령: REC
RECTANG
첫 번째 구석점 지정 또는 [모따기(C)/고도(E)/모깎기(F)/두께(T)/폭(W)]: 시작점 지정
다른 구석점 지정 또는 [영역(A)/치수(D)/회전(R)]: @6000,3700(가로/세로 길이 입력)

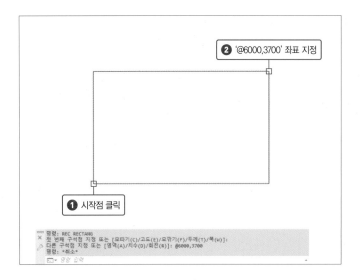

04 기준이 되는 사각형을 작업해야 합니다. 임의의 시작점을 지정한 다음 '@6000,3700'의 상대 좌표를 이용하여 사각형을 작성합니다.

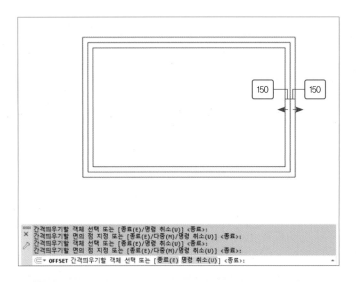

05 벽의 두께 '300'은 중심선을 기준으로 양쪽 합의 두께이므로 '명령어:O'를 사용하여 절반의 두께 값인 '150'의 수치를 입력합니다. 처음 그린 사각형을 기준으로 안쪽/바깥쪽으로 각각 간격을 띄워 벽체의 두께를 구성합니다.

명령: O
OFFSET
현재 설정: 원본 지우기=아니오 도면층=원본 OFFSETGAPTYPE=0
간격띄우기 거리 지정 또는 [통과점(T)/지우기(E)/도면층(L)] 〈통과점〉: 150(간격)
간격띄우기할 객체 선택 또는 [종료(E)/명령 취소(U)] 〈종료〉: (선을 선택 후 간격 지정)

06 안쪽의 벽체를 작성해야 합니다. 우선 간격이 중심선의 간격이기 때문에 간격을 주기 위해서는 '명령어:X'를 사용하여 중앙의 사각형을 분할해야 합니다.

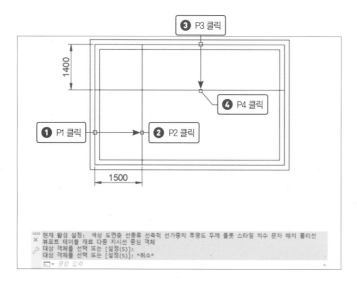

07 안쪽 벽 중심간의 간격만큼 분할된 중앙의 사각형 위쪽과 왼쪽의 선을 주어진 치수 값을 입력하고, '명령어:O'를 사용하여 간격을 띄웁니다.

명령: O

OFFSET

현재 설정: 원본 지우기=아니오 도면층=원본 OFFSETGAPTYPE=0

간격띄우기 거리 지정 또는 [통과점(T)/지우기(E)/도면층(L)] 〈통과점〉: 1500(간격)

간격띄우기할 객체 선택 또는 [종료(E)/명령 취소(U)] 〈종료〉: (가로의 간격)

명령: O

OFFSET

현재 설정: 원본 지우기=아니오 도면층=원본 OFFSETGAPTYPE=0

간격띄우기 거리 지정 또는 [통과점(T)/지우기(E)/도면층(L)] 〈통과점〉: 1400(간격)

간격띄우기할 객체 선택 또는 [종료(E)/명령 취소(U)] 〈종료〉: (세로의 간격)

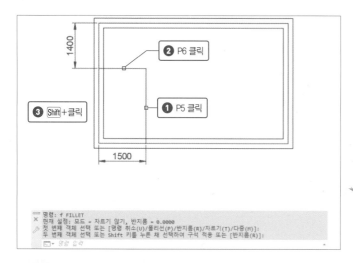

08 필요한 만큼의 중심선이 남도록 정리를 해야 합니다. '명령어:F'를 입력한 다음 세로선을 선택합니다. Shift를 눌러 가로선을 선택하여 왼쪽 그림처럼 만들 수 있습니다.

TIP
선을 선택할 때는 자르고 남는 부분을 선택해야 합니다.

명령: F

FILLET

현재 설정: 모드 = 자르기 않기, 반지름 = 0.0000

첫 번째 객체 선택 또는 [명령 취소(U)/폴리선(P)/반지름(R)/자르기(T)/다중(M)]: (세로선을 클릭)

두 번째 객체 선택 또는 Shift 키를 누른 채 선택하여 구석 적용 또는 [반지름(R)]: (가로선을 Shift+클릭)

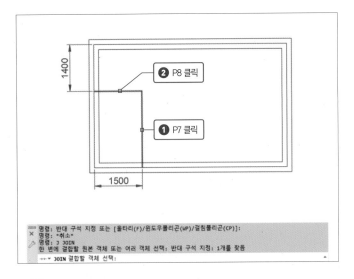

09 안쪽의 쉽게 만들기 위해서는 '명령어:J'를 사용하여 앞서 잘라 놓았던 2개의 선을 합칩니다. 그래야만 내벽의 간격을 주었을 때 별도의 작업(선의 연장)을 하지 않아도 됩니다.

명령: J

JOIN

한 번에 결합할 원본 객체 또는 여러 객체 선택: 반대 구석 지정: 1개를 찾음

결합할 객체 선택: (합칠 2개의 선을 선택 후 Enter)

2개 객체가 1개 폴리선으로 변환되었습니다(제대로 합쳐졌을 경우 나오는 메시지)

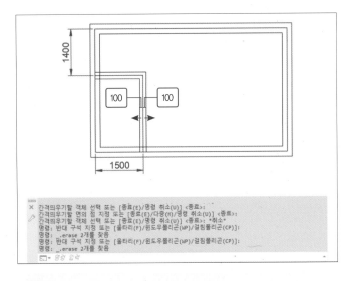

10 합친 2개의 선을 '명령어:O'를 사용하여 내벽의 두께인 200의 절반인 '100'을 입력하여 양쪽 방향으로 간격을 띄워 내벽의 형태를 만듭니다.

명령: O

OFFSET

현재 설정: 원본 지우기=아니오 도면층=원본 OFFSETGAPTYPE=0

간격띄우기 거리 지정 또는 [통과점(T)/지우기(E)/도면층(L)] 〈통과점〉: 100(간격)

간격띄우기할 객체 선택 또는 [종료(E)/명령 취소(U)] 〈종료〉: (양쪽으로 간격띄우기)

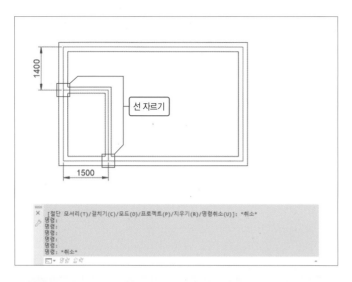

명령: TR

TRIM

현재 설정: 투영=UCS, 모서리=없음, 모드=빠른 작업

자를 객체를 선택하거나 Shift 키를 누른 채로 선택하여 확장 또는

[절단 모서리(T)/걸치기(C)/모드(O)/프로젝트(P)/지우기(R)]: (내벽과 외벽의 사이의 선을 잘라내기)

11 내벽과 외벽을 이어서 하나의 벽이 되도록 만들어야 합니다. '명령어:TR'을 사용하여 안쪽의 겹치는 부분을 잘라내고 중앙의 선을 중심선으로 도면층을 변경하면 벽체 작업은 완성됩니다.

3 ¦ 문 및 창문 위치 설정하기

기본적인 벽체가 완성되었기 때문에 문 및 창문의 위치를 설정해 보겠습니다.

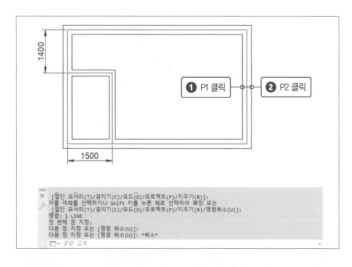

명령: L

LINE

첫 번째 점 지정: (오른쪽 벽체 안쪽선의 중간점을 지정)

다음 점 지정 또는 [명령 취소(U)]: (오른쪽 벽체의 바깥쪽선 중간점을 지정)

01 오른쪽 벽체에 있는 가장 큰 창문의 위치를 설정하겠습니다. '도면층:벽체'인 상태에서 오른쪽 벽체의 안쪽과 바깥쪽 각각의 중간점을 '명령어:L'을 사용하여 이어줍니다.

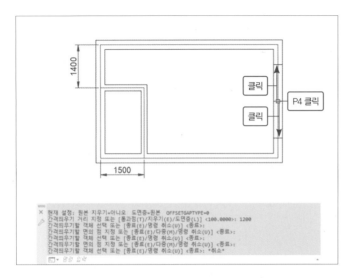

02 창의 간격인 2400을 맞추기 위해 '명령어:O'를 사용하여 간격 '1200'을 입력한 다음 이전에 만들어 두었던 선을 지정한 다음 위/아래쪽으로 간격을 띄웁니다.

명령: O

OFFSET

현재 설정: 원본 지우기=아니오 도면층=원본 OFFSETGAPTYPE=0

간격띄우기 거리 지정 또는 [통과점(T)/지우기(E)/도면층(L)] ⟨100.0000⟩: 1200

간격띄우기할 객체 선택 또는 [종료(E)/명령 취소(U)] ⟨종료⟩: (중간점을 이은 선을 선택)

간격띄우기할 면의 점 지정 또는 [종료(E)/다중(M)/명령 취소(U)] ⟨종료⟩: (위쪽 방향)

간격띄우기할 면의 점 지정 또는 [종료(E)/다중(M)/명령 취소(U)] ⟨종료⟩: (아래쪽 방향)

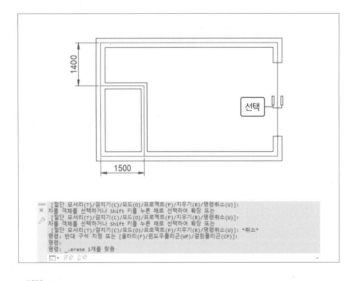

03 앞서 만들었던 간격의 안쪽 부분 벽체를 잘라내어 창문이 들어갈 공간을 표시합니다.

명령: TR

TRIM

현재 설정: 투영=UCS, 모서리=없음, 모드=빠른 작업

자를 객체를 선택하거나 Shift 키를 누른 채로 선택하여 확장 또는

[절단 모서리(T)/걸치기(C)/모드(O)/프로젝트(P)/지우기(R)]: (외벽의 안쪽 / 바깥쪽 선을 잘라내기)

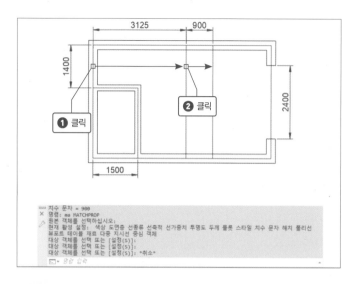

04 위쪽에 표시할 창문의 간격을 작업해 보겠습니다. 왼쪽 벽체의 중심선에서 첫 번째 간격인 '3125'의 수치만큼 간격을 띄운 다음 '900'의 간격을 띄워 창문의 간격을 작업합니다.

명령: O
OFFSET
현재 설정: 원본 지우기=아니오 도면층=원본 OFFSETGAPTYPE=0
간격띄우기 거리 지정 또는 [통과점(T)/지우기(E)/도면층(L)] 〈통과점〉: 3125(간격)
간격띄우기할 객체 선택 또는 [종료(E)/명령 취소(U)] 〈종료〉: (첫 번째 간격띄우기)

명령: O
OFFSET
현재 설정: 원본 지우기=아니오 도면층=원본 OFFSETGAPTYPE=0
간격띄우기 거리 지정 또는 [통과점(T)/지우기(E)/도면층(L)] 〈통과점〉: 900(간격)
간격띄우기할 객체 선택 또는 [종료(E)/명령 취소(U)] 〈종료〉: (두 번째 간격띄우기)

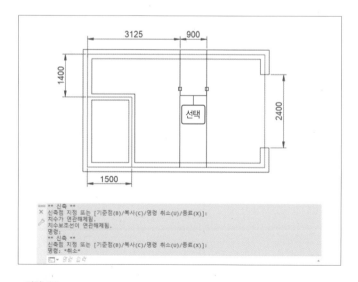

05 중심선을 이용하여 간격을 띄운 만큼 위쪽으로 선이 짧습니다. '명령어:EX'를 사용하여 위쪽의 벽체 끝까지 선을 늘린 다음 2개의 선을 선택하고 '도면층:벽체'로 도면층을 변경합니다.

명령: EX
EXTEND
현재 설정: 투영=UCS, 모서리=없음, 모드=빠른 작업
연장할 객체 선택 또는 Shift 키를 누른 채 선택하여 자르기 또는
[경계 모서리(B)/걸치기(C)/모드(O)/프로젝트(P)]: (위쪽 벽체 방향으로 선을 연장)

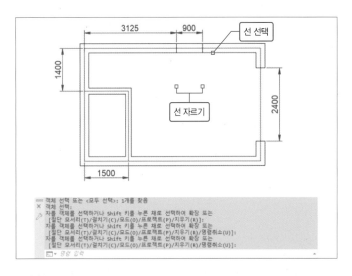

06 긴 선을 정리합니다. '명령어:TR'을 사용하면 아래쪽에 선이 남아 있기 때문에 별도의 삭제 작업을 거쳐야 합니다. 그렇기 때문에 '명령어:TR'에서 '옵션:T(절단 모서리)' 옵션을 사용해 보겠습니다. '옵션:T'를 선택한 다음 위쪽 벽체의 안쪽 선을 선택합니다. Enter 를 눌러 객체 선택을 종료한 다음 긴 선들을 잘라내어 모양을 만듭니다.

명령: TR
TRIM
현재 설정: 투영=UCS, 모서리=없음, 모드=빠른 작업
자를 객체를 선택하거나 Shift 키를 누른 채로 선택하여 확장 또는
 [절단 모서리(T)/걸치기(C)/모드(O)/프로젝트(P)/지우기(R)]: T(절단 모서리 옵션)
현재 설정: 투영=UCS, 모서리=없음, 모드=빠른 작업
절단 모서리 선택...
객체 선택 또는 〈모두 선택〉: 1개를 찾음(위쪽 벽의 안쪽 선을 선택)
객체 선택: (Enter 를 눌러 객체 선택 종료)
자를 객체를 선택하거나 Shift 키를 누른 채로 선택하여 확장 또는
 [절단 모서리(T)/걸치기(C)/모드(O)/프로젝트(P)/지우기(R)]: (아래쪽의 긴 선을 잘라내기)

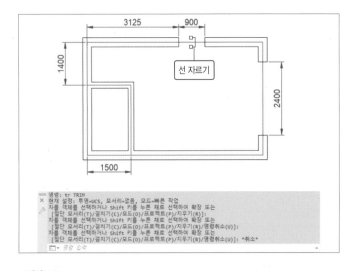

07 '명령어:TR'을 사용하여 900 간격 사이 안쪽과 바깥쪽의 벽체를 잘라내어 창문의 간격을 만들어 줍니다.

명령: TR
TRIM
현재 설정: 투영=UCS, 모서리=없음, 모드=빠른 작업
자를 객체를 선택하거나 Shift 키를 누른 채로 선택하여 확장 또는
[절단 모서리(T)/걸치기(C)/모드(O)/프로젝트(P)/지우기(R)]: (900 간격 사이의 선 자르기)

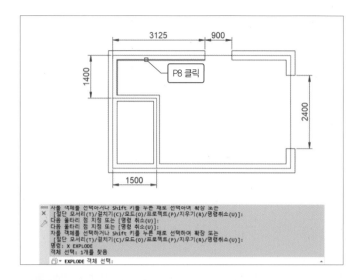

08 출입문이 들어갈 위치를 설정해야 합니다. 출입문의 치수가 안쪽 벽체에서 간격이 들어가므로 먼저 안쪽 벽의 일체형을 '명령어:X'를 사용해서 분할할 필요가 있습니다.

명령: X
EXPLODE
객체 선택: 1개를 찾음(출입문을 만들 벽체의 안쪽 선을 분할)

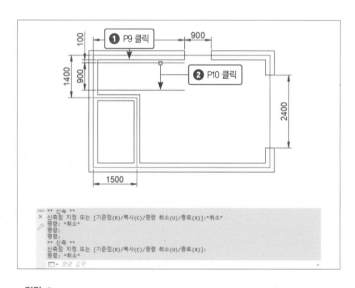

09 출입문의 위치를 잡을 간격을 띄워야 합니다. 안쪽 벽에서 첫 번째 간격인 '100'을 띄우고 출입문의 간격인 '900'의 간격만큼 칸을 띄워야 합니다.

명령: O
OFFSET
현재 설정: 원본 지우기=아니오 도면층=원본 OFFSETGAPTYPE=0
간격띄우기 거리 지정 또는 [통과점(T)/지우기(E)/도면층(L)] 〈통과점〉: 100(간격)
간격띄우기할 객체 선택 또는 [종료(E)/명령 취소(U)] 〈종료〉: (내벽에서 간격띄우기)

명령: O
OFFSET
현재 설정: 원본 지우기=아니오 도면층=원본 OFFSETGAPTYPE=0
간격띄우기 거리 지정 또는 [통과점(T)/지우기(E)/도면층(L)] 〈통과점〉: 900(간격)
간격띄우기할 객체 선택 또는 [종료(E)/명령 취소(U)] 〈종료〉: (두 번째 간격띄우기)

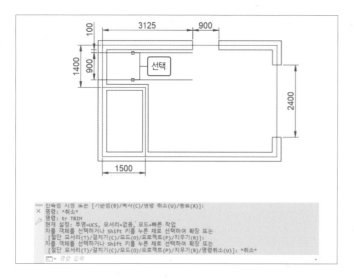

10 출입문의 간격을 만들기 위해 '명령어:EX'를 사용하여 왼쪽 벽체의 끝까지 선을 연장합니다.

명령: EX
EXTEND
현재 설정: 투영=UCS, 모서리=없음, 모드=빠른 작업
연장할 객체 선택 또는 Shift 키를 누른 채 선택하여 자르기 또는
[경계 모서리(B)/걸치기(C)/모드(O)/프로젝트(P)]: (왼쪽 벽체 방향으로 선을 연장)

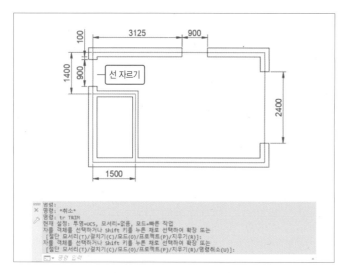

11 '명령어:TR'을 사용하여 출입문의 공간이 나오도록 선을 잘라냅니다.

명령: TR
TRIM
현재 설정: 투영=UCS, 모서리=없음, 모드=빠른 작업
자를 객체를 선택하거나 Shift 키를 누른 채로 선택하여 확장 또는
[절단 모서리(T)/걸치기(C)/모드(O)/프로젝트(P)/지우기(R)]: (900 간격 사이의 선 자르기)

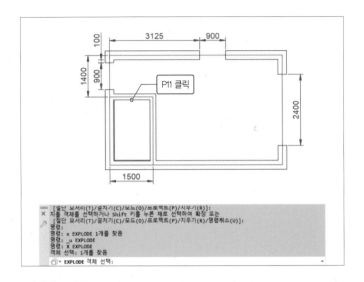

12 욕실의 출입문의 공간을 만들기 위해 우선 안쪽 벽의 선을 분할해야 합니다.

명령: X

EXPLODE

객체 선택: 1개를 찾음(문을 만들 벽체의 안쪽 선을 분할)

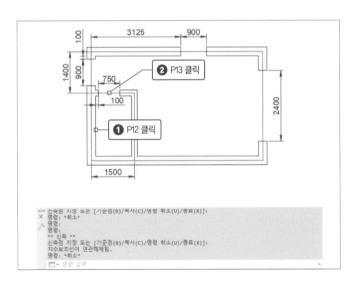

13 왼쪽 그림에서 확인할 수 있는 간격을 띄운 다음 '명령어:EX'를 사용하여 벽체의 끝까지 선을 연장합니다. '명령어:TR'을 사용하여 공간을 확보하면 출입문 및 창문의 위치 표시가 완료됩니다.

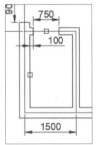

외벽의 벽체에 단열을 위한 단열재를 표시한 다음 벽체의 두께감을 표시하기 위한 빗금 작업을 해보겠습니다. 우선 단열재를 작업해야 빗금 작업을 보다 효율적으로 작업할 수 있습니다.

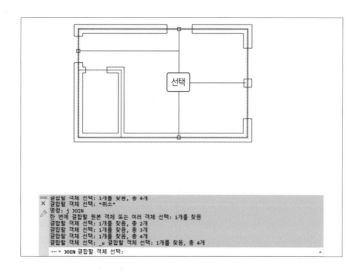

01 효과적으로 단열재를 표시하기 위해서는 외벽의 네 부분에 있는 중심선을 합칠 필요가 있습니다. '명령어:J'를 입력한 다음 4개의 중심선을 선택합니다.

명령: J

JOIN

한 번에 결합할 원본 객체 또는 여러 객체 선택: 반대 구석 지정: 2개를 찾음

결합할 객체 선택: (합칠 4개의 중심선을 선택 후 Enter)

4개 객체가 1개 폴리선으로 변환되었습니다(제대로 합쳐졌을 경우 나오는 메시지)

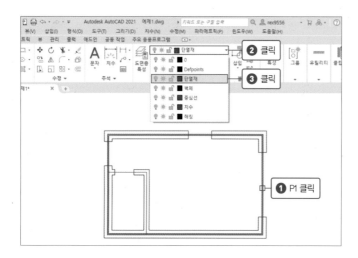

02 합쳐진 중심선을 기준으로 단열재의 두께가 500이므로 간격을 '25'로 설정하여 안/밖으로 간격을 띄웁니다. 2개의 선을 선택한 다음 '도면층:단열재'로 변경합니다.

명령: O

OFFSET

현재 설정: 원본 지우기=아니오 도면층=원본 OFFSETGAPTYPE=0

간격띄우기 거리 지정 또는 [통과점(T)/지우기(E)/도면층(L)] 〈통과점〉: 25(간격)

간격띄우기할 객체 선택 또는 [종료(E)/명령 취소(U)] 〈종료〉: (안/밖으로 간격띄우기)

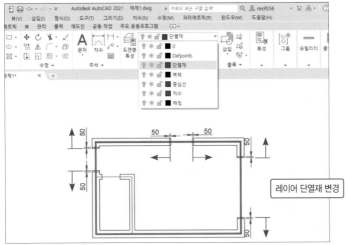

03 단열재의 끝부분을 만들어야 합니다. 앞서 만들었던 창문 및 문의 간격 끝에서 안쪽 방향으로 각각 '50'의 간격을 띄운 다음 50만큼 띄운 선의 레이어를 '단열재'로 변경합니다.

레이어 단열재 변경

명령: O
OFFSET
현재 설정: 원본 지우기=아니오 도면층=원본 OFFSETGAPTYPE=0
간격띄우기 거리 지정 또는 [통과점(T)/지우기(E)/도면층(L)] 〈통과점〉: 50(간격)
간격띄우기할 객체 선택 또는 [종료(E)/명령 취소(U)] 〈종료〉: (창문 및 문의 경계에서 안쪽으로 간격 띄우기)

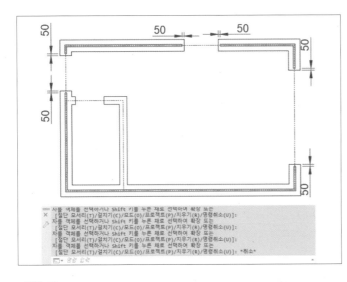

04 단열재의 선을 잘라 모양을 잡아 줍니다. 창문과 문의 간격 사이에는 선이 없으며, 앞서 창문 및 문의 간격에서 '50'씩 띄운 부분이 단열재의 끝부분이 되도록 잘라 단열재의 형태를 만듭니다.

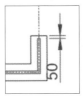

명령: TR
TRIM
현재 설정: 투영=UCS, 모서리=없음, 모드=빠른 작업
자를 객체를 선택하거나 Shift 키를 누른 채로 선택하여 확장 또는
[절단 모서리(T)/걸치기(C)/모드(O)/프로젝트(P)/지우기(R)]: (형태가 나오도록 선을 자르기)

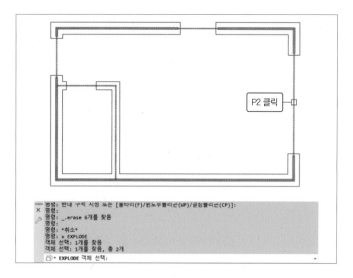

05 기본적인 평면도의 틀이 만들어집니다.
'명령어:X'를 사용하여 합쳐져 있는
중심선들을 모두 분할합니다.

명령: X
EXPLODE
객체 선택: 1개를 찾음(외벽의 중심선)
객체 선택: 1개를 찾음, 총 2개(내벽의 중심선)

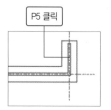

P5 클릭

06 '명령어:LEN'을 사용하여 중심선들
을 '500'의 수치만큼 연장시켜 보겠
습니다. 중심선의 연장은 개인 및 업무를 보
는 회사의 규정에 따라 달라질 수 있습니다.

명령: LEN
LENGTHEN
측정할 객체 또는 [증분(DE)/퍼센트(P)/합계(T)/동적(DY)] 선택 〈증분(DE)〉: DE(증분)
증분 길이 또는 [각도(A)] 입력 〈0.0000〉: 500(거리 값)
변경할 객체 선택 또는 [명령 취소(U)]: (중심선의 끝부분을 지정하여 연장)

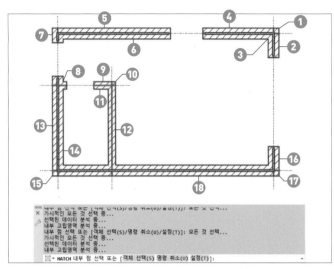

07 '명령어:H'를 사용하여 빗금을 넣으면 작업이 마무리됩니다. 우선 빗금을 넣기 전에 '도면층:해칭'으로 변경해야 합니다. 도면층을 '해칭'으로 변경한 다음 '명령어:H'를 사용하여 빗금 넣을 공간을 클릭합니다. 이때 일반적인 크기라면 검은색으로 색상이 칠해지는 것으로 볼 수 있습니다. 왼쪽 그림에서 확인할 수 있듯이 해치 패턴 축척을 '40' 정도로 설정해야 올바르게 빗금이 보입니다.

명령: H
HATCH
내부 점 선택 또는 [객체 선택(S)/명령 취소(U)/설정(T)]: (빗금 넣을 칸을 선택)

08 중심선의 간격을 시각적으로 용이하도록 조절하면 최종 작업이 완료됩니다.

명령: LTS
LTSCALE
새 선종류 축척 비율 입력 〈0.0000〉: 8(중심선의 간격을 조절)

CHAPTER 03

 객체 조회하기

AutoCAD 2021 ···

객체를 그리고 편집하는 것이 AutoCAD의 주요 기능이지만, 객체의 속성이나 특성을 이용하는 것도 AutoCAD를 사용하는 목적입니다. 특히 AutoCAD의 구적 기능은 실무에서 면적을 계산할 때 근거로 제시되기도 합니다. 이번 챕터에서는 객체의 속성을 이용하는 방법에 대해 알아보겠습니다.

1 | 객체의 목록 표시하기 - List

Properties 명령이 선택한 객체의 특성을 대화상자 형식으로 볼 수 있고 그 특성을 수정할 수 있는 반면, 'List' 명령은 객체의 특성을 화면에만 표시합니다. 대신 문자로 표시되므로 화면에 표시된 내용을 복사하여 다른 곳에 사용할 수 있습니다.

1 명령어 실행

- 리본 메뉴 : (홈) 탭 – 특성 패널 – 리스트
- 메뉴 : (도구) → 조회 → 리스트
- 단축 명령어 : LI

```
명령: LI
LIST
객체 선택: 1개를 찾음
객체 선택:
                    LWPOLYLINE   도면층: "기둥"
                                 공간: 모형 공간
                    핸들 = 30c
          닫힘
       상수 폭     0.0000
         면적    315000.0000
         둘레    2300.0000
           점  X=53425.0002  Y=35049.9999  Z=   0.0000
           점  X=53875.0002  Y=35049.9999  Z=   0.0000
           점  X=53875.0002  Y=35749.9999  Z=   0.0000
           점  X=53425.0002  Y=35749.9999  Z=   0.0000
```

2 작업 진행

객체 선택: [객체 선택]

2 | 두 점의 거리 표시하기 - Dist

'Dist' 명령은 지정한 두 점 간의 거리와 각도를 재는 명령입니다. List 명령처럼 별도의 창으로 표시되지 않고 명령어 입력 창에 수치가 표시됩니다. Dist 명령은 리본 메뉴나 도구모음에서는 사용할 수 없고 명령어 입력에 의해서만 실행할 수 있습니다.

1 명령어 실행

단축 명령어 : DI

2 작업 진행

첫 번째 점 지정: [첫 번째 정점 지정]
두 번째 점 또는 [다중 점(M)] 지정: [두 번째 정점 지정]

3 | 지정한 다각형의 면적 구하기 - Area

'Area' 명령은 지정한 객체 또는 사용자가 정의한 면적을 구하는 명령으로, 선택한 객체가 닫힌 폐곡선 형태일 때 정확한 면적을 계산할 수 있으나, 열린 객체인 경우 시작점과 끝점을 임의의 직선으로 그린 후 객체의 면적을 계산합니다. 또한 객체를 선택하지 않아도 임의의 영역을 지정하여 면적을 구할 수 있습니다. 두께가 있는 선으로 그려진 객체인 경우 선의 중심선을 기준으로 면적을 산정합니다.

선택된 열린 폴리선

정의된 영역

1 명령어 실행

명령어 입력 : AREA

> 첫 번째 구석점 지정 또는 [객체(O)/면적 추가(A)/면적 빼기(S)] 〈객체(O)〉: O
> 객체 선택: [면적을 구할 객체 선택]

③ 옵션

- **객체(O)** : 면적을 구할 객체를 선택합니다.

- **면적 추가(A)** : 정점을 추가함에 따라 면적을 계산하며, 정점을 추가하여 면적을 계산할 수 있습니다.

- **면적 빼기(S)** : 기존 면적에서 지정한 면적을 빼 면적을 산정합니다.

4 | 다양한 측정값 구하기 - Measuregeom

'Measuregeom'은 Area 명령처럼 면적에서부터 거리, 반지름, 각도, 체적 등의 다양한 측정값을 구하는 명령입니다. 명령을 실행한 다음 먼저 측정하고자 하는 유형을 선택하고, 측정하려는 객체를 지정하면 해당 객체의 유형 값이 표시됩니다.

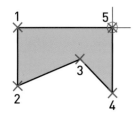

① 명령어 실행

명령어 입력 : MEASUREGEOM

② 작업 진행

> 옵션 입력 [거리(D)/반지름(R)/각도(A)/면적(AR)/체적(V)] 〈거리〉: [측정 유형 선택]
> 첫 번째 구석점 지정 또는 [객체(O)/면적 추가(A)/면적 빼기(S)/종료(X)] 〈객체(O)〉: [측정점 또는 객체 선택]

- 거리(D) : 지정한 지점 사이의 거리 및 UCS 기준상의 각도를 측정합니다.

- 반지름(R) : 선택한 원 또는 호의 반지름 및 지름을 측정합니다.

- 각도(A) : 선택한 두 객체 사이의 각도를 표시합니다.

- 면적(AR) : 선택한 객체 또는 지정한 정점의 면적을 측정합니다.

- 체적(V) : 선택한 객체 또는 지정한 정점의 체적을 측정합니다.

5 | 지정한 개수로 분할하기 - Divide

Divide 명령과 Measure 명령은 분할하는 기능은 같지만 분할하는 방법이 다릅니다. Divide 명령은 지정한 개수만큼 분할하며, Measure 명령은 지정한 거리마다 분할합니다. 분할된 지점은 사전에 정의된 점의 형태로 표시되므로 Ddptype 명령을 사용하여 분할할 때 표시할 점의 형태를 미리 정의하는 것이 좋습니다.

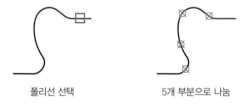

폴리선 선택　　　　5개 부분으로 나눔

① 명령어 실행

- 리본 메뉴 : [홈] 탭 – 그리기 패널 – 등분할
- 메뉴 : [그리기] → 점 → 등분할
- 단축 명령어 : DIV

② 작업 진행

등분할 객체 선택: [분할할 객체 선택]
세그먼트의 개수 또는 [블록(B)] 입력: [분할할 세그먼트 개수 입력]

③ 옵션

- 세그먼트의 개수 : 분할할 세그먼트의 개수를 입력합니다.

- 블록(B) : 분할 지점마다 블록을 삽입합니다.

6 │ 지정한 길이로 분할하기 - Measure

'Measure' 명령의 객체를 분할하는 기능은 Divide 명령과 같지만, 미리 정의한 길이대로 객체를 분할하는 것이 다릅니다. Measure 명령의 진행 방법은 Divide 명령과 동일하며 분할 지점의 표시 방법 또한 Ddptype 명령을 통해 정의할 수 있습니다.

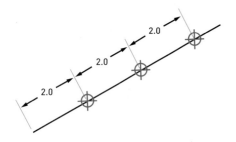

1 명령어 실행

- 리본 메뉴 : (홈) 탭 – 그리기 패널 – 길이 분할
- 메뉴 : (그리기) → 점 → 길이 분할
- 단축 명령어 : ME

2 작업 진행

> *길이 분할 객체 선택:* [분할할 객체 선택]
> *세그먼트의 길이 지정 또는 [블록(B)]:* [분할할 길이 입력]

3 옵션

- 세그먼트의 길이 : 분할할 세그먼트의 길이를 입력합니다.
- 블록(B) : 분할 지점마다 블록을 삽입합니다.

'Ddptype'은 Divide 명령과 Measure 명령을 사용하여 객체를 분할했을 때 분할 지점에 표시되는 점의 형태와 크기를 설정하는 명령입니다.

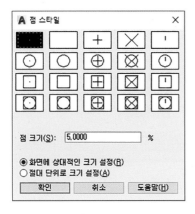

1 명령어 실행

- 리본 메뉴 : (홈) 탭 – 유틸리티 패널 – 점 스타일
- 메뉴 : (형식) → 점 스타일
- 명령어 입력 : Ddptype

2 옵션

- 점 크기 : 등 분할이나 길이 분할 명령 수행 시 세그먼트 분할 지점의 점 크기를 설정합니다.
- 화면에 상대적인 크기 설정 : 도면의 축척과 관계없이 일정한 크기로 점이 표시됩니다.
- 절대적인 단위로 크기 설정 : 도면의 축척에 따라 점 크기가 달라집니다.

CHAPTER 04

도면 폼 만들기

▶ 동영상 강의
https://youtu.be/YZ7WV2WxCPA

AutoCAD 2021 ......

　도면 폼은 도면에 일정한 간격으로 객체를 삽입하기 위한 형식을 말합니다. 실제 설계에서는 이러한 도면 폼을 자주 만들어 사용하므로 이번에는 도면 폼을 만드는 방법에 대해서 알아보겠습니다.

완성 파일 Part04\도면폼_완성.dwg

1 | 기본 도면층 생성하기

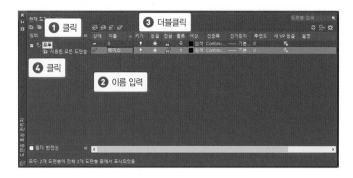

명령: LA

01 기본선 도면층을 생성하기 위해 'LA' 명령을 실행합니다.

02 도면층 특성 관리자 팔레트가 표시되면 '새 도면층' 아이콘(🗐)을 클릭하여 새로운 도면층을 만든 다음 도면층 이름을 '베이스'로 입력합니다.

03 '베이스' 도면층을 더블클릭해 현재 도면층으로 설정하고 팔레트를 닫습니다.

2 | 기본선 그리기

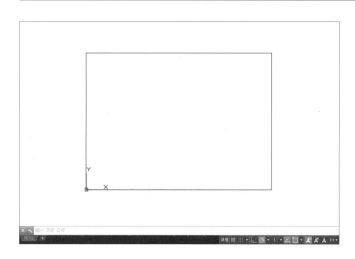

01 사각형을 그리기 위해 'RECTANG' 명령을 실행한 다음 '0,0'을 원점으로 하는 A3 크기의 사각형을 그립니다.

명령: RECTANG
첫 번째 구석점 지정 또는 [모따기(C)/고도(E)/모깎기(F)/두께(T)/폭(W)]: 0,0
다른 구석점 지정 또는 [영역(A)/치수(D)/회전(R)]: @420,297

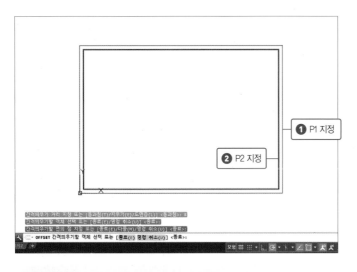

02 'OFFSET' 명령을 이용하여 사각형 안에 간격 '8'의 사각형을 만듭니다.

❶ P1 지정

❷ P2 지정

명령: OFFSET
현재 설정: 원본 지우기 = 아니오 도면층 = 원본 OFFSETGAPTYPE = 0
간격띄우기 거리 지정 또는 [통과점(T)/지우기(E)/도면층(L)] 〈통과점〉: 8
간격띄우기할 객체 선택 또는 [종료(E)/명령 취소(U)] 〈종료〉: [P1 선택]
간격띄우기할 면의 점 지정 또는 [종료(E)/다중(M)/명령 취소(U)] 〈종료〉: [P2 지정]
간격띄우기할 객체 선택 또는 [종료(E)/명령 취소(U)] 〈종료〉: Enter

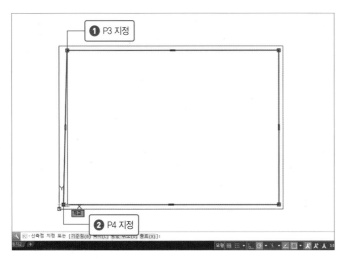

03 왼쪽에 제본할 부분을 고려하여 간격을 적용해야 합니다. 이동할 정점을 클릭하면 빨간색 점으로 표시되는데, 이 상태에서 '@7<0'을 입력하여 7만큼 오른쪽으로 이동시킵니다. 위, 아래 모두 같은 간격으로 정점을 이동합니다.

❶ P3 지정

❷ P4 지정

명령: [P3 선택]
** 신축 **
신축점 지정 또는 [기준점(B)/복사(C)/명령 취소(U)/종료(X)]: @7<0
명령: [P4 선택]
** 신축 **
신축점 지정 또는 [기준점(B)/복사(C)/명령 취소(U)/종료(X)]: @7<0

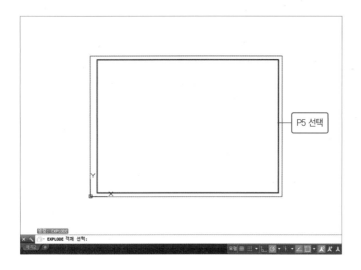

01 먼저 폴리선으로 만들어진 사각형을 'EXPLODE' 명령을 이용하여 분해합니다.

명령: EXPLODE
객체 선택: [P5 선택]
1개를 찾음
객체 선택: Enter

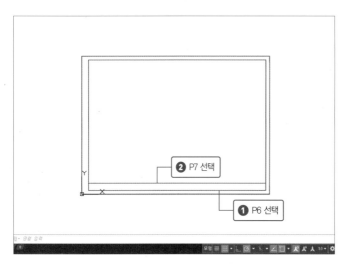

02 표제를 입력할 부분을 만들기 위해 아래쪽 선을 간격 16만큼 떨어진 위치에 복사합니다.

명령: OFFSET
현재 설정: 원본 지우기 = 아니오 도면층 = 원본 OFFSETGAPTYPE = 0
간격띄우기 거리 지정 또는 [통과점(T)/지우기(E)/도면층(L)] 〈8.0000〉: 16
간격띄우기할 객체 선택 또는 [종료(E)/명령 취소(U)] 〈종료〉: [P6 선택]
간격띄우기할 면의 점 지정 또는 [종료(E)/다중(M)/명령 취소(U)] 〈종료〉: [P7 선택]
간격띄우기할 객체 선택 또는 [종료(E)/명령 취소(U)] 〈종료〉: Enter

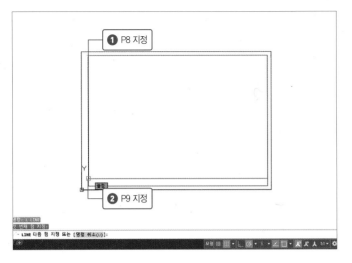

03 표제를 제외한 나머지를 동일한 간격으로 나누어야 하므로, 표제 부분을 제외한 나머지 부분에 임의의 선을 하나 그립니다.

명령: LINE
첫 번째 점 지정: [P8 선택]
다음 점 지정 또는 [명령 취소(U)]: [P9 선택]
다음 점 지정 또는 [명령 취소(U)]: Enter

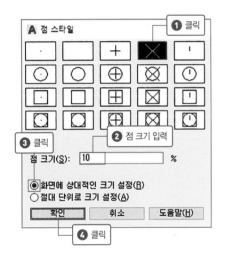

04 구분 기호를 설정하기 위해 'DDPTYPE' 명령을 실행합니다. [점 스타일] 대화상자가 표시되면 구분 기호를 왼쪽과 같이 설정하고 점 크기를 '10%'로 설정한 다음 '화면에 상대적인 크기 설정'을 선택하고 〈확인〉 버튼을 클릭합니다.

명령: DDPTYPE
PTYPE 모형 재생성 중

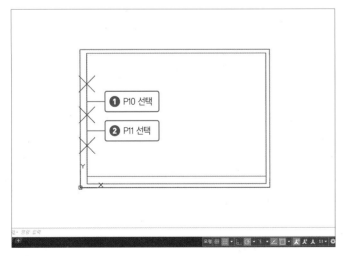

05 'DIVIDE' 명령을 실행한 다음 만들어진 선을 선택하고 4개로 나눕니다.

06 구분 기호가 삽입되면 조금 전에 만든 선을 지웁니다.

명령: DIVIDE
등분할 객체 선택: [P10 선택]
세그먼트의 개수 또는 [블록(B)] 입력: 4
명령: ERASE
객체 선택: [P11 선택]
1개를 찾음
객체 선택: Enter

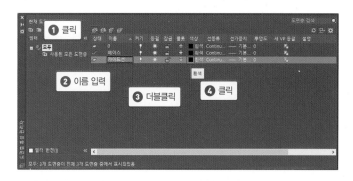

명령: LA

07 가이드라인은 다른 도면층을 사용할 것이므로 'LA' 명령을 실행합니다.

08 도면층 특성 관리자 팔레트가 표시되면 '새 도면층' 아이콘(🗗)을 클릭하여 새로운 도면층을 만든 다음 도면층 이름을 '가이드선'으로 입력합니다.

09 '가이드선' 도면층을 더블클릭하여 현재 도면층으로 설정한 다음 색상 항목을 클릭합니다.

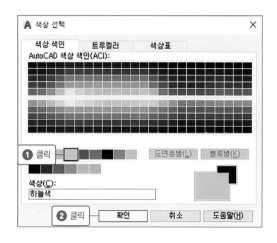

10 [색상 선택] 대화상자가 표시되면 '하늘색'을 선택한 다음 〈확인〉 버튼을 클릭합니다.

11 다시 도면층 특성 관리자 팔레트가 표시되면 팔레트를 닫습니다.

4 │ 가이드라인 만들기

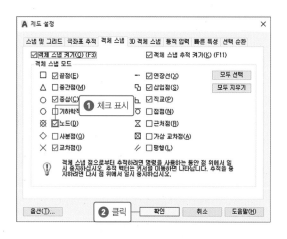

명령: OSNAP

01 먼저 오스냅을 설정하기 위해 명령어 입력 창에 'OSNAP' 명령을 실행합니다.

02 [제도 설정] 대화상자가 표시되면 '노드' 오스냅에 체크 표시한 다음 〈확인〉 버튼을 클릭합니다.

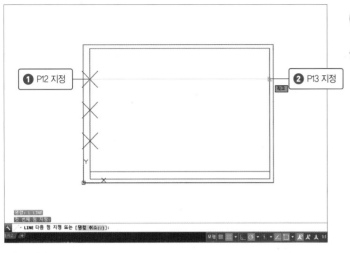

03 'LINE' 명령을 이용해 구분 기호와 반대쪽 기본선을 직교점을 사용하여 잇습니다.

명령: LINE
첫 번째 점 지정: [P12 선택]
다음 점 지정 또는 [명령 취소(U)]: [P13 선택]
다음 점 지정 또는 [명령 취소(U)]: Enter

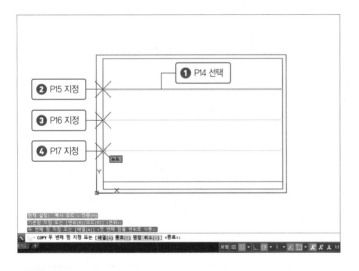

04 선 구분 기호에 맞춰 복사합니다.

명령: COPY
객체 선택: [P14 선택]
1개를 찾음
객체 선택: Spacebar
현재 설정: 복사 모드 = 다중(M)
기본점 지정 또는 [변위(D)/모드(O)] 〈변위〉: [P15 지정]
두 번째 점 지정 또는 [배열(A)] 〈첫 번째 점을 변위로 사용〉: [P16 지정]
두 번째 점 지정 또는 [배열(A)/종료(E)/명령 취소(U)] 〈종료〉: [P17 지정]
두 번째 점 지정 또는 [배열(A)/종료(E)/명령 취소(U)] 〈종료〉: Enter

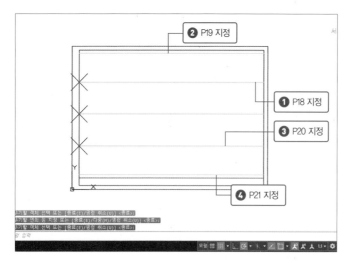

05 위쪽과 아래쪽 선에는 'OFFSET' 명령을 이용하여 간격 '60'의 선을 각각 그립니다.

명령: OFFSET
현재 설정: 원본 지우기 = 아니오 도면층 = 원본 OFFSETGAPTYPE = 0
간격띄우기 거리 지정 또는 [통과점(T)/지우기(E)/도면층(L)] ⟨5.0000⟩: 60
간격띄우기할 객체 선택 또는 [종료(E)/명령 취소(U)] ⟨종료⟩: [P18 선택]
간격띄우기할 면의 점 지정 또는 [종료(E)/다중(M)/명령 취소(U)] ⟨종료⟩: [P19 지정]
간격띄우기할 객체 선택 또는 [종료(E)/명령 취소(U)] ⟨종료⟩: [P20 선택]
간격띄우기할 면의 점 지정 또는 [종료(E)/다중(M)/명령 취소(U)] ⟨종료⟩: [P21 지정]
간격띄우기할 객체 선택 또는 [종료(E)/명령 취소(U)] ⟨종료⟩: Enter

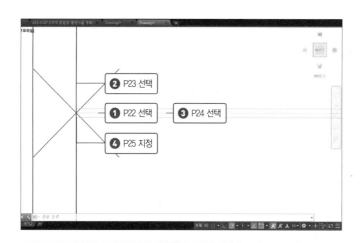

06 구분 기호에 맞춰 그린 선의 위쪽과 아래쪽에 '1.5' 간격의 선을 만듭니다.

명령: OFFSET
현재 설정: 원본 지우기 = 아니오 도면층 = 원본 OFFSETGAPTYPE = 0
간격띄우기 거리 지정 또는 [통과점(T)/지우기(E)/도면층(L)] ⟨60.0000⟩: 1.5
간격띄우기할 객체 선택 또는 [종료(E)/명령 취소(U)] ⟨종료⟩: [P22 선택]
간격띄우기할 면의 점 지정 또는 [종료(E)/다중(M)/명령 취소(U)] ⟨종료⟩: [P23 지정]
간격띄우기할 객체 선택 또는 [종료(E)/명령 취소(U)] ⟨종료⟩: [P24 선택]
간격띄우기할 면의 점 지정 또는 [종료(E)/다중(M)/명령 취소(U)] ⟨종료⟩: [P25 지정]
간격띄우기할 객체 선택 또는 [종료(E)/명령 취소(U)] ⟨종료⟩: Enter

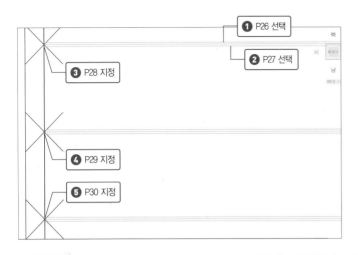

07 방금 생성한 2개의 선을 나머지 구분
기호에 맞춰 복사합니다.

명령: COPY
객체 선택: [P26 선택]
1개를 찾음
객체 선택: [P27 선택]
1개를 찾음, 총 2개
객체 선택: [Spacebar]
현재 설정: 복사 모드 = 다중(M)
기본점 지정 또는 [변위(D)/모드(O)] 〈변위〉: [P28 지정]
두 번째 점 지정 또는 [배열(A)] 〈첫 번째 점을 변위로 사용〉: [P29 지정]
두 번째 점 지정 또는 [배열(A)/종료(E)/명령 취소(U)] 〈종료〉: [P30 지정]
두 번째 점 지정 또는 [배열(A)/종료(E)/명령 취소(U)] 〈종료〉: [Enter]

08 왼쪽과 오른쪽의 외곽선을 '5'만큼
떨어진 상태로 복사합니다.

명령: OFFSET
현재 설정: 원본 지우기 = 아니오 도면층 = 원본 OFFSETGAPTYPE = 0
간격띄우기 거리 지정 또는 [통과점(T)/지우기(E)/도면층(L)] 〈1.5000〉: 5
간격띄우기할 객체 선택 또는 [종료(E)/명령 취소(U)] 〈종료〉: [P31 선택]
간격띄우기할 면의 점 지정 또는 [종료(E)/다중(M)/명령 취소(U)] 〈종료〉: [P32 지정]
간격띄우기할 객체 선택 또는 [종료(E)/명령 취소(U)] 〈종료〉: [P33 선택]
간격띄우기할 면의 점 지정 또는 [종료(E)/다중(M)/명령 취소(U)] 〈종료〉: [P34 지정]
간격띄우기할 객체 선택 또는 [종료(E)/명령 취소(U)] 〈종료〉: [Enter]

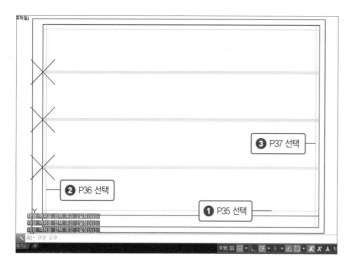

09 새로 생성된 선을 'MATCHPROP' 명령을 이용하여 가이드라인과 동일한 도면층으로 변경합니다.

명령: MATCHPROP
원본 객체를 선택하십시오: [P35 선택]
현재 활성 설정: 색상 도면층 선종류 선축척 선가중
치 투명도 두께 플롯 스타일 치수 문자 해치 폴리선
뷰포트 테이블 재료 다중 지시선 중심 객체
대상 객체를 선택 또는 [설정(S)]: [P36 선택]
대상 객체를 선택 또는 [설정(S)]: [P37 선택]
대상 객체를 선택 또는 [설정(S)]: Enter

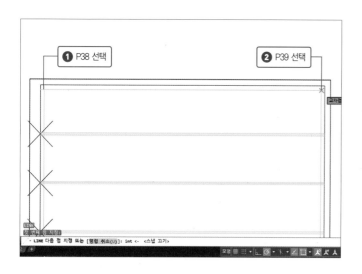

10 가로 방향도 5개의 동일한 간격으로 구분하기 위해 먼저 임의의 선을 그립니다.

명령: LINE
첫 번째 점 지정: [P38 지정]
다음 점 지정 또는 [명령 취소(U)]: [P39 지정]
다음 점 지정 또는 [명령 취소(U)]: Enter

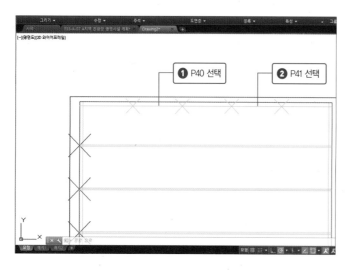

11 'DIVIDE' 명령을 이용하여 5개의 간격으로 나눈 다음 방금 그린 선을 삭제합니다.

명령: DIVIDE
등분할 객체 선택: [P40 선택]
세그먼트의 개수 또는 [블록(B)] 입력: 5

명령: ERASE
객체 선택: [P41 선택]
1개를 찾음
객체 선택: Enter

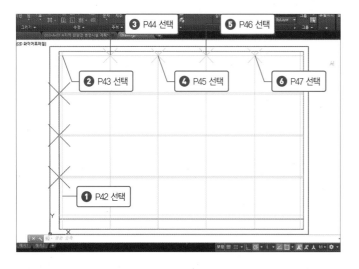

12 삽입된 구분 기호에 맞춰 세로선을 복사합니다.

명령: COPY
객체 선택: [P42 선택]
1개를 찾음
객체 선택: [Spacebar]
현재 설정: 복사 모드 = 다중(M)
기본점 지정 또는 [변위(D)/모드(O)] ⟨변위⟩: [P43 지정]
두 번째 점 지정 또는 [배열(A)] ⟨첫 번째 점을 변위로 사용⟩: [P44 지정]
두 번째 점 지정 또는 [배열(A)/종료(E)/명령 취소(U)] ⟨종료⟩: [P45 지정]
두 번째 점 지정 또는 [배열(A)/종료(E)/명령 취소(U)] ⟨종료⟩: [P46 지정]
두 번째 점 지정 또는 [배열(A)/종료(E)/명령 취소(U)] ⟨종료⟩: [P47 지정]
두 번째 점 지정 또는 [배열(A)/종료(E)/명령 취소(U)] ⟨종료⟩: [Enter]

13 가이드라인의 일부를 그림처럼 '3' 간격만큼 오른쪽으로 등간격 복사합니다.

명령: OFFSET
현재 설정: 원본 지우기 = 아니오 도면층 = 원본 OFFSETGAPTYPE = 0
간격띄우기 거리 지정 또는 [통과점(T)/지우기(E)/도면층(L)] ⟨5.0000⟩: 3
간격띄우기할 객체 선택 또는 [종료(E)/명령 취소(U)] ⟨종료⟩: [P48 선택]
간격띄우기할 면의 점 지정 또는 [종료(E)/다중(M)/명령 취소(U)] ⟨종료⟩: [P49 지정]
간격띄우기할 객체 선택 또는 [종료(E)/명령 취소(U)] ⟨종료⟩:

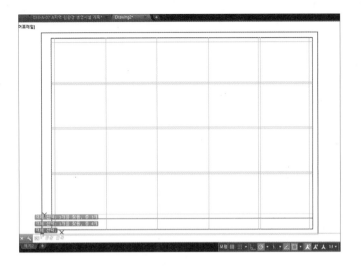

14 간격을 구분하기 위해 생성했던 구분 기호를 삭제합니다.

명령: ERASE
객체 선택: [구분 기호 삭제]

5 | 가이드라인에 맞춰 도면 폼 그리기

01 이제 가이드라인에 맞춰 도형을 그리기만 하면 됩니다. 먼저 도형을 '베이스' 도면층에 그려야 하므로 'LAYER' 명령을 실행합니다.

02 도면층 특성 관리자 팔레트에서 '베이스' 도면층을 더블클릭하여 현재 도면층으로 설정합니다.

03 'RECTANG' 명령을 실행한 다음 그림처럼 두 점을 이용하여 사각형을 그립니다.

명령: RECTANG
첫 번째 구석점 지정 또는 [모따기(C)/고도(E)/모깎기(F)/두께(T)/폭(W)]: [P50 지정]
다른 구석점 지정 또는 [영역(A)/치수(D)/회전(R)]: [P51 지정]

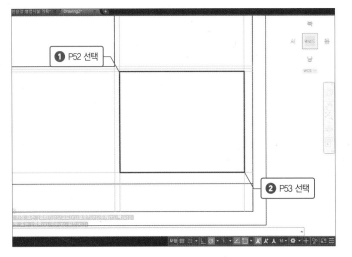

04 다시 'RECTANG' 명령을 실행하고 그림처럼 가이드라인에 맞춰 사각형을 그립니다.

명령: RECTANG
Enter
첫 번째 구석점 지정 또는 [모따기(C)/고도(E)/모깎기(F)/두께(T)/폭(W)]: [P52 지정]
다른 구석점 지정 또는 [영역(A)/치수(D)/회전(R)]: [P53 지정]

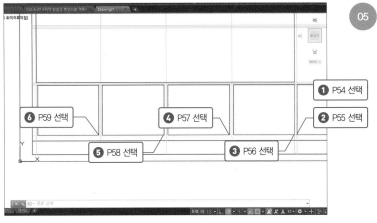

05 방금 그린 사각형을 가이드라인의 교차점에 맞춰 복사합니다.

명령: COPY
객체 선택: [P54 선택]
1개를 찾음
객체 선택: Spacebar
현재 설정: 복사 모드 = 다중(M)
기본점 지정 또는 [변위(D)/모드(O)] 〈변위〉: [P55 지정]
두 번째 점 지정 또는 [배열(A)] 〈첫 번째 점을 변위로 사용〉: [P56 지정]
두 번째 점 지정 또는 [배열(A)/종료(E)/명령 취소(U)] 〈종료〉: [P57 지정]
두 번째 점 지정 또는 [배열(A)/종료(E)/명령 취소(U)] 〈종료〉: [P58 지정]
두 번째 점 지정 또는 [배열(A)/종료(E)/명령 취소(U)] 〈종료〉: [P59 지정]
두 번째 점 지정 또는 [배열(A)/종료(E)/명령 취소(U)] 〈종료〉: Enter

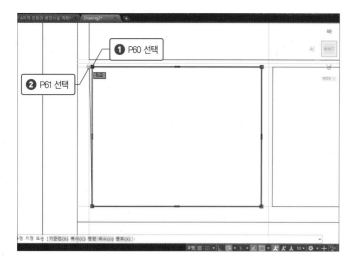

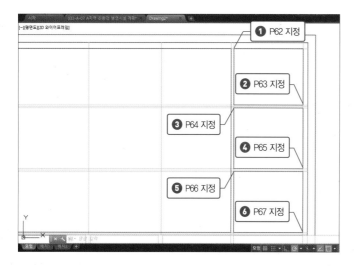

06 복사된 사각형 중 가장 왼쪽 사각형의 정점을 클릭한 다음 가이드라인에 맞춰 이동합니다.

명령: [P60 지정]
** 신축 **
신축점 지정 또는 [기준점(B)/복사(C)/명령 취소(U)/
종료(X)]: [P61 지정]

07 오른쪽 영역도 마찬가지로 사각형을 그려 도형을 완성합니다.

명령: RECTANG
첫 번째 구석점 지정 또는 [모따기(C)/고도(E)/모깎기(F)/두께(T)/폭(W)]: [P62 지정]
다른 구석점 지정 또는 [영역(A)/치수(D)/회전(R)]: [P63 지정]

명령: RECTANG
첫 번째 구석점 지정 또는 [모따기(C)/고도(E)/모깎기(F)/두께(T)/폭(W)]: [P64 지정]
다른 구석점 지정 또는 [영역(A)/치수(D)/회전(R)]: [P65 지정]

명령: RECTANG
첫 번째 구석점 지정 또는 [모따기(C)/고도(E)/모깎기(F)/두께(T)/폭(W)]: [P66 지정]
다른 구석점 지정 또는 [영역(A)/치수(D)/회전(R)]: [P67 지정]

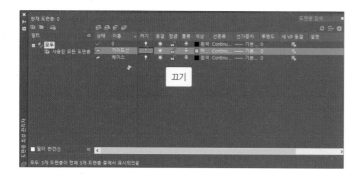

08 'LAYER' 명령을 실행하여 도면층 특성 관리자 팔레트가 표시되면 가이드선 도면층의 끄기 아이콘(💡)을 클릭하고 도면층 특성 관리자 팔레트를 닫습니다.

명령: LAYER

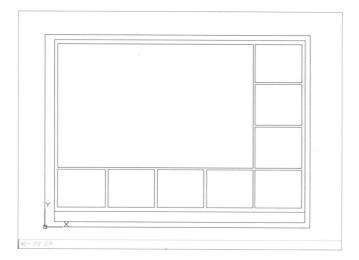

09 가이드라인을 제외한 도형만 남습니다.

자주 사용하는
모서리 처리 응용법

1 모서리를 둥글게 처리하는 모깎기(단축 명령어 : F)

모깎기는 모서리를 둥글게 깎아낼 때 사용하는 명령인데, 사용에 따라 다양하게 활용이 가능한 옵션을 가지고 있어서 잘 사용하면 상당히 유용한 명령입니다. 기본으로 'F'를 입력한 다음 Enter 를 누르면 다음과 같은 옵션이 표시됩니다.

- **명령 취소(U)** : 이전 상태로 되돌아가는 것을 의미합니다.
- **폴리선(P)** : 일체형으로 된 객체의 모든 모서리에 R값을 지정하는 기능입니다. 주로 사각형(REC) 및 다각형(POL) 모서리에 R값을 균일하게 적용할 때 사용합니다.
- **반지름(R)** : 모서리를 둥글게 처리할 부분의 반지름을 지정하는 것으로 이때 한 번 기재한 반지름은 변경 전까지 유지됩니다.
- **다중(M)** : 기본 모깎기 명령은 일회성이기 때문에 반복 사용을 위해서는 개별 명령을 실행하거나 다중 옵션을 선택하여 반복 입력이 가능한 상태여야 합니다.
- **자르기(T)** : 모서리를 둥글게 처리할 때 모서리 부분을 남길지, 아니면 잘라서 없애버릴지를 선택할 수 있습니다.

기본 모깎기

다음 예제를 기준으로 모깎기를 연습해 봅니다.

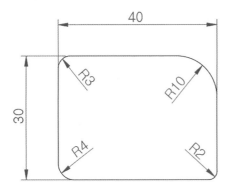

01 우선 4개의 반지름을 가진 모서리를 모깎기 하기 위해 가로 '40', 세로 '30'인 사각형을 만듭니다. 'REC' 명령을 실행하고 시작점을 클릭한 다음 '@40,30'을 입력합니다.

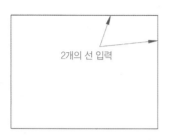

2개의 선 입력

02 사각형이 만들어지면 반지름 크기대로 큰 순서부터 모깎기 합니다. 모깎기 단축 명령어인 'F'를 입력한 다음 가장 큰 반지름을 지정하기 위하여 'R' 옵션을 입력하고 '10'을 입력합니다.
모깎기 이후에는 모서리가 필요 없기 때문에 모서리 자르기 옵션인 'T'를 입력한 다음 다시 잘라내는 옵션인 'T'를 입력하고 2개의 선을 지정합니다.

반지름 10의
모깎기 완성

03 순서에 상관없이 2개의 선을 각각 클릭하면 그림과 같이 모서리가 둥글게 처리됩니다.

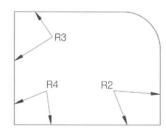

R3
R4   R2

04 이제 나머지 위치에도 R값을 변경하여 모깎기 합니다. 모깎기 단축 명령어인 'F'를 입력한 다음 반지름 'R'을 변경하며 각 반지름 화살표 방향의 2개 선을 클릭하여 모깎기 합니다.

05 나머지 위치에 R값을 모두 적용하면 기본 모깎기가 완성됩니다.

tip 모따기(Chamfer)와 모깎기(Fillet)의 차이점은 147쪽을 참고하세요.

모깎기를 응용하여 선 연결하기

모깎기의 여러 가지 응용 방법에 대해 살펴보겠습니다. 첫 번째 응용 방법은 다음의 환경에서 사용할 수 있습니다.

그림처럼 2개의 선이 서로 닿지 않은 상황에서 두 선을 이어 보겠습니다. 기본으로 선의 연장인 EX 명령으로는 선을 이어 붙일 수 없습니다. 두 선의 진행 방향에 다른 선이 가로막지 않기 때문입니다. 하지만 모깎기 기능을 이용하면 2개의 선을 이어 붙일 수 있습니다.

01 'F'를 입력하여 모깎기 명령을 실행한 다음 그림과 같이 표시된 선을 선택합니다. 다른 선을 선택해도 결과는 달라지지 않습니다.

02 다음 선은 Shift 를 누르면서 클릭합니다.

03 두 번째 선을 선택하면 그림과 같이 선이 이어집니다. 이때 두 선이 이어 붙지만 R값은 들어가지 않은 상황의 모서리입니다. 만약 R값을 주면서 이어 붙일 수 있다면 필요에 따라 활용도는 더 높아집니다.

R 값을 지정하여 모서리 선 연결하기

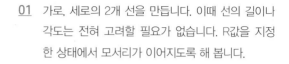

01 가로, 세로의 2개 선을 만듭니다. 이때 선의 길이나 각도는 전혀 고려할 필요가 없습니다. R값을 지정한 상태에서 모서리가 이어지도록 해 봅니다.

① 모깎기 – F
② 옵션 R – 5 입력
③ 옵션 T – T 입력

02 우선 'F'를 입력하여 모깎기 명령을 실행한 다음 옵션 'R'을 입력하여 반지름 '5'를 입력합니다. 다음으로 모서리를 없애는 조건이어야만 선이 이어지기 때문에 'T'를 눌러 자르기 옵션을 활성화합니다.

2개의 선 선택

03 이제 2개의 선을 하나씩 선택합니다.

반지름이 들어가며 선이 이어진다.

04 선을 모두 선택하면 반지름이 입력되며 이어집니다.

반지름이 들어가나 선이 이어지지 않는다.

05 자르기(T) 옵션에서 자르기(T)가 활성화되지 않으면 반지름은 입력되지만, 선은 연장되지 않습니다. 이때 선의 연장 단축 명령어 'EX'를 활용하여 연장하면 문제를 해결할 수 있습니다.

2 각지게 모서리를 처리하는 모따기(단축 명령어 : CHA)

'CHA'는 모서리를 각지게 깎을 때 사용하는 단축 명령어입니다. 기본 사용 방법은 모깎기(F)와 같지만 거리 값이 들어가는 만큼 조금은 복잡한 옵션이 설정되어 있습니다. 'CHA'를 입력하고 실행하면 다음과 같은 옵션이 나타납니다.

- **폴리선(P)** : 사각형(REC)이나 다각형(POL)의 모서리를 한 번에 모따기 할 때 사용합니다.
- **거리(D)** : 2개의 거리 값을 직접 지정하여 모서리를 깎아내는 것을 말합니다.
- **각도(A)** : 1개의 거리 값과 각도를 지정하여 모서리를 깎아내는 것을 말합니다.
- **자르기(T)** : 모깎기(F)와 마찬가지로 모서리의 잔류 여부를 결정합니다.
- **메서드(E)** : 1개의 선을 선택한 다음 다른 선까지의 거리나 각도 중에서 선택하여 깎아낼 때 사용합니다.
- **다중(M)** : 모깎기(F)와 마찬가지로 모따기(CHA)도 일회성이기 때문에 반복 작업이 필요할 때 사용합니다.

기본 모따기

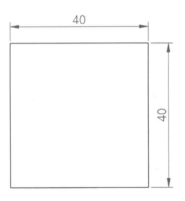

01 'REC' 명령을 입력하여 가로, 세로 모두 '40'인 사각형을 만듭니다.
'CHA'를 입력하여 모따기 명령을 실행합니다. 2개의 거리 값을 부여하는 'D' 옵션을 입력한 다음 [Enter]를 누릅니다. 2개의 거리 값 모두 '10'을 입력합니다.

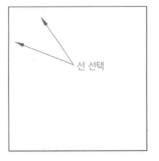

02 그림과 같이 2개의 선을 각각 클릭합니다.

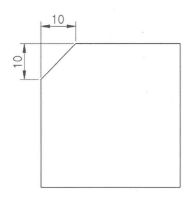

03 2개의 선을 모두 클릭하면 그림과 같이 가로, 세로의 길이가 '10'인 지점에 대각선으로 모따기가 적용된 것을 확인할 수 있습니다. 이처럼 2개의 거리 값이 모두 같을 때는 어떤 선을 먼저 선택하더라도 문제 없습니다.

거리 값이 다른 선 모따기

2개의 선에서 거리 값이 다르면 어떻게 해야 할까요? 다음과 같이 2개의 거리 값이 다른 모따기 작업을 해 봅니다.

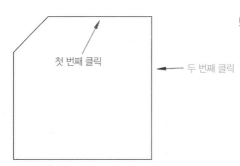

첫 번째 클릭

두 번째 클릭

01 'CHA'를 입력하여 모따기 명령을 실행하고 'D' 옵션을 입력하여 첫 번째 거리 값을 '20', 두 번째 거리 값을 '15'로 입력합니다. 첫 번째 선과 두 번째 선을 그림과 같이 각각 선택합니다.

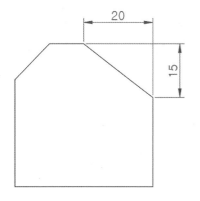

02 첫 번째 선택한 부분이 '20'만큼, 두 번째 선택 부분이 '15'만큼 각지게 깎입니다. 이처럼 CHA의 거리(D)와 각도(A)는 모두 2개의 수치 값을 입력하며, 그중 첫 번째 입력 값은 첫 번째 선택하는 선에 적용됩니다.

모따기 각도 설정하기

모따기 각도에 대해 살펴보겠습니다.

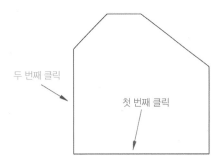

01 'CHA'를 입력하여 모따기 명령을 실행한 다음 'A' 옵션을 입력하고 첫 번째 거리 값을 '15', 각도는 '40'을 입력합니다. 그림과 같은 순서대로 각각의 선을 클릭합니다.

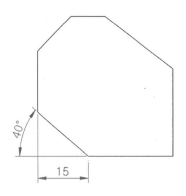

02 선을 모두 선택하면 그림과 같은 형태가 표시됩니다. 첫 번째 선택한 선에는 거리 값, 두 번째 선택한 선에는 첫 번째 선과의 사이 각도로 모따기됩니다.

모깎기/모따기 자르기 옵션의 차이점 살펴보기

모깎기(F)와 모따기(CHA)에 대해 살펴봤습니다. 하나 주의해야 할 사항은 바로 두 명령어가 공통으로 가지고 있는 자르기(T) 옵션입니다.

01 가로, 세로 모두 '40'인 사각형에 모깎기 단축 명령어인 'F'를 실행하여 반지름 '10'만큼 둥글게 깎아낼 때 모서리는 제거하도록 모깎기(F)의 자르기 옵션 'T'를 적용해서 깎습니다.

02 이번에는 'CHA'를 실행하여 모따기의 거리(D) 옵션을 모두 '10'으로 입력한 다음 자르기 옵션(T)을 '자르지 않음(N)'으로 지정해서 2개의 선을 선택하여 모서리가 잘리지 않도록 합니다. 여기까지는 차이가 없습니다.

03 이번에는 별다른 옵션을 선택하지 않고 모깎기(F)를 실행한 다음 2개의 선을 선택했는데, 모서리가 잘리지 않습니다. 어떻게 된 것일까요?

그 이유는 바로 모깎기(F)와 모따기(CHA)는 자르기(T) 옵션을 공유하기 때문입니다. 즉, 두 명령어 중 어느 하나라도 자르기(T) 옵션이 잘라내기(T)가 되면 두 명령어 모두 잘라내기가 활성화되고, 자르지 않기(N)가 활성화되면 두 명령어 모두 자르지 않기(N)가 활성화됩니다. 그러므로 필요할 때 맞춰 자르기 옵션에서 잘라내기(T)와 자르지 않기(N)의 옵션을 사용하는 것이 좋습니다.

연습 문제

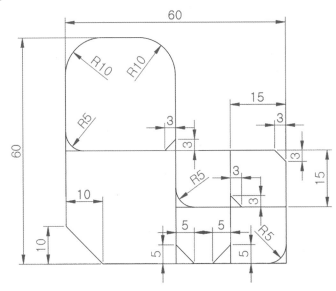

오브젝트 배열 노하우

1 사각 배열하기

가장 기본적인 사각 배열에 대해서 알아보겠습니다.

01 'REC' 명령을 이용하여 가로, 세로가 '10'인 정사각형을 만듭니다. 사각형을 사각 배열하기 위해 배열의 단축 명령어인 'AR'을 입력합니다.

객체 선택

02 사각으로 배열하려는 사각형을 선택합니다. 사각 배열을 위해 'R' 옵션을 입력합니다.

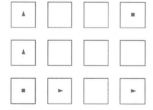

03 메뉴가 배열 상태로 변경됩니다. 우선 첫 번째 열은 가로 개수를 말하는 것으로, 현재 기본값인 '4'로 설정되어 있습니다. 기본값인 4는 원본을 포함하여 가로의 총 개수가 4라는 의미입니다. 그 옆에는 행이 있으며, 행은 원본을 포함하는 전체의 세로 개수를 의미합니다. 예제에서는 열과 행을 각각 '5'로 입력합니다.

04 총 개수가 달라지면 간격을 조절해 봅니다. 객체의 간격에서 열은 '20', 행은 '15'로 입력합니다.

> **tip** 기본으로 열의 개수 아래에 있는 간격은 객체들의 사이 간격이 아니라 특정 위치에서 다음 특정 위치까지의 길이 값을 의미합니다.
> 원본에서 중심에 있는 네모난 점과 그 옆에 있는 삼각형 점들 간의 거리가 열과 행에서 말하는 간격이며, 아래에 있는 전체 간격은 각 열과 행의 끝부분에 있는 객체들의 간격을 의미합니다.

05 열의 길이가 좀 더 벌어지는 것을 확인할 수 있습니다. 이제 전체적으로 조절되었으므로 메뉴에서 '배열 닫기'를 선택하여 배열을 마칩니다.

하나의 덩어리

06 배열된 객체는 모두 하나의 덩어리로 설정되어 실수로 지울 경우 전체가 지워지므로 개별 삭제를 위해서는 객체 분할(X) 옵션을 사용해서 각 객체를 분할하고 지웁니다.

07 입력했던 열과 행 사이의 거리 값은 그림과 같습니다.

2 경로 배열하기

경로 배열에 대해 살펴보겠습니다.

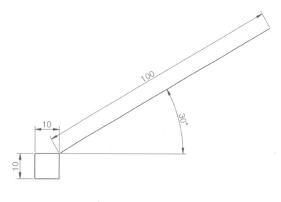

01 경로 배열을 실행하기 전에 왼쪽의 형태를 작성합니다. 'REC' 명령을 실행하여 가로, 세로 '10'인 정사각형을 만들고 'LINE' 명령을 이용하여 상대 좌표로 '@100<30'인 선을 만듭니다.

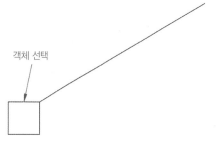

객체 선택

02 기본 작업이 완료되면 'AR'을 입력한 다음 배열할 객체로 사각형을 선택합니다.

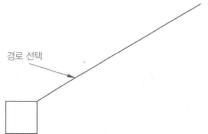

경로 선택

03 객체 선택이 완료되면 경로 배열의 옵션 'PA'를 입력한 다음 경로가 될 선으로 '@100<30' 선을 선택합니다.

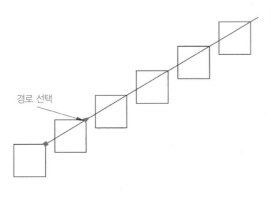

경로 선택

<u>04</u> 경로가 되는 선을 선택하면 리본 메뉴가 변경됩니다.

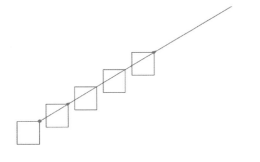

<u>05</u> 다양한 옵션 중에서 현재 설정해야 할 사항은 바로 'I' 옵션입니다. 해당 옵션에서 개수를 '5'로 변경합니다.

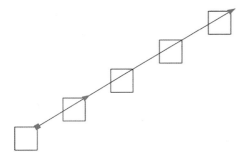

<u>06</u> 이번에는 간격을 조절해 봅니다. 현재 간격은 리본 메뉴에 '15'로 설정되어 있습니다. 사이를 '25'로 변경합니다. 간격이 '25'로 변경됩니다. 이제 '배열 닫기'를 선택하여 배열을 종료합니다.

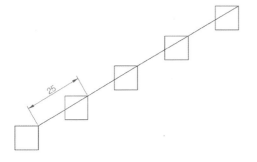

25

<u>07</u> 간격이 '25'인 5개의 사각형이 표시됩니다. 거리가 '100', 각도가 '30°'인 선을 따라 배열되었습니다. 사각 배열과 마찬가지로 해당 배열은 모두 하나의 덩어리이기 때문에 부분 객체를 지우기 위해서는 객체 분할(X) 옵션을 사용하여 객체를 분할한 다음 지워야 합니다.

AR 옵션 살펴보기

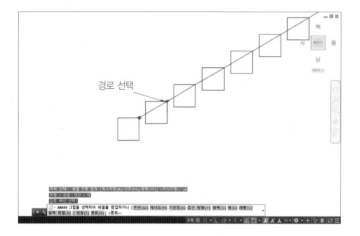

- **연관(AS)** : 빠른 배열을 의미합니다. 간략하게 경로를 배열할 수 있도록 도와줍니다.
- **메서드(M)** : 경로 방법을 지정하는 것으로 등분할과 측정을 사용하여 간격을 조절할 수 있도록 도와줍니다.
- **기준점(B)** : 경로 배열의 기준점을 지정할 때 사용합니다.
- **접선 방향(T)** : 객체가 접선 되어야 할 때 선택합니다. 접선 될 위치에 따라 형태가 다르게 배열됩니다.
- **항목(I)** : 경로를 따라 배열될 개수를 지정합니다.
- **행(R)** : 몇 줄로 경로를 따라 배열할 것인지 설정합니다.
- **레벨(L)** : 2D가 아닌 3D에서 높이만큼 배열할 때 사용합니다.
- **항목 정렬(A)** : 배열되는 항목을 정렬할 때 사용합니다.
- **Z 방향(Z)** : 수직으로 배열할 때 사용합니다.

③ 원형 배열하기

원형 배열의 경우 다음과 같은 3가지 방법 즉, 총 개수와 전체 각도, 총 개수와 객체의 사이 각도, 객체의 사이 각도와 전체 각도를 이용하여 제작합니다.

기본으로 첫 번째의 총 개수와 전체 각도를 조절하여 사용하는 것이 편리하지만, 전체 각도를 모르고 사이 각도만 알 수 있을 때는 두 번째 방법으로 대체할 수 있습니다. 오른쪽의 예제를 통해 원형 배열의 패턴을 알아보겠습니다.

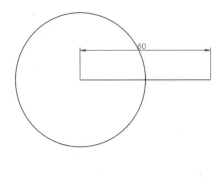

<u>01</u> 반지름이 '30'인 원을 그린 다음 원의 중심에서 가로 길이가 '60'인 선을 만듭니다.

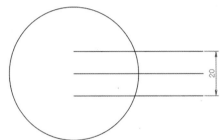

<u>02</u> 간격 띄우기 단축 명령어인 'O'를 입력하여 '10'만큼 위, 아래로 선의 간격을 띄웁니다.

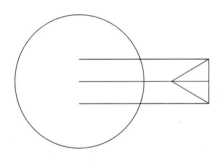

<u>03</u> 이번에는 다각형을 그리는 단축 명령어인 'POL'을 입력한 다음 삼각형을 만들기 위해 '3'을 입력하고 Enter를 누릅니다. 'E'를 입력하여 모서리 옵션을 사용해서 아래쪽 선의 끝점과 위쪽 선의 끝점을 클릭하여 삼각형을 만듭니다.

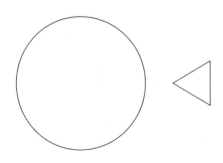

<u>04</u> 삼각형이 완성되면 모양을 제외한 3개의 선은 모두 삭제합니다. 배열의 단축 명령어인 'AR'을 입력하고 삼각형을 선택한 다음 옵션에서 원형 배열인 'PO'를 선택합니다.

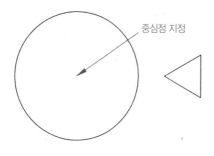

중심점 지정

05 배열을 선택하면 중심점을 지정하라는 메시지가 표시됩니다. 그림과 같이 화살표 위치의 중심점을 클릭합니다.

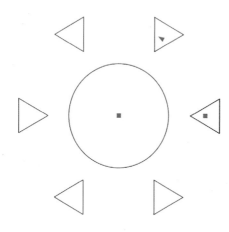

06 중심점을 클릭하면 리본 메뉴가 변경됩니다. 원형 배열에서는 항목(원본을 포함한 전체 개수), 사이(각도), 채우기(전체 각도)를 조절하여 객체를 만들 수 있습니다. 예제에서는 삼각형이 총 8개이므로 항목에 '8'을 입력한 다음 '패턴 닫기'를 선택하여 패턴 작업을 마칩니다.

07 배열을 마치면 그림과 같이 패턴이 완성됩니다. 원형 배열도 사각 배열과 동일하게 기본으로 객체가 모두 하나의 덩어리로 묶여 있기 때문에 개별 사용하거나 지우기 위해서는 객체를 분할해야 합니다.

tip   AutoCAD 이전 버전의 배열하기 – 명령어 : ARRAYCLASSIC

'ARRAYCLASSIC'은 AutoCAD 2012 이전 버전에서 객체 배열 시 해당 대화상자를 표시하는 명령입니다. 기본으로 사용하는 배열하기(AR)보다 시인성이 더 좋다는 장점이 있으며, 단축 명령어가 없기 때문에 명령어를 일일이 입력해야 한다는 단점이 있습니다.

다음은 'ARRAYCLASSIC' 명령을 실행했을 때 표시되는 [배열] 대화상자입니다. 행은 세로 열의 개수를 의미하며, 열은 가로 줄의 개수를 의미합니다. 행은 높이의 수치, 열은 너비의 수치를 의미하며, 사이 값은 앞서 이야기했던 사각 배열 시 적용하는 거리 값과 같은 방식이 적용됩니다.

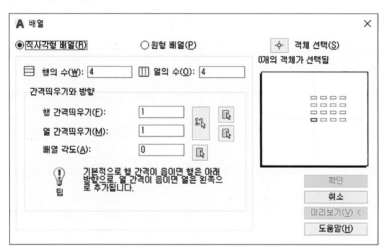

배열(AR)은 배열 방식을 바꾸려면 명령을 새로 시작해야 하지만, ARRAYCLASSIC은 선택 항목을 바꾸면 변경됩니다. 중심점은 원형 배열을 위한 객체의 중심을 의미하며, 항목 수와 채울 각도(전체 각도)를 변경하여 위치를 설정할 수 있습니다.

배열하기(AR)와 ARRAYCLASSIC의 가장 큰 차이점은 ARRAYCLASSIC은 배열한 객체가 개별 선택된다는 점입니다.

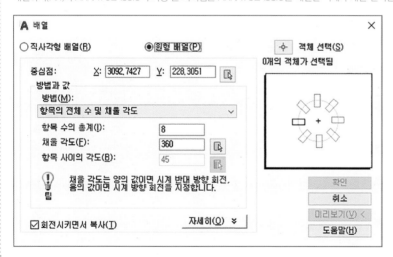

PART

05

문자 입력 및
수정하기

문자는 정량적 데이터를 시각적으로 표시할 수 있는 가장 확실한 방법입니다. 도면에는 주석과 같은 일반 문자에서부터 치수 문자와 같은 정량적 문자에 이르기까지 다양한 문자를 사용할 수 있으며, 이러한 문자는 도면의 내용을 부각시키고 정량화하는 데 중요한 역할을 수행합니다. 이번 파트에서는 이러한 문자를 입력하고 수정하는 방법에 대해 알아보겠습니다.

AutoCAD 2021

스타일을 이용하여 문자 입력하기

AutoCAD 2021 ·····

AutoCAD에서 문자를 작성하기 위해서는 기본적인 글꼴의 설정부터 작업을 해야 합니다. 문자 스타일을 어떻게 설정하느냐에 따라서 AutoCAD에서 보이는 문자의 특성이 결정되므로 문자 스타일의 중요성에 대해서 살펴보겠습니다.

1 [문자 스타일] 대화상자 표시하기

문자 스타일을 설정하기 위한 [문자 스타일] 대화상자를 표시하는 방법에 대해 살펴보겠습니다.

1 상단의 리본 메뉴 : (홈) 탭 - 주석 - 문자 스타일

우선 첫 번째로 상단의 리본 메뉴에서 문자 스타일을 지정하는 방법입니다. 문자를 작성할 수 있는 부분 하단의 '주석'을 클릭하여 메뉴를 확장한 다음 '문자 스타일' 아이콘을 클릭하여 [문자 스타일] 대화상자를 표시할 수 있습니다.

▲ 문자 스타일에 의한 문자 표현 방법

2 메뉴 : (형식) - 문자 스타일

두 번째 방법으로 화면 상단의 메뉴에서 (형식) - **문자 스타일**을 실행하여 대화상자를 표시할 수 있습니다.

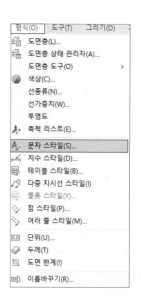

마지막 방법으로는 가장 손쉽게 명령어를 입력하여 [문자 스타일] 대화상자를 표시할 수 있습니다.

명령: ST
STYLE

2 | 문자 스타일 설정

[문자 스타일] 대화상자에서 설정할 수 있는 내용에 대해 살펴보겠습니다.

앞서 설명한 3개의 방법 중 하나를 선택하면 위 그림처럼 대화상자가 표시됩니다. 각 부분에 대한 기능을 살펴보겠습니다.

1 스타일(S)

스타일에는 설정한 글꼴 및 크기와 폭/기울기 등을 보여 줍니다. 필요하다면 오른쪽에 〈새로 만들기 (N)〉 버튼을 클릭하여 새로운 스타일을 작성할 수 있고, 현재 있는 스타일 설정을 변경하여 사용할 수도 있습니다.

② 스타일 목록 필터

스타일의 목록을 표시하는 방법을 설정할 수 있습니다. 전체 스타일을 표시하거나 본인이 원하는 스타일만 표시되도록 설정이 가능합니다.

③ 미리보기

설정된 글꼴 및 문자의 높이와 폭/기울기 등의 설정을 직접적으로 보여 주므로 설정값에 대한 변경 내용을 시각적으로 확인할 수 있습니다.

④ 글꼴 이름

현재 사용 중인 글꼴을 확인할 수 있으며, 본인이 원하는 글꼴을 선택하여 적용할 수 있습니다. 크게 한글과 영문 글꼴이 존재합니다. '큰 글꼴 사용(U)'의 경우 '글꼴 이름'에서 해당 기능을 적용할 수 있는 글꼴에서만 활성화가 됩니다.

⑤ 글꼴 스타일

글꼴의 스타일은 '글꼴 이름'에서 지원하는 기능을 가지고 있어야만 활성화되는 기능입니다. 글꼴 스타일의 경우 영문 폰트 사용 시 한글의 'ㄲ, ㅆ' 등의 일부 문자를 표시하지 못하는 폰트는 '글꼴 스타일'의 확장 기능을 사용하여 표시할 수도 있습니다.

⑥ 크기

❶ 주석 : 문자를 주석으로 표현합니다.

❷ 높이 : 작성되는 문자의 기본적인 높이를 설정할 수 있습니다. 하지만 문자를 작성할 수 있는 2가지 방법 중 하나는 문자의 크기를 조절할 수 없는 고정값을 사용하게 되므로 사용에는 주의가 필요합니다. 기본값이 '0'인 경우 문자 작성 시 자유롭게 높이 값을 설정할 수 있으므로 특정 높이가 고정적으로 많이 사용되는 것이 아니라면 0으로 설정하는 것이 가장 좋습니다.

⑦ 효과

문자의 효과를 설정합니다.

❶ 거꾸로

상하 반전된 형태로 문자를 표시합니다.

돔차ᄀ타등

❷ 반대로

문자가 좌/우로 반전이 되어 표시됩니다.

믬어크스서자묜

⑧ 폭 비율

문자 폭의 비율을 설정합니다. 1을 기준으로 소수점 혹은 배수의 적용에 따라 문자의 간격이 변경됩니다.

문자스타일(1)
문자스타일(0.5)
문 자 스 타 일 (2)

위 그림에서 볼 수 있듯이 동일한 문자의 크기를 가지고 있어도 폭의 비율에 따라 표시되는 문자가 달라집니다.

⑨ 기울기 각도

문자의 기울기를 설정할 수 있습니다. 주어진 각도만큼 문자가 기울기를 가진 상태로 표시됩니다.

문자스타일(15°)
문자스타일(30°)

CHAPTER 02

글꼴 설정 및 문자의 환경 설정

AutoCAD 2021

글꼴 스타일을 적용하는 방법에 대해 살펴보았으므로 설정된 글꼴을 사용하여 문자를 작성하는 방법에 대해 살펴보도록 하겠습니다. 글꼴의 설정에 따라 문자에서 표시 가능한 특수기호 및 문자가 다르므로 상당한 주의가 필요합니다.

1 | 글꼴 설정하기

앞서 설명했던 [문자 스타일] 대화상자를 표시하여 사용하려는 글꼴을 설정해야 합니다.

1 글꼴 설정 시 주의해야 할 사항

위 그림에서 보이는 것처럼 [문자 스타일] 대화상자에서 글꼴 이름을 클릭하여 표시되는 여러 가지 글꼴 중 하나를 지정하여 문자에 적용될 글꼴을 설정할 수 있습니다. 하지만 여기에서 주의해야 할 점이 있습니다.

❶ 폰트 앞 '@'의 유무 확인

오른쪽 그림처럼 일부 글꼴의 이름 앞에 '@'가 표시되어 있는 것을 볼 수 있습니다. 해당 글꼴들은 가급적 사용을 자제하는 것을 권장합니다. 이유는 문자 스타일에서 적용하는 글꼴의 스타일과는 달리 해당 글꼴들은 자체적인 설정값을 가지고 있기 때문입니다.

ㅊㅈㅎㅎㅎㅎㅊ

위 그림에서 보는 것처럼 작성되는 문자가 누워서 표시되는 등 일반적으로 잘 사용하지 않는 스타일을 가지고 있는 글꼴이기 때문에 필요에 의해 꼭 사용해야 하는 경우가 아니라면 사용하지 않는 것이 좋습니다.

❷ 영문 폰트 사용 시 '글꼴 스타일'의 확장 기능 확인하기

일부 영문 폰트는 한글의 '닭, 싹, 빨' 등 2개의 자음이 겹쳐지는 문자를 표시하지 못하는 경우가 있습니다. 글꼴 스타일의 확장성으로 보완할 수 있는 폰트가 있는 반면 그렇지 못한 폰트가 많으므로 신중하게 선택하여 사용해야 합니다.

TIP

▣ 문자의 일부가 ?? 혹은 ㅁㅁ로 표시될 경우의 해결 방법

해당 문제는 폰트에서 해당 특수기호 및 문자를 표시할 수 없을 경우에 생기는 문제입니다. 문자는 인식할 수 있으나 현재 사용 중인 글꼴에서 표시하지 못해 생기는 문제이므로 표시가 가능한 글꼴로 변경하면 간단하게 해결이 됩니다.

▣ 문자의 전체가 ?? 혹은 ㅁㅁ로 표시될 경우의 해결 방법

글꼴을 변경하다가 생기는 일시적인 현상이라면 글꼴의 변경으로 해결할 수 있지만, 일반적으로 발생되는 상황에서는 글꼴의 변경으로 해결되지 않습니다.

❶ 문자 전체가 ?? 혹은 ㅁㅁ로 나오는 이유

파일에 적용된 글꼴이 현재 작업 중인 PC에 설치된 AutoCAD에 해당 글꼴이 없어서 생기는 문제입니다.

❷ 해결 방법

• **첫 번째, 현재 사용 가능한 글꼴이 적용된 파일로 전달받기**

일반적으로 생기는 문제는 외부에서 전달받은 파일에서 자주 발생하는 상황이므로 파일을 전달받은 곳에서 전달받는 곳의 AutoCAD 글꼴의 환경에 맞는 글꼴로 설정하여 보내 주는 방법이 있습니다.

• **두 번째, 작업 파일에 적용된 글꼴을 PC에 설치하여 AutoCAD에 적용하기**

작업 파일에 적용된 글꼴을 사용자의 PC에 설치한 후 AutoCAD에 적용하여 해결하는 방법입니다. 작업 파일에 적용된 글꼴을 다운했다면 다음의 경로에 있는 폴더에 삽입합니다.

'C:\Program Files\Autodesk\AutoCAD 2021\Fonts'

해당 폴더에 글꼴을 삽입했다면 AutoCAD를 완전히 종료 후 새로 실행하면 자동으로 해당 글꼴이 인식되어 문자 스타일에서 변경하여 폰트를 확인할 수 있습니다.

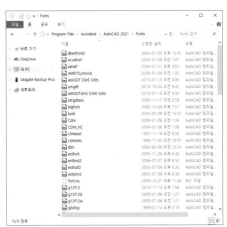

문자를 작성하기 전에 사용할 글꼴을 설정해 보겠습니다. 해당 글꼴의 설정은 CAT 2급 시험을 기준으로 설정합니다.

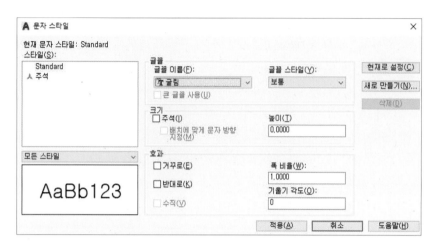

위 그림에서 보이는 글꼴의 스타일을 지정합니다.

① 글꼴 이름 : 굴림

② 글꼴 스타일 : 보통

③ 높이 : 0

④ 폭 비율 : 1

⑤ 기울기 각도 : 0

2 | MText와 DText의 환경 설정

문자를 작성하기 위한 글꼴 설정을 완료하였습니다. 이제 문자를 작성하는 방법에 대해 살펴보겠습니다. 문자를 작성하는 방법은 크게 2가지가 있습니다. 문자를 작성할 범위를 지정하여 글자를 작성하는 MText와 문자의 시작점을 지정하여 문자를 작성하는 DText가 있습니다. 이 2개의 문자 작성 방법은 각각의 장단점이 있으므로 각각의 장점을 살릴 수 있는 곳에서 문자를 작성하는 것이 가장 효율적입니다.

TIP

AutoCAD는 초기 버전인 R 버전부터 현재까지 2개의 문자 작성 방식을 사용하고 있습니다. AutoCAD의 버전이 업그레이드되면서 많은 기능이 추가되었지만 이 2개의 문자 작성 방식은 큰 변화가 없이 현재까지 이어지고 있습니다. 그 이유는 서로가 각 방식의 단점을 보완하기 때문입니다. 즉, 1개의 문자 작성 방법만 고수하는 것은 효율적으로 문자를 작성할 수 없습니다.

1 MText의 환경 설정

● MText 실행 방법

문자를 작성하는 방법 중 하나인 MText의 사용에 앞서 실행하는 방법부터 살펴보겠습니다.

❶ 첫 번째 실행 방법

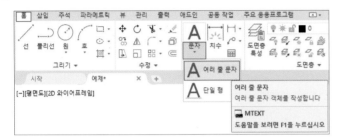

화면 상단의 리본 메뉴 – 〔홈〕 탭 – 문자 – **여러 줄 문자**를 실행한 다음 문자 작성할 범위를 설정합니다.

❷ 두 번째 실행 방법

화면 상단의 메뉴 – 〔그리기〕 – 문자 – **여러 줄 문자**를 실행한 다음 문자 작성할 범위를 설정합니다.

❸ 세 번째 실행 방법

> 명령: MT
> MTEXT
> 현재 문자 스타일: "Standard" 문자 높이: 1.5 주석: 아니오
> 첫 번째 구석 지정: (첫 번째 시작점을 지정)
> 반대 구석 지정 또는 [높이(H)/자리맞추기(J)/선 간격두기(L)/회전(R)/스타일(S)/폭(W)/열(C)]:
> (문자 작성할 범위를 지정)

'단축 명령어:MT'를 입력 후 문자 작성할 범위를 설정합니다.

● **MText 환경**

앞서 설명한 3가지 중 하나의 방법으로 MText 문자 작성을 실행하면 다음과 같은 환경으로 인터페이스가 변환됩니다.

MText의 각 리본 메뉴 기능은 다음과 같습니다.

❶ 스타일 패널 : 문자의 스타일과 글꼴의 크기를 설정합니다.

❷ 형식 지정 패널 : 글꼴의 강조 방법 및 사용되는 레이어를 설정합니다.

❸ 단락 패널 : 글꼴의 정렬 방법과 삽입점의 위치를 설정합니다.

❹ 삽입 패널 : 행과 열 그리고 기호를 삽입할 때 사용하며, 문자의 자리를 설정할 수 있습니다.

❺ 철자 검사 패널 : 맞춤법 검사 및 사전을 실행합니다.

❻ 도구 패널 : 글꼴 찾기와 대체 그리고 외부 문자를 불러올 때 사용합니다.

❼ 옵션 패널 : 문자 편집기에 눈금자(Ruler)를 표시하거나 문자 세트를 변경할 때 사용합니다.

❽ 닫기 패널 : 문자의 편집을 종료할 때 사용합니다.

❾ 왼쪽 여백 : 문자 편집기에서 왼쪽의 여백을 설정합니다.

❿ 눈금자 : 문자의 크기를 알 수 있도록 눈금자를 표시합니다. 눈금자를 더블클릭하면 글꼴의 정렬 방법과 탭 위치를 설정할 수 있는 [단락] 대화상자가 표시됩니다.

⓫ **사용자 탭 위치** : 사용자가 설정한 탭 위치를 표시합니다. 문자 편집기 안에서 탭을 클릭하면 자동적으로 탭 위치가 표시되며, 마우스 커서를 이용하여 탭 위치를 변경할 수 있습니다.

⓬ **문자 편집기 수직 늘이기** : 문자 편집기의 수직 방향을 조절합니다.

⓭ **문자 편집기 수평 늘이기** : 문자 편집기의 수평 방향을 조절합니다.

● MText의 자리 맞추기 기능

MText의 리본 메뉴에서 자리 맞추기를 클릭하면 오른쪽 그림과 같은 내용의 항목이 표시됩니다. 각 항목이 무엇을 의미하는지에 대해 살펴보도록 하겠습니다.

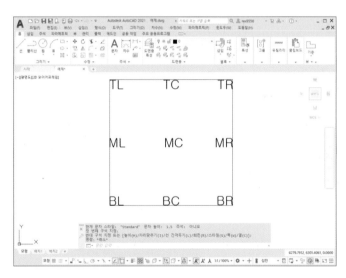

위 그림에서 보이는 것처럼 문자를 작성하는 범위를 설정하였다면 9개의 포인트를 지정하여 문자의 위치를 설정할 수 있습니다.

❶ **맨 위 왼쪽(TL)** : 설정한 범위의 왼쪽 상단에 문자가 위치합니다.

❷ **맨 위 중심(TC)** : 설정한 범위에서 상단 중심에 문자가 위치합니다.

❸ **맨 위 오른쪽(TR)** : 설정한 범위에서 오른쪽 상단에 문자가 위치합니다.

❹ **중간 왼쪽(ML)** : 설정한 범위에서 왼쪽 중심에 문자가 위치합니다.

❺ **중간 중심(MC)** : 설정한 범위에서 중간의 중심에 문자가 위치합니다.

❻ **중간 오른쪽(MR)** : 설정한 범위에서 오른쪽 중심에 문자가 위치합니다.

❼ **맨 아래 왼쪽(BL)** : 설정한 범위에서 왼쪽 하단에 문자가 위치합니다.

❽ **맨 아래 중심(BC)** : 설정한 범위에서 하단 중심에 문자가 위치합니다.

❾ **맨 아래 오른쪽(BR)** : 설정한 범위에서 오른쪽 하단에 문자가 위치합니다.

② DText의 환경 설정

MText와는 달리 DText의 기능은 상당히 제한적입니다. MText만큼 다양한 환경을 설정할 수 없는 단점이 있지만, 심플한 기능을 활용하여 다양한 환경에서 문자를 작성할 수 있습니다. 또한 DText는 MText와는 달리 문자의 시작점을 지정하여 문자를 작성합니다.

● DText의 실행 방법

DText를 실행하는 방법에 대해 살펴보도록 하겠습니다.

❶ 첫 번째 실행 방법

화면 상단의 리본 메뉴 – 〔홈〕 탭 – 문자 – **단일 행**을 실행한 다음 문자 작성할 시작점을 지정합니다.

> 명령: _TEXT
> 현재 문자 스타일: "Standard" 문자 높이: 2.5000 주석: 아니오 자리맞추기: 왼쪽
> 문자의 시작점 지정 또는 [자리맞추기(J)/스타일(S)]: (시작점 설정)
> 높이 지정 〈2.5000〉: (문자의 크기 지정)
> 문자의 회전 각도 지정 〈0〉: (문자의 각도 지정)

❷ 두 번째 실행 방법

화면 상단의 메뉴 → 〔그리기〕 → 문자 → **단일 행 문자**를 실행한 다음 문자를 작성할 시작점을 설정합니다.

> 명령: _TEXT
> 현재 문자 스타일: "Standard" 문자 높이: 2.5000 주석: 아니오 자리맞추기: 왼쪽
> 문자의 시작점 지정 또는 [자리맞추기(J)/스타일(S)]: (시작점 설정)
> 높이 지정 〈2.5000〉: (문자의 크기 지정)
> 문자의 회전 각도 지정 〈0〉: (문자의 각도 지정)

❸ 세 번째 실행 방법

> 명령: DT
> TEXT
> 현재 문자 스타일: "Standard" 문자 높이: 2.5000 주석: 아니오 자리맞추기: 왼쪽
> 문자의 시작점 지정 또는 [자리맞추기(J)/스타일(S)]: (시작점 설정)
> 높이 지정 〈2.5000〉: (문자의 크기 지정)
> 문자의 회전 각도 지정 〈0〉: (문자의 각도 지정)

'단축 명령어:DT'를 입력 후 문자 작성할 시작점을 지정합니다.

● **DText 환경**

▲ DText를 실행하면 위 그림에서 보이듯이 화면 상단의 리본 메뉴에는 아무런 변화가 없다.

앞서 설명한 방법 중 하나의 방법으로 DText를 실행하면 다음과 같은 메시지가 출력될 뿐 MText 처럼 상단의 리본 메뉴가 변경되지 않습니다.

> 현재 문자 스타일: "Standard" 문자 높이: 2.5000 주석: 아니오 자리맞추기: 왼쪽
> 문자의 시작점 지정 또는 [자리맞추기(J)/스타일(S)]:
> 높이 지정 〈2.5000〉:
> 문자의 회전 각도 지정 〈0〉:

❶ 문자의 시작점 지정 또는 [자리맞추기(J)/스타일(S)]

이곳에서는 문자를 시작할 시작점을 지정할 수 있습니다. 또한 자리맞추기 옵션을 활용하여 문자의 시작점을 변경할 수 있습니다. 자리맞추기 옵션을 실행하면 다음과 같은 메시지가 출력됩니다.

> 옵션 입력 [왼쪽(L)/중심(C)/오른쪽(R)/정렬(A)/중간(M)/맞춤(F)/맨위왼쪽(TL)/맨위중심(TC)/맨위오른쪽(TR)/중간왼쪽(ML)/
> 중간중심(MC)/중간오른쪽(MR)/맨아래왼쪽(BL)/맨아래중심(BC)/맨아래오른쪽(BR)]:

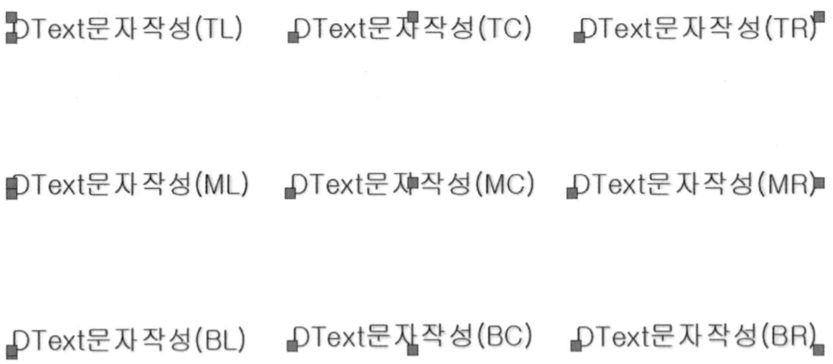

DText문자작성(TL)　　　DText문자작성(TC)　　　DText문자작성(TR)

DText문자작성(ML)　　　DText문자작성(MC)　　　DText문자작성(MR)

DText문자작성(BL)　　　DText문자작성(BC)　　　DText문자작성(BR)

각 메시지에서 표시되는 문자의 시작점은 위 그림과 같습니다. DText의 경우 시작점이 어떻게 지정되느냐에 따라 글자가 입력되는 방향이 결정되므로 상황에 맞는 문자의 시작점을 지정하여 문자를 작성해야 합니다. 자리맞추기의 각 위치에 따라 문자가 시작하는 위치는 다음과 같습니다.

맨 위 왼쪽(TL) : 설정한 범위의 왼쪽 상단에 문자가 시작합니다.
맨 위 중심(TC) : 설정한 범위에서 상단 중심에 문자가 시작합니다.
맨 위 오른쪽(TR) : 설정한 범위에서 오른쪽 상단에 문자가 시작합니다.
중간 왼쪽(ML) : 설정한 범위에서 왼쪽 중심에 문자가 시작합니다.
중간 중심(MC) : 설정한 범위에서 중간의 중심에 문자가 시작합니다.
중간 오른쪽(MR) : 설정한 범위에서 오른쪽 중심에 문자가 시작합니다.
맨 아래 왼쪽(BL) : 설정한 범위에서 왼쪽 하단에 문자가 시작합니다.
맨 아래 중심(BC) : 설정한 범위에서 하단 중심에 문자가 시작합니다.
맨 아래 오른쪽(BR) : 설정한 범위에서 오른쪽 하단에 문자가 시작합니다.

❷ 높이 지정하기

문자의 높이를 지정하는 옵션입니다. DText의 경우 다음 그림에서 보이는 것처럼 높이가 다른 문자를 작성하기 위해서는 개별적으로 문자를 작성해야 합니다.

DText문자작성(높이5)
DText문자작성(높이3)

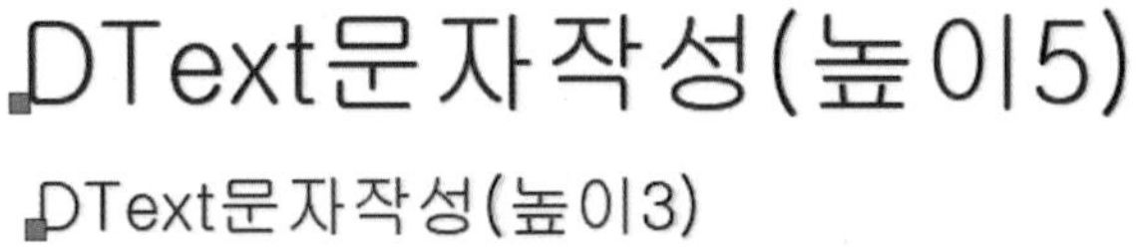

TIP

DText의 경우 단일행으로 작성되기 때문에 한번 문자의 크기가 결정되면 기존의 문서 작성을 종료하고 새로 시작해야만 문자의 크기를 변경할 수 있습니다.

❸ 문자의 회전 각도 지정하기

문자의 높이가 결정되면 다음으로 문자의 회전 각도를 지정할 수 있습니다. 각도의 방향은 '상대극좌표'와 동일하게 적용됩니다.

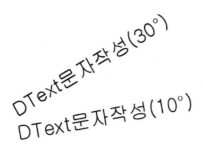

TIP

DText에서 문자의 회전 각도를 지정하면 해당 수치가 고정되기 때문에 필요에 따라 각도를 개별적으로 지정해서 사용해야 합니다.

❹ DText의 종료 방법

DText의 종료 방법은 아주 간단합니다. 문자 작성 중 빈 줄에서 Enter를 누르면 문서 작성이 종료됩니다.

> DText의 종료 방법
> (빈 줄에서 엔터키를 입력)

3 문자의 수정 방법

앞서 MText와 DText의 특성에 대해 살펴보았습니다. 작성된 문자를 수정해야 할 경우 어떻게 수정해야 하는지에 대해 살펴보겠습니다.

● MText와 DText의 개별 수정 방법

기본적으로 작성된 문자를 더블클릭하는 것이 가장 일반적으로 문자를 수정하는 방법입니다. 하지만 간혹 더블클릭 시 문자가 수정되지 않는 경우도 있기 때문에 기본적인 명령어 정도는 알고 있는 것이 좋습니다.

- 메뉴 : [수정] → 객체 → 문자 → 편집
- 명령어 : ED(EDitText)
- 직접 실행 : 문자 더블클릭

● 같은 내용의 문자로 일치되도록 수정하는 방법

모든 문자를 동일한 숫자나 문자로 변경하는 방법에 대해서 살펴보겠습니다. 이 방법은 MText에는 적용되지 않으며, DText에서만 적용됩니다.

01 글자의 크기가 3인 DText로 간단하게 3줄을 작성하겠습니다.

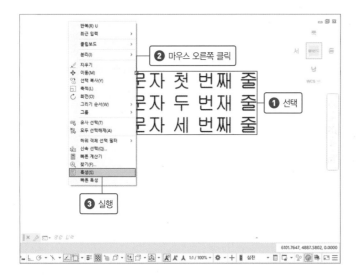

02 작성한 문자 줄의 전체를 선택하고 마우스 오른쪽 버튼을 클릭해 바로 가기 메뉴에서 **특성**을 실행합니다.

03 [특성]에서 문자 항목의 내용을 '문자 일치 테스트'라고 입력한 다음 Enter 를 누릅니다.

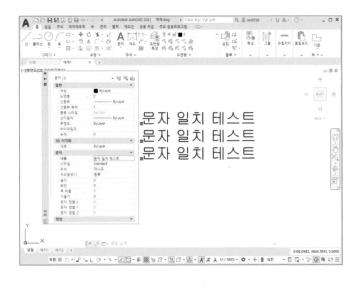

04 DText의 내용이 모두 동일하게 변경되는 것을 확인할 수 있습니다.

03

MText/DText로 도면에 문자 작성하기

▶ 동영상 강의
https://youtu.be/vstxuF03atM

AutoCAD 2021

1 | MText를 활용하여 문자 작성하기

문자를 작성하기 위한 2가지 방법과 문자 작성 방법에 대한 옵션 기능을 충분히 알아보았습니다. 이제부터 해당 문자 작성 방법을 가지고 문자를 기입하는 방법에 대해 살펴보겠습니다. 앞서 [도면층을 이용한 원룸 도면 작성하기]에서 작성한 원룸 각 실의 명칭을 MText(단축 명령어:MT)를 사용해서 기입해 보겠습니다.

예제 파일 Part05\문자 작성_예제.dwg
완성 파일 Part05\문자 작성_완성.dwg

1 문자의 도면층 생성

문자를 기입하기 위해서는 그에 맞는 도면층의 작성이 필요합니다.

명령: LA
LAYER

도면층 설정을 위한 '단축 명령어:LA'를 입력하여 도면층 설정 창을 표시합니다.

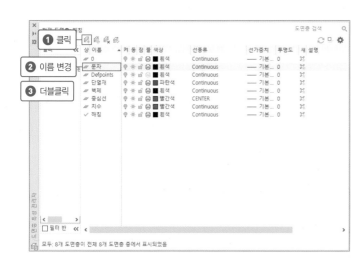

01 Part05 폴더에서 '문자 작성_예제.dwg' 파일을 불러옵니다.

02 '새 도면층' 아이콘(🖼)을 클릭하여 1개의 새로운 도면층을 생성합니다.

03 생성된 도면층을 선택한 다음 F2를 눌러 이름을 '문자'로 변경합니다.

04 명칭이 변경된 도면층을 더블클릭하여 사용 중으로 활성화합니다.

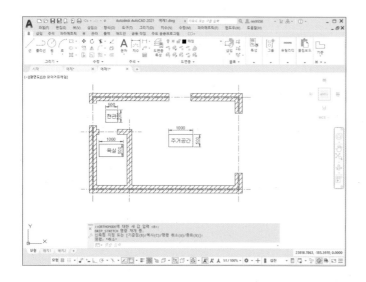

MText를 사용해 문자를 작성하기에 앞서 위 그림에서 표시된 문자의 표시 영역을 먼저 설정해야 합니다.

2 │ MText를 사용하여 공간의 명칭 작성하기

'단축 명령어:MT'를 사용하여 문자를 작성하기 위해서는 문자 작성할 범위를 먼저 지정할 필요가 있습니다. 각 영역에 맞는 범위를 설정하고 문자를 작성해 보겠습니다.

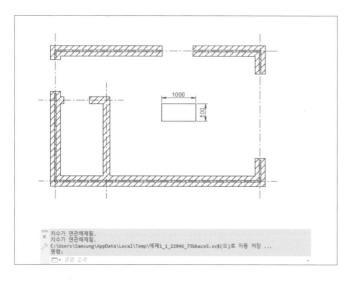

01 주거 영역에 해당하는 부분에 '명령어:REC'를 사용하여 시작점을 지정한 다음 '@1000,500'의 상대 좌표를 사용하여 문자 작성할 범위를 설정합니다.

명령: REC
RECTANG
첫 번째 구석점 지정 또는 [모따기(C)/고도(E)/모깎기(F)/두께(T)/폭(W)]: (시작점 지정)
다른 구석점 지정 또는 [영역(A)/치수(D)/회전(R)]: @1000,500

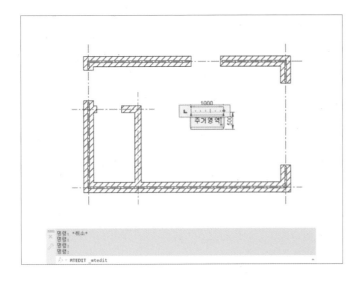

02 '명령어:MT'를 사용하여 앞서 만들었던 문자 영역의 두 점을 지정하여 문자를 작성할 범위를 설정하였다면 다음과 같은 조건을 먼저 설정합니다.

문자의 높이 : 150
문자의 글꼴 : 굴림
자리맞추기 : 중앙의 중심(MC)

조건이 모두 설정되었다면 '주거영역'을 입력한 다음 '문서 편집기 닫기'를 클릭하여 문자 작성을 완료합니다.

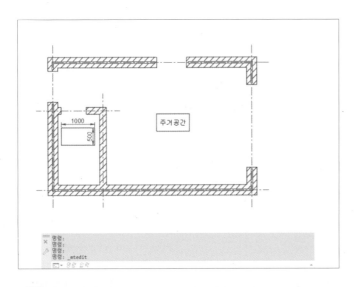

03 욕실을 표시할 문자 영역을 설정합니다. 앞서 설정했던 주거영역의 범위와 동일하므로 '명령어:CO'를 사용하여 복사한 다음 위치를 지정합니다.

명령: CO
COPY
객체 선택: 1개를 찾음(사각형 선택)
객체 선택: (Enter)
현재 설정: 복사 모드 = 다중(M)
기본점 지정 또는 [변위(D)/모드(O)] 〈변위〉: (사각형의 왼쪽 하단 모서리 클릭)
두 번째 점 지정 또는 [배열(A)] 〈첫 번째 점을 변위로 사용〉: (욕실의 빈 공간 클릭)
두 번째 점 지정 또는 [배열(A)/종료(E)/명령 취소(U)] 〈종료〉: (Enter)

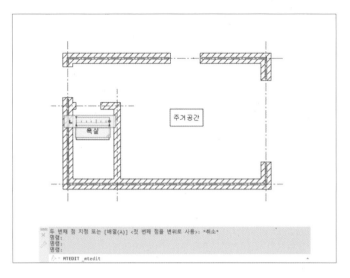

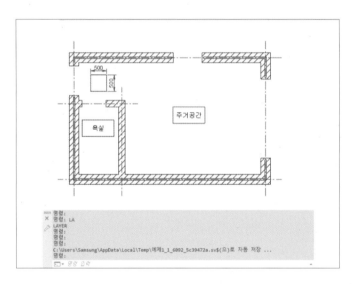

04 '명령어:MT'를 사용하여 앞서 만들었
던 문자 영역의 두 점을 지정하여 문
자를 작성할 범위를 설정하였다면 다음과
같은 조건을 먼저 설정합니다.

문자의 높이 : 150
문자의 글꼴 : 굴림
자리맞추기 : 중앙의 중심(MC)

05 조건이 모두 설정되었다면 '욕실'을
입력한 다음 '문서 편집기 닫기'를 클
릭하여 문자 작성을 완료합니다.

06 '현관'의 문자를 넣을 범위를 설정해
야 합니다.
문자를 넣을 공간의 시작점을 지정하고
'@500,500'의 상대 좌표를 사용하여 사각
형을 작성합니다.

명령: REC
RECTANG
첫 번째 구석점 지정 또는 [모따기(C)/고도(E)/모깎기(F)/두께(T)/폭(W)]: (시작점 지정)
다른 구석점 지정 또는 [영역(A)/치수(D)/회전(R)]: @500,500

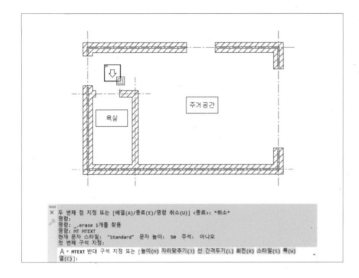

07 '명령어:MT'를 사용하여 앞서 만들었던 문자 영역의 두 점을 지정하여 문자를 작성할 범위를 설정하였다면 다음과 같은 조건을 먼저 설정합니다.

문자의 높이 : 150
문자의 글꼴 : 굴림
자리맞추기 : 중앙의 중심(MC)

08 조건이 모두 설정되었다면 '현관'을 입력한 다음 '문서 편집기 닫기'를 클릭하여 문자 작성을 완료합니다.

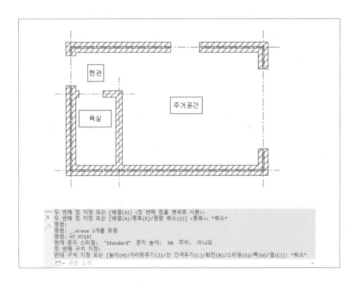

09 도면에 세 곳의 영역에 대한 표시가 완료되었습니다.

3 | DText를 활용하여 문자 작성하기

두 번째 문자 작성 방법인 DText를 사용하여 문자를 작성해 보겠습니다. 앞에서는 공간의 표시를 위한 문자의 공간이 있어 MText로 해당 범위를 지정하여 문자를 작성하였다면, DText는 시작점을 지정하여 문자를 작성하므로 공간의 명칭을 작성하기에는 다소 무리가 있습니다.

1 문자의 도면층 생성

DText를 사용하여 문자를 사용하기에 앞서 DText의 문자가 포함될 도면층을 생성해 보겠습니다.

명령: LA
LAYER

도면층 설정을 위한 '단축 명령어:LA'를 입력하여 도면층 설정 창을 표시합니다.

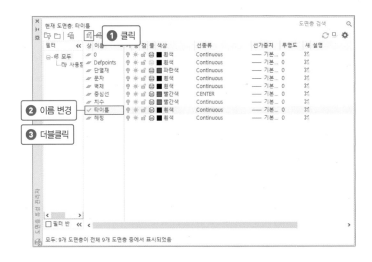

01 '새 도면층' 아이콘(🗐)을 클릭하여 1개의 새로운 도면층을 생성합니다.

02 생성된 도면층을 선택한 다음 F2를 눌러 이름을 '타이틀'로 변경합니다.

03 명칭이 변경된 도면층을 더블클릭하여 사용 중으로 활성화합니다.

2 DText(단축 명령어 : DT)를 사용하여 타이틀 작성하기

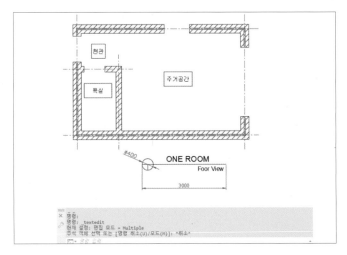

타이틀의 명칭을 작성하기에 앞서 타이틀을 표시할 기호를 작성해야 합니다. 다음과 같은 치수 값을 가지는 도형을 작성해 보겠습니다.

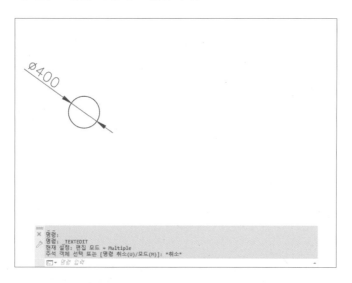

01 기준이 되는 원을 먼저 작성해야 합니다. 원룸의 도면과 원이 겹치면 안 되기 때문에 옆의 빈 공간에서 '명령어:C'를 입력한 다음 중심점을 지정하고 반지름 '200'을 입력하여 원을 만듭니다.

명령: C
CIRCLE
원에 대한 중심점 지정 또는 [3점(3P)/2점(2P)/Ttr – 접선 접선 반지름(T)]: (중심점 지정)
원의 반지름 지정 또는 [지름(D)] ⟨0.0000⟩: 200(Ø400의 반지름 입력)

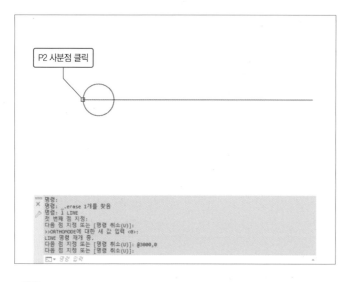

02 '명령어:L'을 사용하여 원의 왼쪽 사분점에서 시작점을 지정한 다음 상대 좌표를 사용하여 '@3000,0'의 선을 작성합니다.

명령: L
LINE
첫 번째 점 지정: (원의 왼쪽 사분점을 지정)
다음 점 지정 또는 [명령 취소(U)]: @3000,0(상대 극좌표 사용)

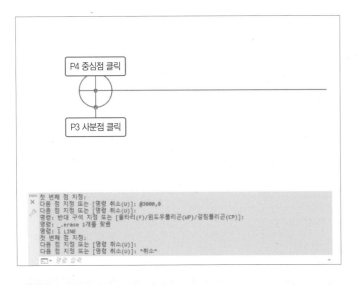

03 '명령어:L'을 사용하여 원의 아래쪽 사분점과 중심점을 지정하여 타이틀의 기호를 작성합니다.

명령: L
LINE
첫 번째 점 지정: (원의 아래쪽 사분점을 지정)
다음 점 지정 또는 [명령 취소(U)]: (원의 중심점을 지정)

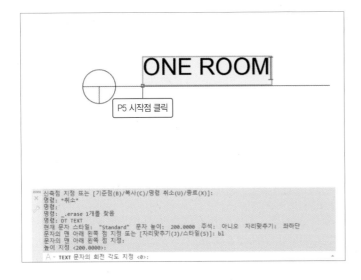

04 문자 작성 '단축 명령어:DT'를 입력한 다음 자리맞추기 옵션은 왼쪽 아래의 'BL'을 입력합니다. 문자의 시작점이 아래쪽에 있어야만 타이틀 기호와 겹치지 않습니다.

05 시작점을 클릭하여 지정한 다음 문자의 크기는 '200'으로 설정하고 문자의 회전 각도 지정 옵션은 Enter를 눌러 생략합니다.

06 문자 'ONE ROOM'을 입력한 다음 Enter를 눌러 빈 줄이 될 때, 다시 Enter를 눌러 문자 작성을 종료합니다.

명령: DT
TEXT
현재 문자 스타일: "Standard" 문자 높이: 200.0000 주석: 아니오 자리맞추기: 좌하단
문자의 맨 아래 왼쪽 점 지정 또는 [자리맞추기(J)/스타일(S)]: BL(왼쪽 아래 시작점)
문자의 맨 아래 왼쪽 점 지정: (시작점 지정)
높이 지정 〈0.0000〉: 200(문자 높이)
문자의 회전 각도 지정 〈0〉: (Enter)

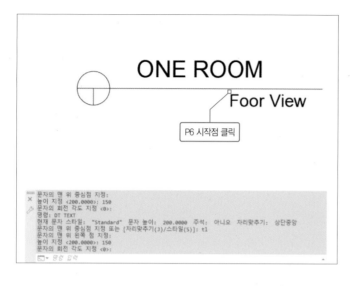

07 뷰의 명칭을 작성해야 합니다. '단축 명령어:DT'를 입력한 다음 자리맞추기 옵션은 왼쪽 상단의 'TL'로 지정합니다. 타이틀 기호의 선 아래쪽으로 문자가 진행되어야 겹치지 않습니다.

08 시작점을 클릭하여 지정한 다음 문자의 크기는 '150'으로 입력하고 문자의 회전 각도 지정 옵션은 Enter를 눌러 생략합니다.

09 문자 'Foor View'를 입력한 다음 Enter를 눌러 빈 줄이 될 때, 다시 Enter를 눌러 문자 작성을 종료합니다.

명령: DT
TEXT
현재 문자 스타일: "Standard" 문자 높이: 200.0000 주석: 아니오 자리맞추기: 좌하단
문자의 맨 아래 왼쪽 점 지정 또는 [자리맞추기(J)/스타일(S)]: TL(왼쪽 아래 시작점)
문자의 맨 아래 왼쪽 점 지정: (시작점 지정)
높이 지정 〈0.0000〉: 150(문자 높이)
문자의 회전 각도 지정 〈0〉: (Enter)

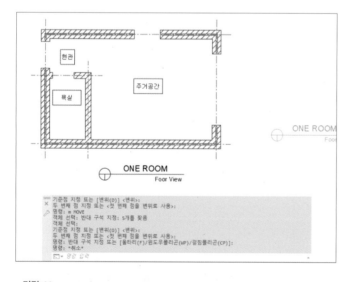

10 완성된 도면의 타이틀은 '명령어:M'을 사용하여 타이틀 전체를 선택합니다. 타이틀 원의 중심점을 지정하고 도면의 아래쪽에 위치점을 지정하여 타이틀을 배치합니다.

명령: M
MOVE
객체 선택: 5개를 찾음(타이틀 전체 선택)
객체 선택: (Enter)
기준점 지정 또는 [변위(D)] 〈변위〉: (기준점으로 원의 중심점을 지정)
두 번째 점 지정 또는 〈첫 번째 점을 변위로 사용〉: (도면의 아래쪽을 클릭하여 타이틀을 배치)

도면에 문자 작성을 통한 실의 구분 및 뷰 명칭을 작성하는 방법에 대해 학습하였습니다. 만약 여러분이 선택했던 글꼴을 다른 글꼴로 변경하고자 한다면 어떻게 해야 할까요?

'명령어:MT'로 작성한 문자는 각 문자를 더블클릭한 후 상단의 리본 메뉴에 있는 글꼴을 사용하여 글꼴을 변경할 수 있지만, '명령어:DT'로 작성한 문자는 문자 작성만 가능하기 때문에 별도의 글꼴을 변경할 수 없습니다.

만약 개별적으로 문자의 글꼴을 변경하고자 한다면 모든 문자는 '명령어:MT'로 작성을 하는 것이 가장 효율적이며, '명령어:ST'로 일괄적으로 변경하고자 한다면 '명령어:DT'로 문자를 작성하는 것이 좋습니다. 또한 타인에게 전달해야 하는 도면이라면 가급적 AutoCAD에서 지원하는 기본적인 글꼴을 사용하는 것이 좋습니다. 만약 내가 사용한 글꼴이 도면을 전달받은 사람에게 없는 글꼴이라면 상대방은 도면에 작성된 문자를 확인할 수 없습니다.

문자 입력을 위한 ST, MT, DT 명령 사용법

'ST'는 AutoCAD에서 글꼴을 지정할 때 사용하는 명령입니다. 글꼴은 개별 선택할 수 있지만, CAT(캐드실무능력평가)에서는 기본으로 제공하는 템플릿 파일에 설정되어 있기 때문에 개별 적용할 필요가 없습니다. 반면 'MT' 명령은 범위를 지정하여 문자를 입력하는 방식입니다. 문자 입력을 마칠 때는 항상 오른쪽 위의 '닫기' 아이콘을 클릭하여 종료하면 문자 입력이 잘못되어 사라지는 경우는 없습니다.

1 글꼴 지정하기 - ST 명령

명령어 입력 창에 'ST' 명령을 입력하면 [문자 스타일] 대화상자가 표시됩니다. 여기서 변경이 가능한 부분은 글꼴과 글꼴 스타일 단 2가지뿐입니다. 크기 항목에서 주석 또는 높이, 폭 비율, 기울기 각도와 효과의 거꾸로, 반대로에 체크 표시하면 문자 입력 방식 중 하나인 다이내믹 텍스트(DT)에서 변경 가능한 수치가 사라져 변경할 수 없기 때문에 문자를 입력하기 불편해집니다.

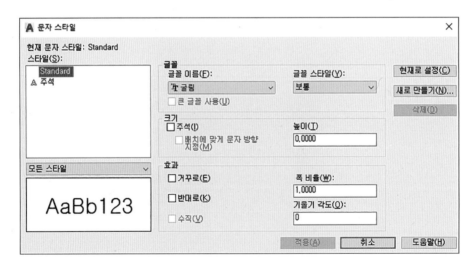

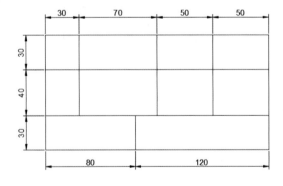

2 범위를 지정하여 문자 입력하기 - MT 명령

'MT' 명령은 문자의 크기를 개별적으로 변경할 수 있으며, 굵기 변경이나 글꼴 변경과 특수기호 입력 등이 굉장히 자유롭습니다. 단, 문자 입력 범위를 지정해야 하기 때문에 복잡한 칸에 문자를 입력하는 것은 불편합니다.

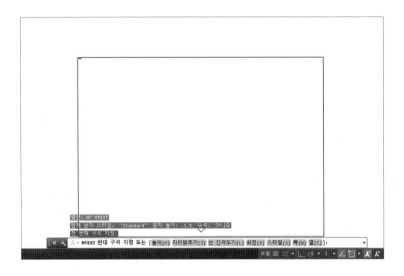

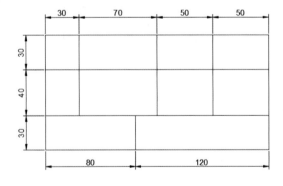

01 왼쪽 그림과 같이 치수를 기준으로 표시되는 표를 만듭니다.

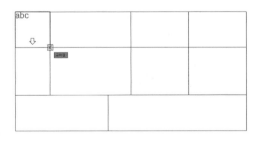

02 표가 완성되면 문자를 입력하기 위해 명령어 입력 창에 'MT'를 입력하고, 첫 번째 칸의 2개 모서리를 클릭하여 문자 입력 범위를 지정합니다.

스타일/형식 지정/단락 패널

영역이 설정되면 리본 메뉴가 변경됩니다. 스타일의 경우 'Standard'와 '주석'이 기본으로 표시되며, 사용 중인 문자 입력 방식을 의미합니다. 그리고 옆의 숫자는 문자 크기를 의미하며, 옆의 확장 버튼을 클릭해도 한글이나 다른 오피스 프로그램처럼 문자 크기가 표시되지 않기 때문에 직접 입력하는 것이 좋습니다. 직접 입력한 수치가 있어야만 옆의 화살표에 해당 수치가 표시됩니다.

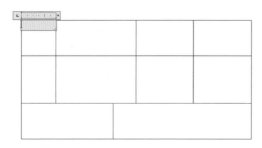 

형식 지정 패널에서는 선의 굵기, 기울기, 가운데 줄, 문자 아래/문자 위에 줄, 3층 치수(스택), 위첨자와 아래첨자, 대소문자 변경이 있으며, 글꼴과 문자 색상을 지정할 수 있습니다. MT 명령은 문자의 크기 및 글꼴을 개별 적용할 수 있습니다.

단락 패널은 문자의 위치를 지정할 때 사용합니다. 기본으로 줄의 배치를 사용하기보다 자리맞추기 옵션을 통해서 위치를 지정합니다.

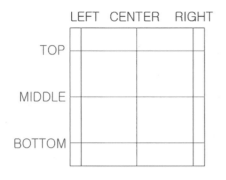

03 가로선을 위/중간/아래로, 세로선을 왼쪽/가운데/오른쪽 순으로 나눠 표시하는 것이 앞서 설명한 문자 위치에 대한 표시 방법입니다. 이 방법은 다른 문자 입력 방식인 DT에도 동일하게 적용됩니다. 앞서 지정한 표에 들어가는 문자들은 모두 칸 가운데에 위치하므로 정중앙인 MC를 클릭합니다.

04 같은 방법으로 표시된 4칸에 문자 크기가 '5'인 문자를 입력하여 마무리합니다.

③ 시작 위치를 지정하여 문자 입력하기 - DT 명령

'DT'는 MT와는 다르게 문자의 시작 위치를 지정하여 입력하는 명령입니다. 문자를 입력할 범위를 지정하지 않고 시작 위치를 지정하기 때문에 복잡한 칸에 문자를 넣을 때 MT보다 수월하게 입력할 수 있습니다.

단, 문자의 시작점을 지정한 다음 문자 크기를 지정하며, 이때 지정된 문자 크기를 도중에 변경할 수 없습니다. 또한 문자의 글꼴은 ST를 이용하여 하나로만 변경할 수 있어서 개별 변경이 불가능합니다.

01 'DT'를 입력하면 다음과 같은 메시지가 표시됩니다. 기본으로 DT 명령도 문자의 위치점을 지정할 수 있습니다. 자리맞추기(J) 옵션을 사용하면 되지만, 굳이 자리맞추기를 할 필요 없이 직접 위치 값을 입력하면 적용됩니다.

02 문자 위치가 지정되면 문자의 크기를 묻는 메시지가 표시됩니다.

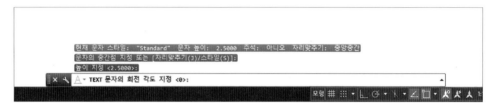

03 문자 크기를 입력하면 문자의 각도를 묻는 메시지가 표시됩니다. 주어진 각도에 맞춰서 문자가 회전한 상태로 입력되지만, 기본은 0°이므로 각도를 설정하지 않고 Enter를 누르면 가장 기본적인 문자 입력 방식이 됩니다.

04 각도 설정이 끝나면 문자를 입력할 수 있는 메시지가 표시됩니다. MT와는 달리 리본 메뉴가 변경되지 않고 단순히 문자를 입력할 수 있는 상태가 됩니다. 문자는 Enter를 누르면 입력이 종료됩니다.

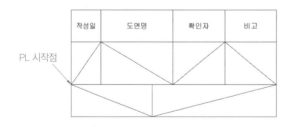

05 문자를 입력해 봅니다. 우선 DT는 문자를 입력할 지점이 아닌 시작점을 지정해야 하기 때문에 그림과 같이 시작점을 기준으로 PL 선을 만듭니다.

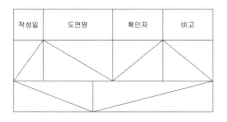

06 단축 명령어 'DT'를 입력한 다음 시작점을 클릭하기 전 문자의 위치 값인 'MC(정중앙)'를 입력합니다. 시작점을 표 바깥쪽에 지정하고 문자 크기를 '5', 문자 각도를 '0'으로 설정합니다. 문자들을 입력한 다음 마지막 SHEET 01의 다음 줄에서 Enter 를 눌러 문자 입력을 종료합니다.

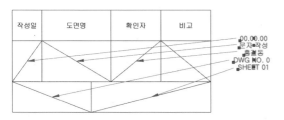

07 문자 입력을 마치면 해당 문자들을 드래그하여 전체 선택합니다. 문자 가운데에 표시되는 점을 클릭하여 화살표가 지시하는 PL 선의 중간점에 위치하도록 지정하면 더욱 손쉽게 표에 문자를 입력할 수 있습니다.

08 문자가 배치되면 Esc 를 눌러 선택을 취소하고, PL 선은 Delete 를 눌러 삭제하면 그림과 같이 문자의 배치가 종료됩니다.

---

tip CAT(캐드실무능력평가)에서 사용하는 문자 크기

기본으로 배치1, 배치2에서 작성되는 답안지에서 수험번호 및 각 도형의 아래쪽에 기호와 함께 표시되는 문자가 사실 거의 전부입니다.

기출 문제 오른쪽 위에 A로 표시되는 칸에는 MT로 범위를 설정한 다음, 문자의 위치는 정중앙(MC), 문자 크기는 '5'를 입력한 다음 본인의 수험번호를 작성합니다. 이때 해당 칸의 문자 크기는 개별적으로 지정된 것은 없지만, 문자 크기가 '5'인 경우 시인성이 가장 뛰어난 편이기 때문에 권장하는 문자 크기입니다.

오른쪽 그림은 문자 크기의 예입니다. 보는 방향을 의미하는 FRONT와 TOP, RIGHT의 문자 크기는 5, 표시된 화면의 크기를 가리키는 SCALE 1/2은 2.5의 문자 크기로, 시인성이 가장 뛰어납니다. 원의 반지름이나 선의 길이, 문자 크기는 정해진 것은 없지만, 예시로 작성되어 있는 치수가 시인성이 뛰어납니다.

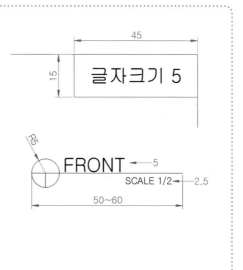

06

블록과 외부 객체로
쉽게 작업하기

도면 안에서 수십 개 복사한 동일한 객체를 변경해야 할 때는 어떻게 해야 할까요?
해답은 블록에 있습니다. 블록은 원본 객체의 복사본을 삽입하는 방법으로, 원본 객
체를 수정하면 복사본도 모두 변경되기 때문에 이러한 문제를 쉽게 해결할 수 있습
니다. 이번 파트에서는 블록을 생성하고 삽입하는 방법과 외부 객체를 도면에 연결
하여 사용하는 방법에 대해 알아보겠습니다.

AutoCAD 2021

CHAPTER 01

블록을 이용해 쉽고 빠르게 도면 완성하기

▶ 동영상 강의
https://youtu.be/Y2ic94VHCFI

AutoCAD 2021 ·

건축, 토목, 전기 분야에서는 대부분 정해진 규격과 정해진 객체 및 장치를 사용하기 때문에 블록의 사용 빈도가 상당히 높습니다. 대부분 현재 파일에서 사용하는 블록을 만들어 사용하거나 다른 파일에서도 사용할 수 있는 블록을 설정하여 도면에 삽입하기도 합니다.

완성 파일 Part06\블록_예제.dwg, 외부블록_창문_예제.dwg, 블록_완성.dwg

1 │ 블록 설정하기

블록을 설정하여 도면에 삽입하는 방법을 살펴보겠습니다.

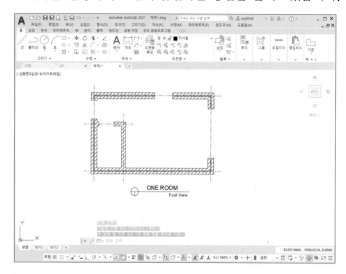

이전에 작업한 원룸에 사용할 문 및 창호를 작업하여 삽입해서 원룸을 완성하는 도면을 작성해 보겠습니다. 우선 블록을 설정하기 위한 문을 먼저 만들어 보겠습니다.

1 블록으로 사용할 문 만들기

문은 사용되는 환경 및 제작 방법에 따라 조금씩은 다른 형태의 문을 만들 수 있는데, 이번에는 비교적 손쉽게 만들 수 있는 문의 형태를 만들어 도면에 삽입하는 방법을 설명합니다. 블록으로 문을 만들기 위해서는 크기를 맞춰서 만들어야 하기 때문에 문의 길이 값에 대해 살펴볼 필요가 있습니다.

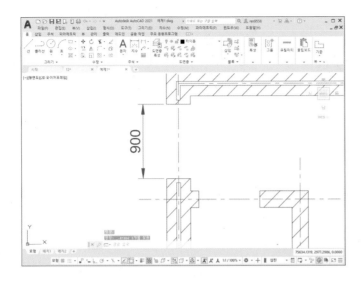

출입문의 길이를 확인할 경우 위 그림에서 문의 길이가 '900'인 것을 볼 수 있습니다.

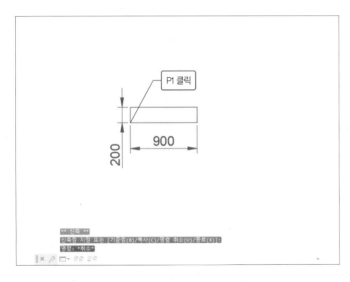

01 문의 기본적인 틀이 될 부분부터 작업해 보겠습니다. 도면에서 약간 떨어진 빈 공간에서 왼쪽 그림과 같이 사각형을 만듭니다.

명령: REC
RECTANG
첫 번째 구석점 지정 또는 [모따기(C)/고도(E)/모깎기(F)/두께(T)/폭(W)]: **(시작점 지정)**
다른 구석점 지정 또는 [영역(A)/치수(D)/회전(R)]: **@900,200**

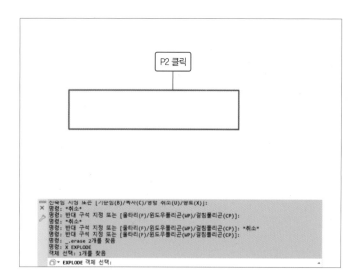

02 만들어진 사각형을 '명령어:X'로 분할합니다.

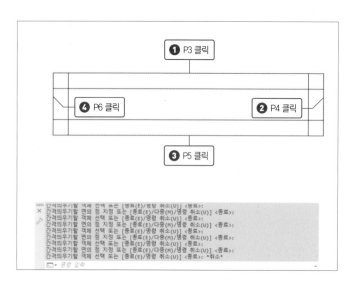

03 '명령어:O'를 사용하여 간격 '50'만큼 4개의 선 모두 안쪽으로 간격을 띄워 줍니다.

명령: O
OFFSET
현재 설정: 원본 지우기=아니오 도면층=원본 OFFSETGAPTYPE=0
간격띄우기 거리 지정 또는 [통과점(T)/지우기(E)/도면층(L)] 〈통과점〉: 50(거리 값 지정)
간격띄우기할 객체 선택 또는 [종료(E)/명령 취소(U)] 〈종료〉: (선을 선택)
간격띄우기할 면의 점 지정 또는 [종료(E)/다중(M)/명령 취소(U)] 〈종료〉: (방향 지정)

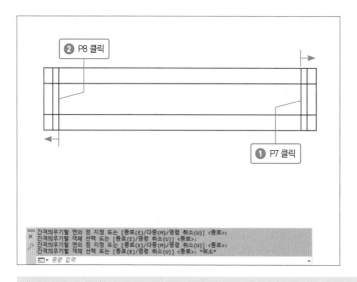

04 안쪽으로 50의 간격을 준 좌/우의 2개 선을 안쪽으로 '20'만큼 간격을 띄웁니다.

명령: O

OFFSET

현재 설정: 원본 지우기=아니오 도면층=원본 OFFSETGAPTYPE=0

간격띄우기 거리 지정 또는 [통과점(T)/지우기(E)/도면층(L)] ⟨통과점⟩: 20(거리 값 지정)

간격띄우기할 객체 선택 또는 [종료(E)/명령 취소(U)] ⟨종료⟩: (선을 선택)

간격띄우기할 면의 점 지정 또는 [종료(E)/다중(M)/명령 취소(U)] ⟨종료⟩: (방향 지정)

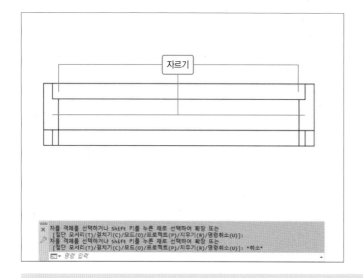

05 '명령어:TR'을 사용하여 왼쪽 그림의 형태가 나오도록 선을 자릅니다.

명령: TR

TRIM

현재 설정: 투영=UCS, 모서리=없음, 모드=빠른 작업

자를 객체를 선택하거나 Shift 키를 누른 채로 선택하여 확장 또는

[절단 모서리(T)/걸치기(C)/모드(O)/프로젝트(P)/지우기(R)]: (자를 선을 선택)

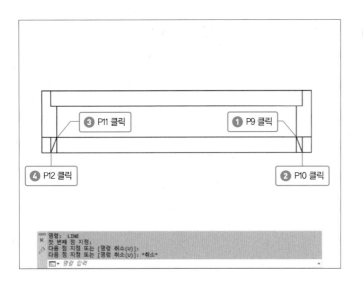

06 '명령어:L'을 사용하여 2개의 대각선을 작성합니다.

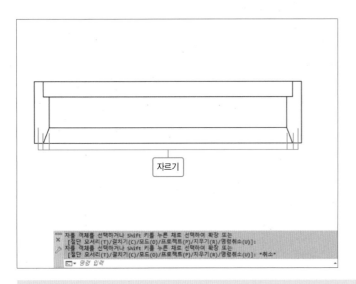

07 문의 기본 틀이 나오도록 선을 잘라 정리합니다.

명령: TR

TRIM

현재 설정: 투영=UCS, 모서리=없음, 모드=빠른 작업

자를 객체를 선택하거나 Shift 키를 누른 채로 선택하여 확장 또는

[절단 모서리(T)/걸치기(C)/모드(O)/프로젝트(P)/지우기(R)]: (잘라낼 선을 선택)

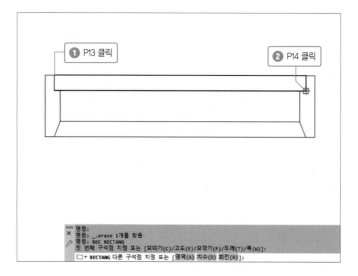

08 '명령어:REC'를 사용하여 선을 잘라 만들었던 부분에 2개의 점을 지정하여 사각형을 덮어씌웁니다.

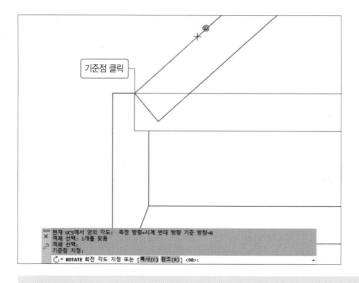

09 '명령어:RO'를 사용하여 덮어씌운 사각형을 90°만큼 회전합니다.

명령: RO
ROTATE
현재 UCS에서 양의 각도: 측정 방향=시계 반대 방향 기준 방향=0
객체 선택: 1개를 찾음
객체 선택: (Enter)
기준점 지정: (사각형의 왼쪽 위의 모서리를 지정)
회전 각도 지정 또는 [복사(C)/참조(R)] ⟨0⟩: 90(회전 각도 지정)

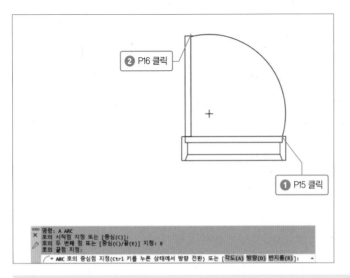

10 길이 900의 사각형에서 양쪽으로 30씩의 간격을 가지고 있으므로 문의 길이는 840입니다. 반지름 '840'의 호를 만들어 문의 형상을 만듭니다.

명령: A
ARC
호의 시작점 지정 또는 [중심(C)]: (P15 지정)
호의 두 번째 점 또는 [중심(C)/끝(E)] 지정: E (끝점 옵션)
호의 끝점 지정: (P16 지정)
호의 중심점 지정(Ctrl 키를 누른 상태에서 방향 전환) 또는 [각도(A)/방향(D)/반지름(R)]: R(반지름 옵션)
호의 반지름 지정(Ctrl 키를 누른 상태에서 방향 전환): 840(반지름 수치 입력)

2 문을 블록으로 설정하기

블록으로 묶기 위한 출입문을 만들어 보았습니다. 이제부터 만들어진 문을 블록으로 만들겠습니다.
'명령어:B'를 입력하여 [블록] 대화상자를 표시합니다.

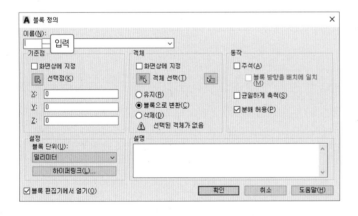

01 이름에 블록의 이름을 입력합니다. 예제에서는 '문'이라고 입력했습니다.

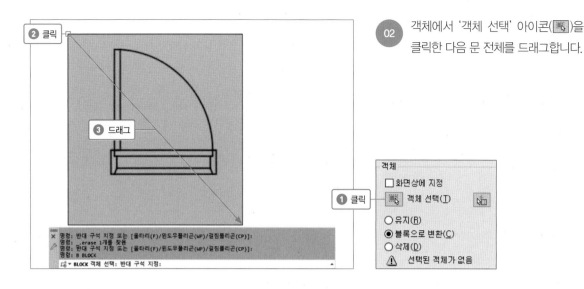

02 객체에서 '객체 선택' 아이콘(🖱)을 클릭한 다음 문 전체를 드래그합니다.

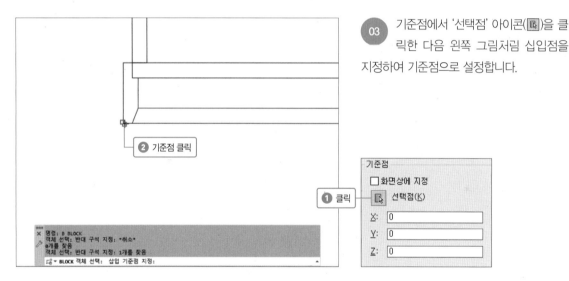

03 기준점에서 '선택점' 아이콘(🖱)을 클릭한 다음 왼쪽 그림처럼 삽입점을 지정하여 기준점으로 설정합니다.

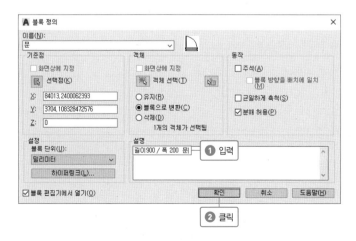

04 설명에 해당 블록의 정보를 입력한 다음 〈확인〉 버튼을 클릭하여 블록을 생성합니다.

설명

설명
길이900 / 폭 200 문

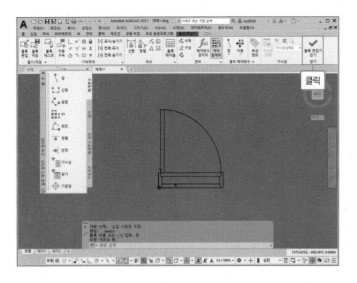

05 블록을 생성하면 간단한 편집을 위한 블록 편집기가 표시되지만, 별도의 작업은 현재 필요가 없기 때문에 오른쪽 상단의 '블록 편집기 닫기'를 클릭하여 종료합니다.

❸ 블록 삽입하기

만들어진 블록을 삽입하여 도면에 배치해 보겠습니다.

명령: I
INSERT

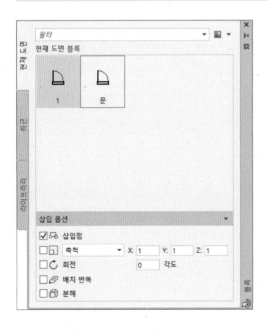

01 '명령어:I'를 사용하여 블록 팔레트를 표시한 다음 새로 작성한 '문'이라는 블록이 표시되는지를 확인합니다.

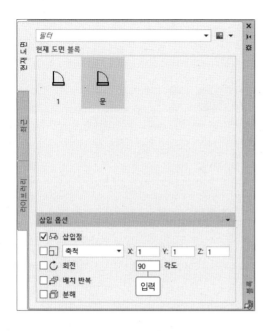

02 문의 방향을 잡아 주기 위해서 삽입 옵션 항목 중 회전에서 각도를 '90'으로 입력합니다.

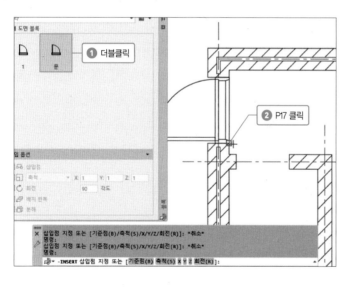

03 블록 팔레트에 있는 '문'의 그림을 더블클릭한 다음 왼쪽 그림에 보이는 삽입점을 지정하여 문의 위치를 지정합니다.

4 외부 블록 삽입하기

❶ 외부 블록 생성하기

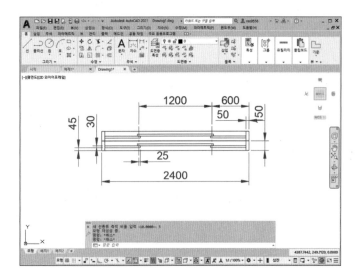

01 왼쪽 그림에서 보여지는 크기의 창호를 새로운 파일로 생성합니다.

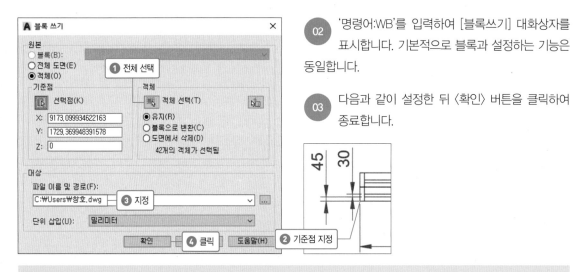

02 '명령어:WB'를 입력하여 [블록쓰기] 대화상자를 표시합니다. 기본적으로 블록과 설정하는 기능은 동일합니다.

03 다음과 같이 설정한 뒤 〈확인〉 버튼을 클릭하여 종료합니다.

명령 : WB

WBLOCK

객체 선택 : 창호 전체를 선택
선택점 : 창호의 4개의 가장 모서리 끝점 중 1개를 지정
대상 : 파일 이름 및 경로(경로 옆 〈...〉 버튼을 클릭)에서 외부 블록으로 사용할 블록 파일의 파일명과 위치를 지정

❷ 외부 블록 삽입하기

외부 블록으로 생성한 창호를 가져와 도면에 삽입해 보겠습니다.

명령: I
INSERT

01 블록 팔레트 왼쪽에 있는 3개의 항목 중에서 '라이브 러리'를 선택한 다음 〈블록 라이브러리 열기〉 버튼을 클릭합니다.

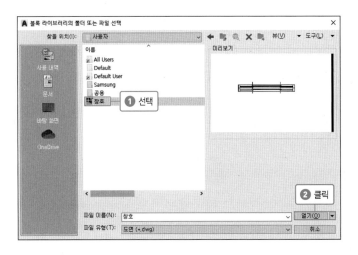

02 창호의 외부 블록을 저장한 폴더를 찾아 '창호' 파일을 선택한 다음 〈열 기〉 버튼을 클릭합니다.

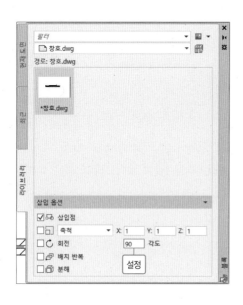

03 블록 팔레트에 블록의 그림이 표시되면 삽입 옵션에서 회전의 각도를 '90'으로 설정합니다.

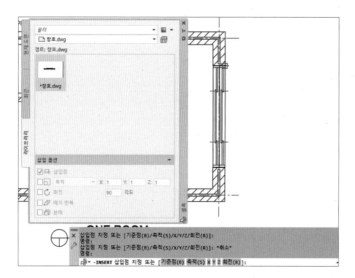

04 창호의 그림을 더블클릭한 다음 삽입점의 위치에 맞는 벽체의 모서리를 지정하여 창호의 위치를 지정합니다.

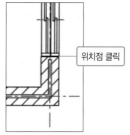

위치점 클릭

05 이렇게 외부 블록으로 창호를 삽입하여 배치할 수 있습니다. 동일한 크기를 가진 창호가 들어가는 시설이라면 지금처럼 해당 블록을 가져와 위치를 삽입하여 도면 작성을 보다 효율적으로 작업할 수 있습니다.

CHAPTER 02

블록을 이용한 도면 작성하기

▶ 동영상 강의
https://youtu.be/TXcE9JW_y04

AuteCAD 2021

앞서 블록을 생성한 다음 도면에 작성하는 방법에 대해 살펴보았습니다. 하지만 블록의 경우 '삽입'
이라는 단계를 한 번은 거쳐야 하며, WBlock처럼 파일로 생성할 경우 해당 블록의 파일이 수십, 수백
개가 된다면 데이터 관리 문제에서도 상당히 복잡한 절차를 거쳐야 한다는 단점이 있습니다.

예제 파일 Part06\블록_도면작성_예제.dwg
블록_도면작성_소스.dwg

◀ Part06 폴더에서 '블록_도면작성_예제.dwg' 파일
을 불러옵니다.

예시의 도면에서 보이는 것처럼 도면 안에 채워 넣어야 할 여러 가지 내용을 일일이 블록으로 설정
할 경우에는 하나씩 불러와야 한다는 불편함이 있습니다. 이 문제를 해결할 수 있는 방법에 대해 살펴
보겠습니다.

◀ Part06 폴더에서 '블록_도면작성_소스.dwg' 파일
을 불러옵니다.

앞의 그림처럼 필요한 블록의 데이터를 1개의 파일에 용도에 맞춰 구분하여 저장을 해 놓는다면 일일이 '삽입'에서 해당 파일을 찾아 경로를 탐색할 필요가 없이 시각적으로 바로 찾을 수 있다는 장점이 있습니다. 하지만 각 작업창을 수동으로 화면을 전환하기에는 다소 불편한 단점이 있지만, 이 점도 손쉽게 해결할 방법이 있습니다.

① 듀얼 모니터 활용

듀얼 모니터를 사용하는 분이라면 손쉽게 문제를 해결할 수 있습니다. AutoCAD를 각각 실행시킨 다음 해당 AutoCAD를 각 화면에 하나씩 띄워 놓으면 작업 화면과 소스 화면이 구분되어 보이므로 쉽게 확인할 수 있습니다.

② 듀얼 모니터가 없는 경우

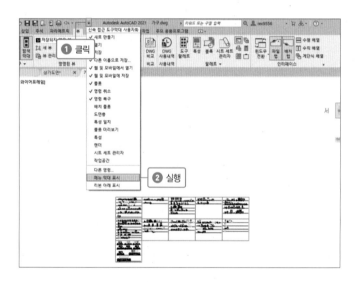

01 듀얼 모니터가 없는 경우 화면 상단의 '신속 접근 도구막대 사용자화' 아이콘(▾)을 클릭한 다음 메뉴에서 **메뉴 막대 표시**를 실행합니다.

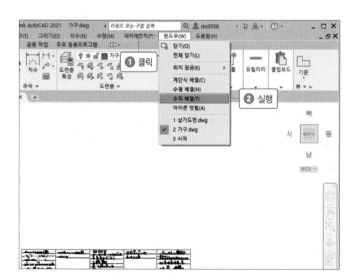

02 〔윈도우〕에서 **수직 배열**을 실행합니다.

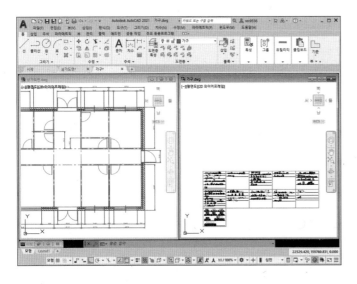

03 화면이 좌/우로 구분되어 각 작업 파일이 한 화면에 보여지는 것을 확인할 수 있습니다.

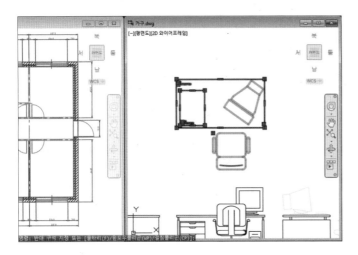

04 도면의 소스에 필요로 하는 블록을 선택한 다음 Ctrl+C를 누릅니다.

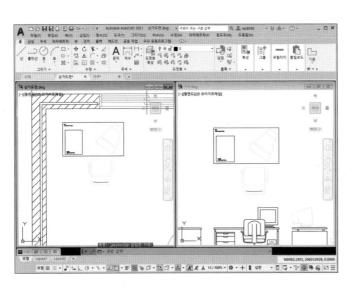

05 작업 도면의 화면에서 Ctrl+V를 눌러 임의의 위치를 지정한 다음 '명령어:M'을 사용하여 위치에 맞도록 정렬하면 손쉽게 도면을 작성할 수 있습니다.

CHAPTER 03

외부 참조를 이용한
도면 연결하기

AutoCAD 2021

외부 참조는 현재 도면에 외부의 다른 도면과 연결된 상태를 의미합니다. 기본이 되는 도면에 연결시킨 도면의 경우 해당 내용을 변경하면 기본 도면에 자동으로 적용되어 별도의 편집 없이도 수정이 가능하다는 장점이 있습니다.

1 │ 외부 참조(External Reference)란?

업무에서 하나의 프로젝트를 수행할 때 기본이 되는 도면의 양식에는 의뢰인과 작업자의 정보 및 작업 내용이 작성되기 때문에 하나의 양식으로 통일해야 합니다. 그래서 일일이 도면의 양식을 작성 혹은 수정하는 것보다 기본적으로 사용될 양식을 만든 다음 그 양식에 외부 참조로 다른 파일을 도면에 연결하여 작성한다면 보다 쉽고 개별적인 편집이 가능하므로 업무의 효율성이 높아집니다.

만일 외부 참조로 사용할 다른 도면이 없다면 해당란에는 외부 참조의 도면이 있던 경로만이 표시되며, 외부 참조가 보이는 상태에서 외부 연결을 끊을 경우 외부 참조로 가져온 도면은 블록으로 남게 됩니다.

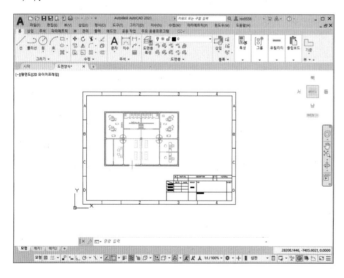

위 그림은 기본이 되는 도면의 양식에 도면의 내용을 외부 참조를 사용하여 삽입한 상태입니다.

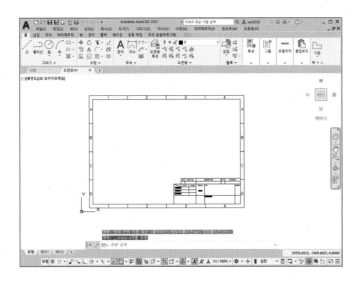

위 그림은 외부 참조가 삽입되기 전 도면의 양식만 보여지는 상태입니다.

2 │ 외부 참조 도면 연결하기 - Xref

'Xref'는 외부(eXternal)와 참조 (REFerence)의 조합으로 만들어진 명령으로 외부에 작성된 도면을 연 결하여 현재 도면에 삽입할 때 사용 합니다.

- 리본 메뉴 : [뷰] 탭 - 팔레트 패널 - 외부 참조 팔레트
- 명령어 : XR

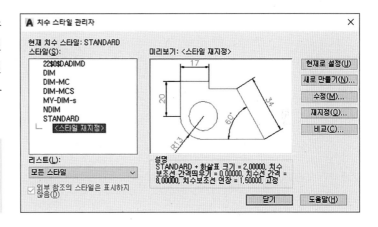

1 외부 참조 팔레트의 기능

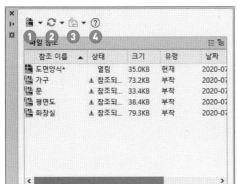

❶ DWG 부착 : 삽입할 외부 DWG 파일을 불러옵니다.

❷ 갱신 : 현재 참조 중인 외부 도면의 목록을 갱신합니다.

❸ 파일 참조 : 참조된 도면 목록이 표시됩니다.

❹ 상세 정보 : 선택한 외부 도면에 대한 정보가 표시됩니다.

② 외부 참조의 다른 삽입 방법

현재 작업 중인 도면에 외부 참조 도면을 삽입할 경우 'Xref' 명령을 사용하는 것이 기본적인 방법이지만, 상황에 따라 탐색기를 사용하여 삽입하는 방법도 있습니다.

● 탐색기를 이용하여 외부 참조 도면 연결하기

간단하게 탐색기를 활용하여 외부 참조를 연결하는 방법에 대해 살펴보겠습니다.

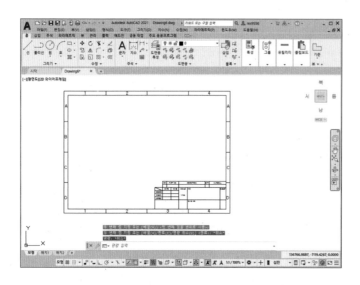

01 '열기'를 클릭하여 기본으로 사용할 도면을 화면에 띄웁니다.

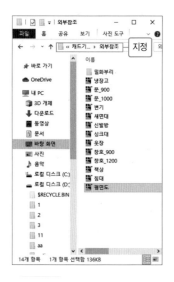

02 다음으로 탐색기에서 외부 참조로 사용할 파일들이 있는 경로를 지정합니다.

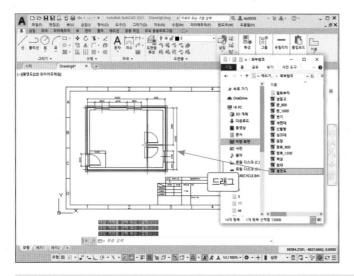

03 탐색기에서 외부 참조로 사용할 파일을 선택한 다음 작업 화면으로 드래그하여 불러옵니다.

04 화면에 드래그하면 다음과 같은 메시지가 출력됩니다. 크기 값 및 각도를 설정한 다음 위치를 지정하면 탐색기를 사용하여 외부 참조를 사용할 수 있습니다.

명령: _-INSERT 블록 이름 또는 [?] 입력 〈A$C61103f95〉:
"C:*******************\외부참조\평면도.dwg"
(파일의 경로는 자동으로 인식)
단위: 밀리미터 변환: 1.0000(스케일 값을 지정)
삽입점 지정 또는 [기준점(B)/축척(S)/X/Y/Z/회전(R)/분해(E)/반복(RE)]:
X축척 비율 입력, 반대구석 지정, 또는 [구석(C)/XYZ(XYZ)] 〈1〉: Y 축척 비율 입력 〈X 축척 비율 사용〉: (Enter를 입력)
회전 각도 지정 〈0〉: (회전 각도가 필요할 경우 각도를 입력 / 기본은 0˚)
명령: 반대 구석 지정 또는 [울타리(F)/윈도우폴리곤(WP)/걸침폴리곤(CP)]: (위치점 지정)

---

3 │ 외부 파일 연결하기 - Attach

'Attach'는 DWF, DWG, DWFx, DGN, PDF 파일을 첨부할 수 있는 기능입니다. 다만 주의해야 할 점은 화면상에는 객체가 보이지만, 도면상에는 첨부가 되지 않는 것으로 표현되기 때문에 'Attach'를 사용할 경우에는 첨부된 파일을 함께 제공해야만 도면에 표시됩니다.

1 실행 방법

- 리본 메뉴 : [삽입] 탭 – 참조 패널 – 부착
- 명령어 : Attach

② [참조 파일 선택] 대화상자

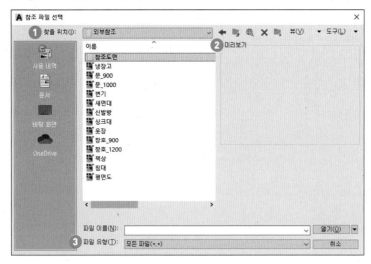

❶ **찾을 위치** : 참조 파일의 경로를 선택합니다.

❷ **미리보기** : 선택한 참조 파일의 미리보기를 보여 줍니다.

❸ **파일 유형** : 선택 가능한 파일의 유형이 표시됩니다.

- DWF(DWFx) 파일
- DGN 파일
- PDF 파일
- RCP / RCS 파일
- NWC / NWD 파일
- DWG 파일
- 이미지 파일(PNG / JPG 등)

Attach의 사용 시 객체가 도면상에 포함되어 있지 않고 링크를 이용해 보여지는 방식이기 때문에 참조를 통해 도면에 삽입하는 것과는 달리 작업 도면의 용량을 최적화할 수 있습니다. 또한 참조와 마찬가지로 연결된 도면을 수정하면 첨부된 작업 파일에서도 데이터가 갱신되어 표시됩니다.

CHAPTER 04

외부 참조를 이용하여
도면 형식 및 파일 연결하기

▶ 동영상 강의
https://youtu.be/lXcKYXOlvuE

AutoCAD 2021 ··

외부 참조를 이용하면 도면의 용량을 최적화하고 도면에 객체를 표시할 수 있으므로 효율적인 작업을 할 수 있습니다. 외부 참조를 사용하는 방법에 대해 살펴보겠습니다.

예제 파일 Part06\외부참조_가구.dwg, 외부참조_문.dwg, 외부참조_화장실.dwg, 외부참조_평면도.dwg, 외부참조_도면양식.dwg

1 | 외부 참조 열기

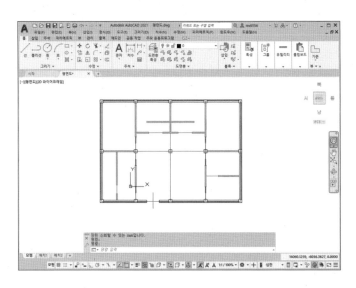

01 예제에서는 Part06 폴더에서 '외부참조_평면도.dwg' 파일을 불러옵니다. 외부 참조에 사용할 도면을 '열기'를 클릭하여 화면상에 표시합니다.

02 '명령어:XR'을 사용하여 참조를 작업하기 위한 외부 참조 팔레트를 표시합니다.

명령: XR

03 외부 참조 팔레트에서 'DWG 부착' 아이콘(📷▼)을 클릭합니다.

04 외부 참조에 사용할 도면이 있는 경로로 이동한 다음 참조에 사용할 도면을 선택하고 〈열기〉 버튼을 클릭합니다. 예제에서는 Part06 폴더에서 '외부참조_화장실.dwg' 파일을 불러옵니다.

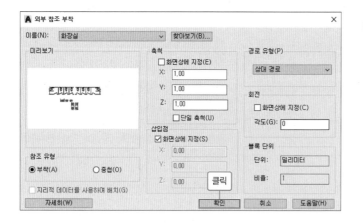

05 왼쪽 조건을 확인한 다음 〈확인〉 버튼을 클릭합니다.

TIP 부착과 중첩의 차이

부착과 중첩은 외부 참조 파일의 삽입 방법이 같습니다. 그러나 외부 참조된 파일에 또다시 외부 참조된 경우 부착은 외부 참조가 삽입된 도면에만 모든 외부 참조가 표시되지만, 중첩은 외부 참조 파일 안에서 참조된 외부 참조 파일이 표시되지 않습니다. 예를 들어, A 도면에서 B 도면을 참조하고 다시 B 도면에서 C 도면을 참조한 경우 '부착'으로 지정하면 A 도면에서 C 도면이 표시되지만, '중첩'으로 지정하면 A 도면에서는 B 도면까지만 표시됩니다.

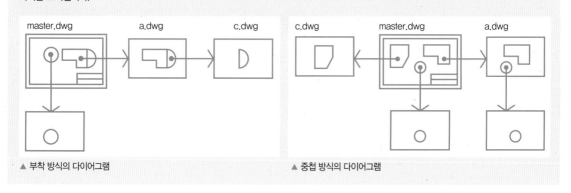

▲ 부착 방식의 다이어그램   ▲ 중첩 방식의 다이어그램

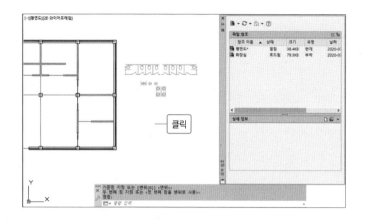

06 참조로 열린 도면에서 임의의 위치를 클릭하여 위치를 지정합니다.

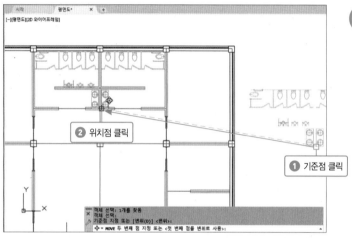

② 위치점 클릭

① 기준점 클릭

07 정확한 위치로 해당 객체를 이동시킵니다.

명령: M
MOVE
객체 선택: 1개를 찾음(외부 참조된 객체를 선택)
객체 선택: (Enter)
기준점 지정 또는 [변위(D)] 〈변위〉: (위치의 기준점을 지정)
두 번째 점 지정 또는 〈첫 번째 점을 변위로 사용〉: (이동할 기준점을 지정)

01 '명령어:XR'을 사용하여 외부 참조 팔레트를 표시한 다음 'DWG 부착' 아이콘(📰▼)을 클릭합니다.

명령: XR

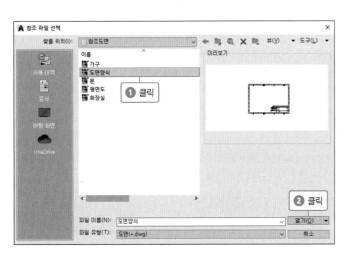

02 [참조 파일 선택] 대화상자가 표시되면 Part06 폴더에서 '외부참조_도면양식.dwg' 파일을 선택한 다음 〈열기〉 버튼을 클릭합니다.

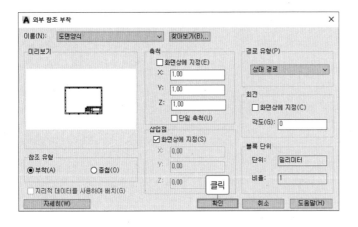

03 왼쪽 조건을 확인한 다음 〈확인〉 버튼을 클릭합니다.

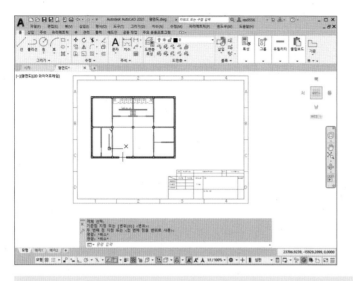

04 도면의 양식 위치를 임의로 지정한 다음 '명령어:M'을 사용하여 기본적인 도면이 도면의 양식 안에 위치할 수 있도록 위치를 지정합니다.

명령: M
MOVE
객체 선택: 1개를 찾음(외부 참조된 객체를 선택)
객체 선택: (Enter)
기준점 지정 또는 [변위(D)] ⟨변위⟩: (위치의 기준점을 지정)
두 번째 점 지정 또는 ⟨첫 번째 점을 변위로 사용⟩: (이동할 기준점을 지정)

3 | 외부 참조 편집하기

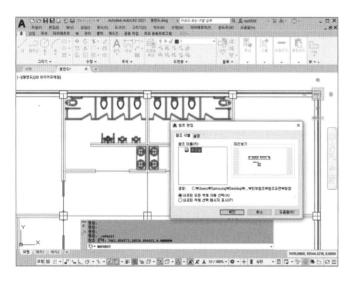

01 외부 참조로 삽입된 객체를 더블클릭하면 [참조 편집] 대화상자가 표시됩니다. 이 객체를 편집할 것이므로 ⟨확인⟩ 버튼을 클릭합니다.

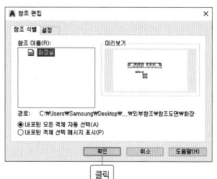

클릭

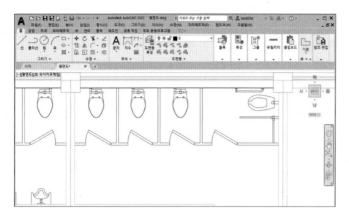

02 외부 참조의 변경을 지정하고, 간단하게 외부 참조에 사용된 객체의 일부를 선택해서 색상을 변경하였습니다. 이 변경 사항을 저장하여 외부 참조를 편집해 보겠습니다.

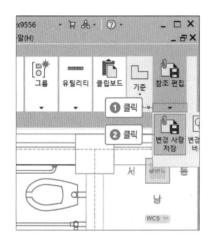

03 변경된 내용을 저장합니다. 리본 메뉴에서 '참조 편집'의 팝업 버튼을 클릭한 다음 '변경 사항 저장'을 클릭합니다.

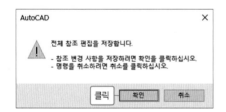

04 변경사항을 저장할 것인지 묻는 메시지에서 〈확인〉 버튼을 클릭합니다.

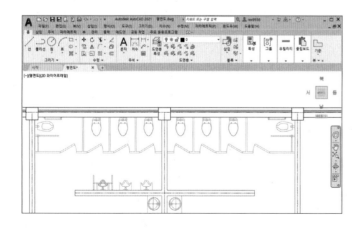

05 외부 참조로 사용된 객체의 일부 색상이 변경된 것을 확인할 수 있습니다.

CHAPTER 05

도면에 이미지 삽입하기

AutoCAD 2021

AutoCAD를 사용하다 보면 이미지를 삽입해야 하는 경우가 있습니다. 대표적으로 도면에 표시할 회사의 상호 및 입면도에서 나타낼 액자에 들어갈 그림 혹은 콘셉트를 위한 참고용 이미지를 삽입하면 도면의 이해도를 높이는 데 도움이 될 수 있습니다.

1 | 래스터 이미지와 벡터

1 래스터 이미지

위 그림에서 보는 것처럼 래스터 이미지는 AutoCAD에 이미지 파일을 삽입하는 것을 의미합니다. JPG 및 PNG 같은 그림 파일이라면 무엇이든 삽입할 수 있다는 장점이 있습니다. 하지만 픽셀이 모여서 이미지를 생성하기 때문에 이미지의 크기가 지나치게 커질 경우 픽셀의 크기가 커지면서 깨끗한 형태의 이미지를 얻을 수 없습니다. 특히 이미지의 해상도(Resolution)가 높을 경우 약간만 이미지의 크기를 변환시켜도 이미지가 깨질 수 있습니다.

하지만 그림에서 보는 것처럼 상대적으로 낮은 해상도와 픽셀을 가지는 이미지는 약간의 크기 변환으로 이미지의 깨끗함이 달라지지 않습니다. 즉, 이미지마다 해상도의 차이가 있기 때문에 이미지가 깨끗하게 표시되는 적절한 해상도를 가지는 크기를 사용해야 합니다.

② 벡터

벡터(vector)는 정점(Vertex)과 정점을 수학적으로 산출한 직선 또는 곡선으로 구성된 형태를 의미합니다. 즉, 일러스트레이터, 코렐드로우, 프리핸드 등의 프로그램으로 작성되는 형태를 벡터라 할 수 있습니다. 벡터는 점과 점을 이어서 생성하는 도형이기 때문에 래스터 이미지보다는 용량이 적을 수 있지만, 래스터 이미지처럼 고화질의 이미지 표시를 할 수 없다는 단점이 있습니다. 하지만 점으로 이어진 형태이기 때문에 해상도를 높이거나 줄여도 정교하고 깨끗한 상태의 도형을 얻을 수 있다는 장점이 있습니다.

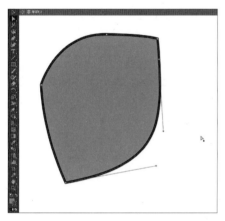

▲ 벡터 객체는 정점 사이를 직선 혹은 곡선으로 그려 정밀한 객체를 유지한다.

▲ 해상도가 큰 이미지와 작은 이미지의 비교

2 │ AutoCAD에서 사용 가능한 이미지와 벡터

① 사용할 수 있는 벡터의 객체 형식

AutoCAD에서는 앞서 설명한 것과 같이 벡터와 이미지를 모두 사용할 수 있습니다. 이미지와 벡터의 차이점이라면 벡터는 AutoCAD에서 편집이 가능하므로 삽입하는 형식이 아닌 객체를 도면으로 불러오는 형식을 가집니다. 그렇기 때문에 다른 형식의 벡터 파일은 열거나 도면에 불러와 편집하거나 그대로 사용할 수 있습니다.

01 응용 프로그램 아이콘을 클릭한 다음 가져오기 → **기타 형식**을 실행합니다.

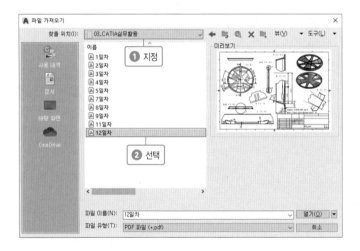

02 찾을 위치에서 삽입할 벡터의 경로를 지정한 다음 삽입하려는 벡터를 선택합니다.

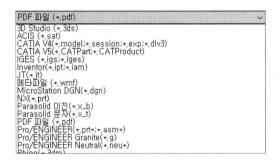

03 삽입이 가능한 벡터의 종류를 선택할 수 있습니다.

❷ 삽입할 수 있는 래스터 이미지

래스터 이미지는 벡터와는 달리 이미지를 삽입하는 방식이기 때문에 많이 사용하는 이미지 형식을 사용할 수 있지만, 해상도가 낮을 경우 인쇄 시에 이미지가 흐리게 표시될 수 있으며, 해상도가 높을 경우에는 인쇄 시에 출력 시간이 오래 걸린다는 단점이 있습니다.

AutoCAD에서 삽입할 수 있는 래스터 이미지의 형식은 다음과 같습니다.

래스터 이미지 형식	파일 확장자
Adobe Photoshop	psd
호/정보 ASCII 그리드 형식	asc, txt
호/정보 이진 그리드 형식	adf
Autodesk Animator	fli / flc
CALS 형식	cal, mil, rst, cg4, gp4, cals
디지털 지형 고도 데이터	dds
ECW 압축 이미지 형식	ecw
Graphics Interchange Format	gif
HDR 형식	hdr, pic
FAST-L7A	fst
GIS-GeoSPOT	bil, bip, bsq
ILM OpenEXR 형식	exr
Image Systems CCITT Group 4	ig4
JPEG File Interchange 형식	jpg, jpeg
JPEG2000	jp2, j2k
Macintosh PICT	pct, pict
QuickBird Tagged Image 파일 형식	tif, tiff
이동식 네트워크 그래픽 파일	png
Truevision Targa	tga
Windows 비트맵	bmp, dib, rle
ZSoft PC Paintbrush	pcx
기타	sid, oq, nws, nes, ses, sws, dem, rlc 등

도면에 래스터 이미지 삽입하기

AutoCAD 2021 ⋯⋯⋯⋯⋯⋯⋯⋯⋯⋯⋯⋯⋯⋯⋯⋯⋯⋯⋯⋯⋯⋯⋯⋯⋯⋯⋯⋯⋯⋯⋯⋯⋯⋯⋯⋯⋯

도면에 이미지를 삽입할 경우 가장 중요한 부분은 삽입하려는 범위와 이미지의 크기가 동일한가입니다. 삽입된 이미지의 전체 크기는 조절할 수 있지만, 이미지의 가로/세로의 길이는 조절할 수 없습니다.

예제 파일 Part06\이미지삽입_예제.dwg, 이미지삽입.jpg
완성 파일 Part06\이미지삽입_완성.dwg

1 | 래스터 이미지 삽입하기 - Attach

일반적으로 래스터 이미지의 경우 AutoCAD의 리본 메뉴를 사용하여 이미지를 삽입하는 것이 일반적입니다. 이미지 삽입의 경우 간단한 설정을 거쳐야 하므로 삽입하는 과정이 많이 어렵지는 않습니다. 하지만 AutoCAD 2021에서는 사각형의 형태로 그림을 잘라서 필요한 만큼만 표시할 수 있습니다.

1 이미지 삽입 방법

- 리본 메뉴 : (삽입) 탭 – 참조 패널 – 부착
- 메뉴 : (삽입) → 래스터 이미지
- 명령어 입력 : Attach

▲ Part06 폴더에서 '이미지삽입_예제.dwg' 파일을 불러옵니다.

2 [참조 파일 선택] 대화상자

◀ Part06 폴더에서 '이미지삽입.jpg' 파일을 불러옵니다.

❶ 찾을 위치 : 이미지를 삽입할 경로를 지정합니다.

② 파일 유형 : 삽입하려는 이미지의 유형을 선택합니다.

③ 이미지의 간단한 설정을 지정할 수 있습니다.

• 삽입점 : 별도의 좌표를 설정하지 않고 '화면상에 지정'을 체크 표시하여 지정
• 회전 : 이미지에 각도를 설정해 그만큼 회전하여 표시
　– 화면상에 지정 : '화면상에 지정'을 체크 표시하여 회전 각도 지정
　– 각도 : 주어진 각도의 수치만큼 이미지 회전

④ 이미지를 삽입할 위치점을 지정하면 이미지가 AutoCAD에 삽입됩니다.

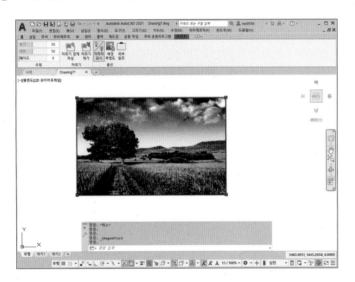

AutoCAD 2021에서는 삽입된 이미지를 선택하면 다양한 편집 기능을 바로 사용할 수 있습니다.

❶ 조정

- 밝기 : 이미지의 밝기 값을 조절합니다.
- 대비 : 이미지의 대비 값을 조절합니다.
- 페이드 : 이미지 전체의 선명도를 조절합니다. 수치가 높을수록 뿌옇게 표시됩니다.

❷ 자르기

- 자르기 경계 작성 : 자를 경계를 지정합니다.
- 자르기 제거 : 지정된 경계를 기준으로 이미지를 자릅니다.

❸ 이미지 표시 : 보여지는 이미지의 상태를 ON/OFF 할 수 있습니다.

❹ 배경 투명도 : 이미지가 첨부될 배경의 투명도를 설정합니다.

❺ 외부 참조 : 이미지를 관리할 외부 참조 팔레트를 설정할 수 있습니다.

- 부착 : 도면에 삽입할 이미지 및 도면의 파일을 선택합니다.
- 갱신 : 업데이트된 이미지 정보를 갱신합니다.
- 경로 변경 : 목록에서 지정한 파일의 경로를 변경합니다.

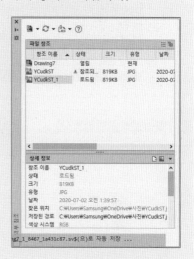

---

2 | 삽입된 이미지 편집 및 위치 설정하기

래스터 이미지를 통해서 이미지를 AutoCAD 화면에 표시하는 방법을 살펴보았습니다. 삽입된 이미지의 편집 및 위치를 설정하는 방법에 대해 살펴보겠습니다.

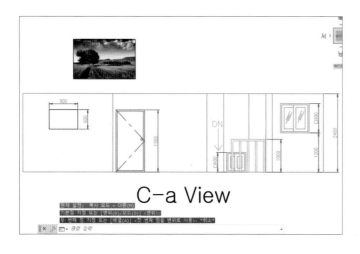

01 삽입된 이미지의 일부를 편집하여 주택의 입면도에서 표시할 경우 창밖 풍경의 예시나 액세서리 일종인 액자 등으로 사용할 수 있습니다. 가로 900/세로 600인 액자의 크기에 해당 이미지를 편집하여 삽입해 보겠습니다.

02 액자 크기의 사각형(가로 900/세로 600)을 작성한 다음 필요한 이미지 부분이 영역 안에 들어오도록 위치를 지정합니다.

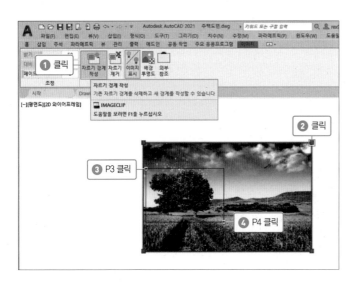

03 편집할 그림을 선택하고 리본 메뉴에서 '자르기 경계 작성'을 클릭합니다.

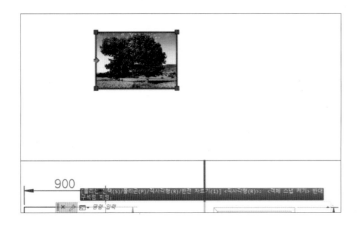

04 02번 과정에서 설정했던 사각형의 범위를 지정하여 그림을 잘라 필요한 부분만 남깁니다.

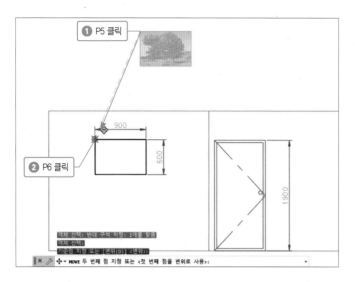

05 잘린 이미지는 '명령어:M'을 이용하여 기준점을 지정한 다음 위치점을 지정하여 위치로 이동시킵니다.

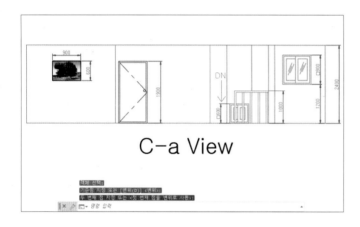

C-a View

06 편집한 이미지가 정해진 위치에 지정되면 작업은 종료됩니다.

CHAPTER

영역을 채우는 해치 적용하기

AutoCAD 2021 ·····

해치(Hatch)는 AutoCAD에서 작성하는 도면과 그 도면에서 표현하려는 무늬 혹은 색상을 하나의 무늬처럼 넣어 여러 가지 느낌과 전달 사항을 표시할 때 유용하게 사용할 수 있습니다. 기본적으로 해치는 1개의 블록 형태로 만들어져 개별적인 편집이나 수치 조절은 되지 않습니다.

1 | 해치(Hatch)의 기능

해치에는 어떤 기능이 있는지에 대해 살펴보도록 하겠습니다.

1 경계

❶ **선택점** : 해치 무늬를 넣을 '공간'을 지정하여 무늬를 삽입합니다.

❷ **선택** : 선을 선택해서 선들이 이어져 하나의 공간을 만들면 그 공간에 무늬를 삽입합니다.

❸ **제거** : 범위 내에 삽입된 무늬를 제거하고자 할 때 사용합니다.

❹ **재작성** : 선택한 해치 주위에 폴리선 및 영역을 작성하고 원하는 경우 해치 객체를 폴리선 또는 영역에 무늬를 삽입합니다.

2 패턴

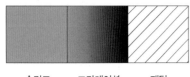

솔리드   그라데이션   패턴

패턴의 경우 위 그림과 같이 크게 3가지로 살펴볼 수 있습니다.

① 솔리드 : 1개의 지정된 색상을 범위에 지정하고자 할 때 사용합니다.

② 그라데이션 : 2개의 색상을 지정합니다. 그라데이션은 다양한 패턴을 가지지만 2개의 색상 범위를 조절할 수는 없습니다.

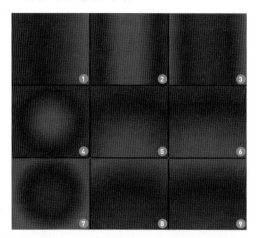

❶ **GR_LINEAR** : 좌/우에 2개의 색상을 지정합니다.

❷ **GR_CYLIN** : 안쪽과 바깥쪽 2개의 색상을 지정합니다.

❸ **GR_INVCYL** : 안쪽과 바깥쪽 2개의 색상을 지정합니다.
　　GR_CYLIN과의 차이점이라면 안쪽에 적용되는 색상의 범위의 차이입니다.

❹ **GR_SPHER** : 중앙과 테두리에 2개의 색상을 지정합니다.

❺ **GR_HEMISP** : 위쪽과 아래쪽에 2개의 색상을 지정하며 색상이 겹치는 부분이 둥글게 배치됩니다.

❻ **GR_CURVED** : 위쪽과 아래쪽에 2개의 색상을 지정합니다.
　　GR_HEMISP과의 차이점이라면 색상이 겹치는 부분은 직선의 형태입니다.

❼ **GR_INVSPH** : 중앙과 테두리에 2개의 색상을 지정합니다.
　　GR_SPHER과의 차이점은 안쪽에 지정되는 색의 범위가 더 넓습니다.

❽ **GR_INVHEM** : 위쪽과 아래쪽에 2개의 색상을 지정합니다.
　　GR_HEMISP와의 차이점은 아래쪽에 지정되는 색의 범위가 더 넓습니다.

❾ **GR_INCUR** : 위쪽과 아래쪽에 2개의 색상을 지정합니다.
　　GR_CURVED의 차이점은 아래쪽에 지정되는 색의 범위가 더 넓습니다.

③ 패턴 : 다양한 형태의 무늬를 넣는 것을 패턴이라고 합니
다. 다음 그림에서 보이는 것처럼 다양한 무늬를 결정할
수 있습니다.

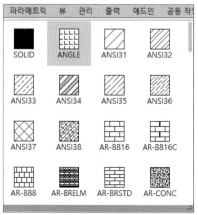

3 특성

① 패션 유형 : 현재 사용 중인 패턴의 큰 분류를 어떻게 할 것인지 결정합니다.

② 해치 색상 : 해치의 색상을 결정합니다.

③ 배경색 : 해치가 들어가는 부분의 배경색을 결정합니다.

④ 해치 투명도 : 해치의 투명도를 결정하여 진하게 혹은 연하게 할 것인지를 결정합니다.

투명도 0	투명도 50	투명도 80

⑤ 각도 : 해치의 무늬에 각도를 설정해 무늬를 회전할 수 있습니다.

각도 0	각도 15	각도 45

⑥ 해치 패턴 축척 : 해치의 크기를 조절할 때 사용합니다.

축척 0	축척 0.7	축척 0.5

4 원점

해치의 패턴을 이동하여 지정한 원점에 맞춰서 정렬합니다.

5 옵션

❶ 연관 : 해당 경계를 수정할 때 해치의 자동 업데이트 여부를 결정할 때 사용합니다.

❷ 주석 : 해치 패턴의 축척이 뷰포트 축척에 따라 자동으로 조정되도록 지정합니다.

❸ 특성 일치 : 해치 원점을 제외하고 선택한 해치 객체의 특성을 사용해 해치 특성을 설정합니다.

6 닫기 해치 편집기

해치 명령을 종료할 때 사용합니다.

TIP 해치 작성 시 주의 사항

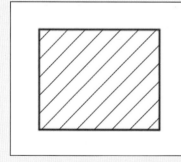

▲ 해치는 반드시 전체의 영역이 '완전히' 이어져 있어야 원하는 범위에만 해치를 넣을 수 있다.

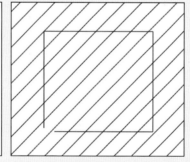

▲ 만약 경계가 완전히 이어져 있지 않다면 선택한 범위를 벗어난 영역까지 해치를 넣게 되므로 주의가 필요하다.

CHAPTER 08

평면을 해치로 채우기

▶ 동영상 강의
https://youtu.be/xbVc6Jxu098

AutoCAD 2021 ···

　다음 그림에서 제시된 치수와 제시된 조건을 가지는 평면도에 해치를 사용하여 각 실의 바닥 재질감을 표현하는 방법에 대해서 살펴보겠습니다.

예제 파일 Part06\해치_예제.dwg
완성 파일 Part06\해치_완성.dwg

벽체의 두께 및 단열재의 두께

외벽의 두께는 350(중심선을 기준으로 양방향으로 175의 두께)

단열재는 벽체의 바깥쪽과의 간격 100 / 단열재의 두께 50

내벽의 두께는 100(중심선을 기준으로 양방향으로 각각 50의 두께)

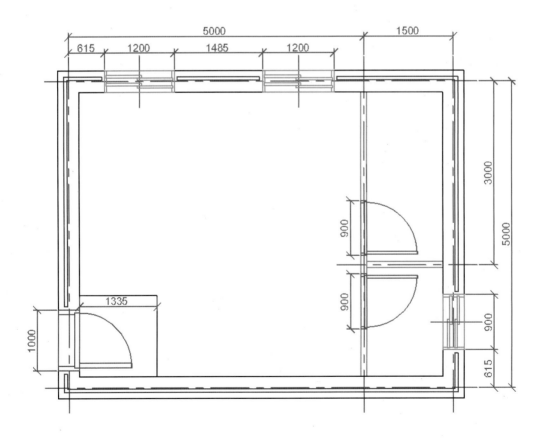

1 현관 입구에 해치 적용

다음 그림에서 보여지는 현관의 바닥에 해치 무늬를 넣어 보겠습니다.

01 Part06 폴더에서 '해치_예제.dwg' 파일을 불러옵니다.
'명령어:H'를 입력하여 해치를 표시합니다.

02 화면에 해치의 리본 메뉴가 표시되면 패턴 패널에서 'ANSI37'의 패턴을 선택합니다.

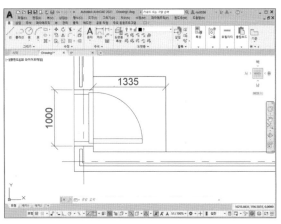
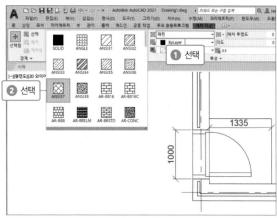

03 색상을 지정해 보겠습니다. 해치 색상을 '파란색'으로 선택합니다.

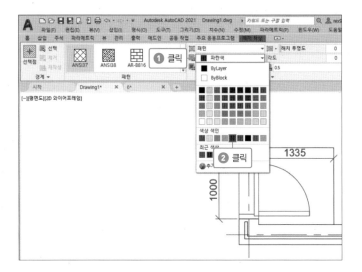

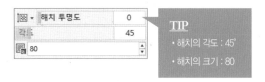

TIP
• 해치의 각도 : 45°
• 해치의 크기 : 80

04 해치의 크기와 각도를 조절해 보겠습니다. 기본적으로 'ANSI37'의 패턴은 45°만큼 기울어져 있기 때문에 사각형의 형태가 되도록 각도를 조절하고, 크기도 조절하여 무늬가 선명하게 보이도록 설정합니다.

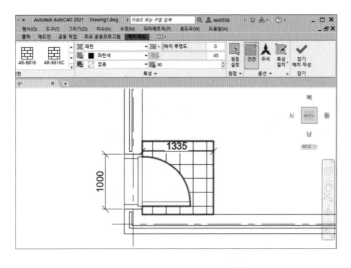

05 설정이 완료되면 해치를 넣으려는 범위를 지정합니다. 현관이 되는 부분의 영역을 지정하겠습니다.

06 무늬 영역을 지정했다면 '닫기 해치 작성'을 클릭하여 해치 넣기를 종료합니다.

1 │ 다른 영역에 같은 해치 패턴 적용하기

동일한 설정을 가지는 해치 패턴을 욕실에 적용해 보겠습니다.

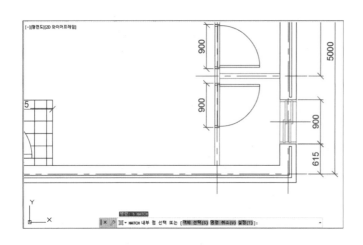

01 '명령어:H'를 입력하여 해치의 리본 메뉴를 표시합니다.

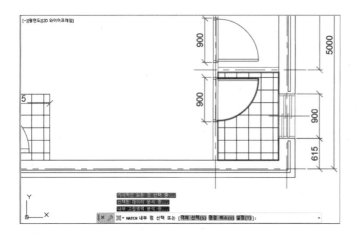

02 욕실의 영역을 지정하여 해치 패턴을 적용할 범위를 지정합니다.

03 '닫기 해치 작성'을 클릭하여 해치 넣기를 종료합니다.

2 | 솔리드 패턴을 사용하여 단열재 색상 부여하기

솔리드 패턴을 사용하여 단열재 부분에 색상을 적용해 보겠습니다.

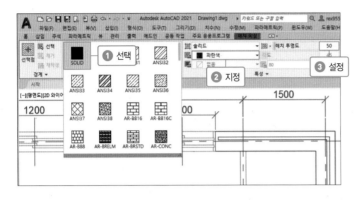

01 '명령어:H'를 입력하여 해치의 리본 메뉴를 표시합니다.

02 패턴 패널에서 'SOLID'를 선택합니다.

03 패턴의 색상은 '파란색'으로 지정하고, 해치의 투명도는 '50'으로 설정합니다.

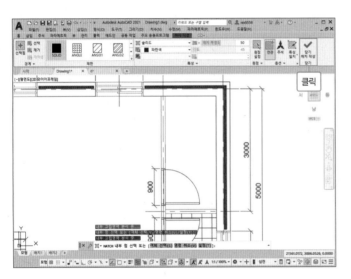

04 설정된 패턴을 단열재 범위로 지정하여 색상을 지정합니다.

05 단열재의 색상 지정이 완료되면 '닫기 해치 작성'을 클릭하여 해치 넣기를 종료합니다.

1 해치 오류

해치를 작성할 때 간혹 이런 메시지가 표시됩니다. 이 메시지가 출력되는 원인은 해치를 넣을 부분의 경계가 완전히 닫혀 있지 않았을 경우에 표시되지만, 간혹 완전하게 경계가 닫혀 있어도 해당 메시지가 표시되는 경우를 볼 수 있습니다. 이제 이 메시지가 표시되지 않도록 수정하는 방법에 대해 살펴보도록 하겠습니다.

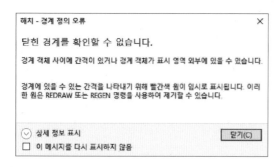

2 해치 오류 수정하는 방법

❶ 해치를 넣을 범위의 선들을 삭제한 후 새로 작성하거나 혹은 그 뒤에 덧대어 선을 작성하여 새로운 경계를 생성합니다.

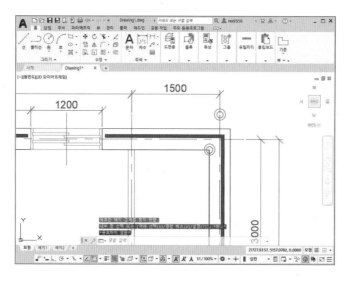

그림처럼 경계 부분에 붉은색 원이 칠해진 부분을 덧대어 그리거나 삭제하고 새로 그리면 해당 문제는 해결할 수 있습니다.

❷ 첫 번째 방법으로도 해결이 안 되는 경우가 간혹 있습니다. 특히 AutoCAD의 상위 버전에서 자주 발생하는 문제입니다. 이때 해치를 넣을 범위를 최대한 넓게 보도록 화면을 조절한 후 해치 넣을 영역을 선택합니다.

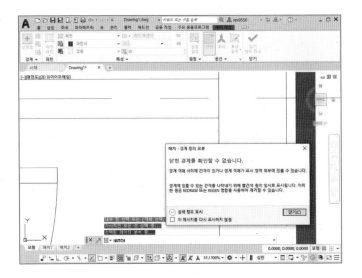

그림처럼 영역을 너무 확대해서 해치를 넣을 경우에도 같은 메시지가 표시되므로 해치를 넣을 범위를 최대한 넓게 보는 상태에서 해치를 넣어야만 오류가 표시되지 않습니다.

07

치수
입력하기

AutoCAD의 장점은 수작업으로 도면을 그리는 것보다 정확하고 빠른 작업이 가능하다는 점입니다. 이러한 장점을 이용하여 객체의 치수를 표시하는 작업은 AutoCAD의 핵심이자 도면의 성격을 보여 주는 대표적인 예라고 할 수 있습니다. 이번 파트에서는 AutoCAD를 이용하여 입력할 수 있는 각종 치수 기입 작업에 대해 알아보겠습니다.

AutoCAD
2021

CHAPTER 01

치수 스타일 만들기

AutoCAD 2021

문자를 입력할 때 먼저 문자 스타일을 설정하고 적용하는 것처럼 치수를 기입할 때도 먼저 치수 문자의 스타일을 설정해야 합니다. 치수 스타일에서는 치수 문자뿐만 아니라 치수선, 치수 보조선의 형태 및 색상 등을 설정합니다.

1 | 치수 형태 정의하기 - Dim

하나의 도면 안에서도 치수선의 형태는 여러 가지를 사용할 수 있기 때문에 치수선 및 치수 문자의 스타일 또한 해당하는 형태에 맞도록 미리 설정하는 작업이 필요합니다. 치수 문자를 설정하는 것은 문자를 기입할 때와 유사하지만, 치수선의 형태는 생소할 수 있으므로 주의 깊게 살펴보기 바랍니다.

1 명령어 실행

- 리본 메뉴 : (주석) 탭 − 치수 패널
- 메뉴 : (치수) → 스타일
- 단축 명령어 : D

2 [치수 스타일 관리자] 대화상자

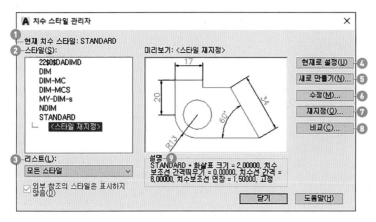

① 현재 치수 스타일 : 현재 적용된 치수 스타일의 이름이 표시됩니다.

② 스타일 : 치수 스타일의 목록이 표시됩니다. 기본으로 현재 적용된 치수 스타일이 강조된 상태로 표시되며, 치수 스타일을 선택한 다음 마우스 오른쪽 버튼을 클릭하면 바로가기 메뉴를 실행해 치수 스타일 이름을 변경하거나 치수 스타일을 삭제하는 등의 작업을 할 수 있습니다. 또한 치수 스타일 이름 앞에 🗚 아이콘이 있다면 해당 치수 스타일은 주석임을 의미합니다.

▲ 치수 스타일의 바로가기 메뉴

③ 리스트 : 치수 스타일 목록에 표시할 조건을 설정합니다.

④ 현재로 설정 : 치수 스타일 목록에서 선택한 스타일을 현재 치수 스타일로 설정합니다.

⑤ 새로 만들기 : 새로운 치수 스타일을 만듭니다. [새 치수 스타일 작성] 대화상자가 표시됩니다.

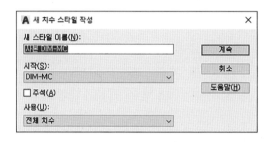

⑥ 수정 : 치수 스타일 목록에서 선택한 스타일의 설정을 변경합니다. 치수 스타일을 설정할 수 있는 [치수 스타일 수정] 대화상자가 표시됩니다.

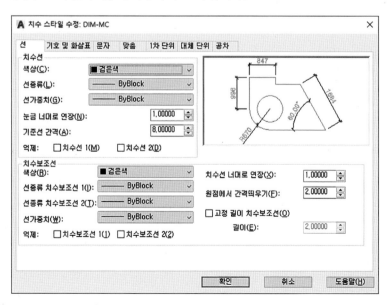

❼ **재지정** : 치수 스타일 목록에서 선택한 스타일의 값을 재지정합니다. 재지정에 의해 변경된 값은 치수 스타일에 저장되지 않고 임시로 적용됩니다. 설정값을 변경할 수 있는 [치수 스타일 재지정] 대화상자가 표시됩니다.

❽ **비교** : 지정한 2개의 치수 스타일을 비교하여 다른 내용을 표시합니다.

❾ **설명** : 치수 스타일 목록에서 선택한 스타일에 대한 설명이 표시됩니다.

2 │ 치수 스타일 새로 만들기

치수 객체는 치수선과 치수 문자 그리고 보조선 등으로 이루어져 있기 때문에 문자 스타일을 설정할 때처럼 간단하지 않습니다. [새 치수 스타일] 대화상자는 7개의 탭으로 구분되며, 각 탭에서는 치수 기입과 관련된 정밀한 항목들을 설정할 수 있습니다.

◪ [새 치수 스타일 작성] 대화상자

[치수 스타일 관리자] 대화상자에서 〈새로 만들기〉 버튼을 클릭하면 [새 치수 스타일 작성] 대화상자가 표시됩니다. 여기에서 치수 스타일 이름과 기본 설정을 적용할 치수 스타일을 선택한 다음 〈계속〉 버튼을 클릭하면 새로운 치수 스타일의 세부적인 설정을 할 수 있는 [새 치수 스타일] 대화상자가 표시됩니다.

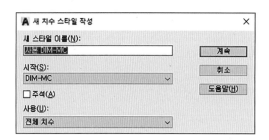

☑ [새 치수 스타일] 대화상자 – [선] 탭

치수선과 치수 보조선의 색상이나 선 종류, 표현 방법 등을 설정합니다.

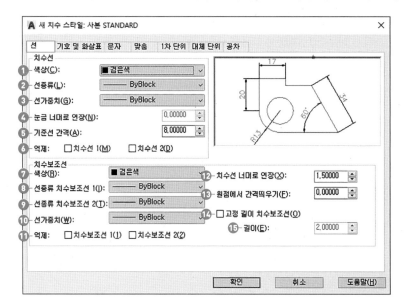

❶ **색상** : 치수선의 색상을 설정합니다. 직접 지정하지 않으면 기본으로 현재 도면층 색상이 적용됩니다. '색상 선택'을 선택하면 256색의 인덱스 색상 또는 24Bit의 트루 컬러 중에서 선택할 수 있습니다. 시스템 변수인 'DIMCLRD'를 사용하여 직접 색상을 지정할 수도 있습니다.

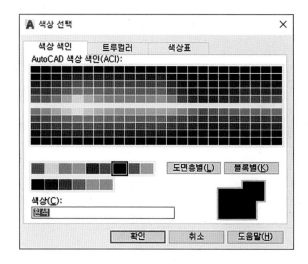

❷ **선종류** : 치수선의 선 종류를 선택합니다. 기본으로 제공되는 형태 이외의 선 종류를 사용하려면 '기타'를 선택한 후 새로운 선 종류를 불러와 적용해야 합니다. 선 종류를 선택하지 않으면 기본으로 현재 도면층의 선 종류가 적용됩니다.

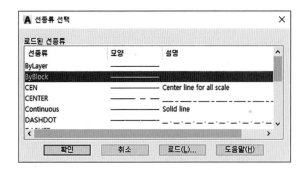

❸ **선가중치** : 치수선의 두께를 설정합니다. 기본으로 현재 도면층의 선 두께가 적용됩니다. 시스템 변수인 'DIMLWD'를 사용하여 직접 설정할 수 있습니다.

❹ **눈금 너머로 연장** : 화살표를 '사선(Oblique)'과 같은 기울인 형태 또는 화살표를 표시하지 않았을 때 치수 보조선을 벗어나는 길이를 설정합니다. 시스템 변수인 'DIMDLE'를 사용하여 직접 설정할 수 있습니다.

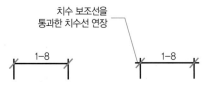

❺ **기준선 간격** : 기준선의 간격을 설정합니다. 시스템 변수인 'DIMDLI'를 사용하여 직접 설정할 수 있습니다.

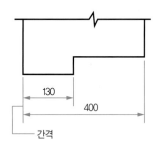

❻ **억제** : 치수선의 억제 방법을 설정합니다. 즉, 2개의 옵션 중 하나를 체크 표시하면 체크 표시하지 않은 치수선과 화살표만 표시됩니다. 시스템 변수인 'DIMSD1'과 'DIMSD2'를 사용하여 직접 설정할 수 있습니다.

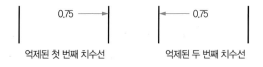

❼ **색상** : 치수 보조선의 색상을 설정합니다. 직접 지정하지 않으면 기본으로 현재 도면층의 색상이 적용됩니다. '색상 선택'을 선택하면 256색의 인덱스 색상 또는 24Bit의 트루 컬러 중에서 선택할 수 있습니다. 시스템 변수인 'DIMCLRE'를 사용하여 직접 색상을 지정할 수도 있습니다.

❽ 선종류 치수보조선 1 : 첫 번째 치수 보조선의 선 종류를 지정합니다. 기본으로 제공되는 형태 이외의 선 종류를 사용하기 위해서는 '기타'를 선택한 후 새로운 선 종류를 불러와 적용해야 합니다. 선 종류를 선택하지 않으면 기본으로 현재 도면층에 적용된 선 종류가 적용됩니다. 시스템 변수인 'DIMLTEX1'을 사용하여 직접 색상을 지정할 수 있습니다.

❾ 선종류 치수보조선 2 : 두 번째 치수 보조선의 선 종류를 지정합니다. 설정 방법은 '선종류 치수보조선 1'과 같습니다. 시스템 변수인 'DIMLTEX2'를 사용하여 직접 색상을 지정할 수 있습니다.

❿ 선가중치 : 치수 보조선의 선 두께를 설정합니다. 기본으로 현재 도면층의 선 두께가 적용됩니다. 시스템 변수인 'DIMLWE'를 사용하여 직접 설정할 수 있습니다.

⓫ 억제 : 치수 보조선의 억제 방법을 설정합니다. 즉, 2개의 옵션 중 하나를 체크 표시하면 체크 표시하지 않은 치수선과 화살표만 표시됩니다. 시스템 변수인 'DIMSE1'과 'DIMSE2'를 사용하여 직접 설정할 수 있습니다.

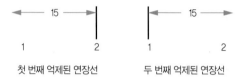

첫 번째 억제된 연장선   두 번째 억제된 연장선

⓬ 치수선 너머로 연장 : 치수선 너머로 치수 보조선을 연장할 길이를 설정합니다. 시스템 변수인 'DIMEXE'를 사용하여 직접 설정할 수 있습니다.

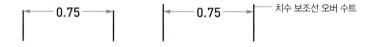

⓭ 원점에서 간격띄우기 : 치수 기입 대상 객체와 치수 보조선과의 간격을 설정합니다. 시스템 변수인 'DIMEXO'를 사용하여 직접 설정할 수 있습니다.

⓮ 고정 길이 치수보조선 : 치수 보조선의 길이를 정해진 값으로 적용하도록 설정합니다. 시스템 변수인 'DIMFXLON'을 사용하여 직접 설정할 수 있습니다.

⓯ 길이 : 치수 보조선의 고정된 길이를 입력합니다. 시스템 변수인 'DIMFXL'를 사용하여 직접 설정할 수 있습니다.

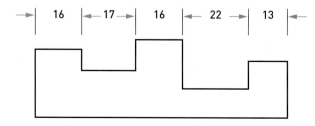

❸ [새 치수 스타일] 대화상자 – 〔기호 및 화살표〕 탭

기호 및 화살표의 형태와 크기에 관한 세부 내용을 설정합니다. 치수 스타일에서 기호는 주로 원이나 호처럼 반지름을 입력할 때 사용합니다.

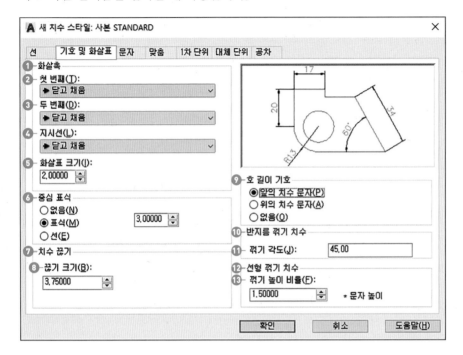

❶ **화살촉** : 화살표의 형태와 크기를 설정합니다. 화살표의 색상은 치수선 색상이 적용됩니다.

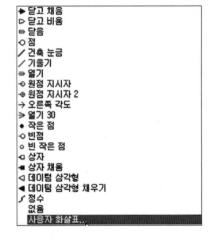

❷ **첫 번째** : 첫 번째 화살표의 형태를 설정합니다. 사용하고자 하는 화살표 형태가 없는 경우에는 사용자가 직접 화살표를 블록으로 만들어 사용할 수 있습니다. 시스템 변수인 'DIMBLK1'을 사용하여 직접 설정할 수도 있습니다.

❸ **두 번째** : 두 번째 화살표의 형태를 설정합니다. 시스템 변수인 'DIMBLK2'를 사용하여 직접 설정할 수 있습니다.

❹ **지시선** : 지시선에 사용할 화살표를 설정합니다. 사용하고자 하는 화살표 형태가 없는 경우에는 사용자가 직접 화살표를 만든 다음 블록으로 만들어 사용할 수 있습니다. 시스템 변수인 'DIMLDRBLK'를 사용하여 직접 설정할 수도 있습니다.

❺ **화살표 크기** : 화살표의 크기를 설정합니다. 시스템 변수인 'DIMLASZ'를 사용하여 직접 설정할 수 있습니다.

⑥ 중심 표식 : 원이나 호의 중심을 표시할 때 사용할 표식을 선택합니다.

- **없음** : 아무런 중심 표식을 하지 않습니다. 시스템 변수인 'DIMCENTER'에 '0'으로 저장됩니다.
- **표식** : 중심 표식을 십자(+) 형태로 표시합니다. 시스템 변수인 'DIMCENTER'에 + 값으로 저장됩니다.
- **선** : 원의 반지름 크기의 중심선을 표시합니다. 시스템 변수인 'DIMCENTER'에 − 값으로 저장됩니다.

⑦ 치수 끊기 : 치수 끊기의 간격을 설정합니다.

⑧ 끊기 크기 : 치수 끊을 간격을 입력합니다.

⑨ 호 길이 기호 : 호의 길이 치수 기호를 표시할 위치를 설정합니다. 시스템 변수인 'DIMARCSYM'을 사용하여 직접 설정할 수 있습니다.

- **앞의 치수 문자** : 치수 문자 앞에 호의 길이 치수 기호를 위치시킵니다.
- **위의 치수 문자** : 치수 문자 위에 호의 길이 치수 기호를 위치시킵니다.
- **없음** : 호의 길이 치수 기호를 표시하지 않습니다.

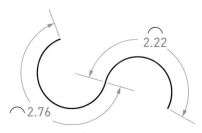

⑩ 반지름 꺾기 치수 : 반지름 치수의 꺾는 각도를 설정합니다.

⑪ 꺾기 각도 : 반지름 치수의 꺾는 각도를 입력합니다.

⑫ 선형 꺾기 치수 : 선형 치수의 꺾는 높이 비율을 설정합니다.

⑬ 꺾기 높이 비율 : 선형 치수의 꺾는 높이 비율을 입력합니다.

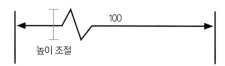

4 [새 치수 스타일] 대화상자 – [문자] 탭

치수 문자의 스타일과 색상, 높이와 위치 등을 설정합니다.

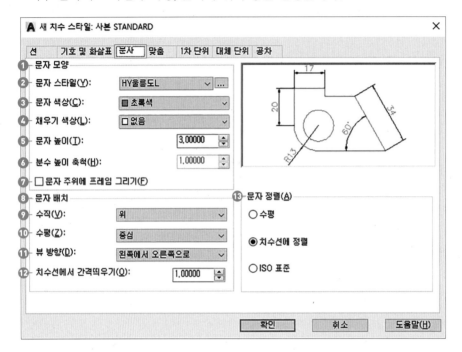

① **문자 모양** : 치수 문자의 스타일과 색상 등 표현 방법을 설정합니다.

② **문자 스타일** : 치수 문자의 스타일을 선택합니다. 문자 스타일에서 미리 설정한 스타일을 사용할 수 있고 새로운 문자 스타일을 만들어 사용할 수도 있습니다. 〈...〉 버튼을 클릭하면 새로운 문자 스타일을 만들 수 있습니다. 시스템 변수인 'DIMTXSTY'를 사용하여 직접 치수 문자 스타일을 지정할 수도 있습니다.

③ **문자 색상** : 치수 문자의 색상을 설정합니다. 직접 지정하지 않으면 기본으로 현재 블록의 색상이 적용됩니다. '색상 선택'을 선택하면 256색의 인덱스 색상 또는 24Bit의 트루 컬러 중에서 선택할 수 있습니다. 시스템 변수인 'DIMCLRT'를 사용해 직접 색상을 지정할 수도 있습니다.

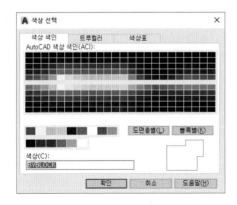

❹ **채우기 색상** : 치수 문자의 배경 색상을 설정합니다. 기본으로는 설정되지 않습니다. 시스템 변수인 'DIMTFILL' 및 'DIMTFILLCLR'을 사용하여 직접 색상을 지정할 수 있습니다.

❺ **문자 높이** : 치수 문자의 높이를 설정합니다. 만일 치수 문자 스타일에서 문자 높이가 설정되어 있다면 여기서 설정하는 높이보다 우선 적용됩니다. 치수 문자의 높이는 시스템 변수인 'DIMTXT'를 사용하여 직접 지정할 수 있습니다.

❻ **분수 높이 축척** : [1차 단위] 탭에서 단위 형식을 '분수'로 지정하였을 때 치수 문자에서 분수를 표현할 축척을 설정합니다. 시스템 변수인 'DIMTFAC'를 사용하여 직접 분수의 축척을 지정할 수 있습니다.

❼ **문자 주위에 프레임 그리기** : 치수 문자 주위에 프레임 상자를 표시할지 지정합니다. 체크 표시하면 시스템 변수인 'DIMGAP'에 음수가 저장됩니다.

❽ **문자 배치** : 치수 문자의 위치를 설정합니다.

❾ **수직** : 치수 문자의 수직 방향 위치를 설정합니다. 시스템 변수인 'DIMTAD'를 사용하여 직접 수직 방향의 위치를 지정할 수 있습니다.

• **중심** : 치수 문자를 치수선 가운데에 위치시킵니다.

• **위** : 치수 문자를 치수선 위에 위치시킵니다.

• **외부** : 치수 문자를 객체로부터 치수선 바깥쪽에 위치시킵니다.

• **JIS** : JIS(Japanese Industrial Standard) 기준에 의해 치수 문자를 위치시킵니다.

• **아래** : 치수 문자를 치수선 아래쪽에 위치시킵니다.

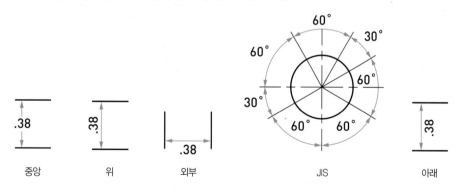

❿ **수평** : 치수 문자의 수평 방향 위치를 설정합니다. 시스템 변수인 'DIMJUST'를 사용하여 직접 수평 방향의 위치를 지정할 수 있습니다.

• **중심** : 치수 문자를 치수선의 가운데에 위치시킵니다.

• **치수보조선 1에** : 첫 번째 치수 보조선 쪽에 치수 문자를 위치시킵니다.

• **치수보조선 2에** : 두 번째 치수 보조선 쪽에 치수 문자를 위치시킵니다.

• **치수보조선 1 너머** : 첫 번째 치수 보조선 위에 치수 문자를 위치시킵니다.

- **치수보조선 2 너머** : 두 번째 치수 보조선 위에 치수 문자를 위치시킵니다.

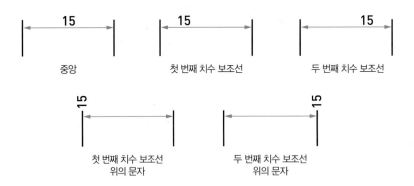

⑪ **뷰 방향** : 치수 문자를 보는 방향을 설정합니다.

- **왼쪽에서 오른쪽으로** : 치수 문자를 왼쪽에서 오른쪽으로 읽을 수 있도록 위치시킵니다.
- **오른쪽에서 왼쪽으로** : 치수 문자를 오른쪽에서 왼쪽으로 읽을 수 있도록 위치시킵니다.

⑫ **치수선에서 간격띄우기** : 치수선과 치수 문자의 간격을 설정합니다. 단, 이 값은 치수 문자가 치수선 중앙에 위치할 때 적용됩니다. 시스템 변수인 'DIMGAP'를 사용하여 직접 간격을 지정할 수 있습니다.

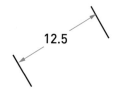

⑬ **문자 정렬** : 치수 문자의 정렬 방법을 설정합니다. 시스템 변수인 'DIMTIH' 및 'DIMTOH'를 사용하여 직접 치수 문자의 정렬 방법을 지정할 수 있습니다.

- **수평** : 치수선이 기울더라도 치수 문자는 수 평으로 표시합니다.

- **치수선에 정렬** : 치수선 방향대로 치수 문자를 위치시킵니다.

- **ISO 표준** : 치수 문자가 치수 보조선 안에 위 치할 때는 치수선 방향을 따라 표시하고, 치 수 문자가 치수 보조선 밖에 있을 때는 치수 문자를 수평으로 표시합니다.

5 [새 치수 스타일] 대화상자 – 〔맞춤〕 탭

치수선과 치수 문자 및 화살표 등의 배치 방법을 설정합니다.

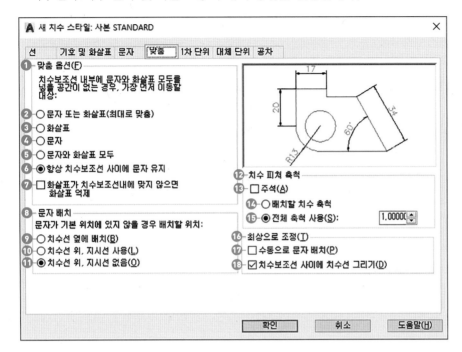

❶ 맞춤 옵션 : 치수 문자와 화살표의 위치를 설정합니다. 시스템 변수인 'DIMATFIT'를 사용하여 직접 지정할 수 있습니다.

❷ 문자 또는 화살표(최대로 맞춤) : 다음의 3가지 조건에 의해 치수 문자와 화살표 위치를 결정합니다.

• 치수선에 충분한 공간이 확보된 경우 : 치수선 안에 치수 문자와 화살표를 모두 위치시키고, 공간이 부족한 경우 최적의 맞춤 기준으로 위치시킵니다.

• 치수선에 치수 문자만 삽입할 수 있는 경우 : 치수 문자만 치수선 안에 배치하고 화살표는 치수 보조선 바깥쪽에 표시합니다.

• 치수선에 공간이 부족한 경우 : 치수 문자와 화살표를 모두 치수 보조선 바깥쪽에 표시합니다.

❸ 화살표 : 다음의 3가지 조건에 의해 치수 문자와 화살표 위치를 결정합니다.

• 치수선에 충분한 공간이 확보된 경우 : 치수선 안에 치수 문자와 화살표를 모두 위치시킵니다.

• 치수선에 화살표만 삽입할 수 있는 경우 : 화살표만 치수선 안에 배치하고 치수 문자는 치수 보조선 바깥쪽에 표시합니다.

• 치수선에 공간이 부족한 경우 : 치수 문자와 화살표를 모두 치수 보조선 바깥쪽에 표시합니다.

❹ 문자 : 다음의 3가지 조건에 의해 치수 문자와 화살표 위치를 결정합니다.

- 치수선에 충분한 공간이 확보된 경우 : 치수선 안에 치수 문자와 화살표를 모두 위치시킵니다.

- 치수선에 치수 문자만 삽입할 수 있는 경우 : 치수 문자만 치수선 안에 배치하고 화살표는 치수 보조선 바깥쪽에 표시합니다.

- 치수선에 공간이 부족한 경우 : 치수 문자와 화살표를 모두 치수 보조선 바깥쪽에 표시합니다.

❺ 문자와 화살표 모두 : 치수선에 치수 문자와 화살표를 모두 표시할 공간이 부족한 경우 치수 문자와 화살표를 모두 치수 보조선 바깥쪽에 표시합니다.

❻ 항상 치수보조선 사이에 문자 유지 : 치수 문자를 항상 치수 보조선 안에 표시합니다. 시스템 변수인 'DIMTIX'를 사용하여 직접 지정할 수 있습니다.

❼ 화살표가 치수보조선내에 맞지 않으면 화살표 억제 : 치수 보조선 안에 화살표를 표시할 공간이 부족하면 화살표를 표시하지 않습니다. 시스템 변수인 'DIMSOXD'를 사용해 직접 지정할 수 있습니다.

❽ 문자 배치 : 치수 문자가 치수 문자 스타일의 설정된 위치에서 벗어나는 경우 치수 문자의 위치를 설정합니다. 시스템 변수인 'DIMTMOV'를 사용하여 직접 지정할 수 있습니다.

❾ 치수선 옆에 배치 : 치수선 옆에 치수 문자를 배치합니다. 이 옵션을 선택하면 치수 문자를 움직일 때마다 치수선도 함께 따라 움직입니다.

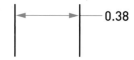

❿ 치수선 위, 지시선 사용 : 치수선과 치수 문자의 위치가 멀 경우 지시선을 이용하여 치수선과 치수 문자를 연결합니다. 치수선과 치수 문자의 위치가 가까운 경우 지시선이 표시되지 않으며, 치수 문자를 이동해도 치수선이 움직이지 않습니다.

⑪ 치수선 위, 지시선 없음 : 치수선과 치수 문자의 위치가 멀 경우에도 지시선이 표시되지 않고 치수 문자를 표시합니다. 치수 문자를 이동해도 치수선이 움직이지 않습니다.

⑫ 치수 피쳐 축척 : 치수 객체의 축척 또는 도면 공간의 축척을 설정합니다.

⑬ 주석 : 치수 스타일이 주석임을 지정합니다. 시스템 변수인 'DIMSCALE'를 사용하여 직접 지정할 수 있습니다.

⑭ 배치할 치수 축척 : 모형 공간과 배치 공간의 축척을 기준으로 비율이 설정됩니다.

⑮ 전체 축척 사용 : 치수 객체 전체의 축척 비율을 설정합니다. 여기서 입력한 비율에 치수 객체의 각 크기를 곱한 값이 실제 각 객체가 표시되는 크기입니다.

⑯ 최상으로 조정 : 치수 문자 및 치수선의 옵션 환경을 설정합니다.

⑰ 수동으로 문자 배치 : 치수 문자의 수평 방향 설정을 무시하고 사용자가 지정한 위치에 치수 문자를 표시합니다. 시스템 변수인 'DIMUPT'를 사용하여 직접 지정할 수 있습니다.

⑱ 치수보조선 사이에 치수선 그리기 : 화살표가 치수 보조선 바깥쪽에 표시되더라도 치수선은 대상 지점 안에 표시합니다.

⑥ [새 치수 스타일] 대화상자 – 〔1차 단위〕 탭

치수 단위와 형식 그리고 치수 문자의 머리말과 꼬리말을 설정합니다.

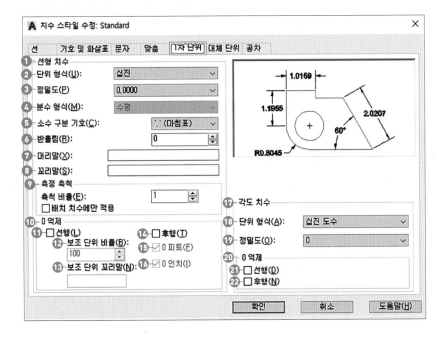

❶ **선형 치수** : 선형 치수에 대한 형식과 환경을 설정합니다.

❷ **단위 형식** : 치수 기입 단위를 설정합니다. 시스템 변수인 'DIMLUNIT'를 사용하여 직접 지정할 수 있습니다. 각도는 각도 치수에서 설정합니다.

❸ **정밀도** : 소수점의 자릿수를 지정합니다. 시스템 변수인 'DIMDEC'를 사용하여 직접 지정할 수 있습니다.

❹ **분수 형식** : 분수의 표현 방법을 설정하며 단위 형식을 '분수'로 설정했을 때만 선택할 수 있습니다. 시스템 변수인 'DIMFRAC'를 사용하여 직접 지정할 수 있습니다.

❺ **소수 구분 기호** : 소수점을 표현하는 기호를 선택합니다. 시스템 변수인 'DIMDSEP'를 사용하여 직접 지정할 수 있습니다.

❻ **반올림** : 반올림하고자 하는 자릿수를 입력합니다. '0'을 입력하면 반올림하지 않고, 수치를 입력하면 입력한 수치마다 근접한 값으로 반올림됩니다. 시스템 변수인 'DIMRND'를 사용하여 직접 지정할 수 있습니다.

❼ **머리말** : 치수 문자 앞에 항상 표시할 내용을 설정합니다. 머리말에는 문자 이외에 조정 코드를 입력할 수 있으며, 조정 코드는 표준 AutoCAD 글꼴에서만 사용할 수 있습니다. 시스템 변수인 'DIMPOST'를 사용하여 직접 지정할 수 있습니다.

기호	내용
%%nn	문자 번호 nn을 표시합니다.
%%o	윗줄 켜기와 끄기를 설정합니다.
%%u	밑줄 켜기와 끄기를 설정합니다.
%%d	각도 기호(°)를 표시합니다.
%%p	공차 기호(±)를 표시합니다.
%%c	원 지름 기호(Ø)를 표시합니다.

▲ 조정 코드

❽ **꼬리말** : 치수 문자 뒤에 항상 표시할 내용을 설정합니다. 꼬리말에도 문자 이외에 조정 코드를 입력할 수 있으며, 조정 코드는 표준 AutoCAD 글꼴에서만 사용할 수 있습니다. 시스템 변수인 'DIMPOST'를 사용하여 직접 지정할 수도 있습니다.

❾ **측정 축척** : 측정된 객체 길이의 축척을 설정합니다. 시스템 변수인 'DIMLFAC'를 사용하여 직접 지정할 수 있습니다.

• **축척 비율** : 선형 치수의 치수 기입 시 축척 비율을 설정합니다. 이곳에 '1' 이외의 값을 입력하면 실제 측정된 길이에 입력한 수치가 곱해진 값이 표시됩니다.

• **배치 치수에만 적용** : 배치 공간에서만 축척 비율을 적용합니다.

⑩ 0 억제 : '0'의 표시 방법을 설정합니다. 시스템 변수인 'DIMZIN'을 사용하여 직접 지정할 수 있습니다.

⑪ 선행 : 소수점 앞에 오는 '0'은 표시하지 않습니다. 예를 들어, '0.043'인 경우 '.043'으로만 표시합니다.

⑫ 보조 단위 비율 : 보조 단위의 수를 단위로 설정합니다. 예를 들어, 꼬리말이 'km'고 하위 꼬리말이 'm'라면 보조 단위 비율에 '1000'을 입력합니다.

⑬ 보조 단위 꼬리말 : 보조 단위의 꼬리말을 설정합니다. 예를 들어, '0.54km'를 '540m'로 표시하려면 'm'을 입력합니다.

⑭ 후행 : 소수점 뒤 자리수 중 마지막에 오는 '0'은 표시하지 않습니다. 예를 들어, '0.0430'인 경우 '0.043'으로만 표시합니다.

⑮ 0 피트 : 길이를 피트와 인치로 표시하는 경우 피트 길이가 '0' 미만일 때는 표시하지 않습니다.

⑯ 0 인치 : 길이를 피트와 인치로 표시하는 경우 인치가 '0'일 때는 표시하지 않습니다.

⑰ 각도 치수 : 각도의 치수 기입 방법을 설정합니다.

⑱ 단위 형식 : 각도의 표현 방법을 설정합니다. 시스템 변수인 'DIMAUNIT'를 사용하여 직접 지정할 수 있습니다.

⑲ 정밀도 : 각도 치수에서 표현할 소수점 자릿수를 설정합니다. 시스템 변수인 'DIMAZIN'을 사용하여 직접 지정할 수 있습니다.

⑳ 0 억제 : 각도 치수에서 '0'의 표시 방법을 설정합니다. 시스템 변수인 'DIMAZIN'을 사용하여 직접 지정할 수 있습니다.

㉑ 선행 : 소수점 앞에 오는 '0'은 표시하지 않습니다.

㉒ 후행 : 소수점 뒤 자릿수 중 마지막에 오는 '0'은 표시하지 않습니다.

☑ [새 치수 스타일] 대화상자 – 〔대체 단위〕 탭

치수 문자에 기입된 대체 단위 및 형식을 설정합니다.

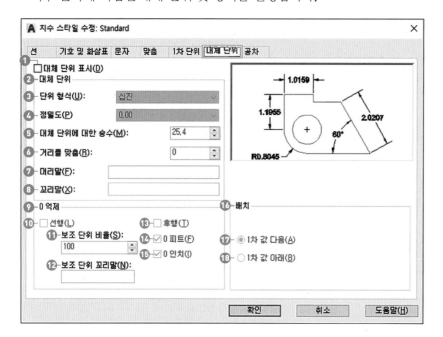

❶ **대체 단위 표시** : 체크 표시하면 치수 문자에 대체 단위를 표시합니다.

❷ **대체 단위** : 대체 단위의 형식 및 환경을 설정합니다.

❸ **단위 형식** : 치수 기입의 대체 단위를 설정합니다. 시스템 변수인 'DIMLALT'를 사용하여 직접 지정할 수 있습니다. 각도는 각도 치수에서 설정합니다.

❹ **정밀도** : 대체 단위의 소수점 자릿수를 지정합니다. 시스템 변수인 'DIMALTU'를 사용하여 직접 지정할 수 있습니다.

❺ **대체 단위에 대한 승수** : 1차 단위 대비 대체 단위의 비율을 설정합니다. 예를 들어, 인치를 센티미터로 변환하려면 '2.54'를 입력합니다. 시스템 변수인 'DIMALTF'를 사용하여 직접 지정할 수 있습니다.

❻ **거리를 맞춤** : 대체 단위의 반올림하고자 하는 자릿수를 입력합니다. '0'을 입력하면 반올림 하지 않고 수치를 입력하면 입력한 수치마다 근접한 값으로 반올림됩니다. 시스템 변수인 'DIMALTRND'를 사용하여 직접 지정할 수 있습니다.

❼ **머리말** : 대체 단위 치수 문자 앞에 항상 표시할 내용을 설정합니다. 머리말에는 문자 이외에 조정 코드를 입력할 수 있으며, 조정 코드는 표준 AutoCAD 글꼴에서만 사용할 수 있습니다. 시스템 변수인 'DIMAPOST'를 사용하여 직접 지정할 수도 있습니다.

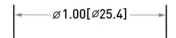

기호	내용
%%nn	문자 번호 nn을 표시합니다.
%%o	윗줄 켜기와 끄기를 설정합니다.
%%u	밑줄 켜기와 끄기를 설정합니다.
%%d	각도 기호(°)를 표시합니다.
%%p	공차 기호(±)를 표시합니다.
%%c	원 지름 기호(∅)를 표시합니다.

▲ 조정 코드

❽ **꼬리말** : 대체 단위 치수 문자 뒤에 항상 표시할 내용을 설정합니다. 꼬리말에도 문자 이외에 조정 코드를 입력할 수 있으며, 조정 코드는 표준 AutoCAD 글꼴에서만 사용할 수 있습니다. 시스템 변수인 'DIMAPOST'를 사용하여 직접 지정할 수도 있습니다.

$$\vdash \;\; \varnothing 1.00\text{ft}[\,\varnothing 30.48\text{cm}]\;\; \dashv$$

❾ **0 억제** : '0'의 표시 방법을 설정합니다. 시스템 변수인 'DIMZIN'을 사용하여 직접 지정할 수 있습니다.

❿ **선행** : 소수점 앞에 오는 '0'은 표시하지 않습니다.

⓫ **보조 단위 비율** : 보조 단위의 수를 단위로 설정합니다. 예를 들어, 꼬리말이 'km'고 하위 꼬리말이 'm'라면 보조 단위 비율에 '1000'을 입력합니다.

⓬ **보조 단위 꼬리말** : 보조 단위의 꼬리말을 설정합니다. 예를 들어, '0.54km'를 '540m'로 표시하려면 'm'을 입력합니다.

⓭ **후행** : 소수점 뒤 자릿수 중 마지막에 오는 '0'은 표시하지 않습니다.

⓮ **0 피트** : 길이를 피트와 인치로 표시하는 경우 피트 길이가 '0' 미만일 때는 표시하지 않습니다.

⓯ **0 인치** : 길이를 피트와 인치로 표시하는 경우 인치가 '0'일 때는 표시하지 않습니다.

⓰ **배치** : 대체 단위의 배치 방법을 설정합니다.

⓱ **1차 값 다음** : 1차 단위 뒤에 대체 단위를 위치시킵니다.

⓲ **1차 값 아래** : 1차 단위 아래에 대체 단위를 위치시킵니다.

8 [새 치수 스타일] 대화상자 – 〔공차〕 탭

치수 문자 공차의 표시 형식 및 환경을 설정합니다.

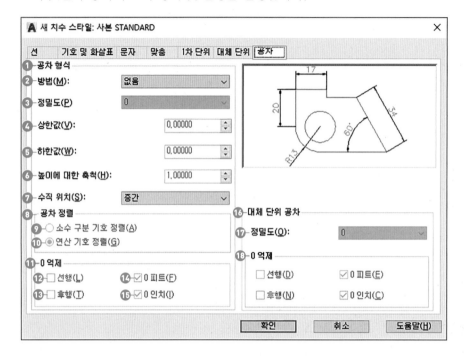

❶ **공차 형식** : 치수 문자 공차의 형식을 설정합니다.

❷ **방법** : 치수 문자 공차의 계산 방법을 설정합니다. 시스템 변수인 'DIMTOL'을 사용하여 직접 지정할 수 있습니다.

　　• **없음** : 공차 표현을 하지 않습니다.

• **편차** : 측정된 치수 문자에 양수와 음수의 공차를 모두 표현합니다.	• **대칭** : 측정된 치수 문자에 단일 편차가 적용되는 공차를 표현합니다.

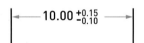
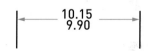

• **기준** : 기본 치수 문자와 함께 치수 문자 테두리에 상자를 표시합니다.	• **한계** : 한계 치수를 표시하며 최대 값과 최소 값이 모두 표시됩니다.

❸ **정밀도** : 공차의 소수점 자릿수를 지정합니다. 시스템 변수인 'DIMTDEC'를 사용하여 직접 지정할 수 있습니다.

❹ **상한값** : 공차의 최대 값 또는 상한값을 설정합니다. 시스템 변수인 'DIMTP'를 사용하여 직접 지정할 수 있습니다.

⑤ 하한값 : 공차의 최소 값 또는 하한값을 설정합니다. 시스템 변수인 'DIMTM'을 사용하여 직접 지정할 수 있습니다.

⑥ 높이에 대한 축척 : 공차 문자의 높이를 설정합니다.

⑦ 수직 위치 : 공차 문자의 자리 맞추는 방법을 설정합니다. 시스템 변수인 'DIMTOLJ'를 사용하여 직접 지정할 수 있습니다.

- **맨 아래** : 공차를 치수 문자 아래에 위치시킵니다.

- **중간** : 공차를 치수 문자 중간에 위치시킵니다.

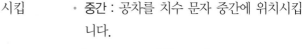

- **맨 위** : 공차를 치수 문자 위에 위치시킵니다.

⑧ 공차 정렬 : 최대 및 최소 공차 문자의 정렬 방법을 설정합니다.

⑨ 소수 구분 기호 정렬 : 소수점 기호를 중심으로 정렬합니다.

⑩ 연산 기호 정렬 : 연산 기호를 중심으로 정렬합니다.

⑪ 0 억제 : '0'의 표시 방법을 설정합니다. 시스템 변수인 'DIMTZIN'을 사용하여 직접 지정할 수 있습니다.

⑫ 선행 : 소수점 앞에 오는 '0'은 표시하지 않습니다.

⑬ 후행 : 소수점 뒤 자릿수 중 마지막에 오는 '0'은 표시하지 않습니다.

⑭ 0 피트 : 길이를 피트와 인치로 표시하는 경우 피트 길이가 '0' 미만일 때는 표시하지 않습니다.

⑮ 0 인치 : 길이를 피트와 인치로 표시하는 경우 인치가 '0'일 때는 표시하지 않습니다.

⑯ 대체 단위 공차 : 대체 단위의 공차를 설정합니다.

⑰ 정밀도 : 대체 단위의 소수점 자릿수를 지정합니다. 시스템 변수인 'DIMALTTD'를 사용하여 직접 지정할 수 있습니다.

⑱ 0 억제 : 대체 단위 '0'의 표시 방법을 설정합니다. 시스템 변수인 'DIMALTTZ'를 사용하여 직접 지정할 수 있습니다.

CHAPTER 02

선형 치수 기입하기

AutoCAD 2021 ···

치수 기입 방법 중 가장 많이 사용하고 일반적인 치수 기입 방법은 바로 선형 치수입니다. 선형 치수에는 치수선을 나란히 배열하는 방법과 계단형으로 배열하는 방법 그리고 기준선을 기준으로 입력하는 방법 등 다양한 치수 기입 방법이 있습니다.

1 평행 치수 입력하기 - Dim

가장 보편적인 치수 기입 방법으로 치수선이 수평 방향 또는 수직 방향으로 나란히 배열되는 형식입니다. 치수를 측정할 두 점을 선택한 다음 치수선이 위치할 곳을 지정하면 치수선 위에 치수가 기입됩니다.

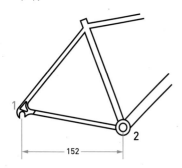

1 명령어 실행

- 리본 메뉴 : (주석) 탭 – 치수 패널 – 선형
- 메뉴 : (치수) → 선형
- 단축 명령어 : DLI

2 작업 진행

첫 번째 치수보조선 원점 지정 또는 〈객체 선택〉: [첫 번째 측정점 지정]
두 번째 치수보조선 원점 지정: [두 번째 측정점 지정]
치수선의 위치 지정 또는
[여러 줄 문자(M)/문자(T)/각도(A)/수평(H)/수직(V)/회전(R)]: [치수선 위치 지정]

⑤ 옵션

- **여러 줄 문자(M)** : 여러 줄의 치수 문자를 입력할 수 있는 문자 입력 상자가 표시됩니다.

- **문자(T)** : 사용자가 치수 문자를 입력할 수 있도록 프롬프트가 대기합니다.

- **각도(A)** : 치수 문자의 표시 각도를 설정합니다.

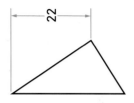

- **수평(H)** : 수평 선형 치수를 기입합니다.

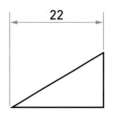

- **수직(V)** : 수직 선형 치수를 기입합니다.

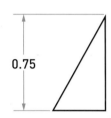

- **회전(R)** : 회전된 선형 치수를 기입합니다.

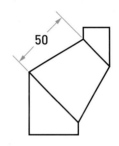

2 | 사선 치수 입력하기 - Dimaligned

'Dimaligned'는 경사진 선형 치수를 입력하는 명령으로 측정된 두 점과 평행한 방향으로 치수선이 기입됩니다. 치수 보조선은 측정된 두 점의 직각 방향으로 생성되며, 치수 문자는 자동으로 기입되지만 직접 치수를 기입할 수도 있습니다.

1 명령어 실행

- 리본 메뉴 : [주석] 탭 – 치수 패널 – 선형 – 정렬
- 메뉴 : [치수] → 정렬
- 단축 명령어 : DAL

2 작업 진행

> 첫 번째 치수보조선 원점 지정 또는 〈객체 선택〉: [첫 번째 측정점 지정]
> 두 번째 치수보조선 원점 지정: [두 번째 측정점 지정]
> 치수선의 위치 지정 또는
> [여러 줄 문자(M)/문자(T)/각도(A)]: [치수 보조선 위치 지정]

3 옵션

- **여러 줄 문자(M)** : 여러 줄의 치수 문자를 입력할 수 있는 문자 입력 상자가 표시됩니다.

- **문자(T)** : 사용자가 치수 문자를 입력할 수 있도록 프롬프트가 대기합니다.

- **각도(A)** : 치수 문자의 회전 각도를 설정합니다.

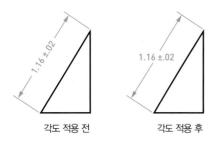

각도 적용 전   각도 적용 후

---

3 | 연속 치수 입력하기 - Dimcontinue

 'Dimcontinue'는 직전에 작성한 치수의 치수 보조선을 이용해서 연속으로 치수를 기입하는 명령으로 작성 방법은 선형 명령과 동일합니다. 직전에 작성한 치수가 없다면 선형 치수와 같은 프롬프트가 표시됩니다.

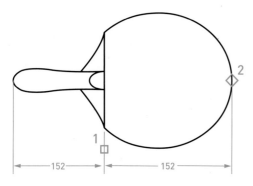

- 리본 메뉴 : [주석] 탭 – 치수 패널 – 연속
- 메뉴 : [치수] → 연속
- 단축 명령어 : DIMCONT

② 작업 진행

> 두 번째 치수보조선 원점 지정 또는 *[선택(S)/명령 취소(U)] 〈선택〉*: [측정점 지정]
> 두 번째 치수보조선 원점 지정 또는 *[선택(S)/명령 취소(U)] 〈선택〉*: [측정점 지정]
> 두 번째 치수보조선 원점 지정 또는 *[선택(S)/명령 취소(U)] 〈선택〉*: Enter

③ 옵션

- 선택(S) : 연속 치수의 위치를 적용할 치수를 선택합니다.
- 취소(U) : 직전 치수 기입 작업을 취소합니다.

4 | 기준 치수 입력하기 - Dimbaseline

'Dimbaseline'은 직전에 작성한 치수 또는 선택한 치수를 기준으로 연속적인 선형 치수 또는 각도 치수를 기입하는 명령입니다. Dimcontinue 명령은 이전 치수와는 다른 치수를 측정하지만, Dimbaseline 명령은 이전 치수의 첫 번째 측정점을 공유한 채 두 번째 측정점을 다르게 측정하여 치수를 기입하는 차이점이 있습니다. 치수선의 간격은 시스템 변수 'DIMDLI'를 통해 설정할 수 있습니다.

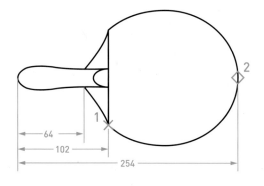

① 명령어 실행

- 리본 메뉴 : [주석] 탭 – 치수 패널 – 연속 – 기준선
- 메뉴 : [치수] → 기준선
- 단축 명령어 : DIMBASE

첫 번째 치수보조선 원점 지정 또는 [선택(S)/명령 취소(U)] ⟨선택⟩: [측정점 지정]
두 번째 치수보조선 원점 지정 또는 [선택(S)/명령 취소(U)] ⟨선택⟩: [측정점 지정]
두 번째 치수보조선 원점 지정 또는 [선택(S)/명령 취소(U)] ⟨선택⟩: Enter

③ 옵션

- 선택(S) : 연속 치수의 위치를 적용할 치수를 선택합니다.

- 취소(U) : 직전 치수 기입 작업을 취소합니다.

5 | 파선 치수 입력하기 - Dimjogline

'Dimjogline'은 선형 치수 또는 사선 치수에 꺾기 선을 추가하거나 제거하는 명령입니다. 꺾기 선을
이용하면 선형 치수 또는 사선 치수에서 표시되지 않은 치수 값을 표현할 수 있습니다.

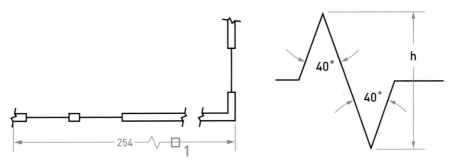

① 명령어 실행

- 리본 메뉴 : [주석] 탭 – 치수 패널 – 치수, 치수 꺾기선
- 메뉴 : [치수] → 꺾어진 선형
- 명령어 입력 : DIMJOGLINE

② 작업 진행

꺾기를 추가할 치수 선택 또는 [제거(R)]: [선형 치수 선택]
꺾기 위치 지정(또는 ENTER 키 누르기): [꺾기 선 위치 지정]

③ 옵션

- 제거(R) : 제거할 꺾기 선이 포함된 선형 치수 또는 사선 치수를 선택합니다.

CHAPTER 03

평면도 치수 기입하기

▶ 동영상 강의
https://youtu.be/eGCD7kmYSC4

AutoCAD 2021

올바르게 치수를 표시하기 위해서는 해당 조건에 맞는 설정과 기입 방법을 충분히 숙지하고 있어야 합니다. 이전에 만들었던 원룸의 평면도를 기준으로 각 위치에 맞는 선형의 치수를 기입하는 방법에 대해 살펴보겠습니다.

예제 파일 Part07\평면도_치수_예제.dwg
완성 파일 Part07\평면도_치수_완성.dwg

1 │ 치수 도면층 작성하기

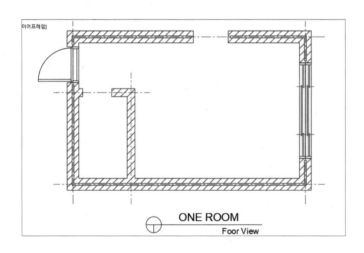

01 Part07 폴더에서 '평면도_치수_예제.dwg' 파일을 불러옵니다.

02 '명령어:LA'를 사용하여 도면층 특성 관리자 팔레트를 표시한 다음 '새 도면층' 아이콘(🗐)을 클릭하여 1개의 새로운 도면층을 생성합니다. F2를 눌러 도면층의 명칭을 '치수'로 변경하고, 색상은 '빨간색'으로 선택한 다음 도면층의 이름을 더블클릭해 '현재 사용' 상태로 변경합니다.

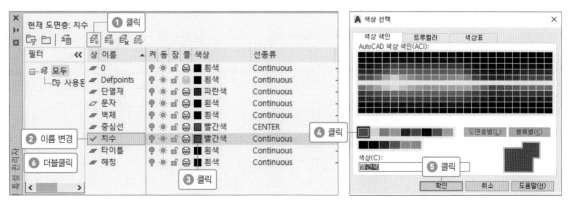

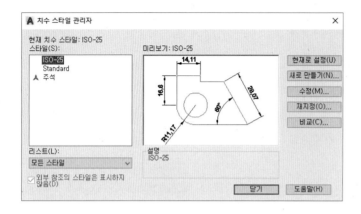

01 치수를 설정하기 위하여 '명령어:D'를 입력하여 [치수 스타일 관리자] 대화상자를 표시합니다.

명령: D
DIMSTYLE

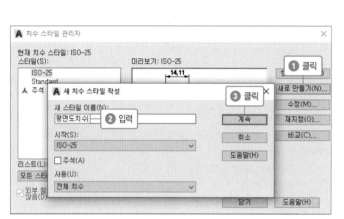

02 〈새로 만들기〉 버튼을 클릭한 다음 새 스타일의 이름을 '평면도치수'로 입력하고 〈계속〉 버튼을 클릭합니다.

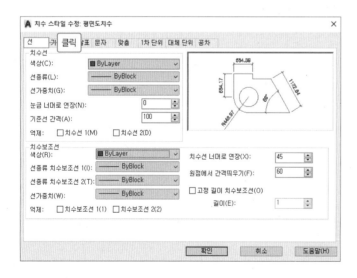

03 [치수 스타일 수정:평면도치수] 대화상자가 표시되면 〔선〕 탭을 클릭한 다음 다음과 같이 설정합니다.

● **치수선**
 • 색상 : ByLayer
 • 기준선 간격 : 100
● **치수보조선**
 • 색상 : ByLayer
 • 치수선 너머로 연장 : 45
 • 원점에서 간격띄우기 : 60

04 〔기호 및 화살표〕 탭을 클릭하여 다음과 같이 설정합니다.

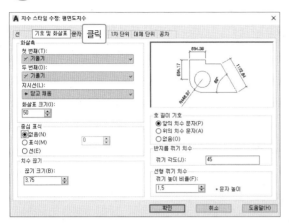 

- **화살촉**
  - 첫 번째 : 기울기 / 화살표 크기 : 50
  - 중심 표식 : 없음

05 〔문자〕 탭을 클릭하여 다음과 같이 설정합니다.

- **문자 모양**
  - 문자 스타일 → 〈…〉 버튼 클릭 → 글꼴 → 글꼴 이름을 '굴림'으로 변경
  - 문자 색상 : ByLayer
  - 문자 높이 : 100
- **문자 배치**
  - 치수선에서 간격띄우기 : 62.5

06 설정이 완료되면 〈확인〉 버튼을 클릭하여 치수 스타일 수정을 마무리합니다.

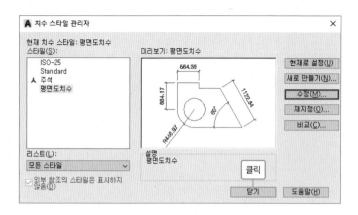

07 [치수 스타일 관리자] 대화상자가 표시되면 〈닫기〉 버튼을 클릭하여 종료합니다.

3 치수 기입하기

오른쪽 그림과 같이 치수 값을 표시해 보겠습니다. 치수 기입 시 주의할 점은 서로 다른 방향으로 기입하는 것은 효율적이지 않습니다. 그러므로 우선 벽체의 바깥 부분부터 치수를 기입한 다음에 안쪽을 기입하는 방법으로 치수를 기입해 보겠습니다.

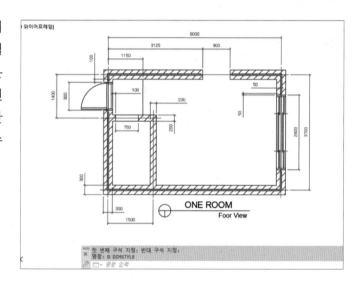

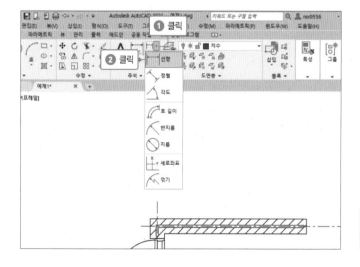

01 화면 상단의 리본 메뉴에서 '선형'을 선택하거나 '명령어:DLI'를 입력합니다.

명령: DLI
DIMLINEAR

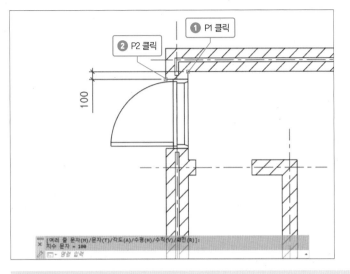

02 벽체의 안쪽 끝부분(P1)을 선택한 다음 문이 위치하는 선의 끝점(P2)을 선택하여 치수를 표시할 범위를 선택합니다. 문의 왼쪽 위치를 클릭하여 치수 값을 표시합니다.

명령: DLI
DIMLINEAR
첫 번째 치수보조선 원점 지정 또는 〈객체 선택〉: (P1 위치 클릭)
두 번째 치수보조선 원점 지정: (P2 위치 클릭)
치수선의 위치 지정 또는 [여러 줄 문자(M)/문자(T)/각도(A)/수평(H)/수직(V)/회전(R)]:
치수 문자 = 100(표시되는 거리 값)

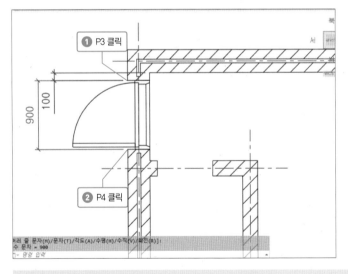

03 문의 폭이 되는 위쪽 모서리(P3)를 지정하고 반대편 모서리(P4)도 지정하여 문의 길이 수치를 지정합니다.

첫 번째 치수보조선 원점 지정 또는 〈객체 선택〉: (P3 위치 클릭)
두 번째 치수보조선 원점 지정: (P4 위치 클릭)

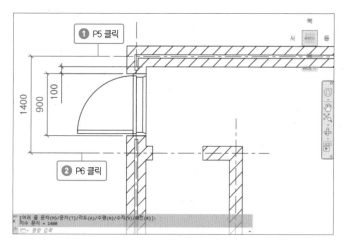

04 벽체의 위쪽 중심선(P5)의 끝부분을 지정한 다음 아래쪽 중심선(P6)의 끝점을 지정하여 벽체 중심선 간의 간격을 표시합니다.

첫 번째 치수보조선 원점 지정 또는 〈객체 선택〉: (P5 위치 클릭)
두 번째 치수보조선 원점 지정: (P6 위치 클릭)

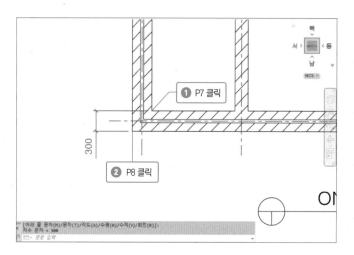

05 벽체의 안쪽 모서리(P7)를 지정한 다음 벽체의 바깥쪽 모서리(P8)를 선택합니다. 마우스 커서로 벽체 왼쪽으로 치수의 방향을 지정한 다음 위치를 지정하여 벽체의 한쪽 두께를 표시합니다.

첫 번째 치수보조선 원점 지정 또는 〈객체 선택〉: (P7 위치 클릭)
두 번째 치수보조선 원점 지정: (P8 위치 클릭)

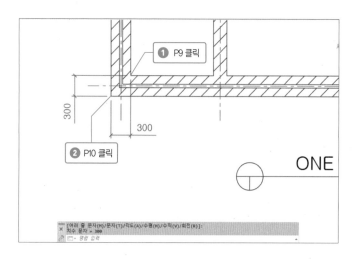

06 동일한 2개의 점을 지정한 다음 방향만 아래쪽으로 향하도록 위치를 지정하여 치수를 표시합니다.

첫 번째 치수보조선 원점 지정 또는 〈객체 선택〉: (P9 위치 클릭)
두 번째 치수보조선 원점 지정: (P10 위치 클릭)

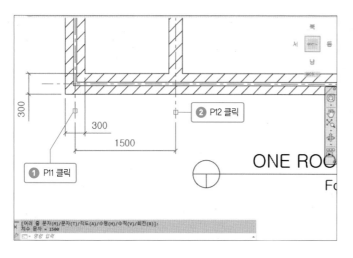

07 아래쪽 벽에 표시된 2개의 중심선 끝점(P11/P12)을 클릭하여 중심선 간의 간격을 표시합니다.

첫 번째 치수보조선 원점 지정 또는 〈객체 선택〉: (P11 위치 클릭)
두 번째 치수보조선 원점 지정: (P12 위치 클릭)

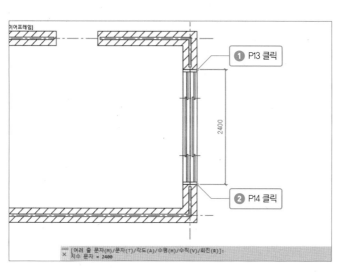

08 오른쪽의 치수를 기입해 보겠습니다. 창호의 위쪽 끝(P13)을 지정한 다음 아래쪽 끝(P14)을 지정하여 창호의 길이 수치를 표시합니다.

첫 번째 치수보조선 원점 지정 또는 〈객체 선택〉: (P13 위치 클릭)
두 번째 치수보조선 원점 지정: (P14 위치 클릭)

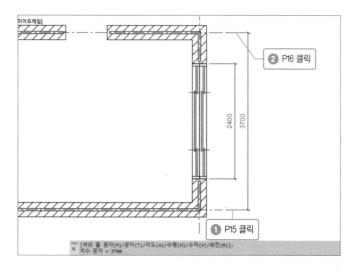

09 아래쪽 중심선의 끝(P15)을 지정한 다음 위쪽 중심선의 끝(P16)을 지정하여 중심선의 간격 수치를 표시합니다.

첫 번째 치수보조선 원점 지정 또는 〈객체 선택〉: (P15 위치 클릭)
두 번째 치수보조선 원점 지정: (P16 위치 클릭)

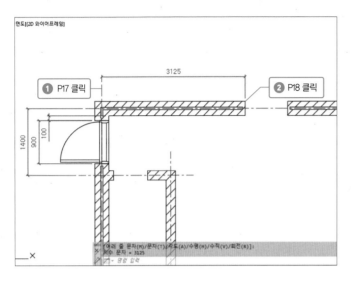

10 가장 왼쪽 중심선의 끝(P17)을 클릭하고 작은 창이 들어갈 왼쪽 모서리(P18)를 클릭하여 간격을 표시합니다.

첫 번째 치수보조선 원점 지정 또는 〈객체 선택〉: (P17 위치 클릭)
두 번째 치수보조선 원점 지정: (P18 위치 클릭)

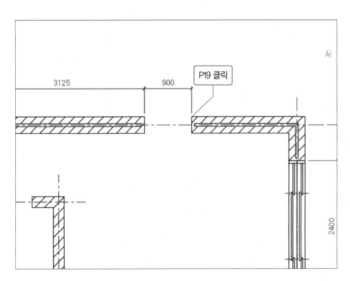

11 연속 치수를 기입하여 작은 창의 간격을 표시하겠습니다. '명령어:DIMCONT'를 입력한 다음 작은 창이 들어가는 반대편 모서리(P19)를 지정하여 간격을 표시합니다.

명령: DIMCONT
DIMCONTINUE
두 번째 치수보조선 원점 지정 또는 [선택(S)/명령 취소(U)] 〈선택〉: (P19 위치 클릭)

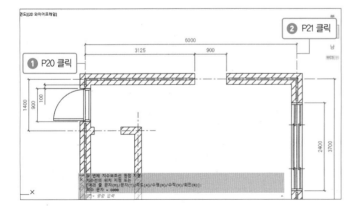

12 좌/우 벽체 중심선의 끝점(P20/P21)을 지정하여 중심선의 간격을 표시합니다.

첫 번째 치수보조선 원점 지정 또는 〈객체 선택〉: (P20 위치 클릭)
두 번째 치수보조선 원점 지정: (P21 위치 클릭)

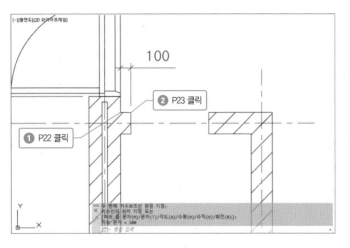

13 벽체 안쪽의 치수 값을 표시해 보겠습니다. 왼쪽 상단 문의 안쪽 모서리 (P22)를 지정한 다음 안쪽 욕실 문의 왼쪽 끝점(P23)을 지정하여 벽체의 간격을 표시합니다.

첫 번째 치수보조선 원점 지정 또는 〈객체 선택〉: (P22 위치 클릭)
두 번째 치수보조선 원점 지정: (P23 위치 클릭)

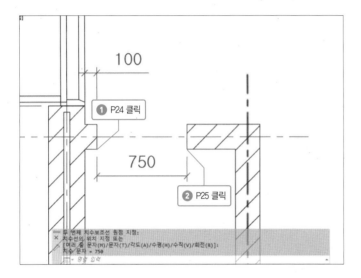

14 다음으로 문의 아래쪽 두 모서리 (P24/P25)를 지정하여 문의 간격을 표시합니다.

첫 번째 치수보조선 원점 지정 또는 〈객체 선택〉: (P24 위치 클릭)
두 번째 치수보조선 원점 지정: (P25 위치 클릭)

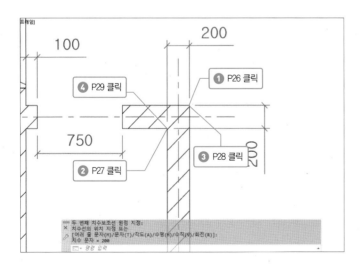

15 안쪽 벽의 두께를 표시할 차례입니다. 안쪽 벽의 안쪽(P26)과 바깥쪽 (P27)의 모서리를 클릭합니다. 위쪽 방향으로 1개의 치수를 표시하고, 같은 위치에 2개의 점을 지정한 다음 오른쪽 방향으로 벽의 두께를 표시합니다.

첫 번째 치수보조선 원점 지정 또는 〈객체 선택〉: (P26 위치 클릭)
두 번째 치수보조선 원점 지정: (P27 위치 클릭)

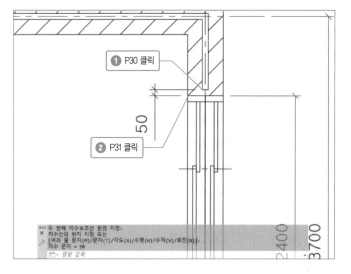

16 단열재와 관련된 치수 값을 표시해 보겠습니다. 창호의 안쪽 끝점(P30)을 지정한 다음 단열재의 한쪽 모서리(P31)를 지정하여 벽체와 단열재 간의 간격을 표시합니다.

> 첫 번째 치수보조선 원점 지정 또는 〈객체 선택〉: (P30 위치 클릭)
> 두 번째 치수보조선 원점 지정: (P31 위치 클릭)

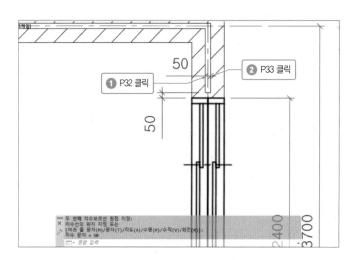

17 단열재의 두께를 이루는 왼쪽 모서리(P32)와 반대편의 모서리(P33)를 지정하여 단열재의 두께를 표시합니다.

> 첫 번째 치수보조선 원점 지정 또는 〈객체 선택〉: (P32 위치 클릭)
> 두 번째 치수보조선 원점 지정: (P33 위치 클릭)

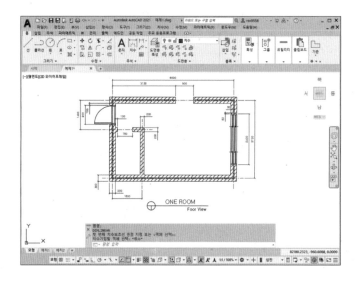

18 단열재의 두께까지 치수 표시를 완료하면 전체 치수 기입이 완료됩니다.

CHAPTER 04

원형 치수와 지시선 기입하기

AutoCAD 2021

AutoCAD에서 작성하는 객체에는 직선만 있는 것은 아닙니다. 원이나 타원 및 호와 같이 곡선으로 이루어진 객체의 치수를 입력하는 작업은 선형 치수보다 조금 복잡한 과정을 거칩니다. 이번 챕터에서 는 원형 치수를 기입하는 방법에 대해 알아보겠습니다.

1 | 반지름 입력하기 - Dimradius

'Dimradius'는 원이나 호처럼 반지름을 이용해서 작성하는 객체의 반지름을 표시하는 명령입니다. 객체의 형태에 따라서 중심점이 객체와 먼 거리에 위치할 수도 있으므로 중심점 위치에 적합한 반지름 치수를 기입하는 것이 중요합니다.

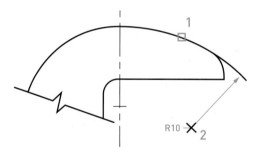

1 명령어 실행

- 리본 메뉴 : (홈) 탭 – 주석 패널 – 선형 – 반지름
- 메뉴 : (치수) → 반지름
- 단축 명령어 : DIMRAD

2 작업 진행

호 또는 원 선택: [원이나 호 객체 선택]
치수선의 위치 지정 또는 [여러 줄 문자(M)/문자(T)/각도(A)]: [치수선 위치 지정]

3 옵션

- 여러 줄 문자(M) : 여러 줄의 치수 문자를 입력할 수 있는 문자 입력 상자가 표시됩니다.

- 문자(T) : 사용자가 치수 문자를 입력할 수 있도록 프롬프트가 대기합니다.

- 각도(A) : 치수 문자의 표시 각도를 설정합니다.

2 | 지름 입력하기 - Dimdiameter

'Dimdiameter'는 원이나 호처럼 반지름을 이용해서 작성하는 객체의 지름을 표시하는 명령입니다. 원이 기하학적인 형태일 경우 치수선의 위치가 객체와 멀어질 수 있습니다.

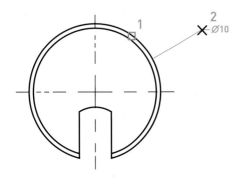

1 명령어 실행

- 리본 메뉴 : (홈) 탭 – 주석 패널 – 선형 – 지름
- 메뉴 : (치수) → 지름
- 단축 명령어 : DIMDIA

2 작업 진행

호 또는 원 선택: [원이나 호 객체 선택]
치수선의 위치 지정 또는 [여러 줄 문자(M)/문자(T)/각도(A)]: [치수선 위치 지정]

3 옵션

- 여러 줄 문자(M) : 여러 줄의 치수 문자를 입력할 수 있는 문자 입력 상자가 표시됩니다.

- 문자(T) : 사용자가 치수 문자를 입력할 수 있도록 프롬프트가 대기합니다.

- 각도(A) : 치수 문자의 표시 각도를 설정합니다.

3 | 중심 표시하기 - Dimcenter

'Dimcenter'는 원이나 호와 같은 곡선 객체에서 중심점을 표시하는 명령입니다. 중심점을 표시하는 표식은 치수 스타일에서 설정할 수 있습니다. 또한 시스템 변수인 'DIMCEN'을 사용하면 중심 표식의 크기를 직접 설정할 수 있습니다.

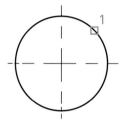

1 명령어 실행

- 리본 메뉴 : [주석] 탭 – 중심선 패널 – 중심 표식
- 메뉴 : [치수] → 중심 표식
- 명령어 입력 : DIMCENTER

2 작업 진행

중심 표식을 추가할 원 또는 호 선택: [원이나 호 객체 선택]

4 | 호의 길이 표시하기 - Dimarc

'Dimarc'는 호 또는 폴리선 호 세그먼트의 길이를 측정하는 명령입니다. 직선거리가 아닌 곡선거리를 측정하며, 그에 따라 치수 보조선은 호의 모양대로 곡선으로 표시됩니다.

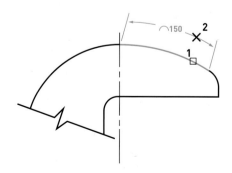

1 명령어 실행

- 리본 메뉴 : (주석) 탭 – 치수 패널 – 선형 – 호 길이
- 메뉴 : (치수) → 호 길이
- 명령어 입력 : DIMARC

2 작업 진행

호 또는 폴리선 호 세그먼트 선택: [호 객체 선택]
호 길이 치수 위치 지정 또는 [여러 줄 문자(M)/문자(T)/각도(A)/부분(P)/지시선(L)]: [치수선 위치 지정]

3 옵션

- 부분(P) : 선택한 호의 일부 길이만 측정하여 치수를 표시합니다.

- 지시선(L) : 지시선을 추가해 치수를 표시합니다. 이 옵션은 호가 90°보다 큰 경우에만 표시됩니다.

5 │ 지시선 표시하기 - Leader

'Leader'는 지시선을 뽑아 주석을 작성하는 명령입니다. Leader 명령은 엄밀히 분류하면 치수 기입에는 포함되지 않지만 치수선과 유사한 형태로 표시됩니다. 단일 지시선은 Leader 명령을 사용하지만 여러 개의 지시선을 한 번에 만들고자 할 때는 Mleader 명령을 사용합니다.

데이터 참조에
따른
실제 위치

1 명령어 실행

단축 명령어 : LEAD

2 작업 진행

지시선 시작점 지정: [지시선의 시작점을 지정]
다음 점 지정: [지시선의 다음점을 지정]
다음 점 지정 또는 [주석(A)/형식(F)/명령 취소(U)] 〈주석(A)〉: Spacebar
주석 문자의 첫 번째 행 입력 또는 〈옵션〉: [입력할 텍스트]
주석 문자의 다음 행을 입력: Spacebar

③ 옵션

- 주석(A) : 지시선 끝에 주석을 삽입합니다. 주석에는 공차나 블록, 문자 등을 삽입할 수 있습니다.

- 형식(F) : 지시선 형태 및 화살표 형태를 설정합니다.

- 명령 취소(U) : 직전 작업을 취소합니다.

6 | 여러 개의 지시선 표시하기 - Mleader

'Mleader'는 여러 개의 지시선을 한 번에 작성하는 명령입니다. Mleader 명령에 의해 작성된 지시선 객체는 일반 선분과 화살표 그리고 문자와 블록으로 구성되어 있습니다. Mleader 명령은 Leader 명령보다 가시적인 표현이 가능한 점이 특징입니다.

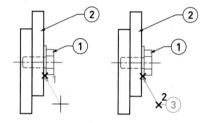

1 명령어 실행

- 리본 메뉴 : (주석) 탭 – 지시선 패널 – 다중 지시선
- 메뉴 : (치수) → 다중 지시선
- 단축 명령어 : MLD

2 작업 진행

지시선 화살촉 위치 지정 또는 [지시선 연결선 먼저(L)/컨텐츠 먼저(C)/옵션(O)] 〈옵션〉: [화살표가 표시될 정점 지정]
지시선 연결선 위치 지정: [지시선 끝점 지정]
[문자 입력]

3 옵션

- 지시선 연결 먼저(L) : 지시선의 끝점을 먼저 지정합니다.

- 컨텐츠 먼저(C) : 문자나 공차, 블록과 같이 지시선에 연결되어 삽입할 내용을 설정합니다.

- 옵션(O) : 지시선 유형과 연결선의 거리 그리고 지시선에 연결될 객체의 종류를 설정합니다.

CHAPTER 05

원형 치수 기입하기

▶ 동영상 강의
https://youtu.be/5rZJtH-PZ60

AutoCAD 2021 ···

예제 파일 Part07\원형치수_예제.dwg
완성 파일 Part07\원형치수_완성.dwg

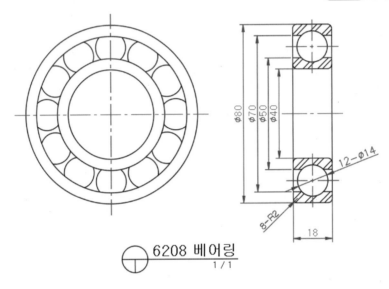

이번에는 위 그림처럼 작성한 다음 원의 지름 및 반지름을 기입하여 표시하는 방법에 대해 살펴보겠습니다.

1 │ 도면층 작성하기

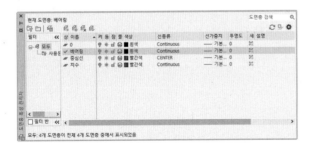

위 그림처럼 3개의 도면층을 만들어 보겠습니다.

❶ 도면층의 이름 : 베어링 / 색상 : 흰색 / 선 종류 : Continuous
❷ 도면층의 이름 : 중심선 / 색상 : 빨간색 / 선 종류 : CENTER
❸ 도면층의 이름 : 치수 / 색상 : 빨간색 / 선 종류 : Continuous

치수 설정을 하기 위한 '명령어:D'를 입력하여 [치수 스타일 관리자] 대화상자를 표시합니다.

명령: D

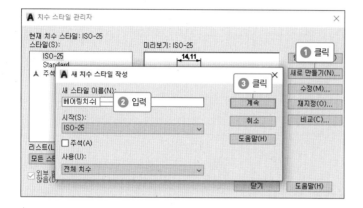

01 Part07 폴더에서 '원형치수_예제. dwg' 파일을 불러옵니다.
〈새로 만들기〉 버튼을 클릭한 다음 [새 치수 스타일 작성] 대화상자가 표시되면 새 스타일의 이름을 '베어링치수'로 입력한 다음 〈계속〉 버튼을 클릭합니다.

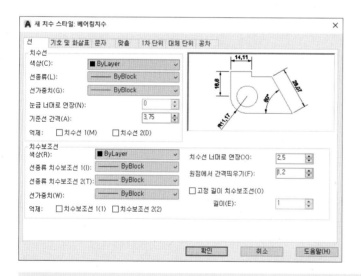

02 〔선〕 탭에서 설정해야 할 사항을 지정합니다.

- **치수선**
  - 색상 : ByLayer
- **치수 보조선**
  - 색상 : ByLayer
  - 치수선 너머로 연장 : 2.5
  - 원점에서 간격띄우기 : 1.2

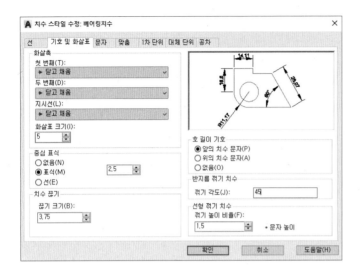

03 〔기호 및 화살표〕 탭에서 설정해야
할 사항을 지정합니다.

• 화살표 크기 : 5

04 〔문자〕 탭에서 설정해야 할 사항을
지정합니다.

● 문자 모양 → 문자 스타일 → 〈…〉 버튼 클릭
● 글꼴
  • 글꼴 이름 : 굴림 → 〈현재로 설정〉 버튼 클릭
● 문자 모양
  • 문자 높이 : 5

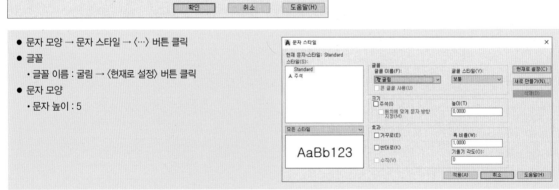

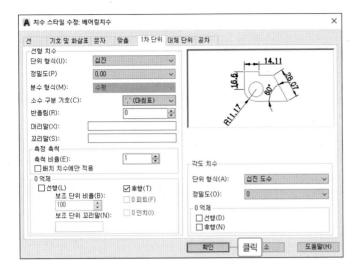

05 〔1차 단위〕 탭에서 설정해야 할 사항을 지정해 줍니다.

06 설정이 완료되면 〈확인〉 버튼을 클릭합니다.

• 소수 구분 기호 : 마침표

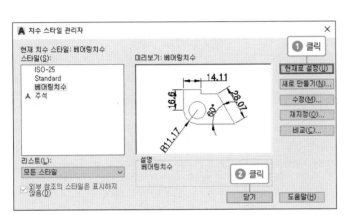

07 [치수 스타일 관리자] 대화상자가 표시되면 〈현재로 설정〉 버튼을 클릭한 다음 〈닫기〉 버튼을 클릭하여 치수 설정을 완료합니다.

3 ┊ 베어링 작성하기

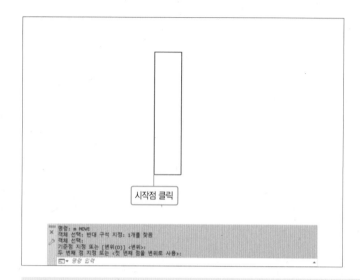

시작점 클릭

01 '명령어:REC'를 사용하여 시작점을 지정하고 가로/세로의 거리 값인 '@18,80'을 입력하여 사각형을 작성합니다.

명령: REC
RECTANG
첫 번째 구석점 지정 또는 [모따기(C)/고도(E)/모깎기(F)/두께(T)/폭(W)]: (시작점 지정)
다른 구석점 지정 또는 [영역(A)/치수(D)/회전(R)]: @18,80 (가로/세로의 좌표 값)

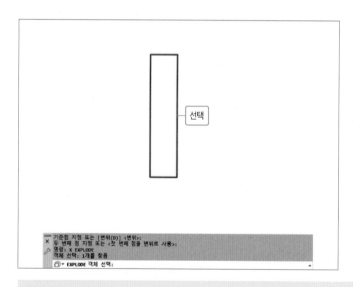

선택

02 '명령어:X'를 입력한 다음 사각형을 선택하여 사각형을 분할합니다.

명령: X
EXPLODE
객체 선택: 1개를 찾음(사각형을 선택)

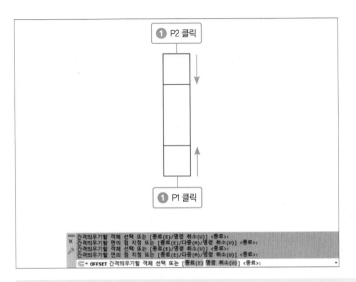

03 '명령어:O'를 입력한 다음 간격띄우기를 사용하여 위쪽과 아래쪽에 각각 '20'의 간격을 가지는 평행선을 작성합니다.

명령: O
OFFSET
현재 설정: 원본 지우기=아니오 도면층=원본 OFFSETGAPTYPE=0
간격띄우기 거리 지정 또는 [통과점(T)/지우기(E)/도면층(L)] 〈통과점〉: 20
간격띄우기할 객체 선택 또는 [종료(E)/명령 취소(U)] 〈종료〉: (위쪽/아래쪽 선을 선택)
간격띄우기할 면의 점 지정 또는 [종료(E)/다중(M)/명령 취소(U)] 〈종료〉 (안쪽 방향 지정)

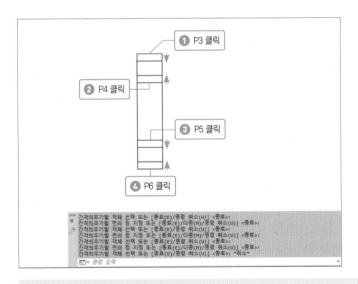

04 앞서 20의 간격을 띄웠던 2개의 선과 가장 위/아래에 있는 선을 기준으로 안쪽 방향으로 '5'씩 간격을 띄웁니다.

명령: O
OFFSET
현재 설정: 원본 지우기=아니오 도면층=원본 OFFSETGAPTYPE=0
간격띄우기 거리 지정 또는 [통과점(T)/지우기(E)/도면층(L)] 〈통과점〉: 5
간격띄우기할 객체 선택 또는 [종료(E)/명령 취소(U)] 〈종료〉:
(위쪽/아래쪽 선 및 20씩 간격을 넣은 선을 선택)
간격띄우기할 면의 점 지정 또는 [종료(E)/다중(M)/명령 취소(U)] 〈종료〉 (안쪽 방향 지정)

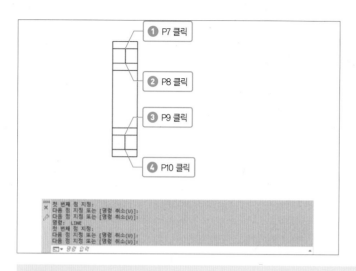

05 5씩 간격을 띄운 선들의 중간점과 중간점을 잇는 선을 위/아래에 각각 1개씩 작성합니다.

명령: L
LINE
첫 번째 점 지정:
다음 점 지정 또는 [명령 취소(U)]: P7(위쪽 두 번째 선의 중간점을 지정)
다음 점 지정 또는 [명령 취소(U)]: P8(위쪽 세 번째 선의 중간점을 지정)

명령: L
LINE
다음 점 지정 또는 [명령 취소(U)]: P9(아래쪽 두 번째 선의 중간점을 지정)
다음 점 지정 또는 [명령 취소(U)]: P10(아래쪽 세 번째 선의 중간점을 지정)

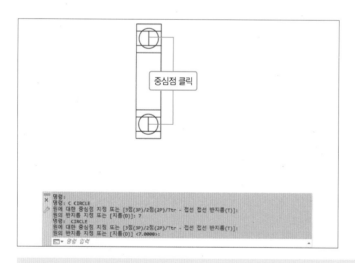

06 원을 사용하여 **05**번 과정에서 작성한 선의 중간점을 원의 중심점으로 지정하는 '반지름:7'의 원을 아래쪽/위쪽에 각각 1개씩 작성합니다.

명령: C
CIRCLE
원에 대한 중심점 지정 또는 [3점(3P)/2점(2P)/Ttr – 접선 접선 반지름(T)]: (선의 중간점 지정)
원의 반지름 지정 또는 [지름(D)]: 7(반지름 입력)

명령: C
CIRCLE
원에 대한 중심점 지정 또는 [3점(3P)/2점(2P)/Ttr – 접선 접선 반지름(T)]: (선의 중간점 지정)
원의 반지름 지정 또는 [지름(D)] 〈7.0000〉: (동일한 반지름이므로 Enter)

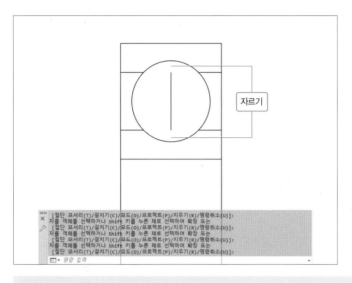

07 '명령어:TR'을 사용하여 원 안쪽의 가로선을 자릅니다. 반대편에도 동일하게 작업하여 도형을 만듭니다.

명령: TR
TRIM
현재 설정: 투영=UCS, 모서리=없음, 모드=빠른 작업
자를 객체를 선택하거나 Shift 키를 누른 채로 선택하여 확장 또는
[절단 모서리(T)/걸치기(C)/모드(O)/프로젝트(P)/지우기(R)]: (원 안쪽의 가로선을 자르기)

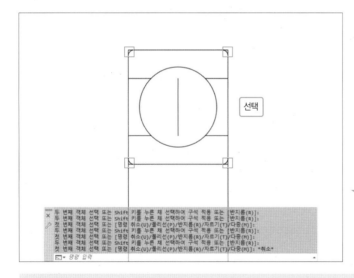

08 베어링의 모서리를 둥글게 만들어 보겠습니다. 반지름 1을 가지는 코너가 많기 때문에 '다중(M)' 옵션을 사용하여 가장 바깥쪽의 모서리와 20의 간격을 띄운 모서리를 안쪽으로 R값이 들어가도록 작성합니다.

TIP
모서리를 자르지 않는 이유는 안쪽의 선에 모깎기를 줄 경우 선이 잘려서 사라질 수 있으므로 '자르기 않기 (N)'를 사용합니다.

명령: F
FILLET
현재 설정: 모드 = 자르기 않기, 반지름 = 0.0000
첫 번째 객체 선택 또는 [명령 취소(U)/폴리선(P)/반지름(R)/자르기(T)/다중(M)]: R 모깎기 반지름 지정 〈0.0000〉: 1(반지름 지정)
첫 번째 객체 선택 또는 [명령 취소(U)/폴리선(P)/반지름(R)/자르기(T)/다중(M)]: T(선 자르기 옵션)
자르기 모드 옵션 입력 [자르기(T)/자르기 않기(N)] 〈자르기 않기〉: N(자르기 않기)
첫 번째 객체 선택 또는 [명령 취소(U)/폴리선(P)/반지름(R)/자르기(T)/다중(M)]: M(다중)
첫 번째 객체 선택 또는 [명령 취소(U)/폴리선(P)/반지름(R)/자르기(T)/다중(M)]: (R값이 들어갈 첫 번째 모서리 클릭)
두 번째 객체 선택 또는 Shift 키를 누른 채 선택하여 구석 적용 또는 [반지름(R)]: (R값이 들어갈 두 번째 모서리 클릭)

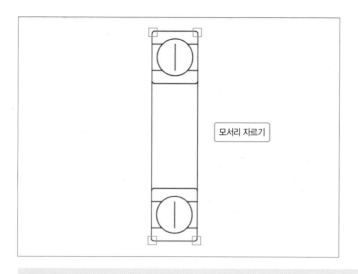

09 모깎기를 주어서 필요가 없어진 모
서리들을 '명령어:TR'을 사용하여 잘
라냅니다.

명령: TR
TRIM
현재 설정: 투영=UCS, 모서리=없음, 모드=빠른 작업
자를 객체를 선택하거나 Shift 키를 누른 채로 선택하여 확장 또는
[절단 모서리(T)/걸치기(C)/모드(O)/프로젝트(P)/지우기(R)]: (모깎기의 모서리를 자르기)

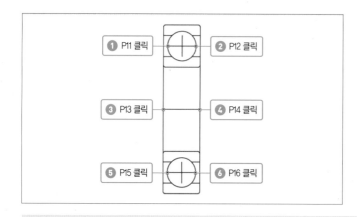

10 중심선 표시할 선을 작성하겠습니다.
위/아래의 원은 좌/우의 사분점을 이
어서 선을 작성하고, 중앙의 선은 양쪽 선의
'중간점'을 지정하여 선을 작성합니다.

명령: L
LINE
첫 번째 점 지정:
다음 점 지정 또는 [명령 취소(U)]: P11(위쪽 원의 왼쪽 사분점을 지정)
다음 점 지정 또는 [명령 취소(U)]: P12(위쪽 원의 오른쪽 사분점을 지정)

명령: L
LINE
다음 점 지정 또는 [명령 취소(U)]: P13(좌측 선의 중간점을 지정)
다음 점 지정 또는 [명령 취소(U)]: P14(우측 선의 중간점을 지정)

명령: L
LINE
다음 점 지정 또는 [명령 취소(U)]: P15(아래쪽 원의 왼쪽 사분점을 지정)
다음 점 지정 또는 [명령 취소(U)]: P16(아래쪽 원의 오른쪽 사분점을 지정)

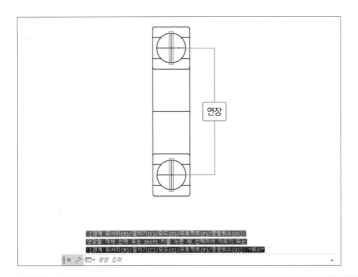

11 위/아래의 원 안에 있는 세로선들을 연장하여 원의 사분점에 닿도록 만듭니다.

명령: EX
EXTEND
현재 설정: 투영=UCS, 모서리=없음, 모드=빠른 작업
연장할 객체 선택 또는 Shift 키를 누른 채 선택하여 자르기 또는
[경계 모서리(B)/걸치기(C)/모드(O)/프로젝트(P)]: (위/아래 원 안의 세로선을 연장)

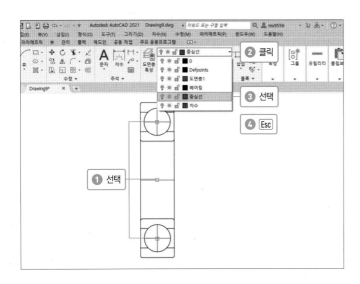

12 작성한 선들을 클릭한 다음 리본 메뉴에서 '중심선' 도면층을 선택하여 선택한 선의 도면층을 변경합니다. 변경이 완료되면 Esc 를 눌러 변경을 종료합니다.

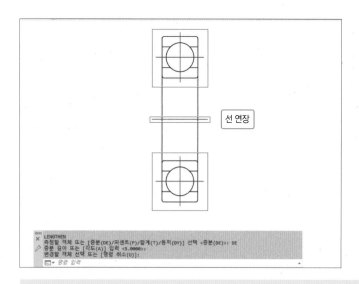

13 중심선을 늘려 보겠습니다. '명령어:LEN'의 '옵션:DE'를 사용하여 중심선을 모두 '5'씩 길어지도록 연장합니다.

명령: LEN

LENGTHEN

측정할 객체 또는 [증분(DE)/퍼센트(P)/합계(T)/동적(DY)] 선택 〈증분(DE)〉: DE(선의 증분)

증분 길이 또는 [각도(A)] 입력 〈0.0000〉: 5(연장될 수치)

변경할 객체 선택 또는 [명령 취소(U)]: (연장할 중심선의 끝부분을 클릭)

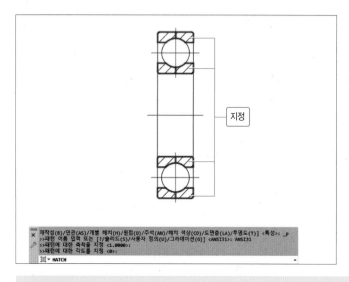

14 '명령어:H'를 실행하여 원의 위쪽/아래쪽 부분에 무늬를 삽입합니다.

패턴 : ANSI31

패턴 삽입할 위치점을 지정

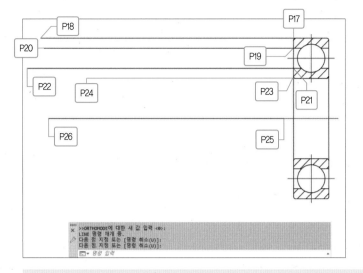

15 위쪽에서부터 각 선의 끝점을 지정한 다음 Shift를 눌러 수평의 임의의 점을 지정하는 수평선을 작성합니다.

명령: L
LINE
첫 번째 점 지정:
다음 점 지정 또는 [명령 취소(U)]: P17(왼쪽 위의 끝점을 지정)
다음 점 지정 또는 [명령 취소(U)]: P18(Shift를 사용하여 수평의 임의의 지점 선택)

명령: L
LINE
다음 점 지정 또는 [명령 취소(U)]: P19(왼쪽 위의 두 번째 선 끝점을 지정)
다음 점 지정 또는 [명령 취소(U)]: P20(Shift를 사용하여 수평의 임의의 지점 선택)

명령: L
LINE
다음 점 지정 또는 [명령 취소(U)]: P21(왼쪽 위의 세 번째 선 끝점을 지정)
다음 점 지정 또는 [명령 취소(U)]: P22(Shift를 사용하여 수평의 임의의 지점 선택)

명령: L
LINE
다음 점 지정 또는 [명령 취소(U)]: P23(왼쪽 위의 네 번째 선 끝점을 지정)
다음 점 지정 또는 [명령 취소(U)]: P24(Shift를 사용하여 수평의 임의의 지점 선택)

명령: L
LINE
다음 점 지정 또는 [명령 취소(U)]: P25(왼쪽 중간의 끝점을 지정)
다음 점 지정 또는 [명령 취소(U)]: P26(Shift를 사용하여 수평의 임의의 지점 선택)

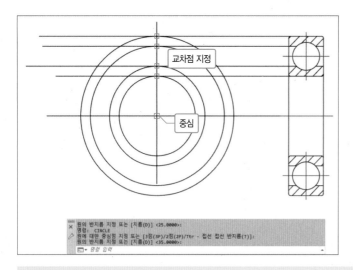

16 앞서 작성한 5개의 선보다 위쪽의 임의의 점에서 시작점을 지정한 다음 Shift를 눌러 수직선을 작성하여 교체선을 만듭니다. 해당 중앙에 2개의 선이 교차하는 교차점을 기준으로 위쪽의 교차점을 반지름으로 하는 원을 작성합니다.

명령: L
LINE
첫 번째 점 지정:
다음 점 지정 또는 [명령 취소(U)]: P1(왼쪽 위의 끝점을 지정)
다음 점 지정 또는 [명령 취소(U)]: P2(Shift를 사용하여 수평의 임의의 지점 선택)

명령: C
CIRCLE
원에 대한 중심점 지정 또는 [3점(3P)/2점(2P)/Ttr – 접선 접선 반지름(T)]:
원의 반지름 지정 또는 [지름(D)] ⟨0.0000⟩: (각 교차점을 지정)

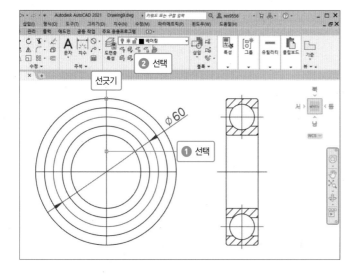

17 원의 위/아래와 좌/우를 이어 주는 선을 작성하고, 원의 중심에서 'Ø60'을 가지는 원을 작성한 다음 도면층은 '중심선'으로 변경합니다.

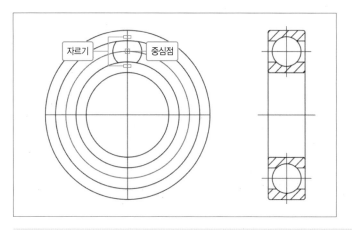

18 중심원의 위쪽 사분점에서 '반지름:7'
의 원을 작성한 다음 '명령어:TR'을 사
용하여 원의 위쪽/아래쪽 부분을 자릅니다.

명령: C

CIRCLE

원에 대한 중심점 지정 또는 [3점(3P)/2점(2P)/Ttr − 접선 접선 반지름(T)]:
(원형 중심선의 위쪽 사분점을 지정)

원의 반지름 지정 또는 [지름(D)] ⟨0.0000⟩: 7(반지름 입력)

명령: TR

TRIM

현재 설정: 투영=UCS, 모서리=없음, 모드=빠른 작업

자를 객체를 선택하거나 Shift 키를 누른 채로 선택하여 확장 또는

　[절단 모서리(T)/걸치기(C)/모드(O)/프로젝트(P)/지우기(R)]: (원의 위/아래 부분 자르기)

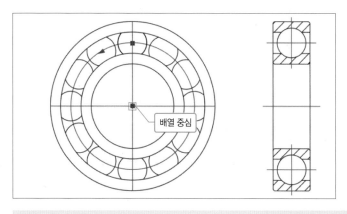

19 중심원의 위쪽 사분점에서 '반지름:7'
의 원을 작성한 다음 '명령어:TR'을 사
용하여 원의 위쪽/아래쪽 부분을 자릅니다.

명령: AR

ARRAY

객체 선택: 1개를 찾음(원의 오른쪽 부분 지정)

객체 선택: 1개를 찾음, 총 2개(원의 왼쪽 부분 지정)

객체 선택: 배열 유형 입력 [직사각형(R)/경로(PA)/원형(PO)] ⟨직사각형⟩: PO(회전 배열)

유형 = 원형 연관 = 예

배열의 중심점 지정 또는 [기준점(B)/회전축(A)]: (원의 중심점을 지정)

그립을 선택하여 배열을 편집하거나 [연관(AS)/기준점(B)/항목(I)/사이의 각도(A)/채울 각도(F)/행(ROW)/레벨(L)/항목 회전(ROT)/종료(X)]⟨종료⟩:
I(항목으로 개수를 지정)

배열의 항목 수 입력 또는 [표현식(E)] ⟨6⟩: 12(총합의 개수를 작성)

그립을 선택하여 배열을 편집하거나 [연관(AS)/기준점(B)/항목(I)/사이의 각도(A)/채울 각도(F)/행(ROW)/레벨(L)/항목 회전(ROT)/종료(X)]⟨종료⟩:
(Enter)를 눌러 종료)

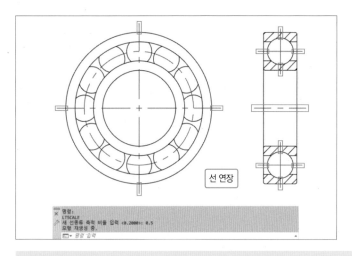

선 연장

20 '명령어:LEN'의 '증분:DE'를 사용하여 중심선을 연장한 다음 '명령어:LTS'를 사용하여 중심선의 간격을 조절하여 도형 작성을 마무리합니다.

명령: LEN
LENGTHEN
측정할 객체 또는 [증분(DE)/퍼센트(P)/합계(T)/동적(DY)] 선택 〈증분(DE)〉: DE(증분)
증분 길이 또는 [각도(A)] 입력 〈5.0000〉: (Enter)

명령: LTS
LTSCALE
새 선종류 축척 비율 입력 〈1.000〉: 0.5(비율 입력)

4 | 베어링 치수 기입하기

베어링의 치수 값을 기입해 보겠습니다.

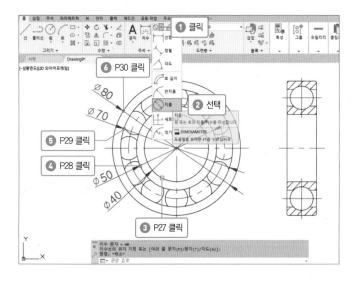

01 화면 상단의 도면층 설정에서 현재 사용 중인 도면층을 '치수'로 변경합니다.

02 〔홈〕 탭의 주석 패널에서 '지름'을 선택합니다. 왼쪽 그림에서 확인할 수 있는 4개의 원을 클릭하여 4개의 지름 값을 표시합니다.

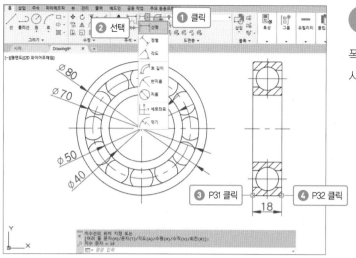

03 〔홈〕탭의 주석 패널에서 '선형'을 선택합니다. 오른쪽 베어링의 단면부 폭의 양쪽 끝점을 지정하여 폭의 치수를 표시합니다.

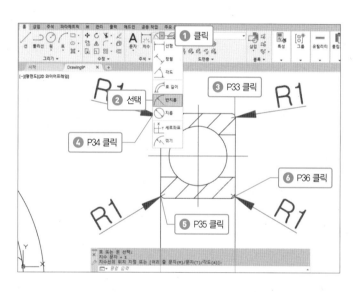

04 〔홈〕탭의 주석 패널에서 '반지름'을 선택합니다. 베어링의 모서리에 작업한 '모깎기'의 부분을 클릭하여 반지름을 표시합니다. 반대편의 아래쪽 역시 동일한 방법으로 표시합니다.

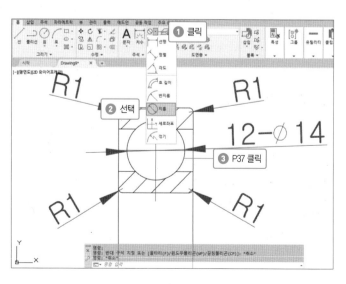

05 〔홈〕탭의 주석 패널에서 '지름'을 선택합니다. 안쪽의 원을 클릭하여 위치를 지정합니다. 'Ø14'의 치수를 더블클릭한 다음 치수 앞쪽에 '12–'라고 작성한 다음 '문서 편집기 닫기'를 클릭하여 치수 편집을 종료합니다.

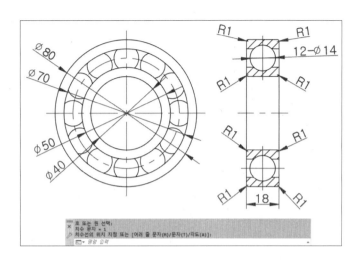

베어링의 치수기입이 완료되었습니다.

TIP 원의 지름을 절반만 표시하기

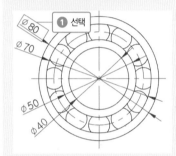

위 그림처럼 원의 지름을 표시할 경우에는 지름의 전체를 화살표로 표시하는 것을 볼 수 있습니다. 하지만 도면 작성 시 필요에 따라 지름을 표시하는 화살표를 절반만 표시할 수도 있습니다.

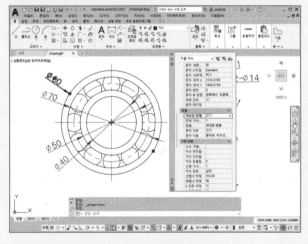

❶ 우선 절반만 표시하려는 원의 지름 치수를 선택합니다.

❷ 치수를 선택하였다면 마우스 오른쪽 버튼을 클릭하여 도면 영역의 바로가기 메뉴에서 **특성**을 실행합니다.

❸ 특성 팔레트에서 [맞춤] 탭으로 이동한 다음 '치수선 강제 : ON'을 '치수선 강제 : OFF'로 변경합니다. 위 그림에서 보이는 것처럼 지름 치수의 한쪽이 표시되지 않는 것을 확인할 수 있습니다.

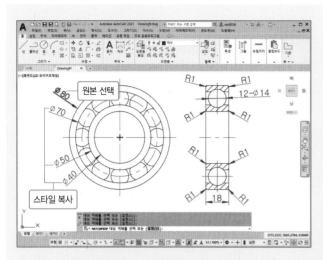

④ 편집된 지름의 치수와 동일한 스타일의 치수를 추가로 작업하고 싶다면 '명령어:MA'를 사용하여 편집한 치수선을 선택한 다음 동일한 조건으로 편집될 치수를 선택하면 동일하게 치수를 표시할 수 있습니다.

다양한 치수 편집

도면을 작성하다 보면 다양하게 치수를 편집해야 하는 상황이 오기 마련입니다. 해당 조건을 만족하는 치수를 만들기 위한 편집 방법에 대해서 살펴보겠습니다.

① 치수선과 치수보조선 숨기기(OFF)

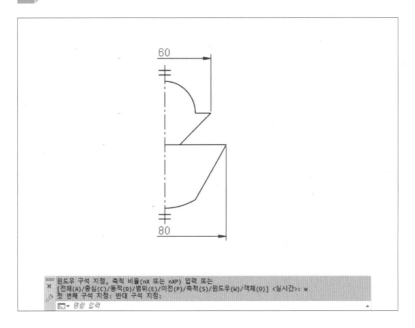

위 그림처럼 대칭인 형상을 도면에 표시할 때는 절반의 형태만 작성하게 되며, 이때 치수선과 치수보조선 역시 한쪽 방향을 숨겨 보이지 않도록 표시할 수 있습니다. 이렇게 표시하기 위한 방법에 대해 살펴보겠습니다.

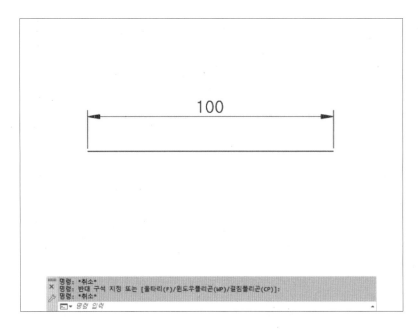

위 그림처럼 간단한 거리를 가지는 1개의 선을 만든 다음 해당 선의 양쪽 끝점을 이어 주는 치수 값을 표시합니다.

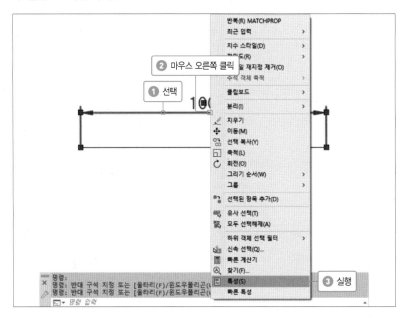

표시된 치수 값을 클릭하여 선택한 다음 마우스 오른쪽 버튼을 클릭하여 바로가기 메뉴에서 **특성**을 실행합니다.

특성 팔레트가 표시되면 선 및 화살표 항목에서 '치수선1 / 치수선2'와 '치수보조선1 / 치수보조선2'를 설정합니다.

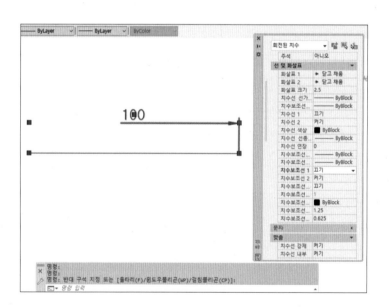

주의 치수선1/2와 치수보조선1/2의 경우 치수를 표시하기 위해 클릭하는 2개의 점에 대한 순서입니다. 먼저 클릭하는 방향이 1번 다음으로 클릭하는 위치가 2번이 되며, 치수선과 치수보조선의 1/2번의 방향은 동일하게 적용됩니다.

내가 필요로 하는 방향에 맞춰서 치수선 및 치수보조선의 1/2번의 방향을 조절하여 켜기 옵션을 선택하여 끄기로 바꾸면 위 그림과 동일하게 치수선의 한쪽을 숨길 수 있습니다.

치수선과 치수보조선을 숨기지 않고 '명령어:EXPLODE'를 사용한 다음 치수를 분할하여 절반만 남기고 나머지를 지운 것과의 차이점에 대해 살펴볼 필요가 있습니다.

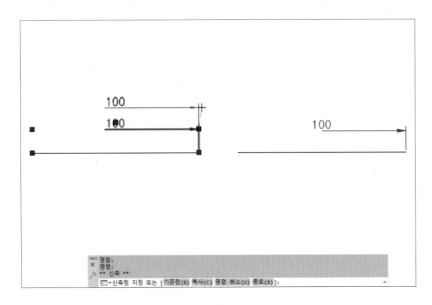

특성을 사용하여 치수선과 치수보조선을 숨겼을 경우에는 위 그림에서 보는 것처럼 치수를 지정하고 위치를 이동시켜도 메뉴를 사용하여 숨겼기 때문에 별도의 작업 없이 치수의 위치 변경이 자유롭게 가능합니다.

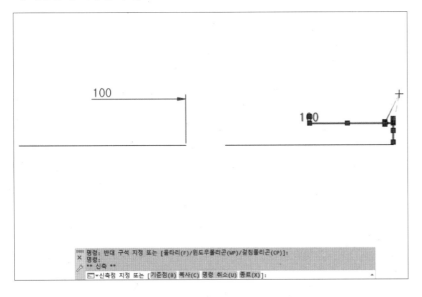

하지만 '명령어:EXPLODE'를 사용하여 치수를 편집했을 경우에는 위 그림에서 보는 것처럼 위치 이동을 하려면 치수선, 치수보조선, 치수문자, 치수화살표가 제각각 움직이기 때문에 전체를 다 움직이기 위해서는 별도의 여러 작업을 거쳐야 하는 단점이 있습니다. 그러므로 이렇게 치수를 편집할 때는 '명령어:EXPLODE'의 사용을 권장하지 않습니다.

2 지시선을 활용하여 모따기 치수 기입하기

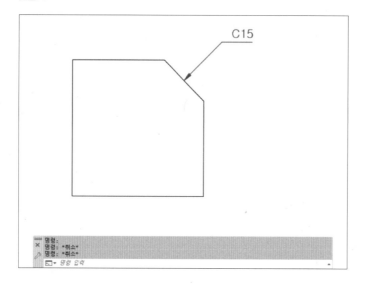

위 그림과 마찬가지로 모따기 부분을 표시하는 지시선을 생성하는 방법에 대해 살펴보겠습니다.

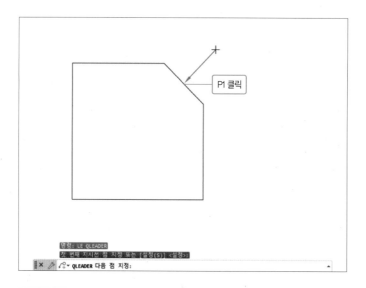

명령: LE
QLEADER
첫 번째 지시선 점 지정 또는 [설정(S)] 〈설정〉: 모따기된 대각선의 중간점을 지정

'명령어:LE'를 입력한 다음 모따기가 되어 있는 대각선의 중간점을 지정하여 시작점을 설정합니다.

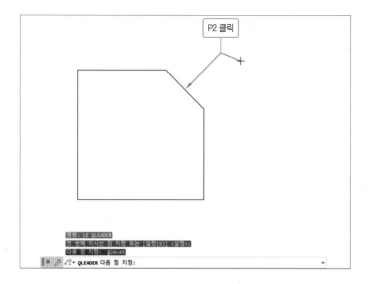

시작점을 지정하면 우선 해당 선의 길이를 지정해야 합니다. 여기에서는 '@20〈45'의 상대 극좌표를 사용하여 선의 거리가 20인 45°의 대각선을 만들었습니다. 모따기의 치수 값을 표시할 때는 해당 대각선과 수직이 되는 각도를 가지는 것이 일반적이라 45°의 각도를 주었으며, 20의 거리 값은 임의로 작성한 수치로 필요에 따라 조절하면 됩니다.

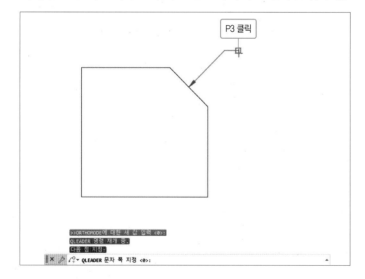

다음으로 Shift를 눌러 직교 모드를 활성한 다음 가급적 최대한 짧은 가로 길이를 가지는 선이 되도록 끝점을 지정합니다.

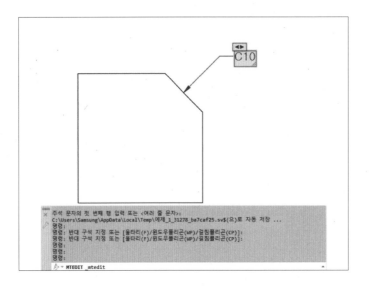

가로선의 길이를 결정하면 표시되는 2개의 옵션이 있습니다. 이때 문자 폭이나 여러 줄 문자의 경우 별도의 옵션을 선택할 필요가 없기 때문에 Enter를 각각 눌러 넘어갑니다. 문자 입력 창이 표시되면 입력하려는 수치를 작성한 다음 화면 상단에 위치한 '문서 편집기 닫기'를 클릭하여 문자 작성을 완료합니다.

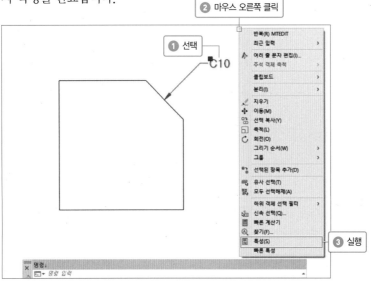

문자 작성이 완료되면 작성된 문자만 선택한 다음 마우스 오른쪽 버튼을 클릭해 표시되는 바로가기 메뉴에서 **특성**을 실행합니다.

특성 팔레트에서 살펴봐야 할 부분은 문자 항목에 있는 자리
맞추기와 방향입니다. 이때 자리맞추기의 경우는 약간의 주의
사항이 필요합니다. 지시선의 방향에 따라 자리 맞추기에 표시
되는 위치가 변경되기 때문에 혼동이 올 수 있지만, 손쉽게 방
향을 맞추는 방법이 있습니다.

　바로 앞쪽에 위치한 '맨 위' 혹은 '맨 아래'는 그대로 사용하고
'왼쪽' 혹은 '오른쪽'의 좌/우만 변경하면 보다 쉽게 편집을 할
수 있습니다.

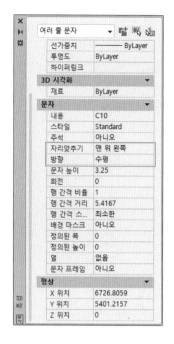

다음으로 방향 부분은 수평이 아닌 무조건 '수직'으로 변경하면 됩니다.

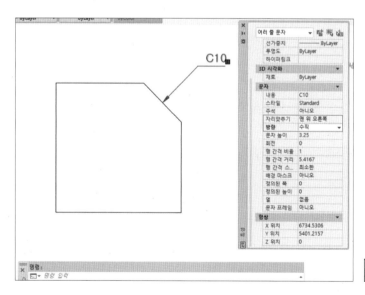

　해당 조건이 모두 만족되면 문자가 선 위로 올라가는 것을 볼 수 있습니다. 다시 한번 강조하
면 화살표선이 꺾이는 부분의 선을 최대한 짧게 해야 치수가 보기 좋게 표시된다는 점을 유의해
야 합니다.

3 2중 치수

이번에는 2중 치수의 기입 방법에 대해 살펴보겠습니다. 기계 분야라면 공차를 표시할 때 사용하며, 건축의 경우에는 최대/최소 치수 값을 표시할 때 사용합니다. 즉, 어느 분야에 상관없이 아주 많이 사용되는 치수의 편집 방법 중 하나입니다.

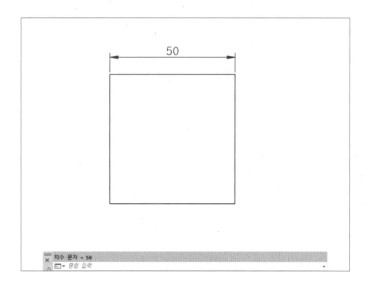

가로/세로가 '50'인 사각형을 작성하고 위쪽에 폭의 치수가 표시된 간단한 예제를 기반으로 설명을 진행해 보겠습니다. 해당 사각형을 가지는 제품이 도면상에는 50이라는 수치가 표시되지만, 기계 혹은 건축에서는 여러 가지 조건으로 인하여 해당 치수가 정확하게 표시되지 않기 때문에 오차 범위를 설정합니다. 그래서 간단하게 '±5'의 범위를 2중 치수로 직접 표시해 보겠습니다.

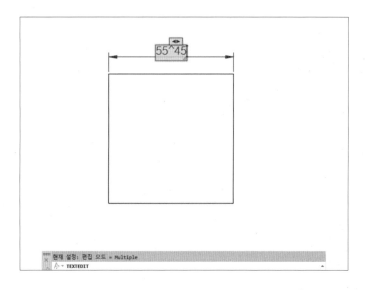

50의 치수를 더블클릭하여 편집 상태에서 본래의 치수 값을 삭제하고 '55^45'라고 문자를 입력합니다. 문자 전체를 드래그하여 선택한 다음 〔홈〕 탭에서 '스택' 아이콘(⊞)을 클릭합니다.

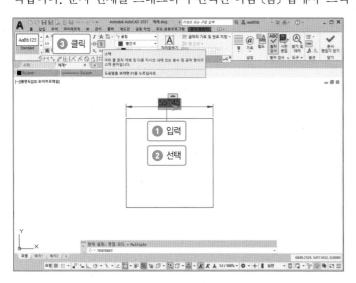

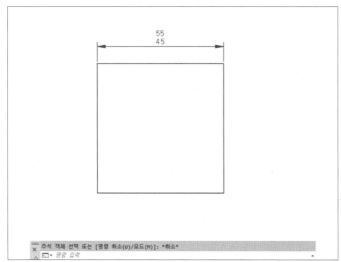

치수가 2중으로 표시되었다면 '문서 편집기 닫기'를 클릭하여 편집을 종료합니다.

 주의 ❶ 2중 치수를 기입할 경우 '^'가 상/하 구분을 의미하며, 상단에 올라갈 치수를 앞쪽에 작성하고 하단에 내려갈 치수를 뒤쪽에 작성합니다.

❷ 반드시 해당 조건이 충족된 상태에서 해당 치수 전체를 드래그하여 선택해야만 스택 아이콘이 활성화되어 2중 치수를 표시할 수 있습니다.

④ 손쉽게 Ø 기호 삽입

원이나 호라면은 별도의 치수 기입 명령을 사용하여 Ø 기호가 들어간 치수를 기입할 수 있지만, 그렇지 않은 치수는 직접 Ø 기호를 작성하여 치수를 편집해야 하는 번거로움이 있습니다. 편집해야 할 치수가 몇 개 안 된다면 이 큰 문제가 없겠지만 그 수가 많아진다면 작업 효율성 떨어지는 단점이 있습니다.

그런 불편함을 해소하기 위한 2가지 방법이 있습니다. 설명할 2가지의 방법은 최종적인 결과물은 동일하게 표시되지만, 작업하는 방법에서 다소 차이가 있습니다. 2가지의 방법 중 본인의 스타일에 맞는 방법을 선택하여 사용하면 보다 수월하게 치수 편집을 할 수 있습니다.

바로가기 메뉴에서 특성을 실행하여 Ø 기호 삽입

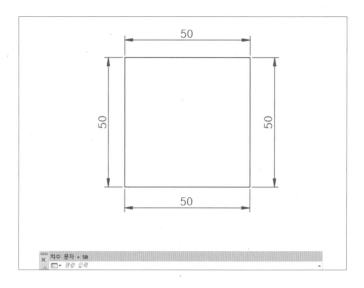

위 그림처럼 4개의 치수를 바로가기 메뉴의 특성에서 편집하여 치수 앞에 Ø 기호를 기입해 보겠습니다.

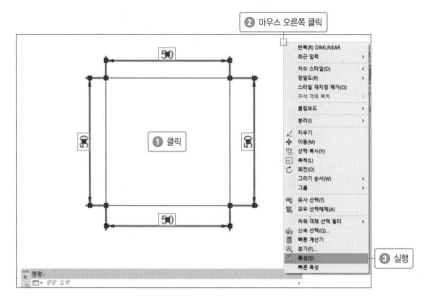

① 클릭

❸ 실행

Ø 기호를 표시할 치수들을 선택한 다음 마우스 오른쪽 버튼을 클릭해 바로가기 메뉴에서 **특성**을 실행합니다.

> **주의** 만약 Ø 기호를 표시하지 않을 치수를 선택할 경우 개별적으로 Cancel이 되지 않기 때문에 신중하게 지정해야 합니다.
> 특성 팔레트에서 편집할 부분은 문자 항목의 '문자 재지정'입니다. '문자 재지정'의 빈칸을 클릭한 다음 '%%C〈〉'를 입력하고 [Enter]를 누릅니다. 입력한 내용에서 '%%C'는 Ø 기호를 의미하며, 뒤쪽의 '〈〉'는 현재 치수를 변경하지 않겠다는 의미입니다.

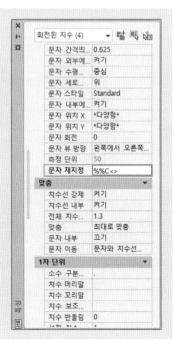

① 만약 '〈〉'를 입력하지 않으면 Ø 기호만 기입되므로 반드시 입력해야 합니다.

② '〈〉' 대신 특정 치수를 입력하면 전체가 해당 치수로 표시되는 강제성이 있습니다.

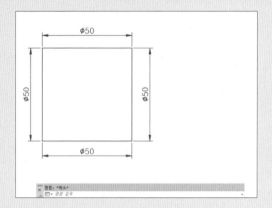

편집이 완료된 후 특성 팔레트를 종료하고 Esc를 눌러 선택을 Cancel 하면 위 그림처럼 치수 문자들 앞에 Ø 기호가 들어가 있는 것을 확인할 수 있습니다.

DED 명령을 사용한 Ø 기호 삽입

다음으로 살펴볼 방법은 '명령어:DED'를 사용하는 방법입니다. 'DED'는 치수 표시된 문자를 일괄적으로 편집할 때 사용하는 명령어입니다.

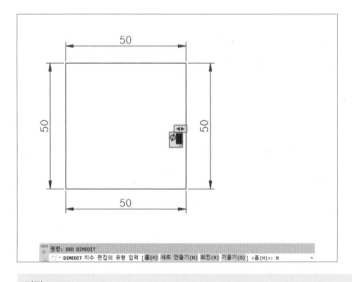

명령: DED
DIMEDIT
치수 편집의 유형 입력 [홈(H)/새로 만들기(N)/회전(R)/기울기(O)] 〈홈(H)〉: N
– 편집 내용 작성 –
객체 선택: 편집한 내용이 적용될 치수를 선택

'명령어:DED'를 실행하면 여러 가지 옵션이 표시되지만, 매번 치수를 편집하기 위해서는 '새로 만들기(N)' 옵션을 사용해야 합니다. 이전까지 배웠던 여러 가지 명령어들은 기본적인 수치나 옵션을 지정하면 저장 기능이 있었지만, '명령어:DED'의 경우에는 저장 기능을 전혀 지원하지 않기 때문에 항상 '새로 만들기(N)'의 옵션을 사용해야 합니다.

'새로 만들기(N)'를 사용하면 문자 작성 상태로 화면이 변경되어 왼쪽 하단 그림에서 보이는 형태가 됩니다. 이때 화면 중앙에 표시된 '0'의 문자 앞쪽에 '%%C'를 작성하여 Ø 기호를 생성한 다음 화면 우측 상단의 '문서 편집기 닫기'를 클릭하여 편집 내용의 작성을 마무리합니다.

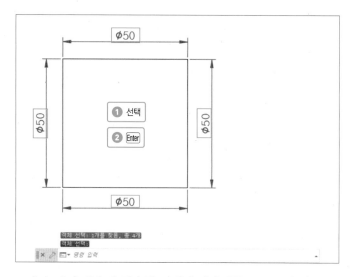

해당 편집 내용의 치수를 선택한 다음 Enter를 누르면 위 그림처럼 치수 앞쪽에 Ø 기호가 들어가는 것을 볼 수 있습니다.

요점 정리

❶ 바로가기 메뉴에서 **특성**을 실행하여 Ø 기호 삽입

장점 • 별도의 명령어 없이 특성을 사용하여 편집할 수 있다.

단점 • 잘못 선택하면 취소할 수 없기 때문에 편집 치수 선택 시 주의가 필요하다.

❷ DED 명령을 사용한 Ø 기호 삽입

장점 • 편집된 내용을 적용할 치수를 잘못 선택하면 Ctrl+Z를 눌러 선택 취소가 가능하다.

단점 • 명령어를 사용한 만큼 해당 명령어를 잊어버릴 경우 사용할 수 없어 암기해야 할 명령어가 많아진다.

PART

08

레이아웃 작성 및 출력하기

AutoCAD를 배우는 목적이 AutoCAD 자체의 기능을 사용하는 것일 수 있지만, AutoCAD의 최종 결과물은 아무래도 도면 출력에 있을 것입니다. AutoCAD를 이용해서 도면을 출력할 때는 객체를 작성한 모형 공간에서도 가능하지만 여러 가지 뷰를 하나의 도면 안에 출력하려면 배치 공간을 활용해야 합니다. 이번 파트에서는 모형 공간과 배치 공간의 차이점 및 활용 방법에 대해 알아보겠습니다.

AutoCAD
2021

CHAPTER 01

배치 작성하기

▶ 동영상 강의
https://youtu.be/SQpT2DVyK8U

AutoCAD 2021

배치는 도면에 출력하려는 작업 도면이 출력으로 나타내고자 하는 도면의 크기보다 월등히 클 경우에 도면의 크기를 줄이거나 늘릴 필요 없이 보여지는 크기를 조절하여 보다 손쉽게 도면의 영역에 맞도록 하는 작업을 말합니다.

예제 파일 Part08\배치 작성_예제.dwg
완성 파일 Part08\배치 작성_완성.dwg

1 배치의 필요성

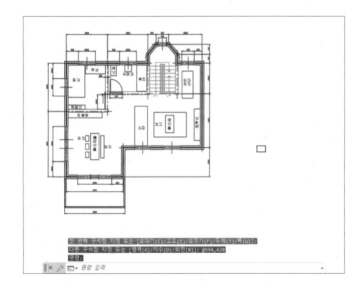

위 작업 화면처럼 작업 도면이 바로 옆 작은 사각형인 출력을 위한 용지의 크기보다 월등히 크고 도면의 크기를 줄여서 작업해야 하는 경우가 있습니다. 수정하거나 도면의 업데이트를 위해서는 원래의 크기로 되돌려야 하는 작업을 반복적으로 수행하기에는 복잡하기 때문에 배치를 사용하면 보다 수월하게 작업할 수 있습니다.

2 | 배치 작성하기

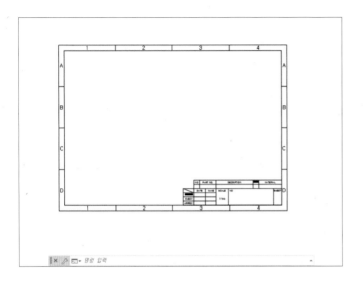

01 Part08 폴더에서 '배치 작성_예제.dwg' 파일을 불러옵니다.
〔배치 1〕 탭을 클릭하여 도면 작성에 필요한 도면의 기본 설정을 작업합니다.

02 앞서 〔모형〕 탭에서 작업한 작업 도면을 〔배치〕 탭에 표시해야 합니다. '명령어:MV'를 실행한 다음 표시하려는 영역을 지정하여 작업한 작업 도면을 표시합니다.

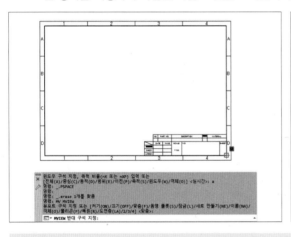

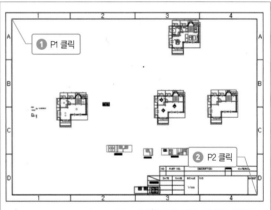

① P1 클릭

② P2 클릭

명령: MV

MVIEW

뷰포트 구석 지정 또는 [켜기(ON)/끄기(OFF)/맞춤(F)/음영 플롯(S)/잠금(L)/새로 만들기(NE)/이름(NA)/객체(O)/폴리곤(P)/복원(R)/도면층(LA)/2/3/4] 〈맞춤〉: (영역의 첫 번째 위치를 지정)

반대 구석 지정: 모형 재생성 중. (영역의 두 번째 위치를 지정)

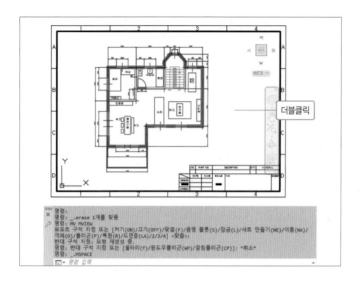

03 설정한 영역의 안쪽을 더블클릭해 영역을 활성화한 다음 필요로 하는 작업 도면만 영역에 보이도록 설정합니다.

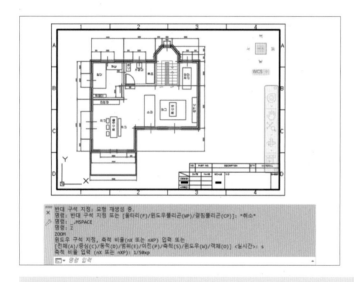

04 필요로 하는 도면의 크기를 설정해 보겠습니다. '명령어:Z'를 사용하여 현재 보이는 화면의 크기를 설정하기 위해 '옵션:S'를 지정한 다음 화면에 표시되는 축척의 비율을 본인이 표시하려는 비율로 작성하면 됩니다.

현재 작업 중인 도면의 경우 '1/50'의 비율로 작성하면 되기 때문에 축척의 비율을 '1/50'으로 작성하였으며, 현재의 화면에서 크기를 조절해야 하므로 뒤에 'XP'라는 옵션을 반드시 덧붙여야 합니다.

명령: Z
ZOOM
윈도우 구석 지정, 축척 비율(nX 또는 nXP) 입력 또는
[전체(A)/중심(C)/동적(D)/범위(E)/이전(P)/축척(S)/윈도우(W)/객체(O)] 〈실시간〉: S
축척 비율 입력 (nX 또는 nXP): 1/50XP

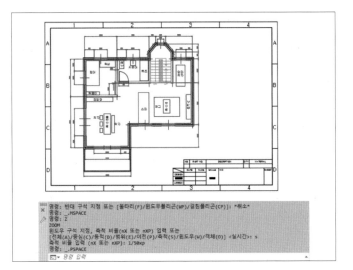

05 표시하려는 도면의 영역의 밖을 더블클릭하여 편집을 종료하면 도면의 영역에 내가 표시하려는 크기의 도면을 도면 양식 안에 넣을 수 있습니다.

〔모형〕 탭에서 그려진 작업 도면의 크기는 그대로이며, 〔배치〕 탭에서는 〔모형〕 탭에서 작업한 내용을 표시합니다. 〔모형〕 탭에서 수정 및 업데이트할 경우 〔배치〕 탭에 바로 수정된 내용이 표시되므로 별도의 작업을 할 필요가 없습니다.

TIP 〔배치〕 탭에서 주의해야 할 사항

〔배치〕 탭에서 도면을 표시하는 방법에 대해 살펴보았습니다. 〔배치〕 탭에서 도면을 작성할 수도 있지만, 결과적으로는 〔모형〕 탭에서 도면을 작성한 후 〔배치〕 탭에서 출력을 위한 준비 과정을 거치는 것이 가장 이상적인 방법입니다. 〔배치〕 탭에서 주의해야 할 사항을 알아봅니다.

❶ 〔배치〕 탭에서 〔모형〕 탭을 표시하기 위한 View인 MV의 경우 해당 영역을 더블클릭하여 활성화하면 실제 〔모형〕 탭에서 작업하는 것과 동일한 작업이 가능하기 때문에 이곳에서 도면을 수정하는 경우가 있습니다. View의 범위가 크다면 문제 될 것이 없겠지만, 작은 View에서 수정하기에는 다소 불편하니 가급적 수정은 〔모형〕 탭에서 수정하는 것을 권장합니다.

❷ ❶번 과정의 연장선입니다. 굳이 〔모형〕 탭을 가지 않고 〔배치〕 탭에서 수정하고자 하는 View를 최대한 확대하고 영역을 지정하여 수정을 시도하는 경우가 있습니다. 문제는 수정은 가능할지라도 해당 작업을 완료하고 밖의 영역으로 나가기 위해 더블클릭할 범위가 전혀 없다면 밖으로 나올 수 없고 결국 Undo로 수정 전으로 되돌아갈 수 밖에 없기 때문에 가급적 〔배치〕 탭에서 도면 수정은 해서는 안 됩니다.

CHAPTER 02

CAT 2급의 배치 설정하기

AutoCAD 2021 ···

앞서 배운 배치의 기능을 활용하여 CAT 2급에서 사용하는 배치의 여러 가지 설정에 대해 살펴보겠습니다. CAT 2급에서 사용하는 설정이기는 하지만 실무에서의 적용 범위도 충분하므로 배치의 설정 방법을 숙지한다면 도면의 표시를 좀 더 깔끔하게 작성할 수 있습니다. CAT 2급 시험을 응시하는 분은 책에 수록된 기출 문제를 작성 후 따라 하면 좋습니다.

1 | CAT 2급에서 사용하는 도면의 형식

CAT 2급에서 사용하는 도면의 형식을 작성해 보겠습니다. CAT 2급을 응시하지 않는 분이라면 사용하는 도면층은 크게 상관이 없으나, CAT 2급을 응시할 분은 반드시 〔배치〕 탭에서 사용하는 기본적인 도면층이 '0번'이기 때문에 상단의 도면층을 '0'으로 설정하고 작업해야 합니다.

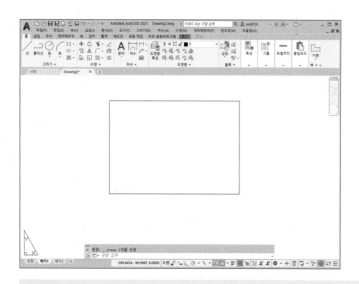

01 〔배치〕 탭을 클릭하고 CAT 2급에서 사용하는 도면의 양식을 만들어 보겠습니다. 범위를 설정해야 하므로 '명령어:LIMITS'를 사용하여 절대 좌표를 사용하는 '0,0 / 297,210'을 입력하여 A4용지의 범위를 설정합니다. '명령어:REC'를 사용하여 동일한 절대 좌표 '0,0 / 297,210'을 입력하여 사각형을 작성한 다음 '명령어:O'를 사용하여 사각형을 안쪽으로 '10'의 간격만큼 간격을 띄웁니다. 처음 작성한 사각형은 삭제하고, 10의 간격을 띄운 사각형은 '명령어:X'를 사용하여 분할합니다.

명령: LIMITS
LIMITS
도면 공간 한계 재설정:
왼쪽 아래 구석 지정 또는 [켜기(ON)/끄기(OFF)] 〈0.0000,0.0000〉: 0,0(절대 좌표)
오른쪽 위 구석 지정 〈12.0000,9.0000〉: 297,210(절대 좌표)

명령: REC
RECTANG
첫 번째 구석점 지정 또는 [모따기(C)/고도(E)/모깎기(F)/두께(T)/폭(W)]: 0,0(절대 좌표)
다른 구석점 지정 또는 [영역(A)/치수(D)/회전(R)]: 297,210(절대 좌표)

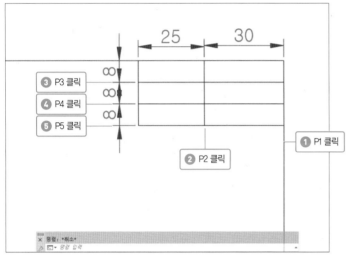

02 '명령어:O'를 사용하여 가로의 간격 '30'과 '25'를 띄운 다음 세로의 간격인 '10'을 3칸 띄웁니다. '명령어:TR'을 사용하여 선들을 정리하고 응시자의 정보를 작성하는 칸을 작성합니다.

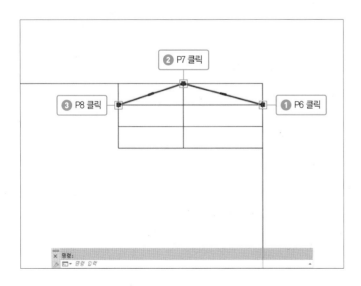

03 '명령어:PL'을 사용하여 2개의 칸을 지나가는 대각선을 작성합니다.

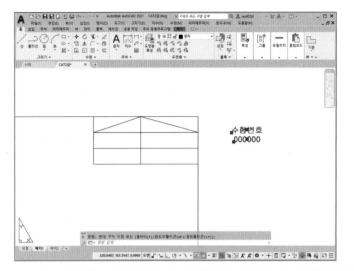

04 범위에 들어갈 문자를 작성해 보겠습니다. '명령어:DT'를 입력한 다음 문자의 중간점을 지정하기 위한 '옵션:MC'를 입력하여 시작점을 지정합니다.

문자의 크기 '3'을 입력하고 회전 각도는 Enter 를 눌러 '0°'를 설정한 다음 문자를 작성합니다. 이때 해당 문자의 도면층은 '문자'로 변경해야 합니다.

명령: DT
TEXT
현재 문자 스타일: "Standard" 문자 높이: 3.0000 주석: 아니오 자리맞추기: 중앙중간
문자의 중간점 지정 또는 [자리맞추기(J)/스타일(S)]: MC
문자의 중간점 지정: (문자의 시작점 지정)
높이 지정 〈0.0000〉: 3 (문자 크기 지정)
문자의 회전 각도 지정 〈0〉: (각도 지정)

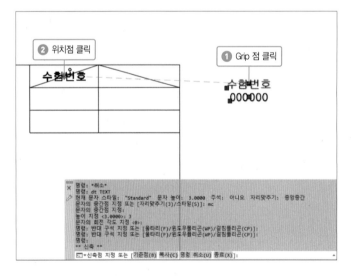

05 작성된 문자를 지정하고 문자의 중앙에 표시되는 Grip(파란점)을 선택한 다음 선의 중간점으로 위치를 이동해 문자의 위치를 설정합니다.

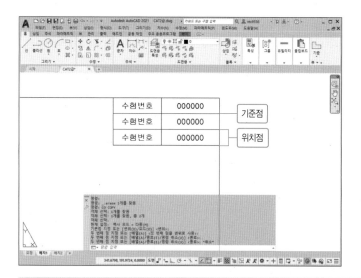

06 위치에 설정된 문자는 '명령어:CO'를 사용하여 복사한 다음 위치점을 지정하여 나머지 칸에도 글자가 작성되도록 합니다.

명령: CO

COPY

객체 선택: 1개를 찾음

객체 선택: 1개를 찾음, 총 2개

객체 선택: (Enter)

현재 설정: 복사 모드 = 다중(M)

기본점 지정 또는 [변위(D)/모드(O)] 〈변위〉: (범위의 모서리를 지정)

두 번째 점 지정 또는 [배열(A)] 〈첫 번째 점을 변위로 사용〉: (다음 범위의 모서리 지정)

두 번째 점 지정 또는 [배열(A)/종료(E)/명령 취소(U)] 〈종료〉: (다음 범위의 모서리 지정)

07 각 문자를 더블클릭하여 문자의 내용을 변경해 도면의 양식을 완성합니다.

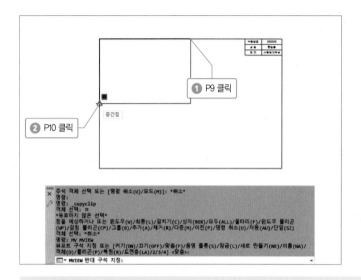

01 〔모형〕탭에서 작성한 도면을 〔배치〕탭에서 보이게 합니다. '명령어:MV'를 사용하여 범위의 위쪽 중간점과 왼쪽 중간점을 지정하여 1개의 범위를 설정합니다.

명령: MV

MVIEW

뷰포트 구석 지정 또는 [켜기(ON)/끄기(OFF)/맞춤(F)/음영 플롯(S)/잠금(L)/새로 만들기(NE)/이름(NA)/객체(O)/폴리곤(P)/복원(R)/도면층(LA)/2/3/4] 〈맞춤〉: (도면 범위 위쪽 중간점 지정)

반대 구석 지정: 모형 재생성 중. (도면 범위 왼쪽 중간점을 지정)

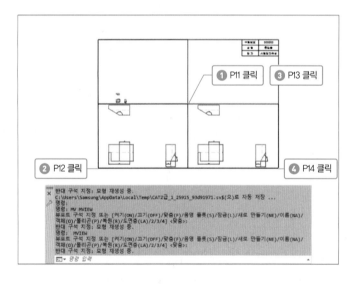

02 다시 '명령어:MV'를 사용하여 중앙의 첫 번째 MView 창의 모서리와 영역의 왼쪽 하단 및 오른쪽 하단의 2개의 점을 지정하여 2개의 MView 창을 작성합니다.

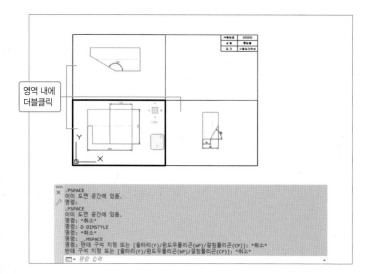

영역 내에
더블클릭

03 설정된 MView 중 1개를 더블클릭하여 활성화한 다음 각 방향에 맞는 작업 도면만이 보이도록 화면을 이동하여 배치합니다. 3개의 사각형 중 왼쪽 상단에는 '평면도'가 배치되어야 하며, 왼쪽 하단에는 '정면도', 오른쪽 하단에는 '우측면도'의 그림이 배치되어야 합니다.

3 | MVSETUP을 사용하여 작업 도형 정렬하기

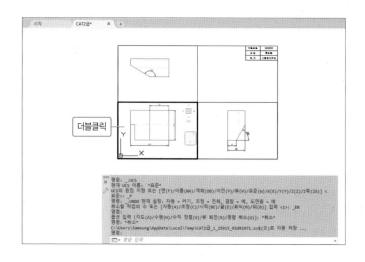

더블클릭

01 정면도와 우측면도 및 평면도의 위치가 서로 맞도록 정렬해 보겠습니다. 우선 정면도 MView의 범위를 더블클릭해 활성화합니다.

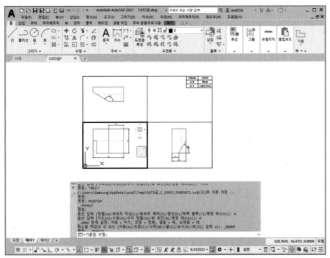

02 MView 창을 정렬하기 위한 '명령어:MVSETUP'을 입력합니다. '옵션:A'를 입력한 다음 정면도와 우측면도를 맞추기 위한 '옵션:H'를 입력합니다.

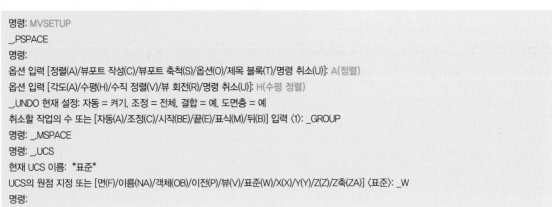

명령: MVSETUP
_.PSPACE
명령:
옵션 입력 [정렬(A)/뷰포트 작성(C)/뷰포트 축척(S)/옵션(O)/제목 블록(T)/명령 취소(U)]: A(정렬)
옵션 입력 [각도(A)/수평(H)/수직 정렬(V)/뷰 회전(R)/명령 취소(U)]: H(수평 정렬)
_.UNDO 현재 설정: 자동 = 켜기, 조정 = 전체, 결합 = 예, 도면층 = 예
취소할 작업의 수 또는 [자동(A)/조정(C)/시작(BE)/끝(E)/표식(M)/뒤(B)] 입력 〈1〉: _GROUP
명령: _.MSPACE
명령: _.UCS
현재 UCS 이름: *표준*
UCS의 원점 지정 또는 [면(F)/이름(NA)/객체(OB)/이전(P)/뷰(V)/표준(W)/X(X)/Y(Y)/Z(Z)/Z축(ZA)] 〈표준〉: _W
명령:

03 기본적으로 MView에서는 OSNAP의 포인트가 제대로 표시되지 않기 때문에 Shift 를 누르고 마우스 오른쪽 버튼을 클릭해 강제로 OSNAP 창을 표시한 다음 **끝점**을 실행합니다.

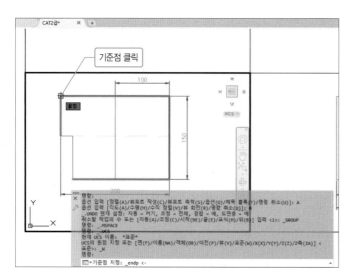

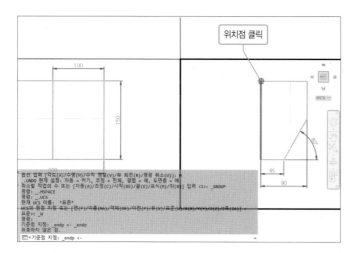

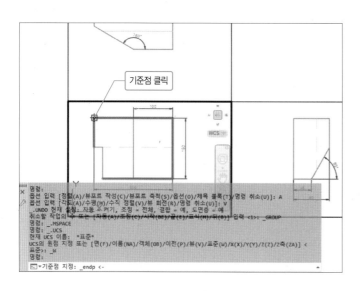

04 정면도에서 보이는 가장 외곽의 모서리 중 하나를 기준점으로 지정합니다.

05 우측면도의 MView를 지정하여 화면을 이동한 다음 Shift를 누르고 마우스 오른쪽 버튼을 클릭해 강제로 OSNAP 창을 활성화합니다. 외곽 모서리 중 한 곳을 지정하여 정면도와 우측면도의 높이가 동일해지도록 설정합니다.

06 다음은 정면도와 평면도의 위치를 설정합니다. 정면도의 MView로 화면을 이동하면 아직 'MVSETUP' 명령이 진행 중이기 때문에 '옵션:V(수직)'을 입력한 다음 Shift를 누르고 마우스 오른쪽 버튼을 클릭해 정면도의 외곽 모서리 중 한 곳을 기준점으로 지정합니다.

옵션 입력 [각도(A)/수평(H)/수직 정렬(V)/뷰 회전(R)/명령 취소(U)]: V(수직 정렬)
_.UNDO 현재 설정: 자동 = 켜기, 조정 = 전체, 결합 = 예, 도면층 = 예
취소할 작업의 수 또는 [자동(A)/조정(C)/시작(BE)/끝(E)/표식(M)/뒤(B)] 입력 〈1〉: _GROUP
명령: _.MSPACE
명령: _.UCS
현재 UCS 이름: *표준*
UCS의 원점 지정 또는 [면(F)/이름(NA)/객체(OB)/이전(P)/뷰(V)/표준(W)/X(X)/Y(Y)/Z(Z)/Z축(ZA)] 〈표준〉: _W (기준점 지정)
명령:

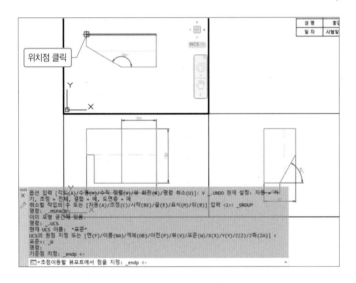

07 평면도의 MView로 이동한 다음 Shift를 누르고 마우스 오른쪽 버튼을 클릭해 평면도 외곽 모서리 중 한 곳을 지정하여 정면도와 평면도의 가로 위치를 설정합니다.

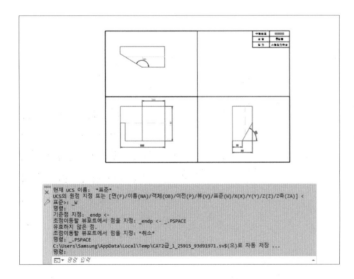

08 정면도와 우측면도, 평면도의 정렬이 끝나면 Esc를 눌러 명령을 종료하고, 영역의 밖을 더블클릭하여 MView의 범위를 벗어납니다.

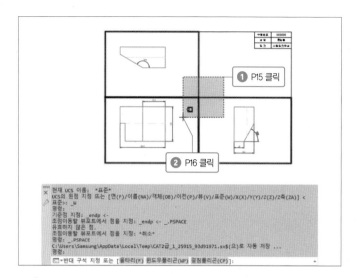

09 3개의 MView를 선택합니다.

① P15 클릭

② P16 클릭

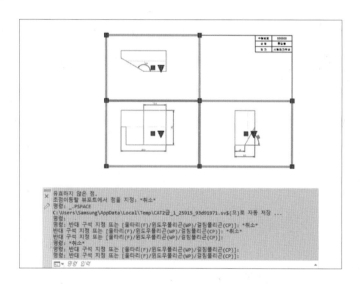

10 선택된 3개의 MView는 상단의 도면층에서 '뷰포트'로 변경한 다음 [Esc]를 눌러 종료합니다.

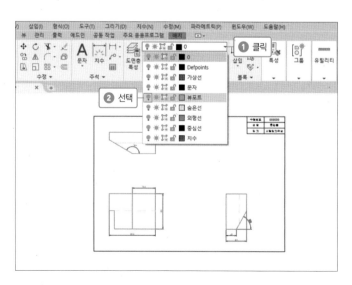

11 상단의 도면층에서 '뷰포트' 도면층의 전구 아이콘을 클릭하여 가시성을 'OFF'로 변경하여 범위가 보이지 않도록 변경합니다.

① 클릭

② 선택

4 | 각 MView의 타이틀 작성하기

CAT 2급 시험이라면 각 타이틀의 기호는 '외부 참조'를 통해서 제공되는 파일을 사용해야 하지만, 이번 예제에서는 직접 만들어 보겠습니다. CAT 2급 시험과 동일한 연습을 원한다면 해당 타이틀을 별도의 파일로 만들어서 다음 도면 작성 시 '외부 참조'의 기능을 활용하여 삽입하면 됩니다.

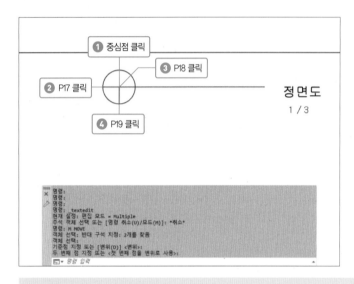

01 그림에서 보여지는 크기의 타이틀 기호를 작성합니다.

02 문자를 작성해 보겠습니다. '명령어:DT'를 사용하여 글자의 크기가 '3.5'인 '정면도'를 작성하였으며, 역시 '명령어:DT'를 사용하여 글자의 크기가 '2.5'인 '1/3'을 작성하였습니다.

명령: DT
TEXT
현재 문자 스타일: "Standard" 문자 높이: 0.0000 주석: 아니오 자리맞추기: 중앙중간
문자의 중간점 지정 또는 [자리맞추기(J)/스타일(S)]:
높이 지정 〈3.0000〉: 3.5(상단의 글자 크기)
문자의 회전 각도 지정 〈0〉: (Enter)

명령: DT
TEXT
현재 문자 스타일: "Standard" 문자 높이: 3.5000 주석: 아니오 자리맞추기: 중앙중간
문자의 중간점 지정 또는 [자리맞추기(J)/스타일(S)]:
높이 지정 〈3.5000〉: 2.5(하단의 글자 크기)
문자의 회전 각도 지정 〈0〉: (Enter)

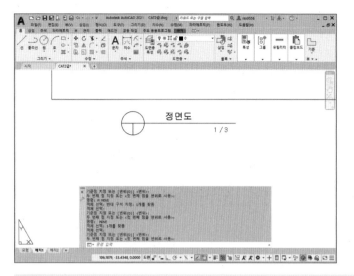

03 '명령어:M'을 사용하여 '정면도'와 '1/3'의 문자를 적절한 위치로 이동합니다.

명령: M
MOVE
객체 선택: 반대 구석 지정: 1개를 찾음(정면도)
객체 선택: (Enter)
기준점 지정 또는 [변위(D)] 〈변위〉: (기준점 지정)
두 번째 점 지정 또는 〈첫 번째 점을 변위로 사용〉: (위치점 지정)

명령: MOVE
객체 선택: 1개를 찾음(1/3)
객체 선택: (Enter)
기준점 지정 또는 [변위(D)] 〈변위〉: (기준점 지정)
두 번째 점 지정 또는 〈첫 번째 점을 변위로 사용〉 (위치점 지정)

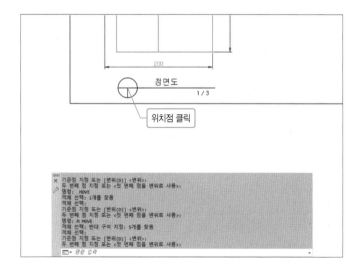

위치점 클릭

04 작성된 타이틀을 정면도의 하단에 위치하도록 이동합니다.

명령: M
MOVE
객체 선택: 반대 구석 지정: 1개를 찾음(정면도)
객체 선택: (Enter)
기준점 지정 또는 [변위(D)] 〈변위〉: (기준점 지정)
두 번째 점 지정 또는 〈첫 번째 점을 변위로 사용〉: (위치점 지정)

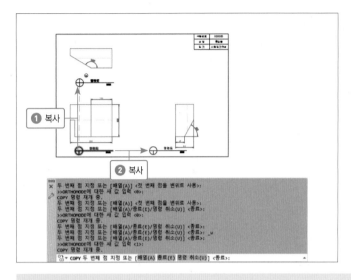

05 정면도에 위치한 타이틀 전체를 복사하여 각 MView의 도형 아래쪽에 위치할 수 있도록 '명령어:CO'를 사용합니다. 이때 타이틀의 위치 역시 수평/수직의 형태를 유지해야 하므로 Shift를 눌러 '직교' 수동 모드를 사용하면 보다 쉽게 배치할 수 있습니다.

명령: CO
COPY
객체 선택: 반대 구석 지정: 5개를 찾음(타이틀 전체 선택)
객체 선택: (Enter)
현재 설정: 복사 모드 = 다중(M)
기본점 지정 또는 [변위(D)/모드(O)] 〈변위〉: (기준점을 선택)
두 번째 점 지정 또는 [배열(A)] 〈첫 번째 점을 변위로 사용〉: (Shift)를 누른 상태에서 측면도의 위치로 이동하여 위치점 지정)
〉〉ORTHOMODE에 대한 새 값 입력 〈0〉:
COPY 명령 재개 중.
두 번째 점 지정 또는 [배열(A)] 〈첫 번째 점을 변위로 사용〉: (Shift)를 누른 상태에서 평면도의 위치로 이동하여 위치점 지정)
두 번째 점 지정 또는 [배열(A)/종료(E)/명령 취소(U)] 〈종료〉: (Enter)

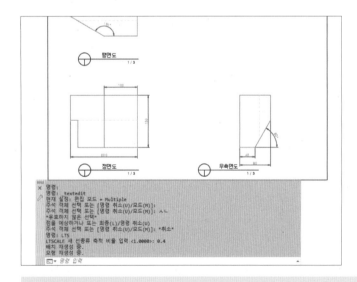

06 복사된 각 타이틀의 명칭을 더블클릭한 다음 '평면도', '우측면도'로 변경합니다. '명령어:LTS'를 사용하여 선의 간격을 조절합니다.

명령: LTS
LTSCALE 새 선종류 축척 비율 입력 〈1.0000〉: 0.4

CHAPTER 03

인쇄 환경 설정하기

AutoCAD 2021

가장 좋은 품질의 인쇄물을 출력하려면 인쇄 환경을 도면에 적합하도록 설정해야 합니다. 출력 영역·출력 기기 설정·축척·펜 설정 등 다양한 인쇄 환경을 적절하게 설정하였을 때 원하는 형태의 출력물을 얻을 수 있습니다.

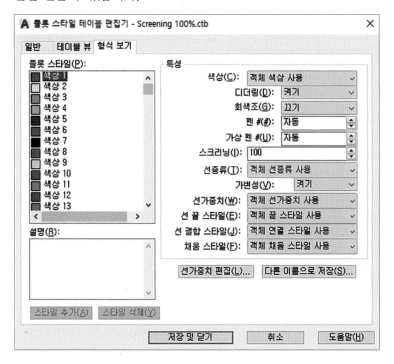

AutoCAD에서 페이지는 용지를 의미하기보다는 배치 공간에서 적용하는 인쇄 환경을 말합니다. 페이지 설정을 이용하면 하나의 배치 공간에서 다양한 출력 기기와 용지를 이용하여 적정한 인쇄 환경을 찾을 수 있습니다.

1 [페이지 설정 관리자] 대화상자

'Pagesetup' 명령을 실행하거나 응용 프로그램 아이콘을 클릭하여 바로가기 메뉴의 **인쇄**를 실행하여 '페이지 설정'을 선택하면 [페이지 설정 관리자] 대화상자 표시됩니다. [페이지 설정 관리자] 대화상자에서는 새로운 페이지를 설정하거나 기존 페이지를 수정하는 작업을 합니다.

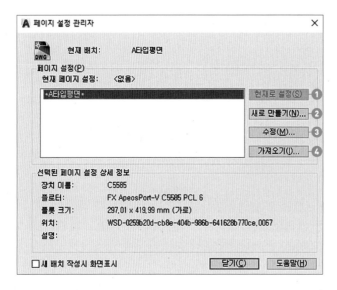

① 현재로 설정 : 목록에서 선택한 페이지를 현재 배치 공간에 적용합니다.

② 새로 만들기 : 새로운 페이지를 작성합니다.

③ 수정 : 목록에서 선택한 페이지를 수정합니다.

④ 가져오기 : 다른 도면 파일에서 페이지를 가져옵니다.

② [페이지 설정] 대화상자

[페이지 설정] 대화상자는 [페이지 설정 관리자] 대화상자에서 새로운 페이지를 만들거나 기존 페이지를 수정할 때 표시됩니다.

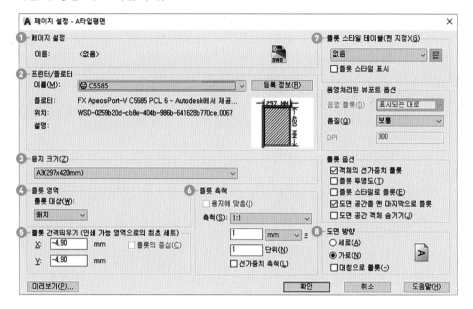

① **페이지 설정 – 이름** : 편집 중인 페이지 이름이 표시됩니다.

② **프린터/플로터 – 이름** : 출력할 출력 기기를 선택합니다.

③ **용지 크기** : 출력할 용지의 크기를 선택합니다.

④ **플롯 영역 – 플롯 대상** : 출력할 영역을 설정합니다.

- **배치** : 배치 공간에서 작성한 배치를 인쇄합니다.
- **화면표시** : 현재 화면에 표시된 뷰를 인쇄합니다.
- **범위** : 화면의 모든 객체가 출력 용지에 최대한 가득 차게 인쇄합니다.
- **윈도우** : 출력할 영역을 윈도우 상자로 지정합니다.

⑤ **플롯 간격띄우기** : 출력 용지의 원점으로부터 간격을 띄울 거리를 입력합니다.

⑥ **플롯 축척** : 출력 축척을 설정합니다.

- **용지에 맞춤** : 용지의 크기에 맞게 출력 영역의 축척을 자동으로 맞춥니다.
- **축척** : 미리 설정된 축척을 선택합니다. 축척을 직접 입력하여 설정할 수도 있습니다.

⑦ **플롯 스타일 테이블** : 출력 대상에 적용할 플롯 스타일을 선택합니다. 기본으로 제공되는 플롯 스타일 이외에 자신만의 플롯 스타일을 만들 때는 [플롯 스타일 테이블 편집기] 대화상자에서 작성할 수 있습니다. 플롯 스타일에서는 도면을 출력할 때 객체 색상에 따른 선의 두께나 선 유형 등을 설정할 수 있습니다.

⑧ 도면 방향 : 용지의 출력 방향을 설정합니다.

2 | 새로운 플롯 스타일 테이블 작성하기

[플롯 스타일 테이블 추가] 마법사를 이용하면 객체 색상에 따라 선 두께를 설정하거나 출력되지 않게 할 수 있습니다. 작성한 플롯 스타일 테이블은 'CTB' 파일로 저장할 수 있으며, 인쇄용 도면을 다른 사용자에게 전달할 때는 도면 파일과 함께 인쇄 환경이 저장된 CTB 파일도 함께 전달하는 것이 좋습니다.

1 새 플롯 스타일 테이블 작성하기

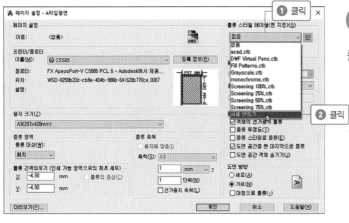

01 [페이지 설정] 대화상자의 플롯 스타일 테이블(펜 지정)에서 '새로 만들기'를 선택합니다.

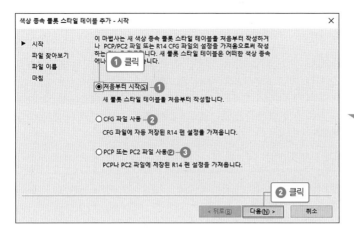

02 [색상 종속 플롯 스타일 테이블 추가] 마법사가 표시되면 시작 항목에서 '처음부터 시작'을 선택하고 〈다음〉 버튼을 클릭합니다.

TIP
❶ 처음부터 시작 : 새로운 플롯 스타일 테이블을 작성합니다.
❷ CFG 파일 사용 : R14 버전에서 저장된 CFG 파일을 불러와 편집합니다.
❸ PCP 또는 PC2 파일 사용 : R14 버전에서 저장된 PCP 또는 PC2 파일을 불러와 편집합니다.

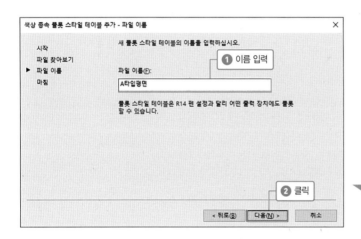

03 파일 이름 항목이 표시되면 플롯 스타일 테이블의 파일 이름을 입력한 다음 〈다음〉 버튼을 클릭합니다.

TIP
파일 확장자는 자동으로 '*.CTB' 형식으로 저장됩니다.

❷ 플롯 스타일 테이블 작성하기

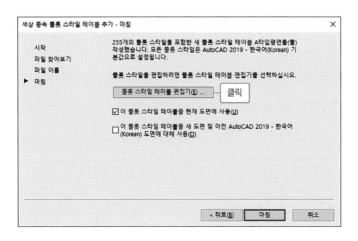

01 마침 항목이 표시되면 플롯 스타일 테이블을 작성하기 위해 〈플롯 스타일 테이블 편집기〉 버튼을 클릭합니다.

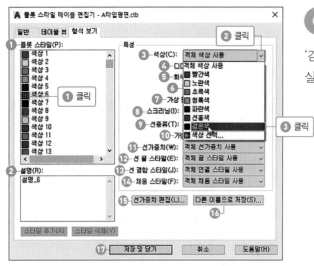

02 [플롯 스타일 테이블 편집기] 대화상자가 표시되면 플롯 스타일 목록에서 '색상 6', 색상에서 '검은색'을 선택합니다. 객체의 색상이 분홍색이라도 실제로는 검은색으로 출력됩니다.

<u>TIP</u> [플롯 스타일 테이블 편집기] 대화상자

❶ **플롯 스타일** : 도면 객체의 색상을 표시합니다.

❷ **설명** : 선택한 색상에 대한 설명을 입력합니다.

❸ **색상** : 출력 색상을 선택합니다. 기본으로 '객체 색상 사용'을 선택하면 객체 색상 그대로 출력하지만, 다른 색상을 지정하면 지정한 색상으로 출력됩니다.

❹ **디더링** : 패턴을 적용할 때 디더링 여부를 설정합니다.

❺ **회색조** : 회색조의 명암 효과를 표현할지 설정합니다.

❻ **펜 #** : 출력 기기가 펜 플로터인 경우 색상에 따른 펜 번호를 지정합니다.

❼ **가상 펜 #** : 출력 기기가 펜 플로터가 아닌 경우 색상에 따른 펜 번호를 지정합니다.

❽ **스크리닝** : 출력 색상의 농도를 설정합니다. '100'인 경우 색상이 최대로 진하게 표시되고, '1'인 경우 거의 보이지 않습니다.

❾ **선종류** : 선택한 색상의 선 유형을 설정합니다.

❿ **가변성** : 선 유형에 따른 선 축척을 적용합니다.

⓫ **선가중치** : 선택한 색상의 선 두께를 설정합니다.

⓬ **선 끝 스타일** : 선 끝의 형태를 설정합니다.

⓭ **선 결합 스타일** : 선이 연결되는 부위의 형태를 설정합니다.

⓮ **채움 스타일** : 객체가 솔리드로 채워진 경우 색을 칠하는 방법을 설정합니다.

⓯ **선가중치 편집** : 선 두께를 설정합니다.

⓰ **다른 이름으로 저장** : 설정한 플롯 스타일 테이블을 다른 이름으로 저장합니다.

⓱ **저장 및 닫기** : 설정한 플롯 스타일 테이블을 현재 이름으로 저장하고 대화상자를 닫습니다.

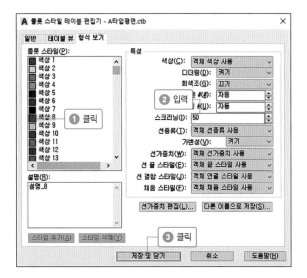

03 이번에는 플롯 스타일 목록에서 '색상 8'을 선택한 다음 스크리닝에 '50'을 입력합니다. 객체를 '색상 8'로 채우고 그 위에 문자를 입력해도 '색상 8' 색상이 50% 투명하게 표현되어 문자를 구분할 수 있습니다. 〈저장 및 닫기〉 버튼을 클릭하여 현재 설정을 저장한 다음 대화상자를 닫습니다.

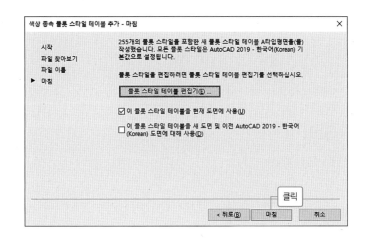

04 다시 마침 항목이 표시되면 〈마침〉 버튼을 클릭하여 마법사를 닫습니다.

CHAPTER 04

출력하기

AutoCAD 2021

배치에서 도면의 크기를 설정하고 도면의 양식에서 도면 작성자와 승인 및 확인자의 기록이 모두 작성되었다면 이제는 출력해서 확인 및 실제 업무에서 활용해야 합니다. 설정한 도면의 범위를 올바르게 출력하기 위해서 어떻게 해야 하는지 살펴보겠습니다.

1 | 출력 설정하기

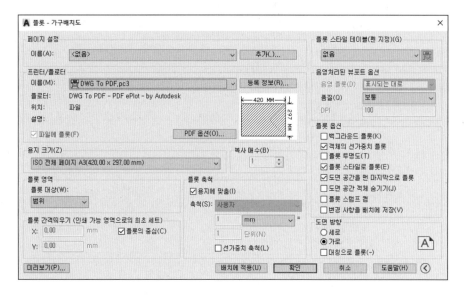

우선 출력 설정을 하기 위해서는 다음과 같은 확인 작업이 필요합니다.

1 출력하려는 프린터/플로터가 연결되어 있는지 확인하기

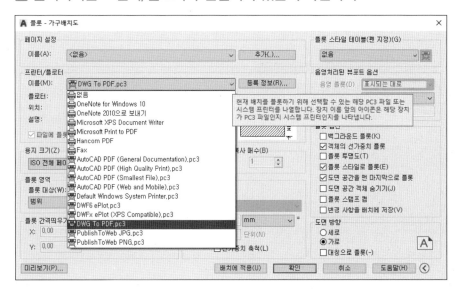

프린터/플로터 항목에서 내가 출력하려는 프린터 및 플로터가 인식되어 있는지를 확인해야 합니다. 만약 연결되지 않았다면 제대로 출력할 수 없기 때문에 해당 드라이버를 설치하여 출력 가능한 상태가 되도록 합니다.

2 출력하려는 용지의 크기 확인하기

다음으로는 설정된 프린터/플로터에 내가 출력하려는 용지의 크기를 선택할 수 있는가를 확인해야 합니다. 일반적인 프린터라면 A4 용지만 출력이 가능하지만, 프린터의 크기에 따라 최대 A3까지 출력이 가능한 것도 있고, 대형 플로터의 경우 A1 크기까지 출력이 가능하기 때문에 확인을 해야만 올바르게 도면이 출력될 수 있습니다.

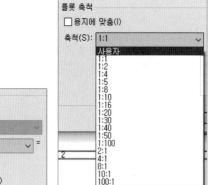

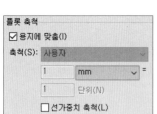

플롯의 축척이란 실제 작업 도면과 용지 간의 크기를 어떻게 설정할 것인지를 설정하는 공간입니다. 만약 이 크기가 제대로 설정되지 않으면 작업 도면의 전체가 아닌 일부가 출력되는 경우도 있으므로 상당한 주의가 필요합니다. 일반적으로 '용지에 맞춤'을 사용하여 자동으로 작업 도면의 크기를 용지의 크기에 맞춰서 출력할 수 있지만, 필요에 따라 '용지에 맞춤'을 체크 해제하여 축척에서 개별 스케일을 줄 수 있습니다.

2 | 출력하기

출력 영역을 설정하는 방법에는 여러 가지가 있지만, 다음의 2가지가 가장 일반적으로 사용하는 방법입니다.

출력 범위 선정
❶ LIMITS : 출력이 가능한 범위를 지정하여 출력
❷ WINDOWS : 출력할 범위를 지정하여 출력

이 방법을 사용하여 출력하는 방법에 대해 살펴보겠습니다.

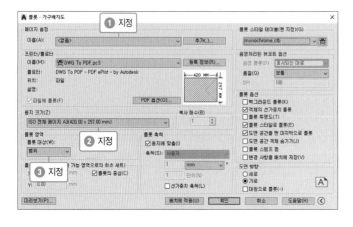

01 [플롯] 대화상자를 표시한 다음 프린터/플로터에서 출력하려는 프린터를 선택합니다.

02 출력하려는 용지의 크기를 선택합니다.

03 출력 작업 전 'LIMITS'를 사용하여 범위를 지정하였다면 플롯 영역에서 플롯 대상을 '범위'로 선택합니다.

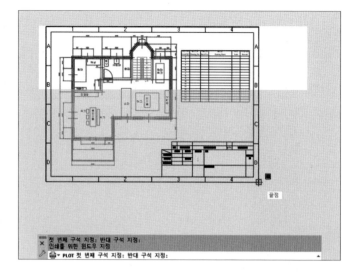

04 만약 출력 작업 전 'LIMITS'를 사용하여 범위를 지정하지 않았다면 플롯 영역에서 플롯 대상을 '윈도우'로 지정한 다음 출력하려는 범위를 직접 지정할 수 있습니다.

05 다음으로 플롯 간격띄우기(인쇄 가능 영역으로의 최초 세트)를 설정합니다. 만약 출력된 도면을 개별적인 철을 해서 보관해야 한다면 X축의 거리를 일정 수치만큼 입력하여 간격을 띄울 수 있지만, 굳이 도면 철을 하지 않아도 된다면 '플롯의 중심'을 선택합니다.
플롯의 중심은 영역 내의 도면이 용지의 정중앙에서 사방으로 퍼지는 형태로 배치한다는 의미입니다.

06 플롯 축척을 설정합니다. 만약 (배치) 탭에서 설정한 출력 범위와 용지의 크기가 동일하다면 '용지에 맞춤'을 체크 해제하고 '축척 – 1 : 1'을 직접적으로 선택하는 것도 좋은 방법이지만, 만약 작업한 도면의 크기가 A2인데 출력을 A3 용지로 해야 한다면 '용지에 맞춤'을 사용하는 것을 권장합니다.

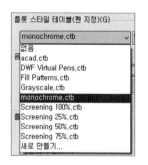

07 플롯 스타일 테이블을 설정합니다. 여기서는 컬러 및 명암과 흑백 출력에 대한 설정을 합니다. 흑백 출력은 'MONOCHROME'으로만 가능합니다. 'GRAYS-CALE'의 경우도 흑백이기는 하지만 도면층에서 사용한 색상의 명암이 적용되어 선의 진함/연함이 구분되는 반면 'MONOCHROME'은 색상 구분 없이 흑백으로만 출력됩니다.
간혹 출력하려는 프린터가 '흑백 출력'만 가능하다고 해서 플롯 스타일 테이블을 설정하지 않고 출력하는 경우가 있습니다. 프린터가 흑백만 된다고 해서 도면층에서 부여한 색상의 명암에 따라 진함/연함이 구분되어지므로 주의가 필요합니다.

08 마지막으로 도면 방향을 설정해야 합니다. 만약 해당 옵션이 보이지 않는다면 도움말 옆의 화살표를 클릭하여 확장합니다. 일반적으로 A3 이상은 가로 방향으로 출력하므로 '가로'를 선택해야 하며, A4의 경우 상황에 따라 '세로' 출력을 하므로 상황에 맞춰 선택하면 됩니다.

09 설정이 완료되었다면 〈미리보기〉 버튼을 클릭하여 출력 설정이 올바르게 적용되었는지를 확인합니다.

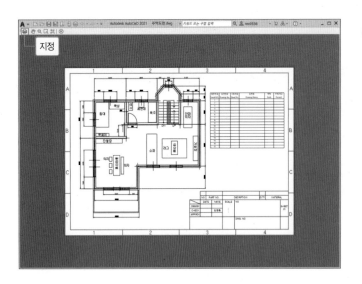

10 미리보기에서 이상이 없다면 왼쪽 상단의 프린터 아이콘을 클릭하여 출력합니다.

3 │ 이미지 파일로 출력하기

플롯에서는 이미지 파일 및 PDF 파일로 출력하는 기능도 있습니다.

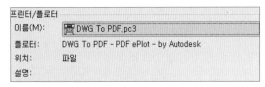

01 프린터/플로터를 'PDF'로 선택할 경우 별도의 대화상자가 표시되지 않지만 PNG/JPG를 선택하면 해상도의 선택을 묻는 대화상자가 표시됩니다.

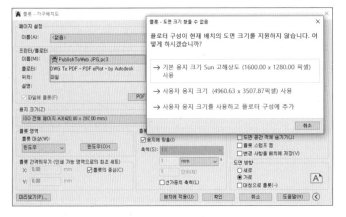

02 'PNG/JPG'로 출력 설정을 지정하면 용지의 크기가 픽셀 단위로 바뀐 것을 볼 수 있습니다.

03 픽셀의 크기는 다양한 크기로 변경할 수 있습니다. 용지의 범위가 픽셀로 변경된 것을 제외하면 나머지 옵션은 출력 옵션과 동일합니다.

4 | 출력 스타일 반복 적용하기

동일한 설정을 가진 출력을 2~3장 정도만 출력해야 한다고 할 경우 일일이 설정할 수도 없고, 그렇다고 여러 장을 뽑는 설정을 하기에도 상당히 불편할 경우가 있습니다. 이럴 때 손쉽게 출력 스타일을 설정할 수 있습니다.

바로 플롯의 상단에 있는 페이지 설정을 사용하는 것입니다. 기본적으로 AutoCAD의 플롯은 한 번 출력한 설정값은 기록되어 반복적으로 사용할 수 있습니다.

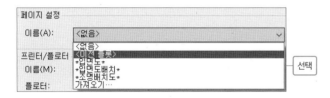

페이지 설정에서 이름을 '이전 플롯'으로 선택하면 가장 최근 출력한 설정값을 그대로 가지고 올 수 있습니다. 이곳에서는 출력하려는 범위만 제대로 설정하면 곧바로 출력할 수 있습니다.

이번에는 자주 사용되는 출력 스타일을 저장하여 별도의 설정 없이 사용하는 방법에 대해 살펴보겠습니다.

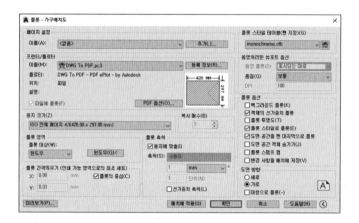

01 출력하려는 출력 세팅을 작업합니다.

02 세팅이 완료되면 상단의 페이지 설정에서 〈추가〉 버튼을 클릭합니다.

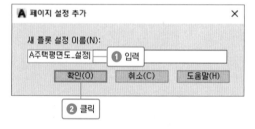

03 새 플롯 설정 이름을 입력한 다음 〈확인〉 버튼을 클릭합니다.

04 추가한 출력 설정이 등록되었으므로 동일한 설정을 적용해야 한다면 바로 선택한 다음 출력 범위를 설정하여 출력할 수 있습니다.

TIP 출력하기 전 체크할 사항

① 도면층에 적합한 선의 굵기가 지정되었는지를 확인합니다. 선 가중치에 선의 굵기가 지정되어 있지 않다면 '가는 실선'으로만 출력이 됩니다.

② 도면층에서 플롯의 프린터 모양이 제대로 표시되어 있는지를 확인합니다. 만약 플롯의 아이콘 표시가 ⛔로 표시되어 있다면 해당 도면층은 출력 시 표시되지 않습니다.

③ 출력 용지의 크기 및 축척이 올바르게 적용되어 있는지를 확인하세요.

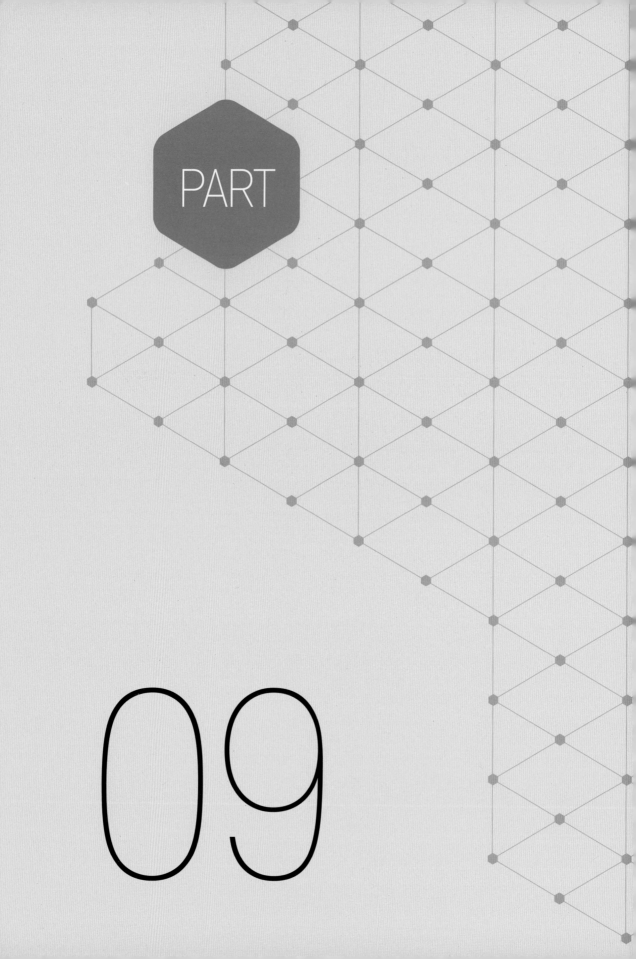

PART

09

3차원 객체
그리기

AutoCAD에서는 하나의 도면 안에 다양한 뷰를 연출하기 위해 3차원 뷰를 도입하였고, 자연스럽게 3차원 객체를 만들 수 있는 기능이 수반되었습니다. 처음에는 기본적인 3차원 작성 기능만 도입되었으나 지금은 웬만한 3D 모델링 소프트웨어에 못지 않은 강력한 기능으로 발전하였습니다. 이번 파트에서는 AutoCAD 2021에서 제공하는 3차원 객체를 만드는 기능에 대해 알아보겠습니다.

AutoCAD
2021

CHAPTER 01

3차원 이해하기

AutoCAD 2021

일반적으로 그리는 AutoCAD 도면은 대부분 X, Y 좌표만을 사용하는 2차원 도면입니다. 간혹 2차원의 한계를 벗어나기 위해 측면도나 입면도를 사용하지만, 바라보는 방향만 다를 뿐 Y, Z축을 이용하는 2차원 도면임은 분명합니다. 그래서 AutoCAD를 이용해 3차원 객체를 만들기 위해서는 먼저 3차원 좌표에 대한 분명한 이해가 필요합니다.

1 | Z축이 포함되는 3차원 좌표계 알아보기

2차원 좌표계와 3차원 좌표계의 큰 차이점은 Z축이 있는가에 있습니다. 즉, 객체에 높이 값이 포함되어 있다면 3차원 객체입니다. 예를 들어, 하나의 정점에 대한 좌표 값을 (1,2)로 표현한다면 2차원이지만, (1,2,0)으로 표시하면 높이가 없더라도 3차원입니다.

1 오른손을 이용한 축의 방향 이해

2차원 좌표에서 X축과 Y축이 어느 방향으로 진행하는지는 모두 이해하고 있을 것입니다. 그럼 X축과 Y축에 Z축이 더해지면 Z축은 어느 방향으로 진행할까요? 아래의 그림처럼 오른손 법칙을 이용해 봅니다.

먼저 오른손을 모두 펴고 엄지와 검지가 90°가 되도록 벌립니다. 그런 다음 중지를 반 정도만 폅니다. 그럼 다음 그림과 같은 형태가 될 텐데 이것이 바로 3차원에서 각 축의 방향입니다. 즉, 엄지가 X축 방향이고 검지가 Y축 방향이며 중지가 Z축 방향을 의미합니다. 앞으로도 각 축의 방향이 헷갈릴 때는 가만히 오른손을 그림처럼 만들어 보세요. 이처럼 오른손 법칙에 의한 축 방향은 대부분의 좌표를 이용하는 CAD나 모델링 프로그램에서 작용합니다.

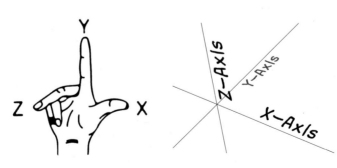

2 축의 회전 방향 이해

Z축이 등장하면서 각도의 방향도 새롭게 정립해야 합니다. 기존 2차원에서 사용하던 각도는 단순히 시계 방향이 −이고 시계 반대 방향이 +라고 하였다면, 3차원에서는 축의 방향에 따라 각도가 정해집니다. 그림처럼 오른손을 가만히 쥐고 엄지를 펴면 엄지가 가리키는 방향이 해당 축의 + 방향입니다.

2 | 3차원 좌표계 알아보기

3차원 좌표계는 2차원 좌표계에서 Z축의 좌표만 추가되는 것이 다르지만, 각도를 이해하는 것이 중요합니다. 3차원에서 사용할 수 있는 좌표계에는 직교, 원통형, 원통형 절대 좌표와 구형 좌표가 있습니다.

1 직교 좌표

3D 직교 좌표는 3D 데카르트 좌표라고도 하며 2차원 좌표계에 Z축 좌표만 추가한 것이므로 좌표계는 X, Y, Z의 형식으로 표현됩니다. 즉, 평면으로 봤을 때 X, Y 좌표는 같고 높이 값만 다르다고 할 수 있습니다.

직교 좌표는 직접 좌표를 입력할 수 있지만 직전에 입력한 좌표 값을 이용해서 상대 좌표를 입력할 수도 있습니다. 예를 들어, '@3,4,5'를 입력하면 직전에 입력한 좌표점에서 X축으로 3만큼, Y축으로 4만큼, Z축으로 5만큼 떨어진 좌표를 의미합니다.

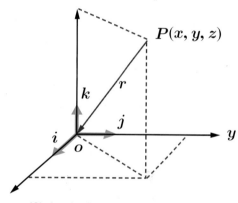

▲ 3차원 직교 좌표의 다이어그램

2 원통형 좌표

원통형 좌표는 직교 좌표와 같은 형태로 입력하지만 Z축 좌표에 거리가 추가되는 것이 다릅니다. 원통형 좌표는 UCS 원점에서 XY 평면까지의 거리 그리고 XY 평면에서 X축과의 각도와 Z축의 좌표로 이루어집니다.

예를 들어, '5<30,6'은 현재 UCS 원점과 5만큼 떨어진 거리에서 XY 평면의 X축과 30° 그리고 Z축을 따라 6만큼 떨어진 거리의 지점을 의미합니다. 또한 '@'를 이용하면 최근에 입력한 점에서부터 상대 거리를 이용하여 좌표를 입력할 수 있습니다.

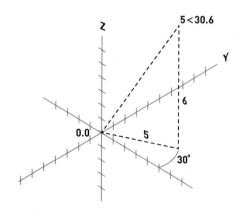

▲ 원통형 좌표를 이용한 '5<30,6'의 지점

'@5<60,7'은 직전에 입력한 좌표의 XY 평면에서 5만큼 떨어진 거리의 Y축 방향으로 60° 그리고 Z축 방향으로 7만큼 떨어진 거리의 좌표를 의미합니다.

3 구형 좌표

구형 좌표는 동그란 형태의 좌표를 의미합니다. 현재 UCS 원점의 거리와 XY 평면에서의 X축 각도 그리고 XY 평면에서의 각도로 좌표를 구성합니다. 각각의 좌표는 오른쪽 꺾쇠(<)를 이용하여 분리해서 표시합니다.

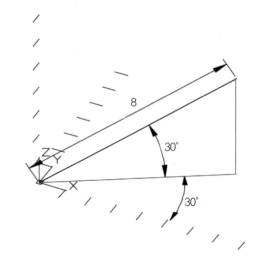

예를 들어, '8<30<30'은 원점 즉, 구 형태 중심점의 8만큼 떨어진 지점에서 XY 평면과 X축 방향으로 30° 그리고 XY 평면 위쪽으로 30°만큼 떨어진 좌표를 의미합니다.

3 | 3차원 객체의 종류

3차원 객체의 종류는 모두 4가지입니다. 각기 다른 특성이 있기 때문에 3차원 객체를 만들고자 하는 목적에 적합한 3차원 모델을 만드는 것이 중요합니다.

1 와이어프레임(Wireframe) 객체

와이어프레임은 철사로 만든 객체라고 생각하면 쉽습니다. 객체를 선으로만 3차원 형상으로 만든 것이며, 속이 투영되어 보이지만 3차원 형태를 확인할 수 있는 특징이 있습니다. 선으로만 이루어져 있기 때문에 Hide 명령처럼 은선을 제거하거나 재질을 적용할 수 없으며, 선이 모두 객체로 인식되어 메쉬 또는 솔리드 객체보다 객체를 만드는 시간이 더 오래 걸릴 수 있습니다.

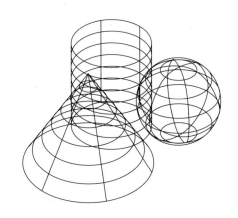

☑ 표면(Surface) 객체

표면 객체는 간단하게 면을 이용한 객체라고 할 수 있습니다. 면을 이용하여 객체를 만든다는 점에서는 메쉬 객체와 같다고 할 수 있지만, 특정 형상의 객체를 만들기보다 면 자체의 특징을 이용한다는 점이 다릅니다.

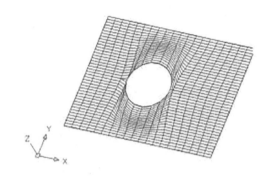

③ 메쉬(Mesh) 객체

와이어프레임이 선으로만 이루어진 객체라면 메쉬 객체는 면으로 이루어진 객체입니다. 즉, 와이어프레임 객체의 선과 선 사이를 면으로 처리한 객체입니다.

메쉬 객체의 밀도는 행을 의미하는 M과 열을 의미하는 N의 개수로 결정되며, 2차원 객체도 가능하지만 대부분 3차원 객체를 만들기 위해 사용됩니다. 면으로 만든 객체이기 때문에 Hide 명령을 이용한 은선 제거나 재질을 부여할 수 있습니다. 메쉬 객체와 표면 객체는 면으로만 객체를 만들기 때문에 속은 비어 있는 상태입니다. 이러한 이유로 솔리드 객체와 같이 객체를 더하거나 빼는 등의 연산은 불가능합니다.

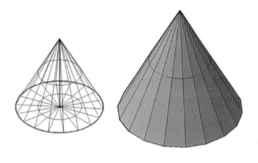

④ 솔리드(Solid) 객체

솔리드 객체는 속이 차 있는 3차원 객체로 질량이나 체적, 무게 등 연산을 위한 객체의 특성을 모두 가지고 있어 AutoCAD에서 자주 사용하는 3차원 객체입니다. 솔리드 객체는 형태 이외의 다양한 정보를 가지고 있기 때문에 다른 객체보다 용량이 크고 표현하는 시간도 오래 걸리는 단점이 있지만 객체 사이 연산이 가능해 원하는 형태의 3차원 객체를 더 쉽게 만들 수 있습니다.

CHAPTER 02

UCS 이용하기

AutoCAD 2021

UCS(User Coordinate System)는 3차원 객체를 만들기 위해 반드시 필요한 좌표계입니다. 2차원 객체에서 벗어나 두께와 방향이 있는 3차원 객체를 그리기 위해서는 원점과 방향을 가지는 UCS를 설정해야 합니다. 이번 챕터에서는 UCS의 이해와 설정 방법을 알아보겠습니다.

1 | UCS 좌표계 알아보기

좌표계는 WCS(World Coordinate System)와 UCS(User Coordinate System)로 구분할 수 있습니다. WCS는 기본으로 표시되는 좌표계이고, UCS는 사용자가 변경한 좌표계를 말합니다. UCS를 변경하면 3차원 객체를 자유롭게 그릴 수 있습니다.

1 UCS의 필요성

3차원 객체를 그릴 때 기본으로 위에서 바라보는 평면을 만들지만, 측면을 그려야 하는 경우에는 측면에서 바라보는 시점으로 설정합니다. WCS에서는 Z축을 표현할 수 없기 때문에 UCS를 이용하여 현재 화면을 XY 평면으로 설정해야 합니다. 또한 원점이 객체와 중첩된 경우에는 객체를 수정하기 힘들기 때문에 원점을 변경하기도 합니다. 이처럼 기본 WCS가 아닌 사용자에 의해 시점이 변경되거나 원점이 변경되는 좌표계를 사용자 좌표계(UCS)라고 부릅니다.

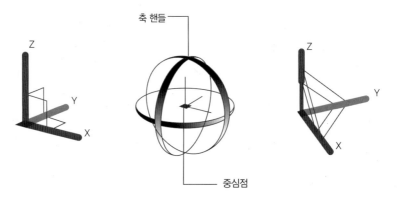

UCS는 화면이 분할되어도 동일한 좌표계를 적용받으며 3차원 객체를 만들면서 빈번히 UCS가 변경되기도 하므로 현재의 UCS 상태를 저장하였다가 다시 불러내어 사용합니다.

② UCS 변경 기준

UCS를 만든다는 것은 현재 좌표계에서 새로운 좌표계로 바꾼다는 의미이므로 현재 좌표계를 어떻게 변경할 것인가를 선택해야 합니다. UCS를 이용해서 좌표계를 바꿀 수 있는 방법은 다음과 같습니다.

- 새로운 UCS 원점을 지정합니다.

- 선택한 객체에 정렬된 좌표계를 변환합니다.

- UCS를 현재 시점에 맞춰 변환합니다.

- 현재 좌표계를 지정한 축을 기준으로 변환합니다.

- 저장된 UCS를 불러내어 변환합니다.

2 | 좌표계 변경하기 - UCS

'UCS'는 사용자가 WCS 좌표계에서 UCS의 원점 및 방향을 설정하는 명령입니다. 저장된 UCS는 'UCSMAN' 명령을 이용하여 적용할 수 있습니다.

① 명령어 실행

- 메뉴 : (도구) → 새 UCS
- 명령어 입력 : UCS

② 작업 진행

UCS의 원점 지정 또는 [면(F)/이름(NA)/객체(OB)/이전(P)/뷰(V)/표준(W)/X(X)/Y(Y)/Z(Z)/Z축(ZA)] 〈표준〉:
[UCS 옵션 입력]

③ 옵션

- **면(F)** : 선택한 면에 UCS를 정렬합니다.

- **이름(NA)** : UCS를 저장하거나 삭제 또는 불러옵니다. 저장된 UCS의 목록은 '?'를 입력하면 표시됩니다.

- **객체(OB)** : 선택한 객체에 맞게 UCS를 정렬합니다.

- **이전(P)** : 이전 UCS로 복귀합니다.

- 뷰(V) : XY 평면을 관측 방향에 따라 수직 평면에 맞춰 UCS를 정렬합니다. 이때 UCS 원점 위치는 변경되지 않습니다.

- 표준(W) : UCS를 표준 좌표계인 WCS로 변경합니다.

- X(X), Y(Y), Z(Z) : 지정한 축을 중심으로 UCS를 회전합니다.

- Z축(ZA) : UCS 원점과 Z축 방향을 지정하여 UCS를 설정합니다.

CHAPTER 03

UCS를 사용하여 3D 모델링 작업하기

▶ 동영상 강의
https://youtu.be/0fK80vhGlwI

AutoCAD 2021 ··

USC를 사용하여 3D 모델링을 작업해 보겠습니다. AutoCAD에서는 기본적으로 3D 모델링이 'Wireframe'이기 때문에 형상을 제대로 파악하기가 어렵다는 단점이 있습니다. 그러므로 상당히 조심스럽게 UCS를 설정해야 하며, 잘못 사용하면 방향을 잃을 수가 있으므로 주의가 필요합니다.

완성 파일 Part09\3D_돌출_완성.dwg

1 │ 인터페이스 변경하기

우선 3D 모델링을 손쉽게 하기 위해서는 AutoCAD의 인터페이스를 변경할 필요가 있습니다. AutoCAD의 하단에 있는 '설정' 아이콘을 클릭한 다음 **3D 모델링**을 실행하면 화면 상단의 리본 메뉴가 3D 모델링에 적합한 형태로 변경되는 것을 볼 수 있습니다.

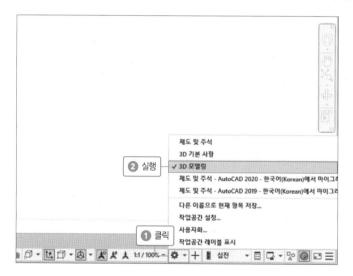

2 | 아이소메트릭 뷰 설정하기

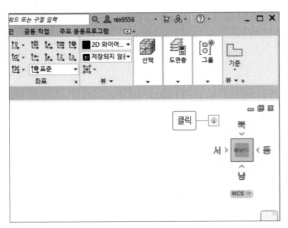

▲ 시점 변경 전

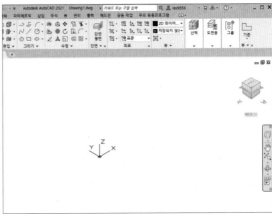

▲ 시점 변경 후

3D모델링의 시점은 기본적으로 아이소메트릭 뷰로 보는 것이 가장 작업하기 좋습니다.

3 | 돌출을 사용한 3D 모델링하기

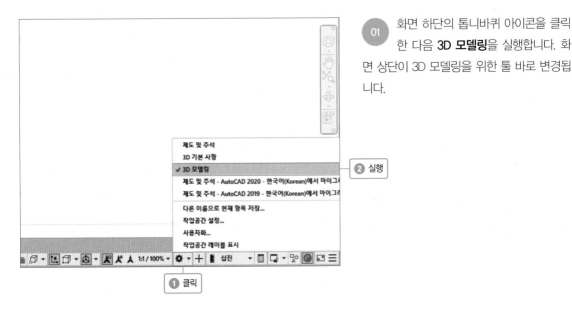

01 화면 하단의 톱니바퀴 아이콘을 클릭한 다음 **3D 모델링**을 실행합니다. 화면 상단이 3D 모델링을 위한 툴 바로 변경됩니다.

다음 치수를 가지는 작업 도형을 3D로 만들어 보겠습니다.

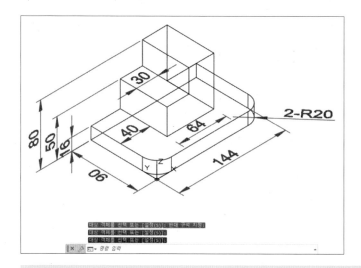

02 '명령어:REC'를 사용하여 사각형을 만들도록 하겠습니다. 이때 사용할 좌표는 절대 좌표이며, 크기는 '0,0'의 절대점을 기준으로 '144,90'의 길이를 가지는 사각형입니다.

명령: REC

RECTANG

첫 번째 구석점 지정 또는 [모따기(C)/고도(E)/모깎기(F)/두께(T)/폭(W)]: 0,0

다른 구석점 지정 또는 [영역(A)/치수(D)/회전(R)]: 144,90

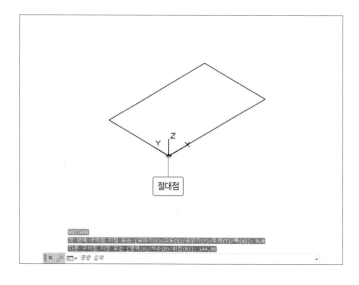

절대점

03 작성된 사각형의 높이 값을 주어야 합니다. 이때 높이 값을 주는 방법은 크게 2가지가 있습니다.

04 돌출의 긴 명령어를 사용하기보다는 화면 상단의 리본 메뉴에서 선택하는 것을 권장합니다.
리본 메뉴에서 '돌출'을 클릭한 다음 사각형을 선택하면 높이 값을 줄 수 있습니다. 마우스 커서로 도형의 위쪽
을 가리키는 상태에서 '16'의 수치를 입력하면 해당 수치만큼 높이를 줄 수 있습니다.

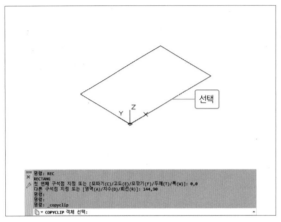
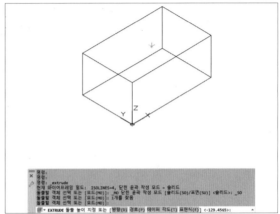

리본 메뉴 : 모델링 – 돌출
명령어 : EXTR

명령: _extrude(리본 메뉴 선택)
현재 와이어프레임 밀도: ISOLINES=4, 닫힌 윤곽 작성 모드 = 솔리드
돌출할 객체 선택 또는 [모드(MO)]: _MO 닫힌 윤곽 작성 모드 [솔리드(SO)/표면(SU)] 〈솔리드〉: _SO
돌출할 객체 선택 또는 [모드(MO)]: 1개를 찾음(사각형 선택)
돌출할 객체 선택 또는 [모드(MO)]: (Enter)
돌출 높이 지정 또는 [방향(D)/경로(P)/테이퍼 각도(T)/표현식(E)] 〈0.000〉: 16(높이 지정)

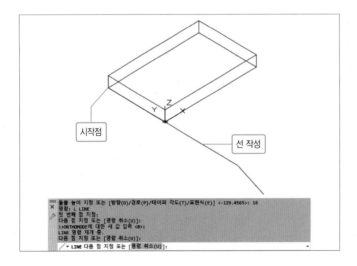

시작점

선 작성

05 상단의 모양을 만들기 위한 기본적인 위치를 설정하기 위해 '선'을 사용하여 작업한 사각형의 왼쪽 상단 중 아래쪽 모서리를 클릭합니다. Shift를 누른 상태에서 사각형보다 긴 길이를 가지는 선을 하나 작성합니다.

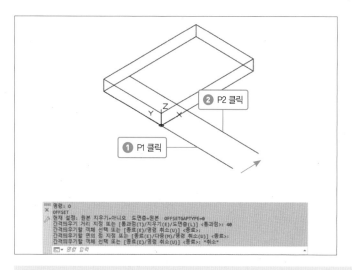

06 앞서 작성한 선을 '명령어:O'를 사용하여 '40'의 간격만큼 'X축' 방향으로 띄웁니다.

명령: O
OFFSET
현재 설정: 원본 지우기=아니오 도면층=원본 OFFSETGAPTYPE=0
간격띄우기 거리 지정 또는 [통과점(T)/지우기(E)/도면층(L)] 〈통과점〉: 40
간격띄우기할 객체 선택 또는 [종료(E)/명령 취소(U)] 〈종료〉: (간격 지정)

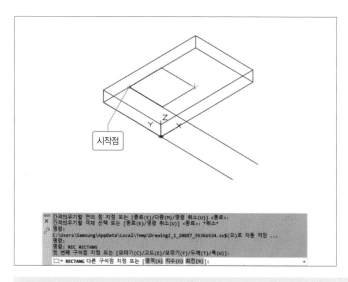

07 40만큼 간격을 띄운 위쪽 선 끝에서 시작하는 '명령어:REC'를 사용하고 '@64,-64'의 상대 좌표를 사용하여 사각형을 작성합니다.

명령: REC
RECTANG
첫 번째 구석점 지정 또는 [모따기(C)/고도(E)/모깎기(F)/두께(T)/폭(W)]: (시작점 지정)
다른 구석점 지정 또는 [영역(A)/치수(D)/회전(R)]: @64,-64

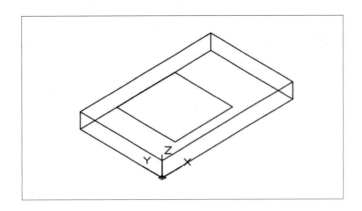

08 불필요한 선들은 Delete 를 눌러 제거합니다.

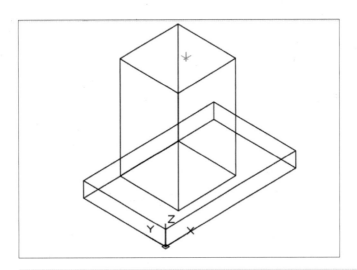

09 리본 메뉴에서 '돌출'을 클릭하고 앞서 작성한 사각형을 지정하여 높이 값 '80'을 입력합니다.

명령: _extrude(리본 메뉴 선택)
현재 와이어프레임 밀도: ISOLINES=4, 닫힌 윤곽 작성 모드 = 솔리드
돌출할 객체 선택 또는 [모드(MO)]: _MO 닫힌 윤곽 작성 모드 [솔리드(SO)/표면(SU)] ⟨솔리드⟩: _SO
돌출할 객체 선택 또는 [모드(MO)]: 1개를 찾음(사각형 선택)
돌출할 객체 선택 또는 [모드(MO)]: (Enter)
돌출 높이 지정 또는 [방향(D)/경로(P)/테이퍼 각도(T)/표현식(E)] ⟨0.000⟩: 80(높이 지정)

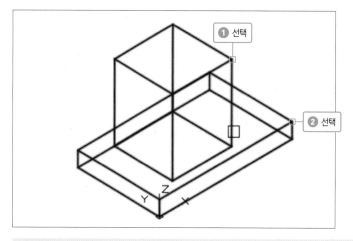

10 객체를 합쳐 보겠습니다. 합치지 않
는다면 2개의 객체는 서로 개별적으
로 존재하기 때문에 올바른 형상이 되지 않
습니다. '명령어:UNION'을 입력하고 2개의
객체를 모두 선택한 다음 Enter를 누릅니다.

명령: UNION(객체 합치기)
_union
객체 선택: 1개를 찾음(높이 16의 사각형)
객체 선택: 1개를 찾음(높이 80의 사각형) 총 2개

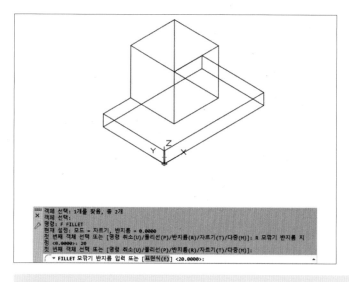

11 앞쪽 부분에 있는 모깎기를 작업해
보겠습니다. '명령어:F'를 사용하여 요
구하는 반지름인 '20'을 입력한 다음, 모깎기
할 모서리를 선택합니다.

명령: F
FILLET
현재 설정: 모드 = 자르기, 반지름 = 0.0000
첫 번째 객체 선택 또는 [명령 취소(U)/폴리선(P)/반지름(R)/자르기(T)/다중(M)]: R 모깎기 반지름 지정 〈0.0000〉: 20
첫 번째 객체 선택 또는 [명령 취소(U)/폴리선(P)/반지름(R)/자르기(T)/다중(M)]: (모서리 지정)

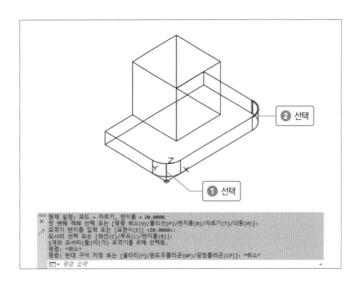

12 반대편에도 동일한 방법으로 모깎기를 작업합니다.

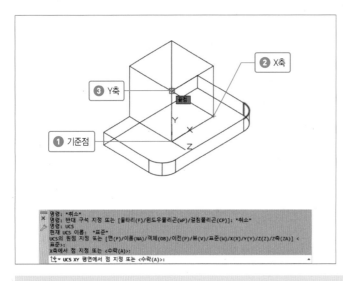

13 UCS를 변경합니다. '명령어:UCS'를 입력한 다음 위쪽에 있는 사각형 앞부분의 왼쪽 아래 모서리를 절대점으로 지정하고, 오른쪽 모서리를 'X축'으로 위쪽 모서리를 'Y'축으로 지정하여 UCS의 방향성을 지정합니다.

명령: UCS
현재 UCS 이름: *표준*
UCS의 원점 지정 또는 [면(F)/이름(NA)/객체(OB)/이전(P)/뷰(V)/표준(W)/X(X)/Y(Y)/Z(Z)/Z축(ZA)] 〈표준〉: (사각형의 앞 왼쪽 아래 모서리 지정)
X축에서 점 지정 또는 〈수락(A)〉: (사각형의 앞 오른쪽 아래 모서리 지정)
XY 평면에서 점 지정 또는 〈수락(A)〉: (사각형의 앞 왼쪽 위 모서리 지정)

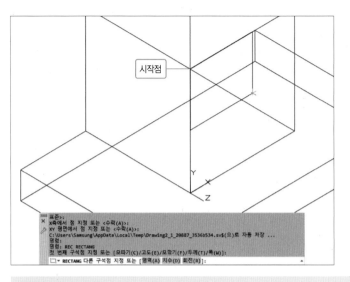

14 사각형을 만들어 보겠습니다. '명령어:REC'를 입력한 다음 앞서 UCS를 설정할 때 Y축의 위치를 지정했던 모서리를 시작점으로 지정합니다. '@30,-30'의 좌표를 가지는 사각형을 작성합니다.

명령: REC
RECTANG
첫 번째 구석점 지정 또는 [모따기(C)/고도(E)/모깎기(F)/두께(T)/폭(W)]: (사각형 앞쪽 위 모서리(UCS의 Y축을 지정한 모서리))
다른 구석점 지정 또는 [영역(A)/치수(D)/회전(R)]: @30,-30

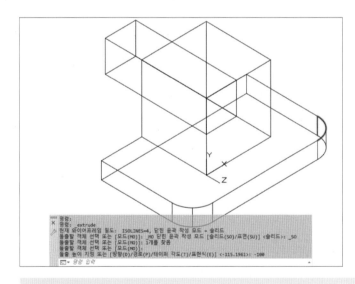

15 만들어진 사각형의 높이 값을 주도록 하겠습니다. 'UCS'의 'Z축'과 돌출하려는 방향이 반대이므로 돌출의 높이는 − 값을 부여해야 합니다.

명령: EXTRUDE
_extrude
현재 와이어프레임 밀도: ISOLINES=4, 닫힌 윤곽 작성 모드 = 솔리드
돌출할 객체 선택 또는 [모드(MO)]: _MO 닫힌 윤곽 작성 모드 [솔리드(SO)/표면(SU)] 〈솔리드〉: _SO
돌출할 객체 선택 또는 [모드(MO)]: 1개를 찾음(사각형 선택)
돌출할 객체 선택 또는 [모드(MO)]: (Enter)
돌출 높이 지정 또는 [방향(D)/경로(P)/테이퍼 각도(T)/표현식(E)] 〈-115.1961〉: -100(Z축의 역방향이기에 -값)

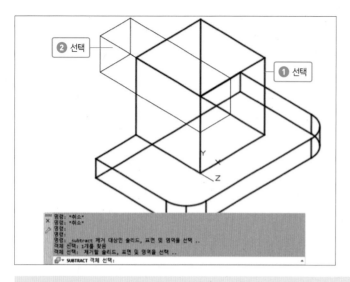

16 돌출한 부분을 제거해야 합니다. '명령어:SUBTRACT'을 입력한 다음, 첫 번째 선택하는 것이 남아야 할 객체이므로 먼저 작업했던 객체를 클릭합니다. 다음으로 제거될 객체인 돌출한 사각형을 선택한 다음 [Enter]를 누릅니다.

명령: SUBTRACT
_subtract 제거 대상인 솔리드, 표면 및 영역을 선택 ..
객체 선택: 1개를 찾음(남을 형상을 선택)
객체 선택: 제거할 솔리드, 표면 및 영역을 선택 .. ([Enter])
객체 선택: 1개를 찾음(제거될 형상을 선택)

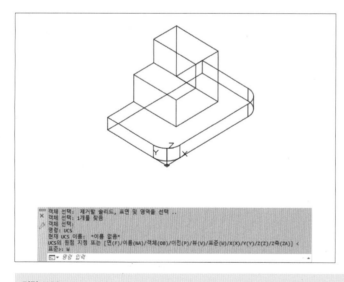

17 돌출된 부분이 제거되면 UCS를 기본값으로 되돌려야 합니다. '명령어:UCS'를 입력한 다음 '옵션:W'를 입력하여 기본적인 상태의 UCS로 되돌리면 작업이 완료됩니다.

명령: UCS
현재 UCS 이름: *이름 없음*
UCS의 원점 지정 또는 [면(F)/이름(NA)/객체(OB)/이전(P)/뷰(V)/표준(W)/X(X)/Y(Y)/Z(Z)/Z축(ZA)] 〈표준〉: W(표준)

완성 파일 Part09\3D_회전_완성.dwg

이번에는 회전을 통한 3D 모델링을 작업해 보겠습니다.

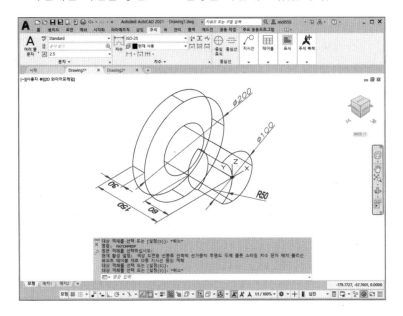

위의 치수 값을 가지는 형상을 회전 기능으로 작업하겠습니다.

01 '명령어:REC'를 사용하여 절대 좌표를 이용한 '0,0' / '50,120'의 사각형을 작성합니다.

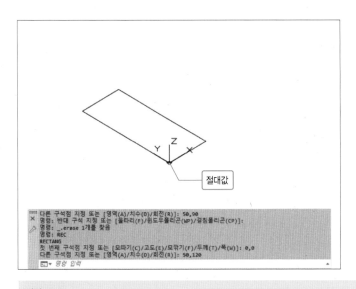

명령: REC

RECTANG

첫 번째 구석점 지정 또는 [모따기(C)/고도(E)/모깎기(F)/두께(T)/폭(W)]: 0,0

다른 구석점 지정 또는 [영역(A)/치수(D)/회전(R)]: 50,120

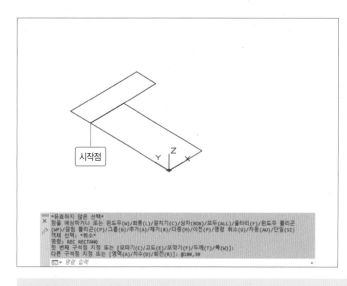

시작점

02 두 번째 사각형을 만들어 보겠습니다. 앞서 만들었던 사각형의 왼쪽 위 모서리를 시작점으로 '@100,30'의 좌표를 입력하여 사각형을 만듭니다.

명령: REC
RECTANG
첫 번째 구석점 지정 또는 [모따기(C)/고도(E)/모깎기(F)/두께(T)/폭(W)]: (사각형 왼쪽 윗부분 지정)
다른 구석점 지정 또는 [영역(A)/치수(D)/회전(R)]: @100,30

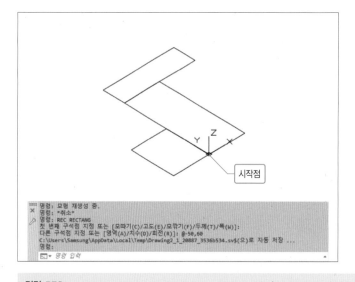

시작점

03 마지막 사각형을 만들겠습니다. '명령어:REC'를 사용하여 '0,0' / '-50,60'의 좌표를 가지는 사각형을 작성합니다.

명령: REC
RECTANG
첫 번째 구석점 지정 또는 [모따기(C)/고도(E)/모깎기(F)/두께(T)/폭(W)]: 0,0
다른 구석점 지정 또는 [영역(A)/치수(D)/회전(R)]: -50,60

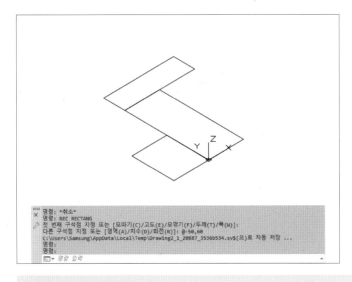

04 회전을 작업해 보겠습니다. 돌출과 마찬가지로 화면 상단의 리본 메뉴에서 선택하거나 '명령어:REV'를 입력하여 회전을 작업할 수 있습니다.

리본 메뉴 : 모델링 – 회전
명령어 : REV

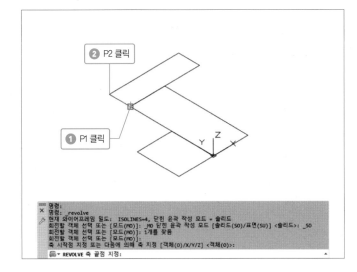

05 '명령어:REV'를 사용하여 회전하겠습니다. 가장 먼저 할 일은 회전할 객체를 선택하는 일입니다. 우선 맨 상단의 첫 번째 사각형을 선택합니다.

다음으로 회전할 회전축을 지정합니다. 이 사각형의 회전축은 사각형의 '왼쪽 위/아래'의 모서리가 회전축이어야 하므로 해당 위치를 지정하고, 회전 각도는 한 바퀴를 회전해야 하기 때문에 Enter를 누르면 기본 설정인 360°가 적용됩니다. 이때 해당 사각형은 Ø2000이 나와야 하므로 가로의 길이를 100으로 설정한 것이 곧 반지름이 됩니다.

명령: REV
_revolve
현재 와이어프레임 밀도: ISOLINES=4, 닫힌 윤곽 작성 모드 = 솔리드
회전할 객체 선택 또는 [모드(MO)]: _MO 닫힌 윤곽 작성 모드 [솔리드(SO)/표면(SU)] 〈솔리드〉: _SO
회전할 객체 선택 또는 [모드(MO)]: 1개를 찾음(위쪽 사각형을 선택)
회전할 객체 선택 또는 [모드(MO)]: (위쪽 사각형을 선택)
축 시작점 지정 또는 다음에 의해 축 지정 [객체(O)/X/Y/Z] 〈객체(O)〉: (위쪽 사각형의 왼쪽 위 모서리 선택)
축 끝점 지정: (위쪽 사각형의 왼쪽 아래 모서리 선택)
회전 각도 지정 또는 [시작 각도(ST)/반전(R)/표현식(EX)] 〈360〉: (Enter를 입력)

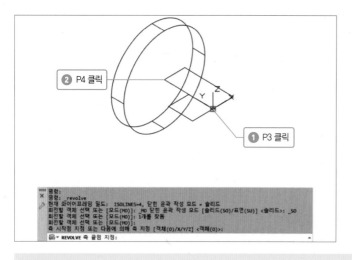

06 두 번째 사각형도 회전해 보겠습니다. 절대점과 이어지는 사각형의 '왼쪽 위/아래'의 모서리가 회전축이 되므로 지정하여 회전합니다.

명령: REV

_revolve

현재 와이어프레임 밀도: ISOLINES=4, 닫힌 윤곽 작성 모드 = 솔리드

회전할 객체 선택 또는 [모드(MO)]: _MO 닫힌 윤곽 작성 모드 [솔리드(SO)/표면(SU)] 〈솔리드〉: _SO

회전할 객체 선택 또는 [모드(MO)]: 1개를 찾음 (두 번째 사각형 선택)

회전할 객체 선택 또는 [모드(MO)]: (Enter)

축 시작점 지정 또는 다음에 의해 축 지정 [객체(O)/X/Y/Z] 〈객체(O)〉: (사각형의 왼쪽 위 모서리를 지정)

축 끝점 지정: (사각형의 왼쪽 아래(절대점) 모서리를 지정)

회전 각도 지정 또는 [시작 각도(ST)/반전(R)/표현식(EX)] 〈360〉: (Enter)

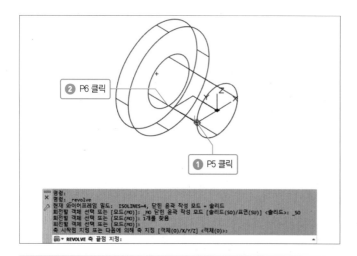

07 세 번째 사각형을 회전하겠습니다. 회전 시 사각형의 '왼쪽 위/아래'의 모서리가 회전축으로 설정되어야 합니다.

명령: REV

_revolve

현재 와이어프레임 밀도: ISOLINES=4, 닫힌 윤곽 작성 모드 = 솔리드

회전할 객체 선택 또는 [모드(MO)]: _MO 닫힌 윤곽 작성 모드 [솔리드(SO)/표면(SU)] 〈솔리드〉: _SO

회전할 객체 선택 또는 [모드(MO)]: 1개를 찾음 (세 번째 사각형 선택)

회전할 객체 선택 또는 [모드(MO)]: (Enter)

축 시작점 지정 또는 다음에 의해 축 지정 [객체(O)/X/Y/Z] 〈객체(O)〉: (사각형의 왼쪽 위 모서리를 지정)

축 끝점 지정: (사각형의 왼쪽 아래 모서리를 지정)

회전 각도 지정 또는 [시작 각도(ST)/반전(R)/표현식(EX)] 〈360〉: (Enter)

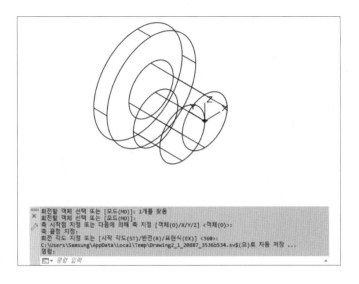

08 형태가 표시되면 마무리 작업을 합니다.

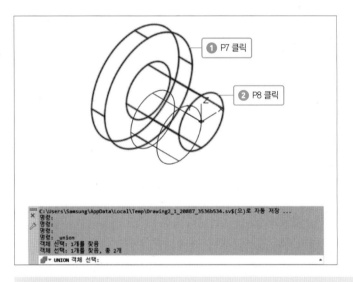

1 P7 클릭

2 P8 클릭

09 '명령어:UNION'을 사용하여 첫 번째 회전한 객체와 두 번째 회전한 객체를 합칩니다.

명령: UNION

_union

객체 선택: 1개를 찾음(첫 번째 회전체 선택)

객체 선택: 1개를 찾음(두 번째 회전체 선택) 총 2개

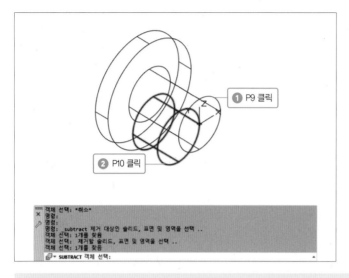

10 세번째로 회전한 객체를 합쳐진 객체에서 제거하겠습니다.

'명령어:SUBTRACT'을 입력하고 남아야 할 '합쳐진 객체'를 선택한 다음 '제거될 객체'를 선택합니다.

명령: SUBTRACT

_subtract 제거 대상인 솔리드, 표면 및 영역을 선택 ..

객체 선택: 1개를 찾음(합쳐진 객체 선택)

객체 선택: 제거할 솔리드, 표면 및 영역을 선택 .. (Enter)

객체 선택: 1개를 찾음(세 번째 회전 객체 선택)

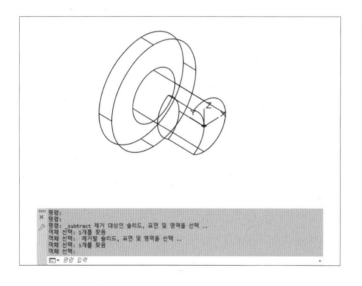

11 UCS를 변경하지 않고 작업한 회전 객체가 완성되었습니다.

3차원 관측하기

AutoCAD 2021

3차원 객체를 만든 후 객체의 형태를 정확하게 판단하기 위해서는 관측 시점을 잘 선택해야 합니다. 관측 시점을 설정할 수 있는 다양한 명령을 제공하므로 상황에 따라 적절한 명령을 이용하여 관측 시점을 설정합니다.

1 | 명명된 시점 선택하기 - View

'View'는 미리 정해진 시점을 선택하여 시점을 변경하는 명령입니다. 제공하는 명명된 시점(Named View)은 평면도, 저면도, 좌측면도, 우측면도, 정면도, 배면도, 남서 등각투영, 남동 등각투영, 북동 등각투영, 북서 등각투영으로 총 10가지입니다.

1 명령어 실행

- 리본 메뉴 : (뷰) 탭 – 명명된 뷰 패널 – 뷰 복원
- 메뉴 : (뷰) → 명명된 뷰
- 단축 명령어 : V

2 [뷰 관리자] 대화상자

[뷰 관리자] 대화상자에는 명명된 시점과 저장된 시점을 편집하거나 새로운 시점을 만듭니다.

1 현재로 설정 : 선택한 시점을 적용합니다.

2 새로 만들기 : 새로운 시점을 만듭니다.

3 도면층 업데이트 : 선택한 시점과 함께 저장된 도면층 내용을 모델 공간 및 배치 공간에 업데이트 합니다.

4 경계 편집 : 명명된 시점의 경계가 보이도록 선택한 시점의 경계를 표시합니다.

5 삭제 : 선택한 시점을 삭제합니다.

2 명명된 시점을 이용하여 시점 변경하기

명명된 시점을 이용하면 빠르게 선택한 시점으로 변경할 수 있습니다. 대부분의 시점은 측면이나 정면에서 3차원 객체를 만들기 때문에 명명된 시점을 이용하여 빠르게 시점을 변경하며 각 면에서 형상을 유추할 수 있습니다. 명명된 시점으로 변경하더라도 UCS는 변경되지 않습니다.

1 좌측 시점 변경하기

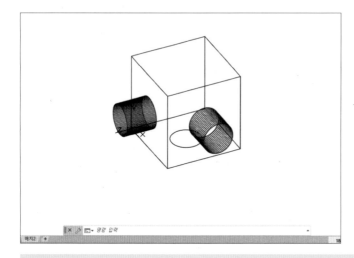

01 시점을 표준 UCS로 변경하기 위해 'UCS' 명령을 실행한 다음 표준 UCS 로 변경합니다.

명령: UCS
현재 UCS 이름: *평면도*
UCS의 원점 지정 또는 [면(F)/이름(NA)/객체(OB)/이전(P)/뷰(V)/표준(W)/X(X)/Y(Y)/Z(Z)/Z축(ZA)] 〈표준〉: W

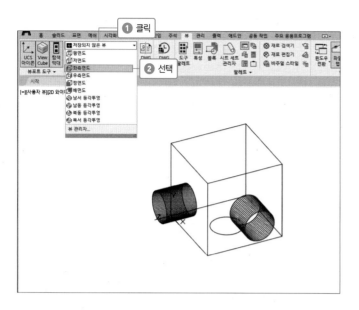

02 〔뷰〕 탭의 명명된 뷰 패널에서 '뷰 복원'을 선택한 다음 '좌측면도'를 선택합니다.

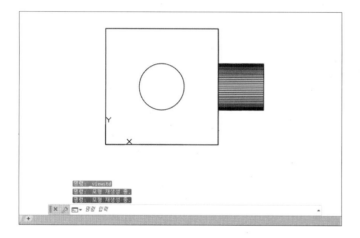

03 왼쪽에서 바라본 시점으로 변경됩니다.

2 정면 시점 변경하기

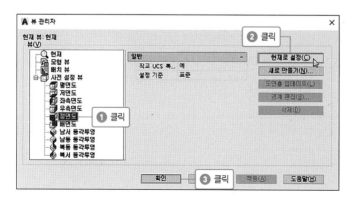

01 이번에는 정면에서 바라본 시점으로 변경하기 위해 'VIEW' 명령을 실행합니다.

02 [뷰 관리자] 대화상자가 표시되면 뷰 목록에서 '정면도'를 선택한 다음 〈현재로 설정〉 버튼을 클릭하고 〈확인〉 버튼을 클릭합니다.

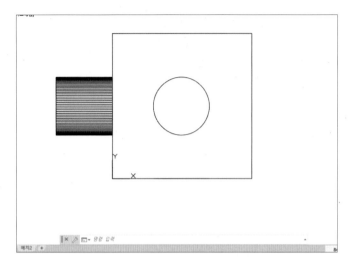

03 정면에서 바라본 시점으로 변경됩니다. 그러나 아직 3차원 객체의 형태가 어떤 모습인지 확실하지 않습니다.

③ 아이소메트릭 시점으로 변경하기

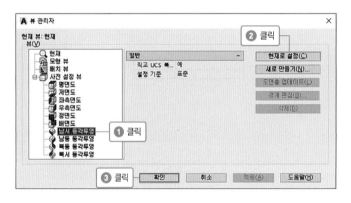

01 이번에는 아이소메트릭 시점으로 변경하기 위해 'VIEW' 명령을 실행합니다.

02 [뷰 관리자] 대화상자가 표시되면 뷰 목록에서 '남서 등각투영'을 선택하고 〈현재로 설정〉 버튼을 클릭한 다음 〈확인〉 버튼을 클릭합니다.

④ 등각 투영 형태의 객체 확인하기

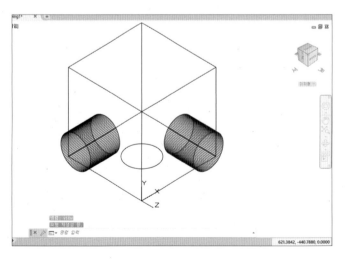

01 등각 투영 형태의 객체가 표시됩니다. 이처럼 아이소메트릭 시점을 이용해 X, Y, Z축을 모두 확인할 수 있습니다.

View 명령이 미리 정해진 시점만을 선택할 수 있었다면 'VPOINT' 명령은 사용자가 임의의 시점을 지정하여 만들 수 있습니다.

1 명령어 실행

- 메뉴 : 〔뷰〕→ 3D 뷰 → 관측점 사전 설정
- 단축 명령어 : VP

2 [관측점 사전 설정] 대화상자

[관측점 사전 설정] 대화상자는 WCS와 UCS를 기준으로 설정합니다.

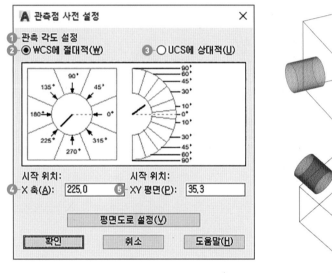

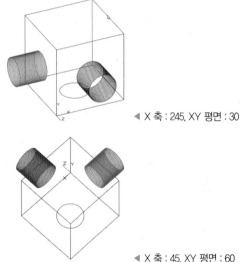

◀ X 축 : 245, XY 평면 : 30

◀ X 축 : 45, XY 평면 : 60

❶ 관측 각도 설정 : 기준으로 할 좌표계를 선택합니다.

❷ WCS에 절대적 : 시점을 표준 좌표계에 적용합니다.

❸ UCS에 상대적 : 시점을 UCS에 상대적으로 적용합니다.

❹ X 축 : X축에서의 각도를 입력합니다. 그림에서 직접 선택해도 각도가 입력됩니다.

❺ XY 평면 : XY 평면에서의 각도를 입력합니다. 그림에서 직접 선택해도 각도가 입력됩니다.

'Plan'은 현재 UCS에서 평면 시점으로 변경하는 명령입니다. 즉, WCS이거나 UCS가 변경된 상태에서 Plan 명령을 사용하면 지정한 좌표계의 평면도 뷰가 표시됩니다.

1 명령어 실행

- 메뉴 : (뷰) → 3D 뷰 → 평면도
- 명령어 입력 : PLAN

2 작업 진행

옵션 입력 [현재 UCS(C)/UCS(U)/표준(W)] 〈현재〉: [옵션 입력]
모형 재생성 중.

3 옵션

- 현재 UCS(C) : 현재 UCS의 평면 시점을 전환합니다.

- UCS(U) : 이전에 저장한 UCS의 평면 시점으로 전환합니다.

- 표준(W) : 표준 좌표계의 평면 시점으로 전환합니다.

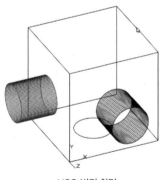

▲ UCS 변경 화면

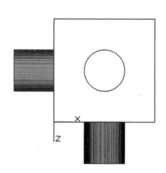

▲ 표준 명령을 적용한 화면

5 | 3차원 시점을 실시간 움직이기 - 3Dorbit

'3DORBIT'은 각도나 좌표를 입력하지 않고 마우스 커서만으로 실시간으로 시점을 움직일 수 있는 명령입니다. 시점을 자유롭게 설정할 수 있는 장점이 있으나 익숙하지 않으면 원하는 시점을 설정하기 힘든 측면도 있으므로, 익숙하지 않은 사용자는 자유 궤도를 이용하여 수평과 수직으로 시점을 설정하는 것이 편리합니다.

1 명령어 실행

- 메뉴 : 〔뷰〕→ 궤도
- 리본 메뉴 : 탐색 패널 – 궤도
- 단축 명령어 : 3DO

2 3DORBIT의 종류

❶ 궤도 : 마우스 커서를 이용하여 자유롭게 움직이면서 실시간으로 시점을 설정합니다.

❷ 자유 궤도 : 사방의 4개 조절점을 이용하여 시점을 움직이면서 설정합니다.

❸ 연속 궤도 : 직전에 움직인 궤도를 추적하여 자동으로 시점을 실시간으로 변경합니다.

탐색 패널의 '궤도'를 선택해서 ▶
3차원 객체를 탐색할 수 있다.

'3DORBIT' 명령을 이용하면 실시간으로 시점을 움직여 원하는 시점으로 설정할 수 있는 장점이 있지만, 익숙하지 않으면 오히려 부정확한 시점으로 선택될 수도 있으므로 많은 경험을 통해서 시점 찾는 방법을 익히는 것이 좋습니다.

예제 파일 Part09\3Dorbit 3차원 객체_예제.dwg

1 자유 궤도를 이용하여 객체 탐색하기

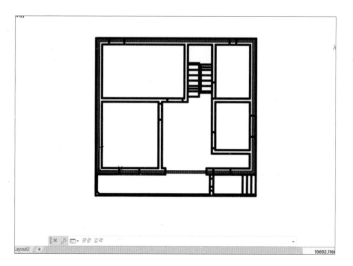

01 Part09 폴더에서 '3Dorbit 3차원 객체_예제.dwg' 파일을 불러옵니다.

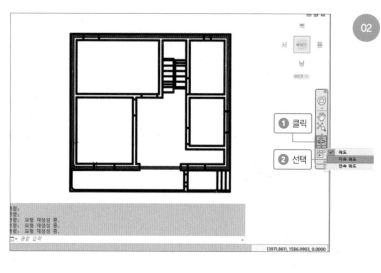

02 탐색 패널에서 '궤도'를 클릭한 다음 '자유 궤도'를 선택합니다.

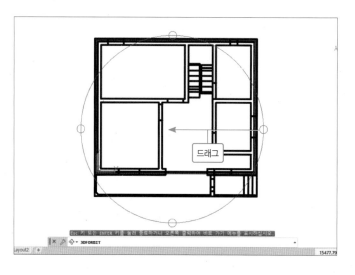

03 도면의 사방에 4개의 조절점이 표시
됩니다. 우선 오른쪽 조절점을 클릭
한 채 왼쪽으로 드래그합니다.

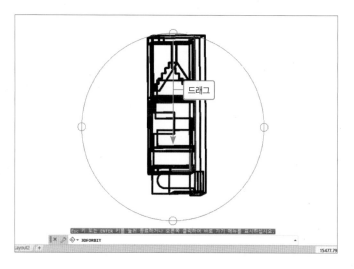

04 양쪽으로만 시점이 변경되는 것을
확인할 수 있습니다. 이번에는 위쪽
에 있는 조절점을 클릭한 채 아래쪽으로 드
래그합니다.

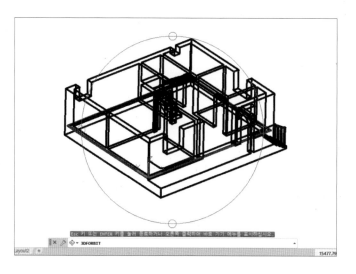

05 위아래로 시점이 변경됩니다. 3D
orbit 명령을 이용한 시점 변경에 익
숙하지 않은 사용자는 이처럼 자유 궤도 기
능을 이용하면 쉽게 시점을 변경할 수 있습
니다.

② 궤도를 이용한 시점 변경하기

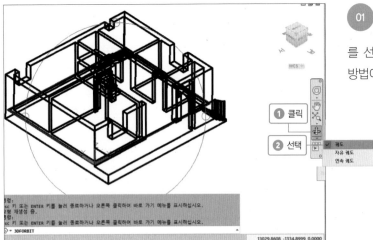

01 자유로운 시점 변경을 위해 탐색 패널에서 '궤도'를 클릭한 다음 '궤도'를 선택합니다. 탐색 패널에는 직전의 탐색 방법이 적용됩니다.

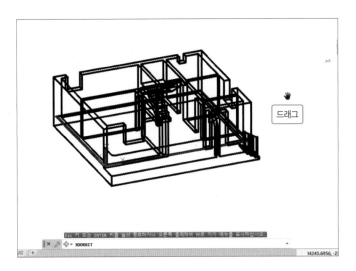

02 도면을 드래그하면 움직이는 방향으로 시점이 변경됩니다.

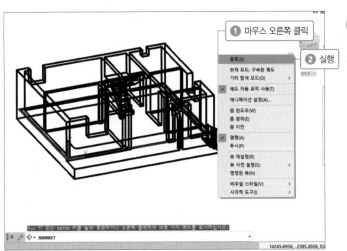

03 원하는 시점을 찾으면 마우스 오른쪽 버튼을 클릭한 다음 바로가기 메뉴에서 **종료**를 실행하거나 [Enter]를 누르면 시점이 고정된 채 3Dorbit 명령이 종료됩니다.

AutoCAD의 도면 영역 오른쪽에는 나침반처럼 생긴 뷰큐브가 있습니다. 뷰큐브에는 동서남북을 가리키는 방향이 있고 가운데에는 현재 시점이 표시됩니다. 뷰큐브를 이용하면 명명된 시점으로 빠르게 전환할 수 있을 뿐만 아니라 3DORBIT 명령처럼 실시간으로 시점을 변경할 수도 있습니다.

1 뷰큐브

뷰큐브는 항상 도면 영역에 표시되므로 언제든지 시점을 변경하고자 할 때 쉽게 이용할 수 있습니다. 동서남북을 의미하는 NESW는 평면도 뷰일 때 가장 잘 보입니다. 객체의 시점이 변경되면 NESW 글자도 같은 방향으로 회전되어 보이지 않을 경우가 있습니다. 이럴 때는 해당 방향의 화살표를 이용하여 시점을 변경합니다.

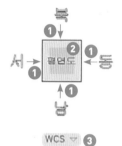

1 해당 방향의 명명된 시점으로 변경

2 현재 시점

3 적용할 좌표계 선택

2 뷰큐브 선택 방법

▲ 명명된 시점으로 변경　　▲ 해당 모서리 시점으로 변경　　▲ 해당 꼭짓점 시점으로 변경

8 ┃ 뷰큐브를 이용한 시점 변경하기

뷰큐브는 명명된 시점은 물론 모서리 및 꼭짓점을 바라볼 수 있는 시점으로 빠르게 변경이 가능합니다. 또한 찾는 시점이 없는 경우에는 3DORBIT 명령을 이용해서 실시간으로 시점을 변경하여 설정할 수도 있습니다.

1 평면 시점으로 변경하기

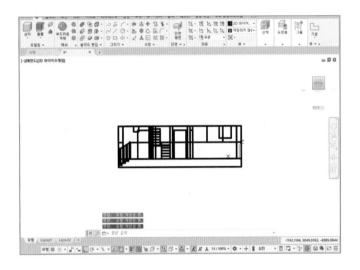

01 뷰큐브에서 '북' 글자를 클릭합니다.

02 즉시 평면에서 바라본 시점으로 변경됩니다.

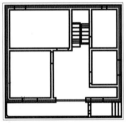

2 입면 시점으로 변경하기

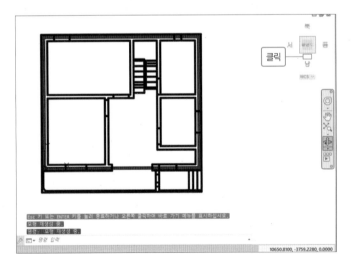

01 뷰큐브에서 아래쪽 화살표를 클릭합니다.

02 입면이 표시됩니다.

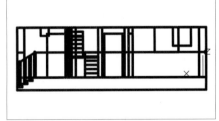

❸ 남측 모서리를 바라본 시점으로 변경하기

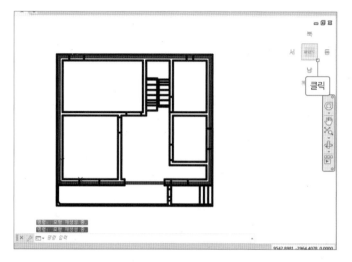

01 뷰큐브에서 사각형 오른쪽 외곽에 마우스 커서를 가져가면 롤오버되는 영역이 표시됩니다. 영역이 파랗게 표시되면 해당 부분을 클릭합니다.

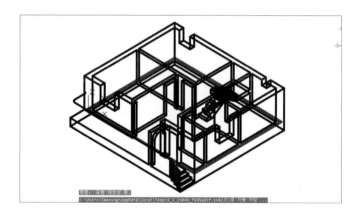

02 즉시 남측 모서리에서 바라본 시점으로 변경됩니다.

❹ 자유롭게 시점 변경하기

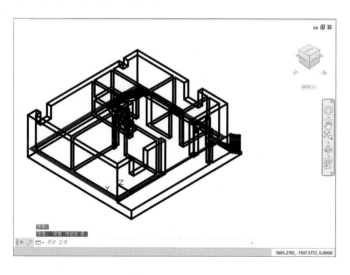

01 뷰큐브에서 시점을 변경하는 임의의 지점을 클릭한 채 드래그합니다.

02 시점이 실시간으로 변경되어 마우스 버튼에서 손을 떼면 최종 선택한 시점이 화면에 고정됩니다.

CHAPTER 05

3차원 메쉬 객체 만들기

AutoCAD 2021

메쉬 객체는 2차원 객체를 만들 때도 사용하지만 일반적으로 3차원 객체를 만들기 위해 사용합니다. 점과 모서리로 이루어진 면을 이용하여 만들며, 표면을 만드는 명령과 객체를 형상화하는 명령으로 구분할 수 있습니다. 이번 챕터에서는 메쉬를 이용한 다양한 형태의 객체를 만드는 방법에 대해 알아보겠습니다.

1 〔3D 도구〕 탭 표시하기

리본 메뉴에는 기본으로 〔3D 도구〕 탭이 표시되지 않습니다. 3D 관련 명령어는 단축 명령어가 제공되지 않기 때문에 빠르게 작업하기 위해서는 리본 메뉴의 도구를 이용하는 것이 편리합니다.

〔3D 도구〕 탭을 표시하려면 리본 메뉴의 여백에서 마우스 오른쪽 버튼을 클릭한 다음 바로가기 메뉴의 **탭 표시 → 3D 도구**를 실행합니다.

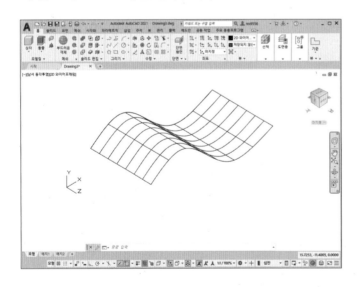

2 │ 돌출시켜 면으로 만들기 - Extrude

'Extrude'는 선이나 면에 두께를 부여하여 3D 객체를 만드는 명령입니다. UCS에 의해 설정된 Z축의 원점으로부터 두께가 부여되며 2D 객체를 3D 객체로 변환할 때 메쉬 상태로 변환할지, 솔리드 객체로 변환할지 선택할 수 있습니다.

1 명령어 실행

- 리본 메뉴 : (3D 도구) 탭 – 모델링 – 돌출
- 메뉴 : (그리기) → 모델링 → 돌출
- 단축 명령어 : EXT

2 작업 진행

현재 와이어프레임 밀도: ISOLINES=4, 닫힌 윤곽 작성 모드 = 솔리드
돌출할 객체 선택 또는 [모드(MO)]: [변환할 객체 선택]
돌출 높이 지정 또는 [방향(D)/경로(P)/테이퍼 각도(T)/표현식(E)] ⟨0⟩: [돌출 높이 또는 옵션 입력]

3 옵션

- 모드(MO) : 변환한 후의 객체가 메쉬 객체일지, 솔리드 객체일지 설정합니다.

- 방향(D) : 2개의 지점을 지정하여 돌출될 방향을 설정합니다.

- 경로(P) : 선택한 객체의 경로를 이용하여 돌출 방향을 설정합니다.

- 테이퍼 각도(T) : 돌출되었을 때 테이퍼의 각도를 설정합니다. 테이퍼는 위로 점점 좁아지는 형태입니다.

- 표현식(E) : 공식을 입력하여 돌출 높이를 설정합니다.

Extrude 명령을 이용하여 선이나 면을 돌출시킬 때 높이나 두께를 직접 입력할 수 있지만, 기존 객체와 같은 높이를 유지해야 하는 경우 기존 객체의 경로를 이용하면 쉽게 만들 수 있습니다.

예제 파일 Part09\Extrude_예제.dwg
완성 파일 Part09\Extrude_완성.dwg

1 3D 시점으로 변경하기

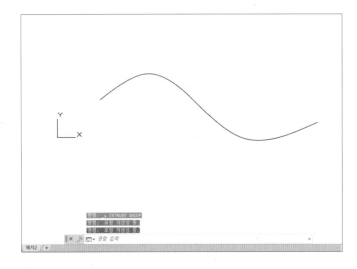

01 곡선 객체를 3D로 만들기 위해 경로로 사용할 객체를 만들어 봅니다. 먼저 Part09 폴더에서 'Extrude_예제.dwg' 파일을 불러옵니다.

02 명령어 입력 창에 'VP'를 입력한 다음 Enter를 누릅니다.

명령: VP

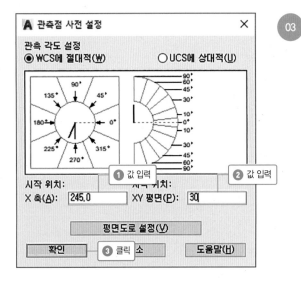

03 [관측점 사전 설정] 대화상자가 표시되면 X 축에 '245', XY 평면에 '30'을 입력하고 〈확인〉 버튼을 클릭합니다.

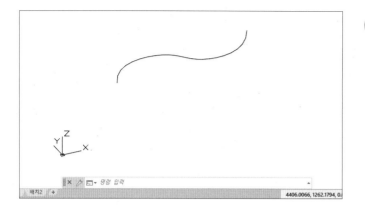

<table>
<tr><td>04</td><td>3차원 객체를 확인할 수 있는 시점으로 변경됩니다.</td></tr>
</table>

2 UCS 변경하기

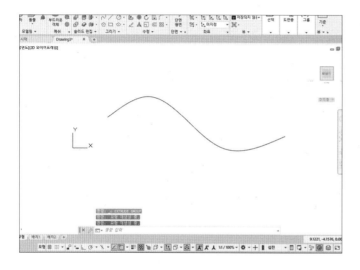

<table>
<tr><td>01</td><td>명령어 입력 창에 'UCS'를 입력하고 Enter 를 누릅니다.</td></tr>
<tr><td>02</td><td>UCS를 X축을 중심으로 90° 회전시킵니다.</td></tr>
</table>

명령: UCS
현재 UCS 이름: *이름 없음*
UCS의 원점 지정 또는 [면(F)/이름(NA)/객체(OB)/이전(P)/뷰(V)/표준(W)/X(X)/Y(Y)/Z(Z)/Z축(ZA)] 〈표준〉: X
X축에 관한 회전 각도 지정 〈0〉: 90

3 경로 작성하기

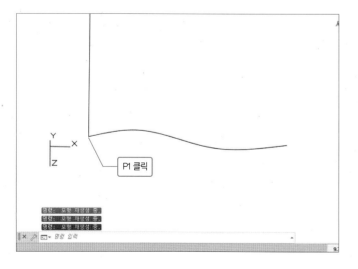

P1 클릭

<table>
<tr><td>01</td><td>'LINE' 명령을 이용하여 기존 객체의 끝점을 시작점으로 설정하고 Y축 방향으로 길이 1000의 선을 그립니다.</td></tr>
</table>

명령: LINE
첫 번째 점 지정: [P1 지정]
다음 점 지정 또는 [명령 취소(U)]: @1000<90
다음 점 지정 또는 [명령 취소(U)]: Enter

4 돌출시키고 선 선택하기

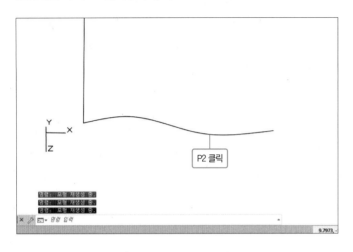

P2 클릭

01 명령어 입력 창에 'EXTRUDE'를 입력하고 Enter를 누릅니다.

02 돌출시킬 객체로 기존 곡선 객체를 선택합니다.

명령: EXTRUDE
현재 와이어프레임 밀도: ISOLINES=4, 닫힌 윤곽 작성
모드 = 솔리드
돌출할 객체 선택 또는 [모드(MO)]: [P2 선택]
1개를 찾음
돌출할 객체 선택 또는 [모드(MO)]: Enter

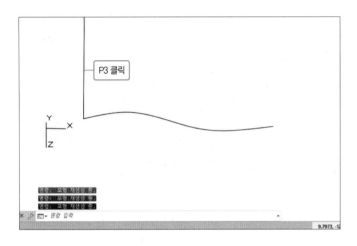

P3 클릭

03 돌출시킬 방법으로 'P' 옵션을 입력한 다음 방금 만든 수직선을 선택합니다.

돌출 높이 지정 또는 [방향(D)/경로(P)/테이퍼 각도(T)/표현식(E)]: P
돌출 경로 선택 또는 [테이퍼 각도(T)]: [P3 선택]

5 3D 객체 확인하기

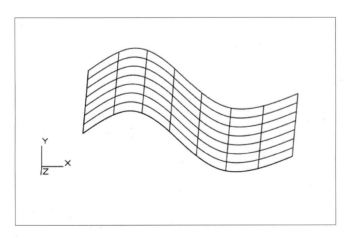

01 곡선이 선택한 경로의 길이만큼 돌출되어 3D 객체로 만들어집니다.

3D 객체를 만드는 대부분의 명령은 기존 객체를 이용하거나 직접 3D 객체를 형성하는 데 반해, '3DFACE'는 점을 이용하여 면을 만드는 명령입니다. 3DFACE 명령을 이용하여 면을 만들 때는 4개의 정점이 필요하며 정점을 입력하는 순서에 따라 면의 형태가 설정됩니다.

1 명령어 실행

- 메뉴 : [그리기] → 모델링 → 메쉬 → 3D 면
- 명령어 입력 : 3DFACE

2 작업 진행

첫 번째 점 지정 또는 [숨김(I)]: [첫 번째 점 입력]
두 번째 점 지정 또는 [숨김(I)]: [두 번째 점 입력]
세 번째 점 지정 또는 [숨김(I)] ⟨종료⟩: [세 번째 점 입력]
네 번째 점 지정 또는 [숨김(I)] ⟨3면 작성⟩: [네 번째 점 입력]

3 옵션

- 점 지정 : 3DFACE 명령을 사용하여 면을 만들 때는 반드시 첫 번째 면을 만들 때까지 시계 방향 또는 반시계 방향으로 점을 입력하고 두 번째 면을 만들 때부터는 지그재그 형식으로 점을 입력 해야 올바른 면이 만들어집니다. 특히 3D 객체를 만들 때는 순서는 물론 Z축의 높이도 정확해야 하므로 객체를 만들기 전에 각 정점의 좌표를 모두 확인한 후 입력해야 원하는 형태의 3D 객체를 만들 수 있습니다.

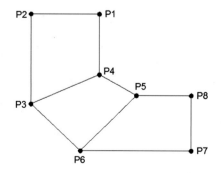

- 숨김(I) : 만든 면을 보이지 않게 합니다. 면 가운데에 구멍이 난 객체를 만들 때 사용할 수 있습니다.

5 | 메쉬의 크기 설정하기 - 3Dmesh

'3DMESH'는 행과 열로 구성된 모눈종이 형태로 3D 객체를 만드는 명령입니다. 매우 정밀한 형태의 3D 객체를 형성할 수 있지만 각 행과 열의 크기는 물론 각 정점의 위치를 직접 입력해야 하므로 AutoLISP와 같은 프로그래밍에 의한 제어를 통해서만 사용하는 것이 일반적입니다.

1 명령어 실행

명령어 입력 : 3DMESH

2 작업 진행

M 방향에서 메쉬 크기 입력: [M 방향값 입력]
N 방향에서 메쉬 크기 입력: [N 방향값 입력]
다음 정점에 대한 위치 지정 (0,0): [정점 0,0의 위치 입력]
다음 정점에 대한 위치 지정 (0,1): [정점 0,1의 위치 입력]
다음 정점에 대한 위치 지정 (1,0): [정점 1,0의 위치 입력]
다음 정점에 대한 위치 지정 (1,1): [정점 1,1의 위치 입력]

3 옵션

- 메쉬 크기 : M 방향과 N 방향의 값을 입력하고, 입력한 수만큼 좌표를 입력해야 합니다. 2~256 사이의 값을 가집니다.

- 정점에 대한 위치 지정 : 입력한 M과 N의 값에 따라 만들 정점의 위치를 입력합니다. M을 '5'로 설정하고, N을 '7'로 설정하면 정점은 모두 35개이며 각 정점의 위치를 차례대로 입력해야 합니다. 메쉬가 3차원인 경우 Z값을 입력할 수도 있습니다.

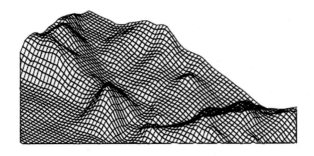

6 │ 폴리 면 만들기 - Pface

'PFACE'는 하나의 면에 많은 정점으로 구성된 폴리 면 메쉬를 만드는 명령입니다. 많은 정점으로 이루어져 있기 때문에 3DMESH 명령과 마찬가지로 프로그래밍에 의한 제어를 통해서 면을 만듭니다. 면을 만드는 과정은 3DMESH 명령과 같습니다.

1 명령어 실행

명령어 입력 : PFACE

2 작업 진행

다음 정점에 대한 위치 지정 – 1: [첫 번째 점 입력]
다음 정점에 대한 위치 지정 – 2 또는 〈면 정의〉: [두 번째 점 입력]
다음 정점에 대한 위치 지정 – 3 또는 〈면 정의〉: [세 번째 점 입력]
면 1, 정점 1:
정점의 개수 또는 [색상(C)/도면층(L)] 입력: [옵션 입력]

3 옵션

- 정점에 대한 위치 지정 : 만들고자 하는 면의 모든 정점을 입력합니다.

- 정점 번호 : 만들고자 하는 면의 정점 번호를 지정합니다. 시작 정점의 번호를 음수(−)로 입력하면 모서리가 표시되지 않습니다.

- 색상 : 만들고자 하는 면의 색상을 지정합니다.

- 도면층 : 만들고자 하는 면이 포함될 도면층을 지정합니다.

'MESH'는 면을 만드는 과정에서 나아가 기본 형태의 메쉬 객체를 쉽게 만들 수 있는 명령입니다. 단, 이러한 기본 형태의 메쉬 객체들을 만들더라도 속은 비어 있는 상태이기 때문에 객체를 합치거나 연산하는 작업은 할 수 없습니다.

① 명령어 실행

명령어 입력 : MESH

② 메쉬 객체의 정밀도 설정

MESH 명령을 이용하여 3D 객체를 만들면 객체의 형태가 면으로 이루어진 것을 확인할 수 있습니다. 그런데 원뿔이나 원기둥처럼 곡선으로 이루어진 객체는 면의 개수가 적으면 곡선이 제대로 표현되지 않습니다. 이러한 이유로 객체에 따라 면의 개수를 설정할 수 있는데, 면의 개수가 많아지면 객체의 형태는 정확해지지만 객체의 용량이 커지므로 적정한 면의 개수를 설정하는 것이 좋습니다.

③ [메쉬 기본체 옵션] 대화상자

[메쉬 기본체 옵션] 대화상자에서 메쉬 객체의 정밀도를 설정할 수 있습니다. [옵션] 대화상자의 〔3D 모델링〕 탭에서 〈메쉬 기본체〉 버튼을 클릭하면 [메쉬 기본체 옵션] 대화상자를 표시할 수 있습니다. 목록에서 객체의 유형을 선택한 다음 축과 높이 그리고 밑면의 정밀도를 입력하면 미리보기를 통해 정밀도를 미리 확인할 수 있습니다.

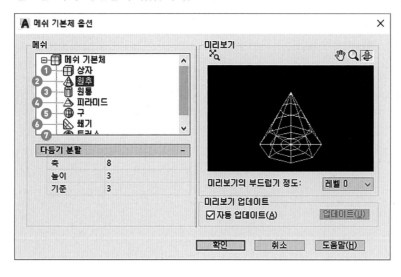

① 상자 : 육면체의 메쉬 객체를 만드는 옵션입니다. RECTANGLE 명령에 높이를 더한 것이라 생각하면 쉽습니다. 사각형을 그리기 위한 두 점을 지정한 다음 높이를 입력하면 육면체가 만들어집니다.

● 진행 과정

> 옵션 입력 [상자(B)/원추(C)/원통(CY)/피라미드(P)/구(S)/쐐기(W)/토러스(T)/설정(SE)] 〈원통〉: B
> 첫 번째 구석 지정 또는 [중심(C)]: [첫 번째 점 입력]
> 반대 구석 지정 또는 [정육면체(C)/길이(L)]: [두 번째 점 입력]
> 높이 지정 또는 [2점(2P)] 〈0〉: [높이 입력]

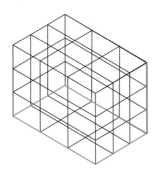

② 원추 : 원뿔 형태의 메쉬 객체를 만드는 옵션입니다. 밑면으로 사용할 원의 반지름 또는 지름을 입력한 다음 높이를 지정하면 객체가 만들어집니다.

● 진행 과정

> 옵션 입력 [상자(B)/원추(C)/원통(CY)/피라미드(P)/구(S)/쐐기(W)/토러스(T)/설정(SE)] 〈상자〉: C
> 기준 중심점 지정 또는 [3P(3P)/2P(2P)/Ttr-접선 접선 반지름(T)/타원형(E)]: [중심점 입력]
> 밑면 반지름 지정 또는 [지름(D)]: [반지름 입력]
> 높이 지정 또는 [2점(2P)/축 끝점(A)/상단 반지름(T)] 〈0〉: [높이 지정]

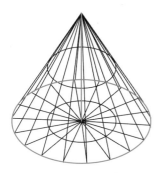

❸ **원통** : 원기둥 형태의 메쉬 객체를 만드는 옵션입니다. 밑면으로 사용할 원의 반지름 또는 지름을 입력한 다음 높이를 지정하면 객체가 만들어집니다.

● 진행 과정

> 옵션 입력 [상자(B)/원추(C)/원통(CY)/피라미드(P)/구(S)/쐐기(W)/토러스(T)/설정(SE)] 〈원추〉: CY
> 기준 중심점 지정 또는 [3P(3P)/2P(2P)/Ttr-접선 접선 반지름(T)/타원형(E)]: [중심점 입력]
> 밑면 반지름 지정 또는 [지름(D)] 〈96.7620〉: [반지름 입력]
> 높이 지정 또는 [2점(2P)/축 끝점(A)] 〈0〉: [높이 지정]

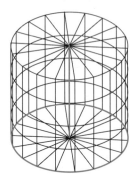

❹ **피라미드** : 피라미드 형태의 메쉬 객체를 만드는 옵션입니다. 밑면으로 사용할 원의 반지름 또는 지름을 입력한 다음 높이를 지정하면 객체가 만들어집니다.

● 진행 과정

> 옵션 입력 [상자(B)/원추(C)/원통(CY)/피라미드(P)/구(S)/쐐기(W)/토러스(T)/설정(SE)] 〈원통〉: P
> 기준 중심점 지정 또는 [모서리(E)/변(S)]: [중심점 입력]
> 밑면 반지름 지정 또는 [내접(I)] 〈0〉: [반지름 입력]
> 높이 지정 또는 [2점(2P)/축 끝점(A)/상단 반지름(T)] 〈0〉: [높이 지정]

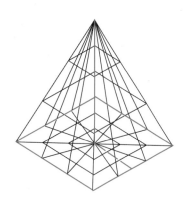

❺ **구** : 구 형태의 메쉬 객체를 만드는 옵션입니다. 중심점과 반지름을 입력하면 객체가 완성됩니다.

● 진행 과정

> 옵션 입력 [상자(B)/원추(C)/원통(CY)/피라미드(P)/구(S)/쐐기(W)/토러스(T)/설정(SE)] 〈피라미드〉: S
> 중심점 지정 또는 [3점(3P)/2점(2P)/Ttr-접선 접선 반지름(T)]: [중심점 입력]
> 반지름 지정 또는 [지름(D)] 〈0〉: [반지름 입력]

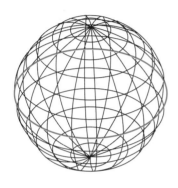

❻ **쐐기** : 육면체를 대각선 방향으로 자른 형태의 메쉬 객체를 만드는 옵션입니다. 육면체와 만드는 과정은 동일합니다.

● 진행 과정

> 옵션 입력 [상자(B)/원추(C)/원통(CY)/피라미드(P)/구(S)/쐐기(W)/토러스(T)/설정(SE)] 〈구〉: W
> 첫 번째 구석 지정 또는 [중심(C)]: [첫 번째 정점 입력]
> 반대 구석 지정 또는 [정육면체(C)/길이(L)]: [두 번째 정점 입력]
> 높이 지정 또는 [2점(2P)] 〈〉: [높이 입력]

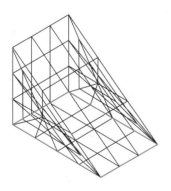

❼ 토러스 : 도넛 형태의 메쉬 객체를 만드는 옵션입니다. 첫 번째 원의 반지름과 두 번째 원의 반지름을 입력하면 객체를 만들 수 있습니다.

● 진행 과정

> 옵션 입력 [상자(B)/원추(C)/원통(CY)/피라미드(P)/구(S)/쐐기(W)/토러스(T)/설정(SE)] 〈쐐기〉: T
> 중심점 지정 또는 [3점(3P)/2점(2P)/Ttr−접선 접선 반지름(T)]: [중심점 지정]
> 반지름 지정 또는 [지름(D)] 〈58.9632〉: [반지름 지정]
> 튜브 반지름 지정 또는 [2점(2P)/지름(D)]: [튜브 반지름 지정]

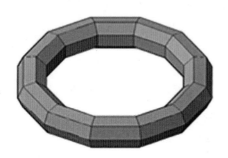

---

8 | Mesh 명령을 이용하여 3D 객체 만들기

UCS를 배울 때 만들었던 3D 객체를 이번에는 MESH 명령을 사용해서 만들어 보겠습니다. 객체를 만들기 전에는 객체의 정밀도를 설정하고 3D 객체의 형태를 확인하기 위해 시점을 변경하는 작업이 선행되어야 합니다.

완성 파일 Part09\Mesh_3D 객체_완성.dwg

▶ 동영상 강의
https://youtu.be/nNl8Dw0mmKQ

1 시점 변경하기

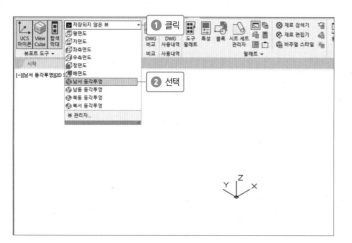

01 새로운 도면을 생성한 다음 [뷰] 탭의 명명된 뷰 패널에서 '뷰 복원 상자'를 선택한 다음 '남서 등각투영' 시점을 선택합니다.

② 메쉬 상자 만들기

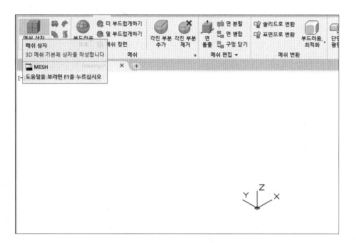

01 시점이 변경되어 표시되면 (3D 도구) 탭의 모델링 패널에서 확장 버튼을 클릭한 다음 '메쉬 상자'를 선택합니다.

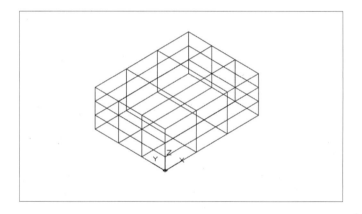

02 가로 400, 세로 300, 높이 150의 메쉬 상자를 만듭니다.

명령: _MESH
현재 설정된 부드럽기 정도: 0
옵션 입력 [상자(B)/원추(C)/원통(CY)/피라미드(P)/구(S)/쐐기(W)/토러스(T)/설정(SE)] 〈상자〉: _BOX
첫 번째 구석 지정 또는 [중심(C)]: 0,0
반대 구석 지정 또는 [정육면체(C)/길이(L)]:
@400,300
높이 지정 또는 [2점(2P)] 〈200.0000〉: 150

③ 화면 분할하기

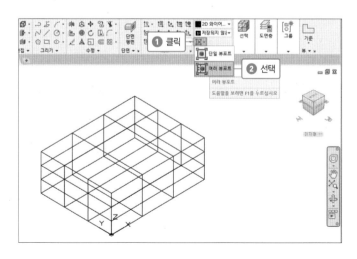

01 3차원 객체를 만들 때는 여러 시점을 동시에 확인하며 그리는 것이 정확하고 편리합니다.

02 화면을 분할하기 위해 '단일 뷰포트' 아이콘(▣)을 클릭한 다음 '여러 뷰포트'를 선택하여 화면을 4개로 분할합니다.

4 각 화면 시점 변경하기

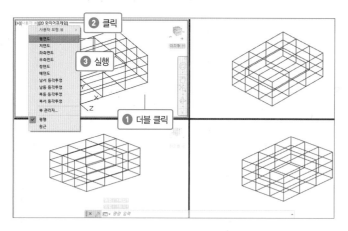

01 화면이 분할되면 왼쪽 위 화면을 더블클릭하여 활성화합니다.

02 화면 왼쪽 위에 표시되는 현재 시점을 클릭한 다음 바로가기 메뉴에서 **평면도**를 실행합니다.

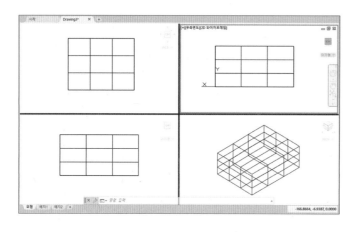

03 각 화면의 시점을 왼쪽 그림과 같이 좌측면도, 우측면도로 변경합니다.

5 좌측면도 정점 수정하기

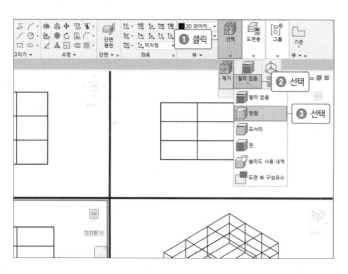

01 정점을 선택하려면 선택 옵션을 변경해야 합니다. 〔3D 도구〕 탭의 선택 패널에서 '필터 없음'을 선택한 다음 '정점'을 선택합니다.

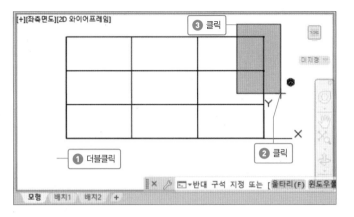

02 좌측면도 화면을 더블클릭하여 활성화한 다음, 오른쪽 아래에서 왼쪽 위로 정점을 선택하여 사각형 안에 포함된 모든 정점을 선택합니다.

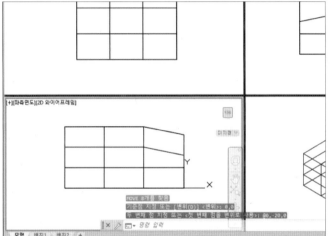

03 정점이 선택되면 'MOVE' 명령을 실행한 다음 Y축 방향으로 −20만큼 이동합니다.

명령: MOVE
8개를 찾음
기준점 지정 또는 [변위(D)] 〈변위〉: 0,0
두 번째 점 지정 또는 〈첫 번째 점을 변위로 사용〉:
@0,−20,0

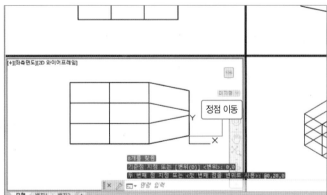

04 같은 방법으로 아래쪽 정점도 20만큼 이동합니다.

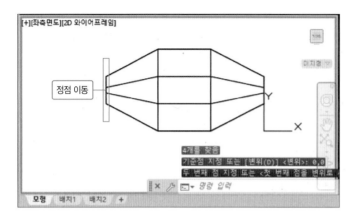

05 반대쪽도 같은 방법으로 정점을 동일하게 이동합니다.

정점 이동

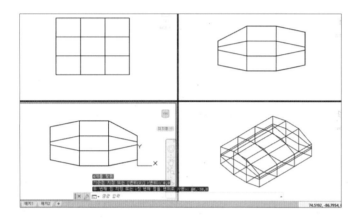

06 위쪽 정점만 선택한 상태에서 다시 한번 30만큼 이동합니다.

명령: MOVE
8개를 찾음
기준점 지정 또는 [변위(D)] 〈변위〉: 0,0
두 번째 점 지정 또는 〈첫 번째 점을 변위로 사용〉:
@0,-30,0

[+][좌측면도][2D 와이어프레임]

정점 이동

4개를 찾음
기준점 지정 또는 [변위(D)] 〈변위〉: 0,0
두 번째 점 지정 또는 〈첫 번째 점을 변위로

07 나머지 3개의 모서리 정점도 동일한 거리만큼 이동합니다.

6 평면도 수정하기

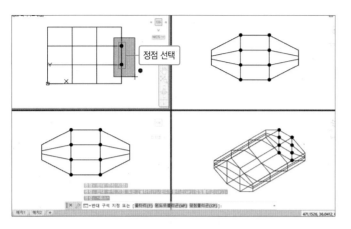

01 이번에는 평면도 화면을 더블클릭해 활성화합니다.

02 가운데 2개의 정점이 모두 포함되도록 그림과 같이 영역을 지정하여 정점을 선택합니다.

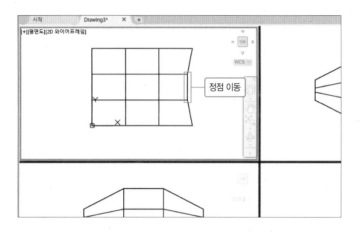

03 선택된 정점을 X축 방향으로 −20만큼 이동합니다.

명령: MOVE
8개를 찾음
기준점 지정 또는 [변위(D)] 〈변위〉: 0,0
두 번째 점 지정 또는 〈첫 번째 점을 변위로 사용〉: @−20,0

04 반대쪽 정점들도 같은 방법으로 20만큼 이동합니다.

7 메쉬 객체 부드럽게 만들기

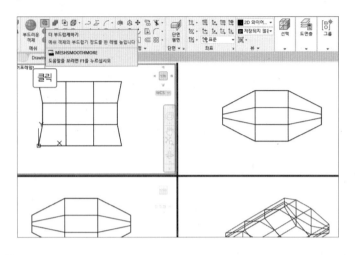

01 메쉬 객체의 모서리를 곡선으로 처리하면 전체 외형이 부드러워집니다.

02 〔3D 도구〕 탭의 메쉬 패널에서 '더 부드럽게 하기' 아이콘(⬚)을 클릭합니다.

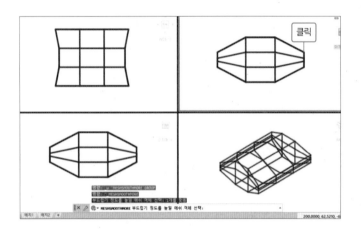

03 부드럽게 할 객체를 선택합니다. 메쉬 상자 객체는 하나의 객체로 인식되므로 어떤 화면에서 객체를 선택해도 됩니다.

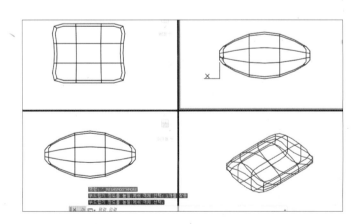

04 메쉬 상자의 모서리가 부드럽게 처리된 것을 확인할 수 있습니다.

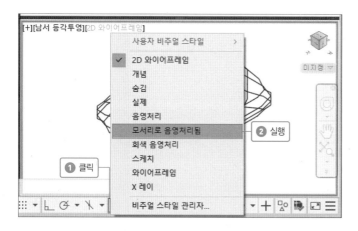

05 등각투영 화면의 메쉬 처리 방법을 클릭한 다음 바로가기 메뉴에서 **모서리로 음영처리됨**을 실행합니다.

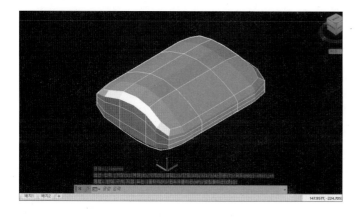

06 와이어프레임이 음영 처리된 화면으로 표시됩니다. 이처럼 3D 객체의 형상을 좀 더 확실하게 확인하려면 화면을 음영 처리해서 표시하는 것이 좋습니다.

9 │ 곡선을 따라 3차원 개체 만들기 - Rulesurf

'RULESURF'는 2개의 직선 또는 곡선 사이에 메쉬를 만드는 명령입니다. 메쉬를 구성하는 2개의 모서리를 선택하면 자동으로 두 모서리 사이를 메쉬로 만듭니다.

1 명령어 실행

- 리본 메뉴 : (3D 도구) 탭 − 모델링 − 직선보간 표면
- 메뉴 : (그리기) → 모델링 → 메쉬 → 직선보간 메쉬
- 명령어 입력 : RULESURF

2 작업 진행

첫 번째 정의 곡선 선택: [첫 번째 모서리 선택]
두 번째 정의 곡선 선택: [두 번째 모서리 선택]

- Surftab1 : 수평 방향의 면 개수를 설정합니다.
- Surftab2 : 수직 방향의 면 개수를 설정합니다.

10 | 밑면과 윗면의 크기가 다른 원기둥 만들기

원기둥은 MESH 명령을 이용하여 만들 수 있지만 밑면과 윗면의 크기가 동일해집니다. 밑면과 윗면의 크기가 다른 원기둥을 만들 때는 Rulesurf 명령을 이용하면 쉽게 만들 수 있습니다.

1 평면도 수정하기

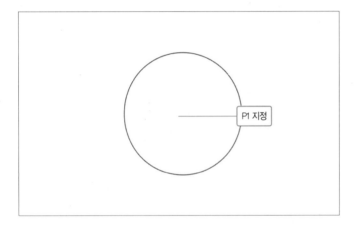

01 새 도면을 생성하고 임의의 지점에 반지름 500의 원을 그립니다.

명령: CIRCLE
원에 대한 중심점 지정 또는 [3점(3P)/2점(2P)/
Ttr – 접선 접선 반지름(T)]: [P1 지정]
원의 반지름 지정 또는 [지름(D)]: 500

2 OFFSET 명령으로 바깥 원 그리기

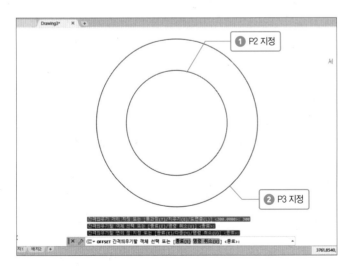

01 'OFFSET' 명령을 실행한 다음 원과의 간격이 300인 원을 바깥쪽에 그립니다.

명령: OFFSET
현재 설정: 원본 지우기 = 아니오 도면층 = 원본
OFFSETGAPTYPE = 0
간격띄우기 거리 지정 또는 [통과점(T)/지우기(E)/도면
층(L)] 〈통과점〉: 300
간격띄우기할 객체 선택 또는 [종료(E)/명령 취소(U)]
〈종료〉: [P2 선택]
간격띄우기할 면의 점 지정 또는 [종료(E)/다중(M)/명
령 취소(U)] 〈종료〉: [P3 지정]
간격띄우기할 객체 선택 또는 [종료(E)/명령 취소(U)]
〈종료〉: Enter

③ 시점 변경하기

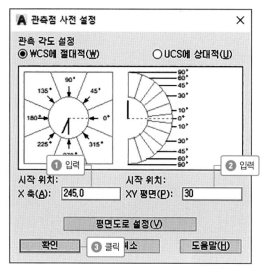

01 명령어 입력 창에 'VPOINT'를 입력한 다음 Enter를 누릅니다.

02 [관측점 사전 설정] 대화상자가 표시되면 X 축에 '245', XY 평면에 '30'을 입력한 다음 〈확인〉 버튼을 클릭합니다.

명령: VPOINT

④ 원 위치 이동하기

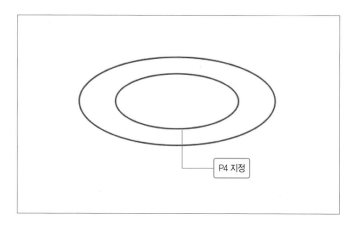

P4 지정

01 'MOVE' 명령을 실행한 다음 이동시킬 안쪽 원을 선택합니다.

명령: MOVE
객체 선택: [P4 선택]
1개를 찾음
객체 선택: Enter

⑤ 안쪽 원 이동하기

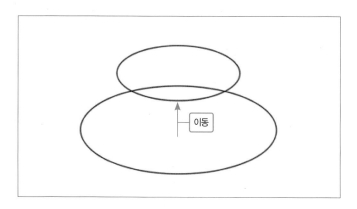

이동

01 안쪽 원을 Z축 방향으로 500만큼 이동합니다.

기준점 지정 또는 [변위(D)] 〈변위〉: 0,0
두 번째 점 지정 또는 〈첫 번째 점을 변위로 사용〉: @0,0,500

⑥ 표면 만들기

01 표면의 면 개수를 설정하기 위해 명령어 입력 창에 'SURFTAB1'을 입력한 다음 Enter를 누릅니다.

02 면의 개수로 '18'을 입력합니다.

⑦ RULESURF 명령을 실행하고 2개의 원 선택하기

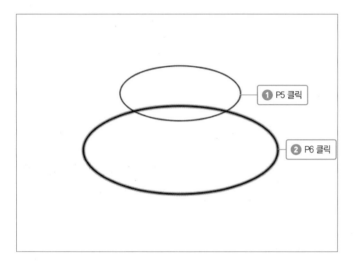

① P5 클릭

② P6 클릭

01 'RULESURF' 명령을 실행한 다음 2개의 원을 차례로 선택합니다.

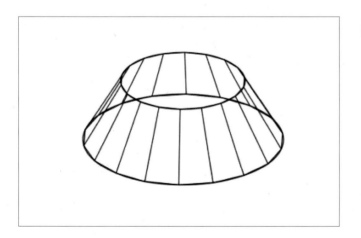

02 두 원 사이에 메쉬가 만들어집니다.

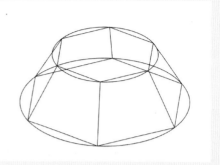
11 | 직선을 따라 3차원 개체 만들기 - Tabsurf

'TABSURF'는 지정한 경로를 따라 2차원 객체에 두께를 만드는 명령입니다. Extrude 명령을 이용하
여 객체를 만드는 방법과 동일합니다.

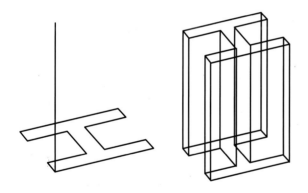

1 명령어 실행

- 리본 메뉴 : [3D 도구] 탭 – 모델링 – 방향 벡터 표면
- 메뉴 : [그리기] → 모델링 → 메쉬 → 방향 벡터 메쉬
- 명령어 입력 : TABSURF

2 작업 진행

경로 곡선에 대한 객체 선택: [경로를 적용할 객체 선택]
방향 벡터에 대한 객체 선택: [경로 선택]

12 ┆ 회전하는 3차원 개체 만들기 - Revsurf

'REVSURF'는 선이나 면을 회전시켜 3차원 객체로 만드는 명령입니다. 컵이나 그릇처럼 중심축을 기준으로 동일한 형태를 지닌 경우 REVSURF 명령을 이용하면 쉽게 만들 수 있습니다. REVSURF 명령을 이용하여 회전 객체를 만들 때 사용하는 중심축은 반드시 직선이어야 합니다.

1 명령어 실행

- 메뉴 : (그리기) → 모델링 → 메쉬 → 회전 메쉬
- 명령어 입력 : REVSURF

2 작업 진행

회전할 객체 선택: [회전시킬 객체 선택]
회전축을 정의하는 객체 선택: [중심축 선택]
시작 각도 지정 〈0〉: [시작 각도 입력]
사잇각 지정 (+=시계 반대 방향, −=시계 방향) 〈360〉: [연장 각도 입력]

컵이나 그릇, 화병, 금형 등 기준축을 중심으로 회전하는 회전체는 REVSURF 명령을 이용하면 쉽게 메쉬 객체를 만들 수 있습니다. 회전체는 곡선이 많기 때문에 만들기 전에 SURFTAB1과 SURFTAB2 변수를 이용하여 면의 수를 늘리는 것이 좋습니다.

예제 파일 Part09\Revsurf_예제.dwg

1 시점 변경하기

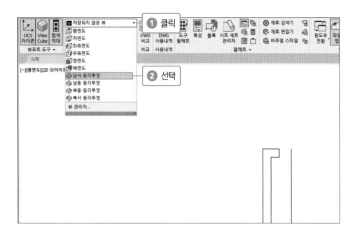

01 Part09 폴더에서 'Revsurf_예제.dwg' 파일을 불러옵니다.

02 〔뷰〕 탭의 명명된 뷰 패널에서 '뷰 복원'을 선택한 다음 '남서 등각투영'을 선택합니다.

2 객체의 정밀도를 설정하여 회전체 만들기

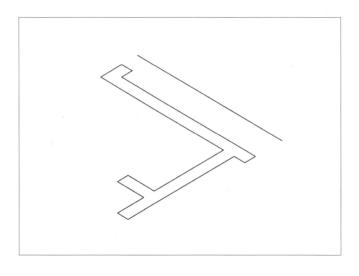

01 시점이 남서쪽에서 바라본 등각투영 도 시점으로 표시됩니다.

02 명령어 입력 창에 'Surftab1'을 입력한 다음 Enter를 누릅니다.

03 수평 면 개수를 '24'로 설정합니다.

04 다시 명령어 입력 창에 'Surftab2'를 입력한 다음 Enter를 누릅니다.

05 수직 면 개수를 '24'로 설정합니다.

명령: SURFTAB1
SURFTAB1에 대한 새 값 입력 〈6〉: 24
명령: SURFTAB2
SURFTAB2에 대한 새 값 입력 〈6〉: 24

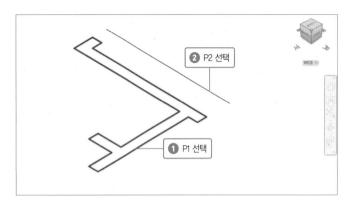

06 명령어 입력 창에 'REVSURF'를 입력한 다음 Enter 를 누릅니다.

07 회전할 객체를 선택한 다음 중심축을 선택합니다.

명령: REVSURF
현재 와이어프레임 밀도: SURFTAB1=24 SURFTAB2=24
회전할 객체 선택: [P1 선택]
회전축을 정의하는 객체 선택: [P2 선택]

③ 시작 각도와 연장 각도 설정하기

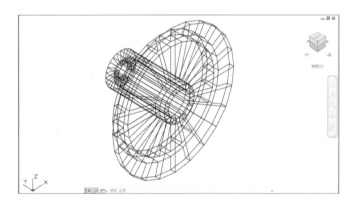

01 시작 각도를 '0', 연장 각도를 '360'으로 설정하면 회전체가 완성됩니다.

시작 각도 지정 ⟨0⟩: 0
사잇각 지정 (+=시계 반대 방향, −=시계 방향) ⟨360⟩: 360

④ 실시간 관측 시점 변경하기

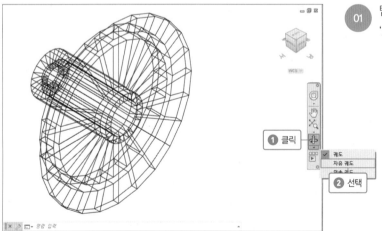

01 탐색 패널에서 '궤도'를 클릭한 다음 '자유 궤도'를 선택합니다.

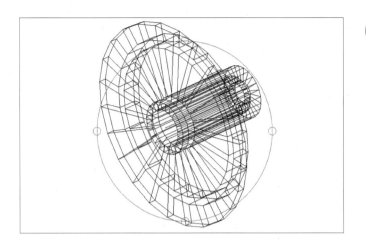

02 조절점이 표시되면 그림과 같이 관측
시점을 변경하고 Enter 를 누릅니다.

5 HIDE 명령으로 은선 제거하기

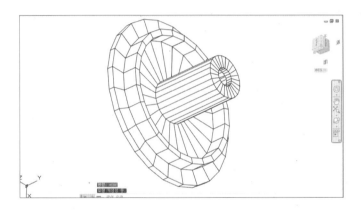

01 'HIDE' 명령을 실행하면 은선이 제거
되어 더욱 확실한 3D 객체의 형태를
확인할 수 있습니다.

명령: HIDE

14 | 4개의 모서리를 이용하여 메쉬 만들기 - Edgesurf

'EDGESURF'는 4개의 모서리나 곡선을 이용하여 선택한 객체 사이를 메쉬로 만드는 명령입니다. 모
서리는 선이나 곡선이 될 수 있으며 폴리선을 사용할 수도 있습니다.

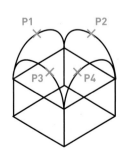
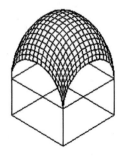

- 리본 메뉴 : 〔3D 도구〕 탭 – 모델링 – 모서리 표면
- 메뉴 : 〔그리기〕 → 모델링 → 메쉬 → 모서리 메쉬
- 명령어 입력 : EDGESURF

2 작업 진행

표면 모서리에 대한 1 객체 선택: [경계로 사용할 첫 번째 모서리를 선택합니다.]
표면 모서리에 대한 2 객체 선택: [경계로 사용할 두 번째 모서리를 선택합니다.]
표면 모서리에 대한 3 객체 선택: [경계로 사용할 세 번째 모서리를 선택합니다.]
표면 모서리에 대한 4 객체 선택: [경계로 사용할 네 번째 모서리를 선택합니다.]

15 | 메쉬를 이용해서 의자 뼈대 만들기

3D 객체를 만들 때 주의해야 할 점은 회전 방향에 따라 UCS를 잘 설정해야 한다는 점입니다. 모서리가 곡선 형태인 객체는 REVSURF 명령을 이용하고 꺾이지 않은 객체는 TABSURF나 RULESURF 명령을 이용해서 3차원 객체를 만듭니다.

완성 파일 Part09\메쉬의자_완성.dwg

▶ 동영상 강의
https://youtu.be/U0l7xk0TVTU

1 중심체 만들기

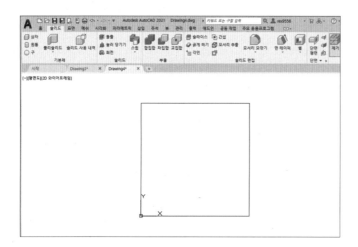

01 3차원 객체를 만들기 전 객체의 중심선을 만들겠습니다. 'RECTANG' 명령을 이용하여 가로/세로 500의 정사각형을 그립니다.

명령: RECTANG
첫 번째 구석점 지정 또는 [모따기(C)/고도(E)/모깎기(F)/두께(T)/폭(W)]: 0,0
다른 구석점 지정 또는 [영역(A)/치수(D)/회전(R)]: @500,500

```
명령: EXPLODE
객체 선택: L
1개를 찾음
객체 선택: Enter
```

02 방금 만든 사각형 객체를 분해합니다.

2 VPOINT 명령으로 시점 변경하기

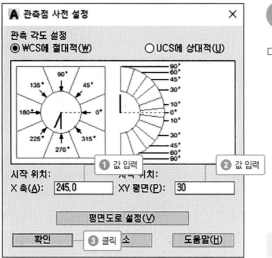

01 'VPOINT' 명령을 실행하여 [관측점 사전 설정] 대화상자가 표시되면 X 축에 '245', XY 평면에 '30'을 입력한 다음 〈확인〉 버튼을 클릭하여 시점을 변경합니다.

명령: VPOINT

3 COPY 명령으로 복사하기

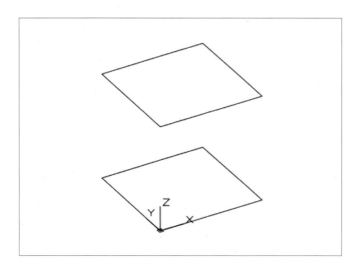

01 시점이 변경되면 'COPY' 명령을 이용하여 사각형을 Z축 방향으로 500만큼 떨어뜨려 복사합니다.

```
명령: COPY
객체 선택: ALL
4개를 찾음
객체 선택: Enter
현재 설정: 복사 모드 = 다중(M)
기본점 지정 또는 [변위(D)/모드(O)] 〈변위〉: 0,0,0
두 번째 점 지정 또는 [배열(A)] 〈첫 번째 점을 변위로
사용〉: @0,0,500
두 번째 점 지정 또는 [배열(A)/종료(E)/명령 취소(U)]
〈종료〉: Enter
```

4 선 그리고 복사하기

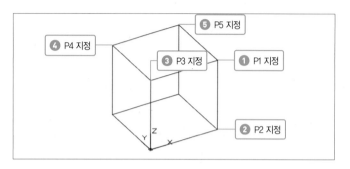

01 'LINE' 명령을 이용하여 원본 사각형과 복사된 사각형의 한 점을 선으로 연결합니다.

02 'COPY' 명령을 이용하여 방금 그린 선을 각 꼭짓점으로 복사합니다.

명령: LINE
첫 번째 점 지정: [P1 지정]
다음 점 지정 또는 [명령 취소(U)]: [P2 지정]
다음 점 지정 또는 [명령 취소(U)]: Enter

명령: COPY
객체 선택: L
1개를 찾음
객체 선택: Enter
현재 설정: 복사 모드 = 다중(M)
기본점 지정 또는 [변위(D)/모드(O)] ⟨변위⟩: [P1 지정]
두 번째 점 지정 또는 [배열(A)] ⟨첫 번째 점을 변위로 사용⟩: [P3 지정]
두 번째 점 지정 또는 [배열(A)/종료(E)/명령 취소(U)] ⟨종료⟩: [P4 지정]
두 번째 점 지정 또는 [배열(A)/종료(E)/명령 취소(U)] ⟨종료⟩: [P5 지정]
두 번째 점 지정 또는 [배열(A)/종료(E)/명령 취소(U)] ⟨종료⟩: Enter

5 모서리 선분 복사하여 붙이기

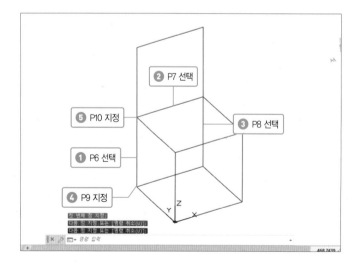

01 앞쪽의 모서리에서 뻗은 선 3개를 복사하여 뒷면 위쪽에 붙입니다.

명령: COPY
객체 선택: [P6 선택]
1개를 찾음
객체 선택: [P7 선택]
1개를 찾음, 총 2개
객체 선택: [P8 선택]
1개를 찾음, 총 3개
객체 선택: Enter
현재 설정: 복사 모드 = 다중(M)
기본점 지정 또는 [변위(D)/모드(O)] ⟨변위⟩: [P9 지정]
두 번째 점 지정 또는 [배열(A)] ⟨첫 번째 점을 변위로 사용⟩: [P10 지정]
두 번째 점 지정 또는 [배열(A)/종료(E)/명령 취소(U)] ⟨종료⟩: Enter

6 FILLET 명령으로 반지름 설정하고 모깎기

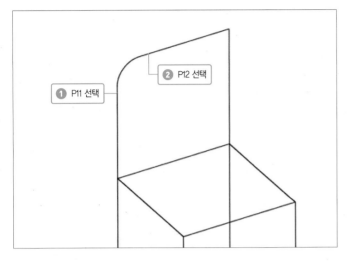

01 'FILLET' 명령을 이용하여 반지름을 '100'으로 설정한 다음 두 선을 선택해서 모깎기를 적용합니다.

명령: FILLET
현재 설정: 모드 = 자르기, 반지름 = 0.0000
첫 번째 객체 선택 또는 [명령 취소(U)/폴리선(P)/반지름(R)/자르기(T)/다중(M)]: R
모깎기 반지름 지정 ⟨0.0000⟩: 100
첫 번째 객체 선택 또는 [명령 취소(U)/폴리선(P)/반지름(R)/자르기(T)/다중(M)]: [P11 선택]
두 번째 객체 선택 또는 Shift 키를 누른 채 선택하여 구석 적용 또는 [반지름(R)]: [P12 선택]

7 중심선 따라 모깎기

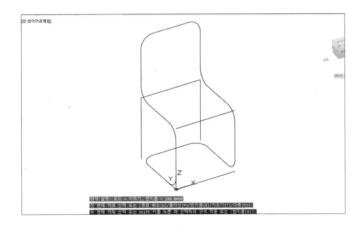

01 의자 형태의 중심선을 따라 'FILLET' 명령을 이용해 모깎기를 적용합니다.

8 ERASE 명령으로 남은 선 삭제하기

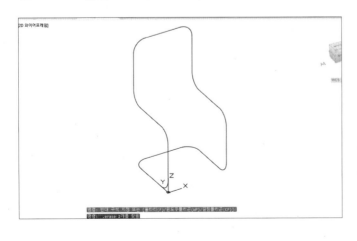

01 'FILLET' 명령을 이용해서 모깎기를 적용하고 남은 선은 'ERASE' 명령을 이용해서 모두 삭제합니다.

9 원 만들기

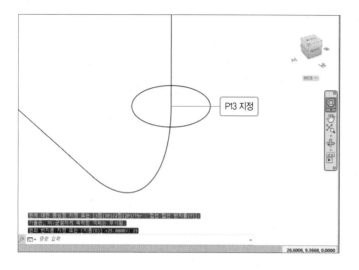

P13 지정

26.6006, 9.3668, 0.0000

01 만든 선을 기준으로 원통형 객체를 만들어야 하므로 먼저 원을 그리기 위해 'CIRCLE' 명령을 실행합니다. 중심점으로 'P13' 지점을 선택하고 반지름을 '25'로 설정합니다.

명령: CIRCLE
원에 대한 중심점 지정 또는 [3점(3P)/2점(2P)/Ttr – 접선 접선 반지름(T)]: [P13 지정]
기울은, 비–균일하게 축척된 객체는 무시됨.
원의 반지름 지정 또는 [지름(D)]: 25

10 원 복사하기

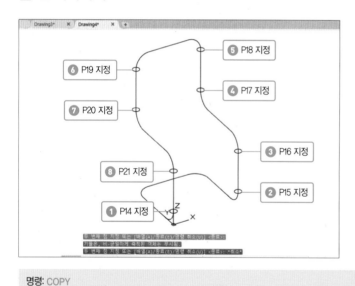

5 P18 지정
6 P19 지정
4 P17 지정
7 P20 지정
3 P16 지정
8 P21 지정
2 P15 지정
1 P14 지정

01 만든 원을 UCS에 영향이 없는 각 지점에 복사합니다.

명령: COPY
객체 선택: L
1개를 찾음
객체 선택: Enter
현재 설정: 복사 모드 = 다중(M)
본점 지정 또는 [변위(D)/모드(O)] 〈변위〉: [P14 지정]
두 번째 점 지정 또는 [배열(A)] 〈첫 번째 점을 변위로 사용〉: [P15 지정]
두 번째 점 지정 또는 [배열(A)/종료(E)/명령 취소(U)] 〈종료〉: [P16 지정]
두 번째 점 지정 또는 [배열(A)/종료(E)/명령 취소(U)] 〈종료〉: [P17 지정]
두 번째 점 지정 또는 [배열(A)/종료(E)/명령 취소(U)] 〈종료〉: [P18 지정]
두 번째 점 지정 또는 [배열(A)/종료(E)/명령 취소(U)] 〈종료〉: [P19 지정]
두 번째 점 지정 또는 [배열(A)/종료(E)/명령 취소(U)] 〈종료〉: [P20 지정]
두 번째 점 지정 또는 [배열(A)/종료(E)/명령 취소(U)] 〈종료〉: [P21 지정]
두 번째 점 지정 또는 [배열(A)/종료(E)/명령 취소(U)] 〈종료〉: Enter

11 UCS 변경하기

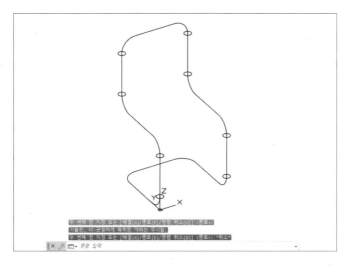

01 방향이 다른 중심선에 원을 그려야 하므로 X축을 중심으로 UCS를 90° 회전합니다.

명령: UCS
현재 UCS 이름: *표준*
UCS의 원점 지정 또는 [면(F)/이름(NA)/객체(OB)/이전(P)/뷰(V)/표준(W)/X(X)/Y(Y)/Z(Z)/Z축(ZA)] ⟨표준⟩: X
X축에 관한 회전 각도 지정 ⟨90⟩: 90

12 원 그리기

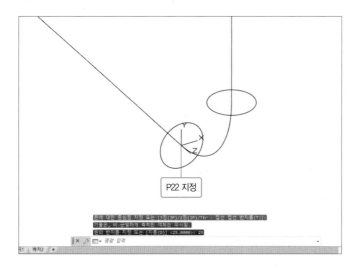

P22 지정

01 변경된 UCS에서 'P22' 지점에 반지름 25의 원을 만듭니다.

명령: CIRCLE
원에 대한 중심점 지정 또는 [3점(3P)/2점(2P)/Ttr – 접선 접선 반지름(T)]: [P22 지정]
기울은, 비-균일하게 축척된 객체는 무시됨.
원의 반지름 지정 또는 [지름(D)] ⟨25.0000⟩: 25

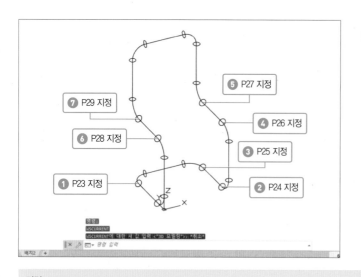

02 만든 원을 UCS 방향이 동일한 노드에 복사합니다.

명령: COPY
객체 선택: L
1개를 찾음
객체 선택: [Enter]
현재 설정: 복사 모드 = 다중(M)
본점 지정 또는 [변위(D)/모드(O)] 〈변위〉: [P23 지정]
두 번째 점 지정 또는 [배열(A)] 〈첫 번째 점을 변위로 사용〉: [P24 지정]
두 번째 점 지정 또는 [배열(A)/종료(E)/명령 취소(U)] 〈종료〉: [P25 지정]
두 번째 점 지정 또는 [배열(A)/종료(E)/명령 취소(U)] 〈종료〉: [P26 지정]
두 번째 점 지정 또는 [배열(A)/종료(E)/명령 취소(U)] 〈종료〉: [P27 지정]
두 번째 점 지정 또는 [배열(A)/종료(E)/명령 취소(U)] 〈종료〉: [P28 지정]
두 번째 점 지정 또는 [배열(A)/종료(E)/명령 취소(U)] 〈종료〉: [P29 지정]
두 번째 점 지정 또는 [배열(A)/종료(E)/명령 취소(U)] 〈종료〉: [Enter]

13 UCS 변경 후 원 그리기

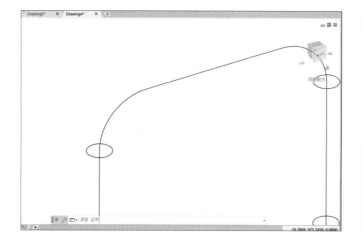

01 다시 방향이 다른 중심선에 원을 그려야 하므로 Y축을 중심으로 UCS를 -90° 회전합니다.

명령: UCS
현재 UCS 이름: *표준*
UCS의 원점 지정 또는 [면(F)/이름(NA)/객체(OB)/이전(P)/뷰(V)/표준(W)/X(X)/Y(Y)/Z(Z)/Z축(ZA)] 〈표준〉: Y
X축에 관한 회전 각도 지정 〈90〉: -90

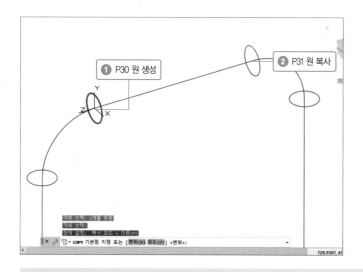

02 'CIRCLE' 명령을 이용하여 'P30' 지점에 반지름 25의 원을 그립니다.

03 'P31' 지점에 원을 복사합니다.

명령: CIRCLE
원에 대한 중심점 지정 또는 [3점(3P)/2점(2P)/Ttr − 접선 접선 반지름(T)]: [P30 지정]
기울은, 비−균일하게 축척된 객체는 무시됨.
원의 반지름 지정 또는 [지름(D)] ⟨25.0000⟩: 25

명령: COPY
객체 선택: L
1개를 찾음
객체 선택: Enter
현재 설정: 복사 모드 = 다중(M)
기본점 지정 또는 [변위(D)/모드(O)] ⟨변위⟩: [P30 지정]
기울은, 비−균일하게 축척된 객체는 무시됨.
두 번째 점 지정 또는 [배열(A)] ⟨첫 번째 점을 변위로 사용⟩: [P31 지정]
기울은, 비−균일하게 축척된 객체는 무시됨.
두 번째 점 지정 또는 [배열(A)/종료(E)/명령 취소(U)] ⟨종료⟩: Enter

14 두 원을 이용하여 메쉬 객체 만들기

명령: SURFTAB1
SURFTAB1에 대한 새 값 입력 ⟨6⟩: 18
명령: SURFTAB2
SURFTAB2에 대한 새 값 입력 ⟨6⟩: 18

01 명령어 입력 창에 각각 'SURFTAB1'과 'SURFTAB2'를 입력한 다음 면의 수를 '18'로 설정합니다.

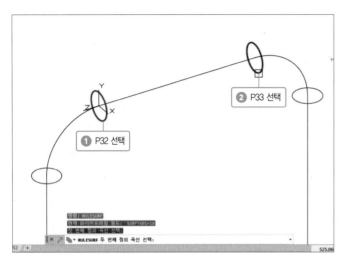

02 2개의 원 객체를 그림과 같이 차례로
선택합니다.

명령: RULESURF
현재 와이어프레임 밀도: SURFTAB1=18
첫 번째 정의 곡선 선택: [P32 선택]
두 번째 정의 곡선 선택: [P33 선택]

03 선택한 2개의 원 사이에 메쉬 객체가
만들어집니다.

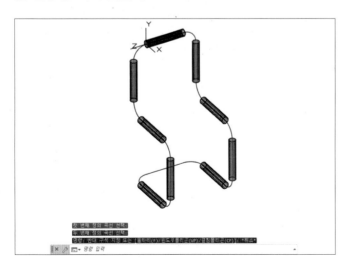

15 원통형 객체 만들기

01 같은 방법을 사용하여 나머지 부분에
도 'RULESURF' 명령을 이용해서 원
통형 객체를 만듭니다.

16 도면층을 이용하여 객체 숨기기

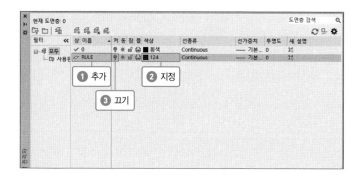

01 'LAYER' 명령을 실행한 다음 도면층 특성 관리자 팔레트에서 'RULE' 도면층을 만듭니다. 색상을 '124번'으로 지정한 다음 '켜기' 아이콘을 클릭하여 'RULE' 도면층을 끕니다.

17 도면층 색상을 지정하고 현재 도면층으로 지정하기

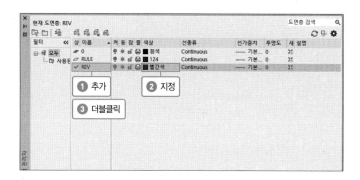

01 'REV' 도면층을 만든 다음 색상을 '빨간색'으로 지정하고 현재 도면층으로 지정합니다.

18 객체 속성 지정하기

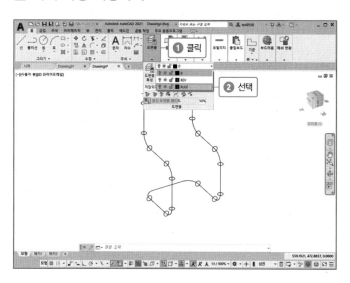

01 방금 만든 원통형 객체를 모두 선택한 다음 'PROPERTIES' 명령을 실행합니다.

02 화면 상단의 도면층을 선택한 다음 표시되는 도면층에서 'RULE'을 선택하여 도면층을 변경합니다.

> **명령:** PROPERTIES

⑲ UCS 변경하기

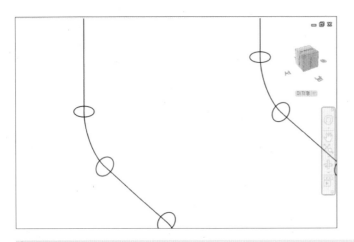

01 'UCS' 명령을 실행한 다음 X축을 중심으로 −90°, 다시 Z축을 중심으로 90° 회전합니다.

명령: UCS
현재 UCS 이름: *이름 없음*
UCS의 원점 지정 또는 [면(F)/이름(NA)/객체(OB)/이전(P)/뷰(V)/표준(W)/X(X)/Y(Y)/Z(Z)/Z축(ZA)] 〈표준〉: X
X축에 관한 회전 각도 지정 〈90〉: −90

명령: UCS
[Enter]
현재 UCS 이름: *이름 없음*
UCS의 원점 지정 또는 [면(F)/이름(NA)/객체(OB)/이전(P)/뷰(V)/표준(W)/X(X)/Y(Y)/Z(Z)/Z축(ZA)] 〈표준〉: Z
Z축에 관한 회전 각도 지정 〈90〉: 90

⑳ 꺾인 모서리 만들기

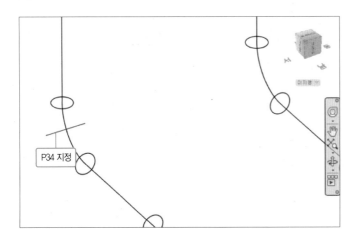

01 먼저 중심축을 만듭니다. 'LINE' 명령을 이용하여 모서리 곡선의 중심점을 시작점으로 길이 100의 선을 0° 방향으로 그립니다.

명령: LINE
첫 번째 점 지정: [P34 지정]
다음 점 지정 또는 [명령 취소(U)]: @100<0
다음 점 지정 또는 [명령 취소(U)]: [Enter]

21 시작 각도와 연장 각도 설정하기

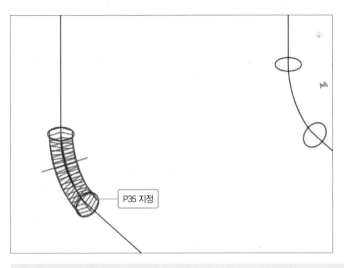

P35 지정

01 'REVSURF' 명령을 이용해서 아래쪽 원을 선택한 다음 중심축으로 선을 선택합니다.

02 시작 각도를 '0', 연장 각도를 '90°'으로 설정하면 꺾인 모서리가 만들어집니다.

03 회전축으로 이용한 직선을 지웁니다.

```
명령: REVSURF
현재 와이어프레임 밀도: SURFTAB1=18 SURFTAB2=18
회전할 객체 선택: [P35 선택]
회전축을 정의하는 객체 선택: [회전축 직선 선택]
시작 각도 지정 〈0〉: 0
사잇각 지정 (+=시계 반대 방향, −=시계 방향) 〈360〉: 90

명령: ERASE
객체 선택: [회전축 선택]
1개를 찾음
객체 선택: Enter
```

22 노드를 기준으로 복사하기

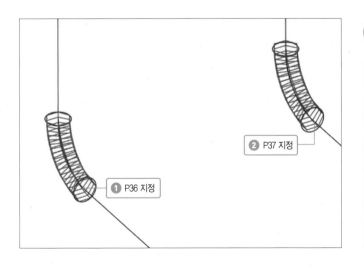

❷ P37 지정

❶ P36 지정

01 3차원 객체의 지점을 기준으로 복사합니다.

```
명령: COPY
객체 선택: L
1개를 찾음
객체 선택: Enter
1개를 찾음
현재 설정: 복사 모드 = 다중(M)
기본점 지정 또는 [변위(D)/모드(O)] 〈변위〉: [P36 지정]
두 번째 점 지정 또는 [배열(A)] 〈첫 번째 점을 변위로
사용〉: [P37 지정]
두 번째 점 지정 또는 [배열(A)/종료(E)/명령 취소(U)]
〈종료〉: Enter
```

23 모두 꺾인 모서리 만들기

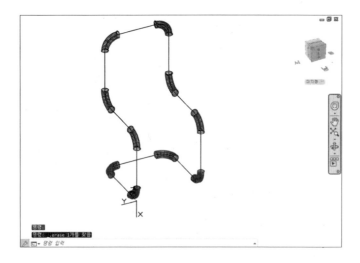

01 같은 방법을 이용하여 UCS를 변경하며 모두 꺾인 모서리를 만듭니다.

24 LAYER 명령으로 도면층 켜기

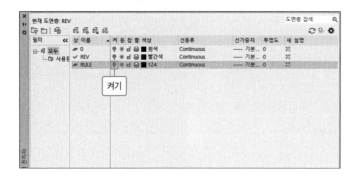

01 'LAYER' 명령을 이용하여 도면층 특성 관리자 팔레트를 표시한 다음 'RULE' 도면층을 켭니다.

25 모든 객체 표시하여 의자 뼈대 확인하기

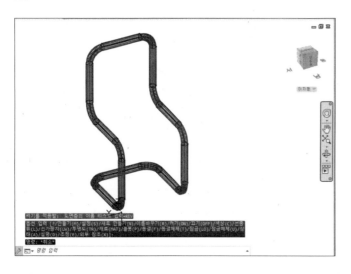

01 모든 객체가 표시되면 의자의 뼈대가 완성된 모습을 확인할 수 있습니다.

❶ 3차원에서 선을 작성할 때는 반드시 '절대 좌표'를 사용하여 선을 만들어야 합니다.

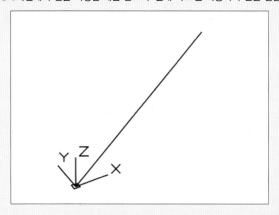

위의 그림에서 보는 것처럼 X축과 Z축을 사용하여 대각선이 그어진 것처럼 보이는 선이 있습니다.

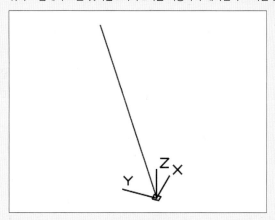

하지만 선을 보는 시점을 살짝만 돌려 보면 위의 그림에서 보이는 대로 X축과 Y축, Z축이 모두 적용된 선이 그어진 것을 볼 수 있습니다. 이처럼 3차원에서 선을 작성할 때는 반드시 '절대 좌표'를 사용해야 합니다.

❷ 선을 제외한 모든 형태(사각형/원 등)는 X/Y축을 기준으로 작성되기 때문에 필요시 X축과 Y축의 위치를 바꿔 원하는 형태의 모양을 만들 수 있어야 합니다.

❸ X축과 Y축을 변경할 때는 반드시 '절대점'을 지정하고 방향을 입력해야 하며, 방향을 설정할 때는 반드시 Shift를 눌러 '직선 방향'으로 설정하는 것이 좋습니다. 만약 Shift를 누르지 않을 경우 축의 방향이 '임의의 방향'으로 설정될 수 있으며, 해당 방향으로 X축과 Y축이 설정되면 작업하고자 하는 형태가 제대로 표시되지 않을 수 있습니다.

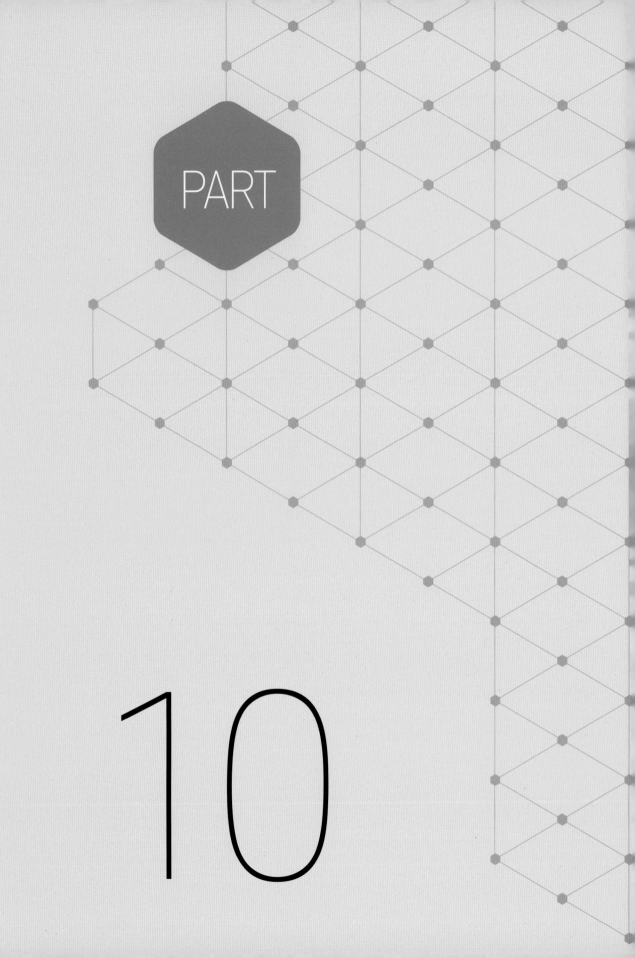

PART

10

실습 도면 그리기

ATC에서 전환된 CAT(캐드실무능력평가)와 비슷한 유형의 실습 도면을 통해 달라진 자격시험에서 유의해야 할 사항을 익힙니다. 모바일로 QR 코드를 촬영하여 유튜버 김순생의 동영상 강의를 따라 하면서 기본 명령어 외에 숨은 명령어까지 이해하세요.

AutoCAD 2021

https://www.youtube.com/watch?v=D51EKJq6KdY

▶ 동영상 강의

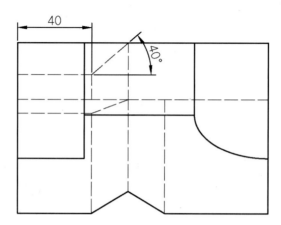

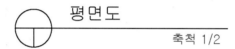

평면도
축척 1/2

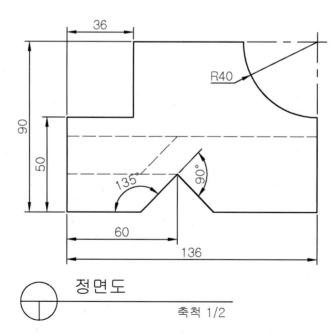

정면도
축척 1/2

0,0

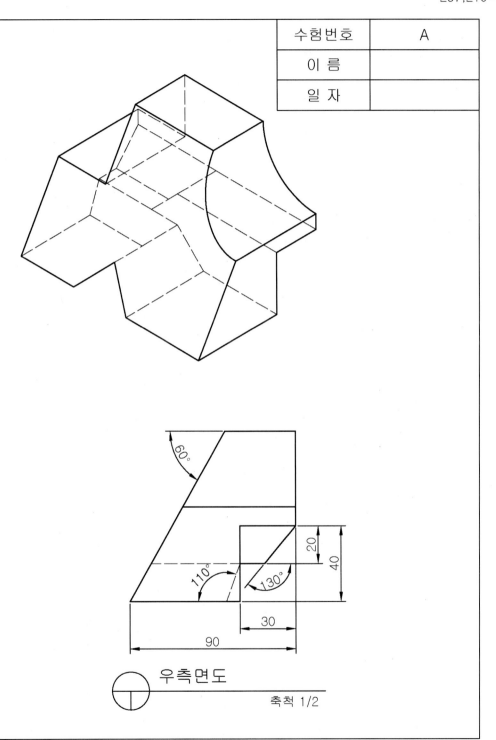

수험번호	A
이 름	
일 자	

297,210

60°

110°

130°

20

40

30

90

우측면도

축척 1/2

https://www.youtube.com/watch?v=Hp4KpHWT3P0

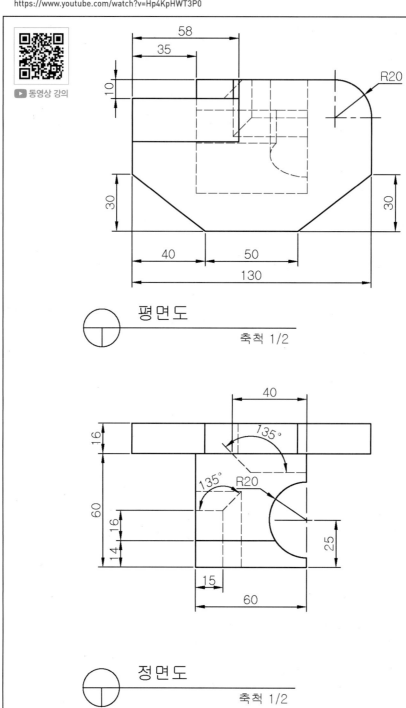

▶ 동영상 강의

평면도

축척 1/2

정면도

축척 1/2

0,0

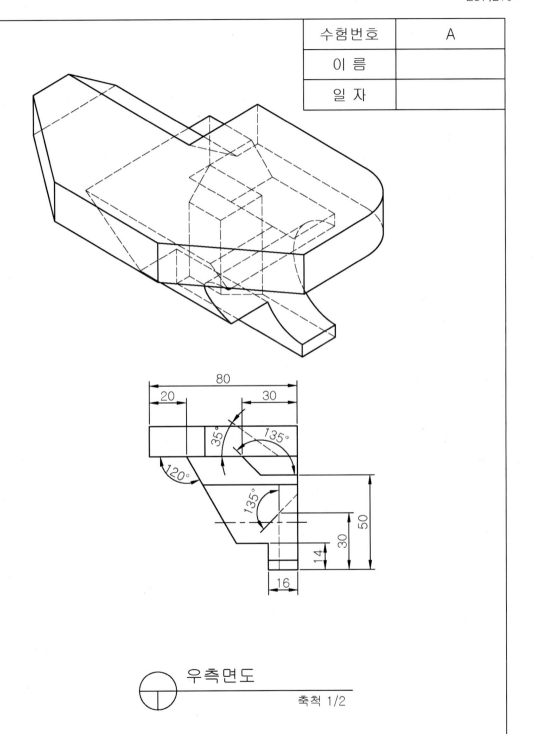

수험번호	A
이 름	
일 자	

80

20

30

35°

135°

120°

135°

50

30

14

16

우측면도

축척 1/2

https://www.youtube.com/watch?v=QLrWITr-USU

▶ 동영상 강의

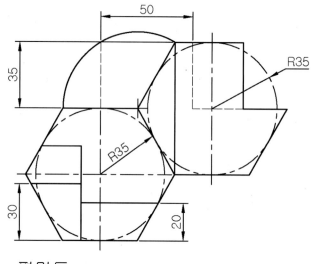

평면도

축척 1/2

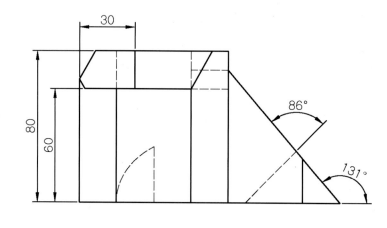

정면도

축척 1/2

0,0

수험번호	A
이 름	
일 자	

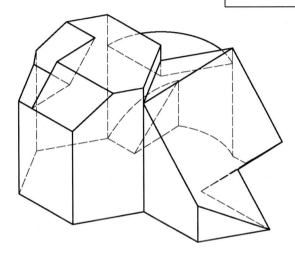

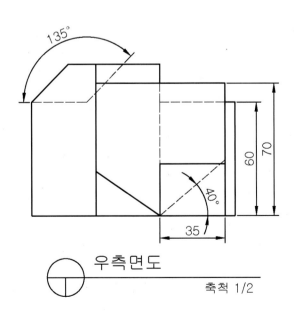

135°

70

69

40°

35

우측면도

축척 1/2

https://www.youtube.com/watch?v=qCq5Zp89CqY

▶ 동영상 강의

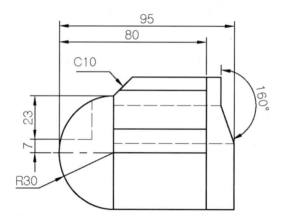

평면도

축척 1/2

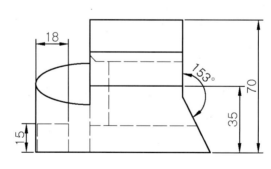

정면도

축척 1/2

0,0

수험번호	A
이 름	
일 자	

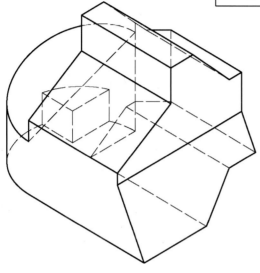

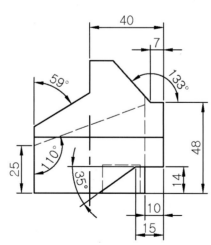

우측면도

축척 1/2

https://www.youtube.com/watch?v=YoHZEmtci1I

▶ 동영상 강의

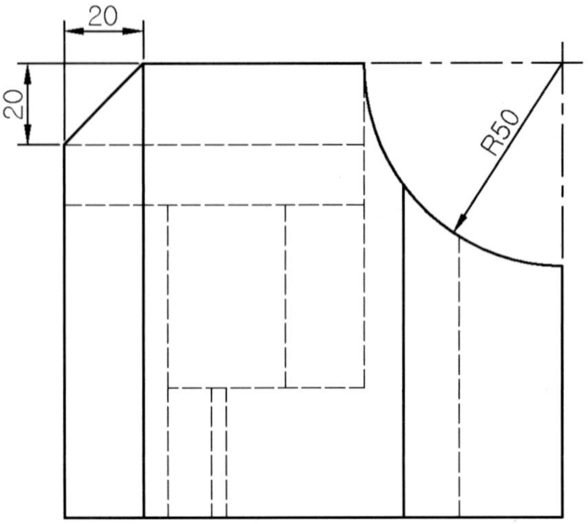

평면도

축척 1/2

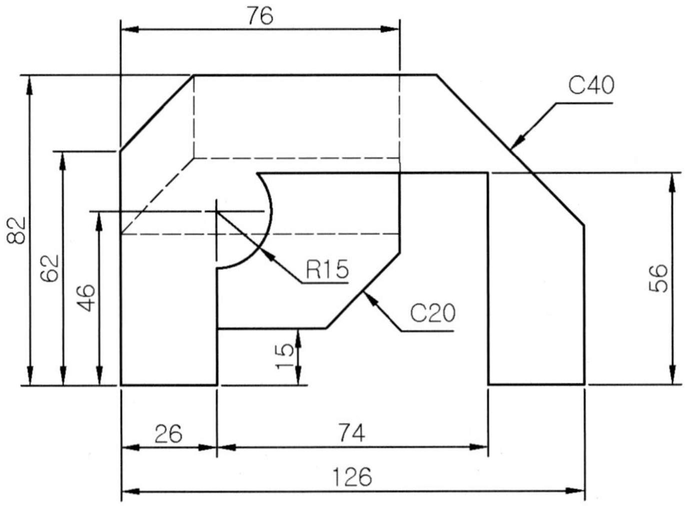

정면도

축척 1/2

0,0

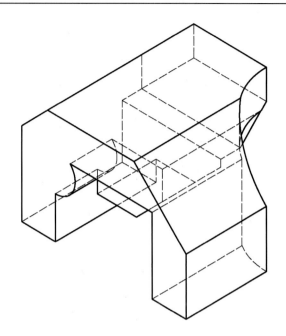

297,210

수험번호	A
이 름	
일 자	

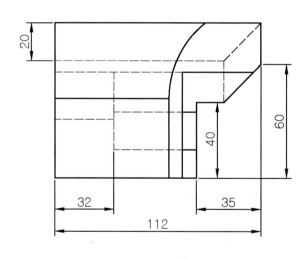

20

60

40

32

35

112

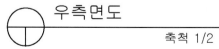

우측면도

축척 1/2

https://www.youtube.com/watch?v=op4lsMmatdU

▶ 동영상 강의

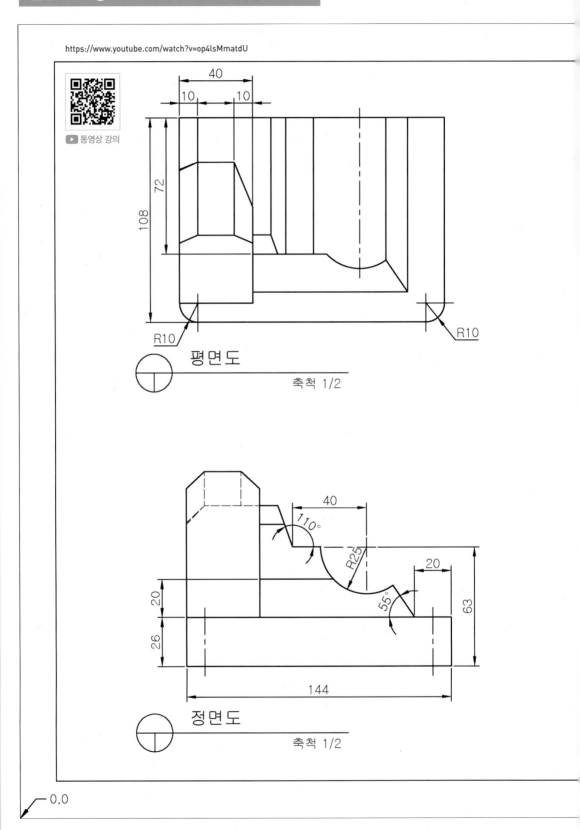

평면도

축척 1/2

정면도

축척 1/2

0,0

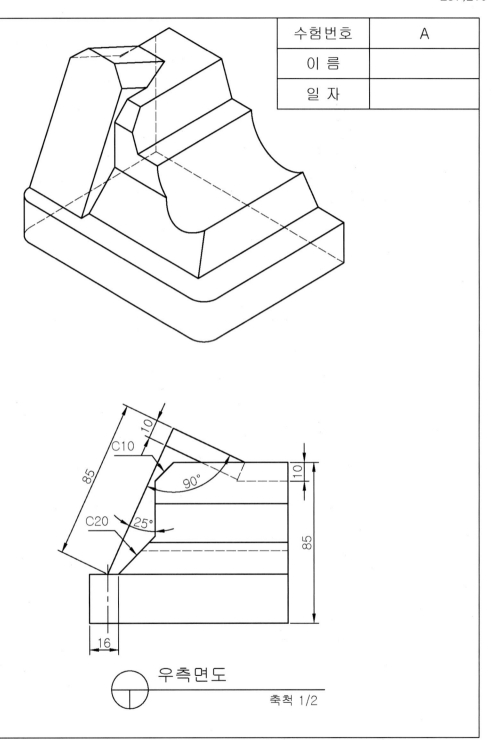

수험번호	A
이 름	
일 자	

C10

10

85

90°

10

C20 25°

85

16

우측면도

축척 1/2

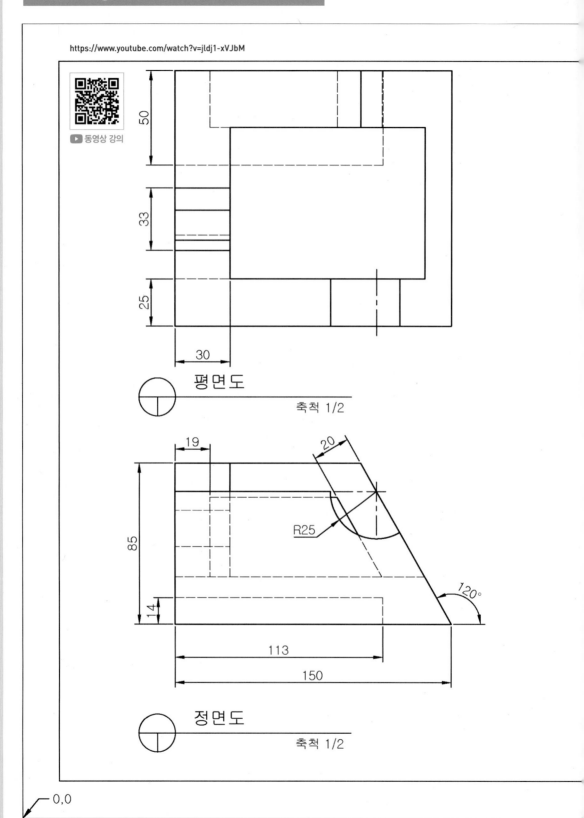

https://www.youtube.com/watch?v=jldj1-xVJbM

▶ 동영상 강의

평면도
축척 1/2

정면도
축척 1/2

0,0

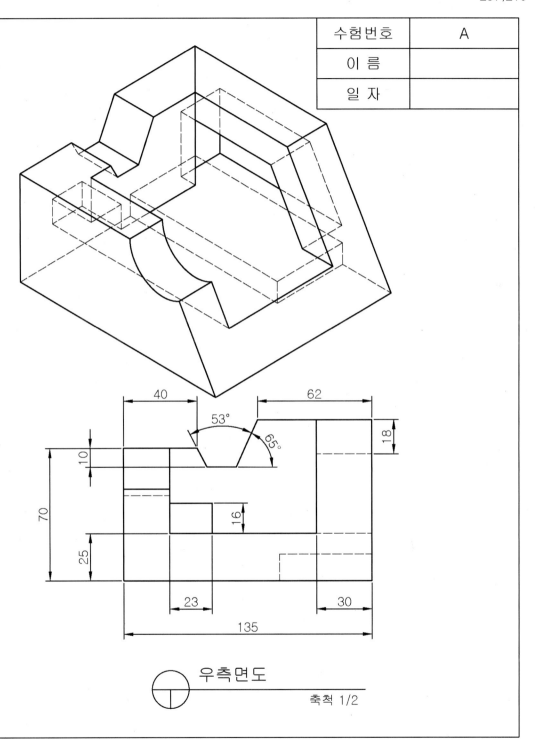

297,210

수험번호	A
이 름	
일 자	

40

53°

65°

62

18

10

70

16

25

23

30

135

우측면도

축척 1/2

https://www.youtube.com/watch?v=giO-yM-1W-c

▶ 동영상 강의

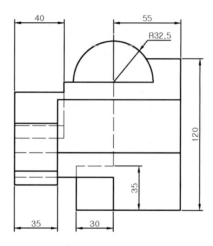

평면도

축척 1/3

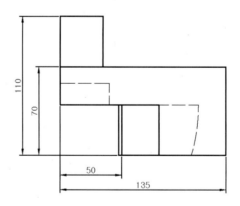

정면도

축척 1/3

0,0

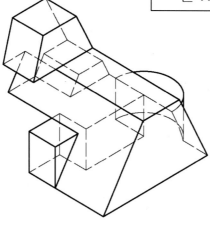

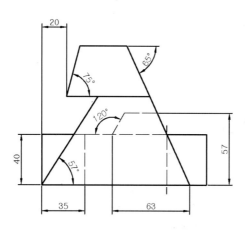

20
75°
65°
120°
57°
40
57
35
63

우측면도
축척 1/3

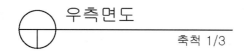

297,210

수험번호	A
이 름	
일 자	

실습 도면 08 CAT(캐드실무능력평가) 2급 문제 유형 분석 **529**

https://www.youtube.com/watch?v=03Kf0LI9YMs

▶ 동영상 강의

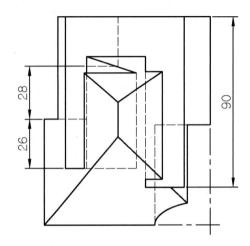

평면도

축척 1/2

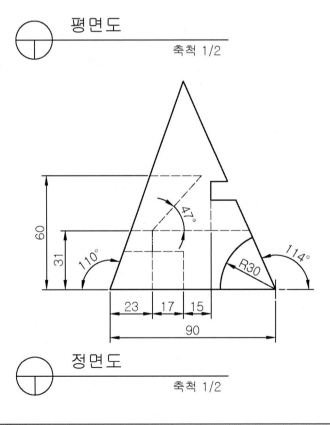

정면도

축척 1/2

0,0

수험번호	A
이 름	
일 자	

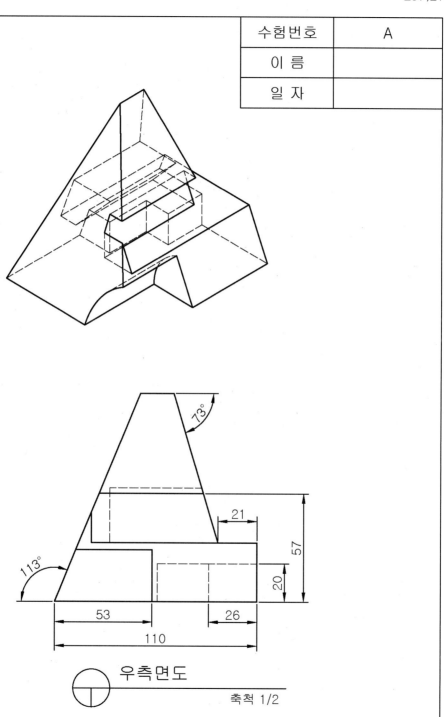

73°

21

57

113°

20

53

26

110

우측면도

축척 1/2

https://www.youtube.com/watch?v=sRKdPvKdFlo

▶ 동영상 강의

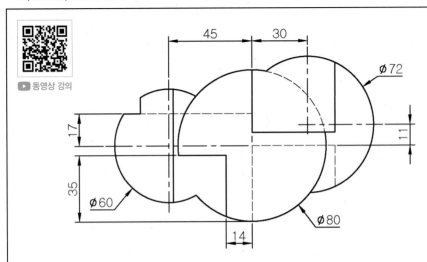

평면도

축척 1/2

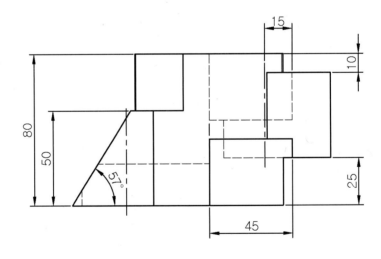

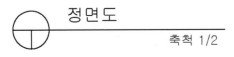

정면도

축척 1/2

0,0

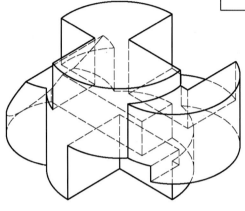

수험번호	A
이 름	
일 자	

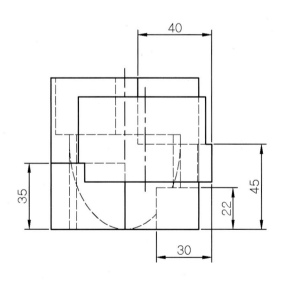

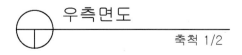

우측면도

축척 1/2

Index

Foreign Copyright:
Joonwon Lee
Address: 3F, 127, Yanghwa-ro, Mapo-gu, Seoul, Republic of Korea
         3rd Floor
Telephone: 82-2-3142-4151
E-mail: jwlee@cyber.co.kr

유튜브 동영상으로
함께 배우는
오토캐드 입문 활용서!

오토캐드
2021

2021. 5. 3. 1판 1쇄 인쇄
2021. 5. 10. 1판 1쇄 발행

지은이 | 김정원
펴낸이 | 이종춘
펴낸곳 | BM ㈜도서출판 **성안당**
주소 | 04032 서울시 마포구 양화로 127 첨단빌딩 3층(출판기획 R&D 센터)
     | 10881 경기도 파주시 문발로 112 파주 출판 문화도시(제작 및 물류)
전화 | 02) 3142-0036
     | 031) 950-6300
팩스 | 031) 955-0510
등록 | 1973. 2. 1. 제406-2005-000046호
출판사 홈페이지 | www.cyber.co.kr
ISBN | 978-89-315-5741-1 (93000)
정가 | 27,000원

이 책을 만든 사람들
책임 | 최옥현
진행 | 정지현
기획 · 진행 | 앤미디어
표지 일러스트 | 김학수
본문 · 표지 디자인 | 앤미디어, 박원석
홍보 | 김계향, 유미나, 서세원
국제부 | 이선민, 조혜란, 김혜숙
마케팅 | 구본철, 차정욱, 나진호, 이동후, 강호묵
마케팅 지원 | 장상범, 박지연
제작 | 김유석

www.cyber.co.kr
성안당 Web 사이트

■ 도서 A/S 안내

성안당에서 발행하는 모든 도서는 저자와 출판사, 그리고 독자가 함께 만들어 나갑니다.
좋은 책을 펴내기 위해 많은 노력을 기울이고 있습니다. 혹시라도 내용상의 오류나 오탈자 등이
발견되면 "좋은 책은 나라의 보배"로서 우리 모두가 함께 만들어 간다는 마음으로 연락주시기
바랍니다. 수정 보완하여 더 나은 책이 되도록 최선을 다하겠습니다.
성안당은 늘 독자 여러분들의 소중한 의견을 기다리고 있습니다. 좋은 의견을 보내주시는 분께는
성안당 쇼핑몰의 포인트(3,000포인트)를 적립해 드립니다.
잘못 만들어진 책이나 부록 등이 파손된 경우에는 교환해 드립니다.